'대방광불화엄경' 염송 수행을 시작했다. 안양암 3년 정진 중 얻은 바가 있어, 장안사 지장암에서 손혜정 선생과 함께 근대 최초의 수행공동체 운동을 전개하며 회중수도會衆修道를 시작했다. 조국 독립을 기도하고, '대방광불화엄경'을 염송하면서 7년여 동안 500여 명의 제자를 지도했다. 1938년(41세) 4월, 지장암 수도 중에 불령선인不逞鮮人으로 지목되어 경남 의령경찰서로 연행, 50여 일간 취조받다가 석방되었으나, 일제의 압력으로 하산하게 되었다.

이후 서울 돈암동과 치악산 상원사 동굴에서 정진 수도하다가, 1945년 해방이 되자 애국단체인 중앙공작대를 조직하고 민중 계몽운동을 시작했다. 상해임시정부 시절 인연이 있던 이승만 박사를 중심으로 한 건국운동에 참여했으며, 1950년(53세) 제4대 내무부장관, 1951년 한국광업진흥주식회사 사장에 취임했다. 1953년 7월, 부산 피난 중 동국대학교 제2대 총장에 취임했으며, 이후 5·16 군사정변으로 동국대학교에서 물러나게 된 1961년 7월까지 중구 필동에 대학교 교사를 건립하고 시설·학사·교수 등 다방면에 걸쳐 동국대 중흥의 기틀을 마련했다. 《금강삼매경론》《화엄경》 '인류 문화사' 등을 강의했으며, 《고려대장경》 영인 작업에 착수, 총 48권의 현대식 영인본을 출간하기도 했다.

1962년, 65세에 경기도 부천군 소사읍 소사리의 야트막한 산을 개간, '백성목장白性牧場'을 경영하면서 《금강경》을 쉽게 강의하고, 인연 있는 후학을 지도했다. 1981년 8월 19일(음력), 출생일과 같은 날, 84세를 일기로 입적했다. 후학들이 금강경독송회, 청우불교원 금강경독송회, 바른법연구원, 백성욱 박사 교육문화재단, 백성욱연구원, 여시관如是觀 등을 세워 가르침을 잇고 있다.

분별이 반가울 때가 해탈이다

백성욱 박사 법문집

백성욱 박사 전집 3

분별이 반가울 때가 해탈이다

백성욱 박사 법문집

백성욱 법문

김영사

차례

3 ———
교리(연기, 공, 종교)

4 ———
삼독심

7 ——
도통, 종합적 즉각

9 ──
용심用心, 이야기

12 ──
세 가지 생활: 정신·법률·경제

15 ——
혜정 손석재 선생님

16 ——
금강산 사람들

17 ──
민족, 국가

18 ──
즐겨 인용하신 말씀과
짧은 말씀들

19 ──
부처님께서 많은 법문을
하셨다지만

1. 이 책은 백성욱 박사가 학인과 대중을 상대로 설한 법문을 모아 글로 정리한 것이다. 지인과 학인이 전하는 일화도 일부 담았다.
2. 모든 말씀을 주제별로 분류하여 19개 장으로 나누어 실었다. 시기와 장소, 법문의 대상은 고려하지 않았다.
3. 본래 말씀 그대로의 느낌과 특징을 살리되, 글로 정리하는 과정에서 한글맞춤법을 적용해 다듬고 바로잡았다. 다만 일부 내용은 고유의 특성을 살리기 위해 맞춤법을 고려하지 않고 처음 그대로 실었다.
4. 독자의 이해를 돕고 추가 정보를 제공하기 위해 편집 과정에서 주를 달았다. 본 말씀을 읽는 데 가볍게 참고할 뿐 거기에 마음 뺏기지 않기를 바란다.
5. 본 법문집은 백성욱 박사의 문도인 김강유가 모으고 구성·정리하였으며, 김기룡, 김원수, 김동규, 김재웅, 이광옥, 정천구, 진진묘, 김강유, 손양보 등의 문하 학인과 정종 교수, 김삼룡 총장, 장한기 원장 등 인연 있는 명사들의 자료 등도 참고하여 이루어졌다.
6. 경전이나 책 제목은《 》로, 문서나 장 제목은〈 〉로 묶어 표기했다.

《금강경》

1

《금강경》은 '부처 짓' 하는 것을 가르쳐주는 것이지, 부처 되겠다
는 것을 가르치는 것이 아니다. 공경심으로 경을 읽되 직접 부처
님 앞에서 강의 듣는 마음으로 하며, 배워서 알고 실행하고 습관
이 되도록 하여라.

공부하는 법

'미륵존여래불'을 마음으로 읽고 귀로 들으면서,

당신의 생각은 무엇이든지 부처님께 바치는 연습을 하십시오.

가지면 병이 되고, 참으면 폭발합니다.

아침저녁으로《금강경》을 읽되, 직접 부처님 앞에서 법문을 듣는 마음으로 하고, 이를 실행하여 습관이 되도록 하십시오.

몸은 움직여야 건강해지고 마음은 안정함으로써 지혜가 생기니,

육체로는 규칙적으로 일하고, 정신은 절대로 가만두십시오.

그저 부지런히《금강경》을 읽고 '미륵존여래불' 하여 자꾸 바치십시오.

이와 같이 백일을 일기―期로 대략 10회 되풀이하면 몸뚱이로 인한 모든 근심 걱정이 사라지고 '장차 어떻게 사느냐' 하는 문제가 해결됩니다.

이것은 아상이 없어졌기 때문입니다.

오직 이렇게 공부하되 주의하실 일은,

'공부하겠다' 하면 탐심이요,

'공부가 왜 안되나?' 하면 진심이요,
'공부가 잘된다' 하면 치심˙이니,
너무 하겠다고 하지 말고 안 하지만 않으면 됩니다.
고인古人은 "꾸준히 하되 허덕허덕 바쁘게 하지는 말라"˙˙
라고 했지요.

이렇게 하여 무슨 일을 당하거나 무슨 생각이 나더라도 오로
지 절대로 제 마음을 들여다보고 바치면, 이 세상은 그대로
낙원일 것입니다.

- 탐심貪心(탐내는 마음)·진심嗔心(성내는 마음)·치심痴心(어리석은 마음)은 모든
  죄업과 고통의 원인이 되는 해로운 마음이므로 삼독심三毒心이라고 한다.
  불교의 수행 목적은 이 세 가지 마음을 닦아서 괴로움[苦]을 여의고 해탈
  열반을 얻는 것이다.

- ˙˙ 중국 진나라 때의 승려로 구마라습 문하 4철哲의 한 사람인 승조僧肇
  (384~414)의 《보장론寶藏論》 권1, "當可以綿綿 不可以勤勤"에 나오는 말
  이다. "사가이면면 불가이근근斯可以綿綿 不可以勤勤"

《금강경》을 통한 수행법

아침저녁으로《금강경》을 읽되,* 실제로 부처님 앞에서 마음 닦는 법을 강의 듣는 자세로 믿고 읽고 실행하여 습관이 되도록 하십시오.

궁리는 가지면 병이 되고, 참으면 그 견디는 힘이 다할 때 폭발하게 됩니다. 그러므로 마음에 떠오르는 생각은 무엇이든지 거기에 대고 '미륵존여래불' 하여 부처님께 바치는 연습을 하십시오.

부처님께 바친다는 것은 자기 생각을 부처님의 광명과 바꾼다는 것입니다. 바치는 연습을 함으로써 자신의 어두운 생각은 사라지고, 그 자리에 부처님의 광명이 임하게 됩니다. 부처님의 광명이 임한다는 것은 곧 아상我相이 녹는다는 뜻입니다.

이와 같이 수행을 하되 100일을 한 기간[一期]으로 정하여 하십시오. 그사이 자신에게 어떤 변화가 있는지를 살피면서 100일씩 나누어 공부를 하다 보면 효과가 클 것입니다.

---

* 여기서 '읽음'은 두 손으로 경을 받쳐 눈높이로 들고 소리 내어 읽는 독송讀誦을 말한다. 무릎을 바닥에 대고 엉덩이와 허리를 일으켜 세운 장궤 자세가 권장된다. 다른 자세를 하더라도 척추를 꼿꼿이 펴는 것이 좋다.

육체는 규칙적으로 움직이고, 정신은 절대로 가만히 두십시오.

'부처님 날 좋게 해주시오' 하지 말고, '부처님 잘 모시기를 발원' 하십시오.

이와 같이 하는 것이 닦는 사람이 그 마음을 항복받는 방법입니다.

《금강경》독송

《금강경》은 2,500년 전 석가여래 부처님께서 설하신 최고의 법문이다.* 석가여래 당신의 살림살이를 있는 그대로 털어놓으신 말씀이다. 여래께서 당신 마음의 광명이 정오의 태양처럼 눈부시게 빛났을 때 하신 법문이기에 광명 그 자체이다.

그러므로《금강경》을 읽고 그 말씀을 실천하면 인류 역사상 가장 밝으셨던 석가여래 부처님의 밝음과 차츰차츰 통하게 된다.

아침저녁으로 부처님 앞에서 강의를 듣는 마음으로《금강경》을 독송讀誦하고 그 말씀대로 실천하면 업장의 그늘이 사라지니 심지心地**가 훤히 밝아진다.

흔히들《금강경》이 너무 어렵다고 한다. 인류 역사상 전무

---

* 《금강경》은 초기 대승불교인 반야부에 속하는 경전으로, 가장 오래된 반야부 경전은 기원전 1세기 이후 성립했을 것으로 추정된다.《금강경》은 반야부 경전 중 비교적 초기 경전에 속한다는 설(150년경)과 후기(300년경) 경전에 속한다는 설이 유력하다.

** 마음의 본바탕이라는 뜻으로 선禪에서는 흔히 '마음자리'라고도 한다. 땅에서 만물이 생장하듯이, 마음을 인연으로 일체 현상이 일어나므로 마음을 식물이 뿌리를 내리고 자라는 땅에 비유한 것이다.

후무하게 밝으신 석가여래 부처님의 밝은 광명 덩어리를 그대로 담은 경전이니 일반 대중*에게 쉽사리 이해가 되겠는가?

그러나 공경심으로 자꾸 독송하다 보면, 어느새《금강경》에 담긴 부처님 광명 덕분에 재앙은 소멸하고, 업장은 해탈되며, 성리性理**가 밝아지는 것을 직접 체험할 수 있을 것이다.

---

* 불교에서 어떤 사찰이나 이름 높은 스승을 중심으로 모인 승려 또는 재가 수행자의 무리를 통틀어 이르는 말이다.

** 성리性理: 본래 인간의 본성 또는 마음의 본성을 이르는 말이다. 백성욱 박사는 육신을 벗어나 육신을 객관적으로 보고 그것을 거느리는 주체적 정신(마음)을 성리라 하였다. 그래서 보통은 마음이 육신에 묻혀 살며 몸뚱이 심부름을 해주다 가는 것이 대부분인데, 잘 닦으면 마음이 육신을 벗어나 성리가 된다. 동양철학에서는 인간의 성품[性]과 우주의 이치[理]를 말한다. 중국의 도생道生(355~434)은 '모든 중생이 불성을 가지고 있다'는《열반경》의 교설을 해석하며, '性(불성)'과 '理(제법의 이치)'는 동일한 하나라고 하여, 性과 理의 개념을 처음으로 불교 개념에 도입했다. 이러한 주장은 후대에 중국을 비롯한 동아시아 불교사상의 중요한 주제인 '불성론'으로 발전했으며, 송대에는 성리학에 큰 영향을 미쳤다.

21년간 말씀하신 '육백반야'를
모두 함축한 경전

부처님께서 성도 후 45년 동안 설법하신 내용을 후세의 학자들이 편의상 아함부, 방등부, 반야부, 법화부의 네 카테고리로 분류하였다고 한다면, 《금강경》은 반야부에 속하는 것이다. 장장 21년에 걸쳐 말씀하신 반야부를 '육백반야'라고 하는데, 그중 우리에게 절실히 필요하고 육백반야를 모두 함축한 경전이 바로 이 《금강반야바라밀경》이다.

'금강'은 모든 물질 중에서 제일 단단하다고 한다. 어떻게 그렇게 단단하게 되었을까? 인도의 뒷벽 히말라야산맥에서 제일 높은 봉우리는 에베레스트다. 그 높이가 자그마치 8,800여 미터나 되는데, 그와 같은 산이 솟아오를 때의 열과 힘은 거의 측정이 불가능할 정도로 높을 것이다. 그러한 에너지가 지나간 단층 근처에 있던 물질들은 변하게 되는데, 그중 탄소는 변하여 다시는 부서지지 않는 금강석(다이아몬드)이 된다고 한다. 오늘날 공업용 인조 다이아몬드도 탄소를 높은 온도에서 높은 압력을 가하는 방식을 써서 만든다.

그러므로 '금강반야'란 반야 중에서도 다시는 부서지지 않고 어떤 경우에도 변하지 않는 반야라는 뜻이다. 다시 말해서 석가여래 부처님이 이 경을 통해 말씀하신 대로 행하면 우리도 꼭 밝아질 수 있고, 한번 밝아지기만 하면 다시는 컴컴해지지[迷] 않을 것이라 해서 그런 이름을 붙였을 것이다.

이전까지 인도에는 공부하는 사람에게 금기시되는 것이 아주 많았다. 예를 들면 성을 잘 내는 사람, 불구자, 혹은 백정 같은 사람과는 함께 있지 말라고 하는 것이었다. 그러나 오직 이《금강경》안에서는 단지 착한 남자나 착한 여자는 다 마음 밝을 수 있는 대상이 된다.

《금강경》제16분에 이런 말씀이 있다.

"만약 어떤 사람이《금강경》을 읽는데도 주위 사람들이 업신여기고 경멸한다면, 이 사람은 몸 받기 전에 그러한 일을 당할 만한 원인이 있어서 악도惡道에 떨어져야 할 것인데, 《금강경》을 읽고 그 마음을 밝은 쪽으로 닦아나가니까 주위의 경멸을 받는 것으로 어두운 과거 생의 업장이 소멸되고 마침내는 성리가 밝아지게 된다."*

이런 말씀은 아마 다른 경전에서는 찾아보기 어려울 것이다. 또 "착한 남자나 착한 여자가 이《금강경》읽는 공덕을 내가 이야기해도 사람들은 어이가 없어 하며 도대체 사리에 맞지 않는다고 할지 모르나, 이는 사실이다. 이《금강경》의 도

---

* "善男子 善女人 受持讀誦此經 若爲人輕賤 是人 先世罪業 應墮惡道 以今世人 輕賤故 先世罪業 則爲消滅 當得阿耨多羅三藐三菩提."《금강경》제16분.

리는 여느 사람들의 정도와는 원체 다른 불가사의한 것이므로, 그 도리에 의지해서 닦으면 결과 또한 불가사의하니라."·

또 "너희가 이른바 불법을 행한다고 하면 곧 불법이 되질 않는다. 왜 그러냐? 컴컴한 마음의 원인인 탐심, 진심, 치심이 있으면서 불법을 행한다고 말해도, 이는 결국 자기를 좋게 하려는 것이지 불법이라고 할 수는 없기 때문이다. 그러므로 탐·진·치를 닦아 마음 밝아지는 일이라면 그 이름을 어떻게 붙이든 상관없이 다 불법인 것이다"··

 이런 말씀은 부처님의 다른 경전에서는 도저히 찾아보기 힘든 내용이다. 20여 년 동안이나 교단을 이끌며 제자들을 교육하시던 부처님이, 거기에 대한 당신의 애착을 전부 놓으시고 오로지 많은 사람이 밝아져서 구경의 행복에 도달하도록 애쓰신 흔적을 볼 수 있다.

·　"須菩提 若善男子 善女人 於後末世 有受持讀誦此經 所得功德 我若
　 具說者 或有人聞 心卽狂亂 狐疑不信 須菩提 當知 是經義 不可思議
　 果報 亦不可思議."《금강경》제16분.

··　위 내용에 해당하는 경전 문구는 찾을 수 없고, 단지 제16분 전체에 대한
　 백성욱 박사의 관심석觀心釋, 곧 당신의 지혜로부터 나온 법문으로 보인다.

《금강경》은
'부처 짓' 하는 것을 가르쳐주는 것

《금강경》은 '부처 짓' 하는 것을 가르쳐주는 것이지, 부처 되겠다는 것을 가르치는 것이 아니다.

《금강경》을 외우는 것은 공경심이 아니다. 외우는 것도 좋지만 공경심으로 읽어야 한다. 또 읽는 데 그치지 말고 그 말씀을 받들어 실행해야 한다.

공경심으로 바치고 또한 공경심으로 경을 읽되 직접 부처님 앞에서 강의 듣는 마음으로 하며, 배워서 알고 실행하고 습관이 되도록 해야 한다.

《금강경》 독송을 통하여 마음을 닦으면 계戒·정定·혜慧 삼학三學˙도 모두 이룰 수 있으며, 모든 사람을 부처님으로 대할 수 있게 된다.

˙ 계·정·혜 삼학: 계戒는 몸과 입과 마음으로 짓는 악업을 방지하고 생활의 질서를 지켜 살아가는 것, 정은 계를 지킴으로써 분별망상의 생성을 줄이고 마음을 한곳에 모아 안정을 이루는 것, 혜는 마음이 안정됨에 따라 바른 지혜가 나서 대소·유무의 세상 이치와 인과응보의 진리를 깨닫고 궁극의 해탈열반에 이르게 되는 것이다. 그러므로 계·정·혜 삼학은 불교 수행의 세 갈래이면서 단계다. 계·정·혜 삼학은 수행상의 순차적인 단계를 나타내기도 하지만, 실제 수행에서는 세 가지가 동시에 함께 이루어지는 것이다.

《금강경》독송과 선 수행

부처님께서 다른 경전에서는 "이렇게 탐·진·치를 닦으면 마음에 행복이 온다"라고 말씀하신다. 또는 "남에게 많이 베풀면 아름다운 결과가 온다"라고도 말씀하신다. 또 "그대들은 어둠 속에 덮여 있구나. 그런데 어찌하여 등불을 찾지 않느냐?"라고도 하신다.

그런데 이런 구절을 읽게 되면 읽는 사람은 마음이 일시적으로 감동하고 평화로워지는 것 같지만, 그 평화롭게 느껴지는 마음이 실제로 당장 행복으로 이어지거나 아름다운 결과를 맺는 것은 아니다. 마음이 행복해지겠다, 밝아지겠다는 관념에 젖어 행복해지거나 밝아진다고 생각만 하고 있기 때문에, 실제로 행복해지거나 밝아지는 것과는 무관한 것이다.

《아함경》《방등경》《법화경》《열반경》《화엄경》 등 모든 경전이 다 훌륭하고 교훈이 되고 또는 밝아지는 방법을 말씀하셨지만, 이 경전들은 한결같이 줄거리가 있는 이야기로 구성되어 있다. 결과적으로 읽는 사람의 마음에 '행복해진다' '밝아져야겠다'는 관념이 붙게 되고 상상력을 발동하게 하며, 색성향미촉법色聲香味觸法*이라는 분별심**에 머물게 한다. 마음이 이렇게 분별심에 머물러 있는 한 실제로 행복해지고 실제로 밝아지는 일을 실행하지 못하게 된다.

그러나《금강경》은 어떠한가?

《금강경》의 내용은《금강경》을 읽는 사람들에게 어떤 관념을 심어주는 것도 아니며 마음이 무엇을 상상하게끔 하지도 않는다. 예를 들면 "그대의 모든 생각은 다 잘못된 분별로서, 곧 사라지는 허망한 것이다. 허망한 분별인 줄 분명히 안다면 곧 부처님을 볼 수 있게 되느니라"***라는 말씀을 읽는 사람들은 그 마음이 어떤 상상을 할 수 없게 하는 것임을 알게 되며, 어떤 관념에 사로잡히지도 않게 함을 알 수 있다.

즉《금강경》은 그 읽는 마음이 어느 관념에도 붙지 못하게 하는 것이다. 따라서 색성향미촉법에 머물지 않게 하고, 실제로는 대신해서 그 마음에 '부처님'을 머무르게 하는 경전임을 알 수 있는 것이다.

참선하는 사람들은 스승으로부터 화두話頭를 받는다. 그 화

• 　안이비설신의眼耳鼻舌身意 6개의 감각기관[六根]에서 받아들이는 인식의 대상 여섯 가지[六境]를 가리킨다.

•• 　불교에서는 유와 무, 옳고 그름 등 이원·대립적 사유방식을 분별심이라 하고, 이것을 깨쳐야 할 망상이라고 본다. 인간의 모든 인식과 사고, 관념은 이원적이고 따라서 모두가 분별심이다.

••• 　"凡所有相 皆是虛妄 若見諸相非相 則見如來."《금강경》제5분.

두는 비록 아무 뜻이 없는 것은 아니지만 줄거리가 있는 이야기가 아니어서, 어떤 분별심이 붙지 못하게 되어 있다. '언어의 길이 끊어지고[言語道斷] 마음이 전혀 붙지 못한다[心行處滅]'*는 선가禪家의 말처럼 어떤 분별을 용납할 수 없는 것이 화두의 특성이다. 화두가 쉽게 해석되고 화두를 들 때 상상력이 발동한다면 어찌 깨달음의 도구로서 역할을 하겠는가.

마찬가지로 《금강경》의 구절구절이 다 부처님께서 주신 화두와도 같다. 《금강경》의 모든 내용을 공부하는 것 자체가 분별을 쉬게 하며 부처님을 만나게 하는 것과 같으니, 《금강경》 독송은 다른 경전을 독송하는 간경看經 수행과는 다른 수행, 곧 선禪 수행인 것이며, 《금강경》 독송은 부처님께서 주신 화두를 참구參究하는 행위가 되는 것이다.

---

* 언어도단 심행처멸言語道斷心行處滅: 《반야경》의 주석서인 《대지도론大智度論》에서 제법실상諸法實相(세상의 바른 모습, 불교의 근본진리)을 설명하는 말씀으로 나오는데, 중국 선종에서 깨달음의 상태를 묘사하는 대표적인 표현으로 사용되어 왔다.

《금강경》의 요지 대승정종분

《금강경》의 요지는 제3분 대승정종분과 제4분 묘행무주분, 그리고 제5분 여리실견분에 잘 나타나 있다.

부처님께서는 한마음이 밝아지면 삶의 모든 괴로운 문제는 아예 생기지 않을 것이라고 하셨다. 그럼 어떻게 해서 그 한마음이 밝아질 수 있을까? 그래서 수보리라는 제자가 부처님께 여쭈었다.

"부처님께서는 공부하려는 사람들에게 모르는 것을 언제나 잘 가르쳐주시고 또 잘 닦도록 염려해주십니까? 그렇다면 우리가 마음을 밝게 하려면 마음을 어떻게 써야 하며, 마음에 올라오는 생각들은 어떻게 항복받아야 하겠습니까?"*

수보리는 마음 쓰는 것이 먼저이고 항복받는 것이 다음으로 안 모양이었다. 그러니까 석가여래 부처님께서는 마음 쓰는 것보다는 항복받는 것이 먼저라고 말씀하시며, 그 방법을 제3분인 대승정종분에서 다음과 같이 일러주셨다.

"모든 보살이 어떻게 그 마음을 항복받는가 하니, 중생의

---

* "如來善護念 諸菩薩 善付囑 諸菩薩 世尊 善男子 善女人 發阿耨多羅三藐三菩提心 應云何住 云何降伏其心."《금강경》제2분.

종류에는 '알로 난 것' '태胎로 난 것' '물에서 난 물고기 같은 것' '습기 등 더러운 것이 모인 데서 난 모기나 파리 같은 것' '형상이 있는 것' '형상이 없는 것' '생각이 있는 것' '생각이 없는 것' '생각이 있지도 않고 없지도 않은 것'이 있는데, 그들을 다 열반에 들게 해서 제도하겠다 하여라. 그렇게 한량없고 무수히 많은 중생을 제도하였다 해도 사실은 제도받은 중생은 하나도 없는 것이다.

왜 그런가 하니, 만일 보살이 '나라는 생각[我相]'이나 '남이라는 생각[人相]'이나 '밝지 못하다는 생각[衆生相]'이나 '경험이 많다는 생각[壽者相]'이 있을 것 같으면, 이미 그는 보살이 아니기 때문이다."*

우리의 몸 밖에 있는 이러한 모든 중생을 결과라 할 것 같으면, 우리 마음속에 있는 생각들은 그러한 결과를 가져오게 하는 원인을 짓는 중생이라 할 수 있을 것이다. 이 '안팎의 모든 중생을 남김없이 다 열반에 들게 제도하겠다'는 뜻은 무엇일까? 마음속에 있는 모든 생각들, 가령 배은망덕한 마음이나 남에게 의지하는 마음, 숨는 마음이나 스스로를 과장하

---

* "諸菩薩摩訶薩 應如是降伏其心 所有一切衆生之類 若卵生 若胎生 若濕生 若化生 若有色 若無色 若有想 若無想 若非有想 非無想 我皆令入無餘涅槃 而滅度之 如是滅度無量無數無邊衆生實無衆生得滅度者 何以故 須菩提 若菩薩 有我相 人相 衆生相 壽者相 卽非菩薩."《금강경》제3분.

는 마음, 정신이 이상하여 이랬다저랬다 하는 마음 따위를 모두 제도하여 부처로 만들겠다고 하라는 뜻이다.

그러나 중생이 어떻게 중생을 부처로 만들 수 있겠는가?

그 한 방법으로 무슨 생각이든 부처님께 바치는 것, 즉 맡기는 것이다. 생각을 부처님께 바친다는 것은 어두컴컴한 자기 생각을 부처님의 밝은 마음으로 바꾼다는 뜻이다. 그러면 자기 마음속의 망념을 부처님 마음으로 바꾸었을 테니 제 마음은 비었을 것이다. 망념을 전부 털어버릴 것 같으면 털어버렸다는 마음도 없을 것이다. 이렇게 제 마음이 비었다면, 지혜가 날 것이다.

뜻이 살아 생동하는
《금강경》을 보라

《금강경》을 요약하면 제3분은 무슨 생각이든지 부처님께 바치라는 것이고, 제4분은 무슨 일을 하든지 간에 부처님을 즐겁게 하기 위해서 하라는 것이고, 제5분은 부처님을 상상하지 말라는 것이다.《금강경》은 여기서 한 번 끝난 셈이다.

그런데 대중이 새로 오는 사람 또는 나가는 사람도 있을 것이고 하니까 거듭거듭 같은 내용을 세 번이나 설했기 때문에 내용이 중복되는 부분이 있게 되었다.

그렇다고 반드시 같은 내용을 세 번 똑같이 거듭한 것은 아니다. 잘 깨쳐보아라. 내용의 차원이 다르고 대승적 관점에서 이해가 된다면 중복된 법문이라도 뜻이 살아서 생동함을 보리라.

무주상보시

부처님께서는 항복기심降伏其心(마음을 항복받음) 하는 것을 먼저 말씀하시고 곧이어 마음 쓰는 방법[用心]을 이야기하셨다. 그것이 '제4분 묘행무주분'의 내용이다. 거기서 부처님께서는 다음과 같이 말씀하셨다.

"수보리야, 보살은 내가 이야기해준 법칙에도 매달리지 말고 보시를 하도록 할 일이다. 만일 형상에 머물지 않고, 보살이 보시를 하되 자기의 궁리나 분별로 이것저것 가리지 않고 주는 마음을 낸다면, 그 복과 덕은 헤아릴 수 없이 많으니라."*

'보시'는 탐심을 없애고 물건에 대해서 넉넉한 마음을 연습하는 것이다. 자신에게 요긴하지 않은 물건이라도 잘 여투어 두었다가 남에게 주는 연습을 하는 것이다. 감자 농사를 지어서라도 남을 먹이려는 마음은 떳떳하고, 감자값의 열 배나 되는 쌀밥이라도 남의 것을 얻어먹으려 하면 거지 마음이고 궁핍하다.

---

* "復次須菩提 菩薩於法 應無所住 行於布施 所謂不住色布施 不住聲香味觸法布施 須菩提 菩薩 應如是布施不住於相 何以故 若菩薩 不住相布施 其福德 不可思量."《금강경》제4분.

누구에게 무엇을 줄 때면 베푸는 상대에게 대가를 바라는 마음이 생기기 일쑤다. 주는 연습을 위해서나 탐심을 없애기 위해서 준다면 다르겠지만.

중국 속담에 '은혜는 갚을 수 없는 사람에게 베풀라[施恩於不報之人(시은어불보지인)]'라는 말이 있다. 상대가 갚을 수 있는 사람이면, 물건 주는 날부터 주었다는 생각의 노예 상태를 면치 못할 것이기 때문이다. '이 사람이 이것을 가지고 와서 갚아야 할 텐데' '그 사람이 잘되어야 하겠는데' '크게 잘되었는데 왜 나한테 갚지를 않을까' 이렇게 남에게 마음을 얹기 때문에 자유가 없게 되는 것이다.

'형상에 머물지 말아라' 하는 말은 형상이 예쁘다고 해서 주는 마음을 내거나 소리가 좋다고 주거나 냄새가 좋아서 주거나, 다시 말해서 오관을 통하여 남 주는 것을 전혀 하지 말라는 것이다. 그때그때 자신의 악착스러운 마음을 닦기 위해서 베풀지언정, 남에게 주었다는 마음은 절대로 일으키지 말도록 할 일이다.

'상에 머물지 않고 보시[不住相布施]하면 그 공덕이 크다'는 것은 보살이 무슨 행동을 할 때 자기의 궁리로 판단하지 않고 하는 것이 좋다는 뜻이다. 상대를 보지 않고 자기 일을 하면 자기 마음이 닦아지는데, 어떻게 하는 것이 상대를 보지 않으면서 자기 일을 하는 것일까.

무슨 일을 하든지 부처님 시봉侍奉(모셔 받듦)하기 위해서 하면 된다. 밥을 먹을 때나 누구를 대할 때나 마음이 흐트러지는 그때마다 '부처님 시봉하기 위해서' '부처님 즐겁게 해 드리기 위해서' 한다고 연습하는 것이다. 부처님만이 업보가 없는 당처當處다. 부처님을 향해야만 상에 머물지 않게 되지, 그냥 무심히 한다고 하면 알지 못하는 사이에 자기 업보를 향하게 될 것이다.

이처럼 무슨 일을 하건 부처님 시봉하기 위해서 한다면, 상에 머물지 않고 보시하는 방법이 될 것이다. 그렇게 한다면 기독교인들이 '마음이 가난한 자는 복이 있나니, 천국이 저의 것이리라' 한 것처럼 마음이 자유스럽고 어떤 제한이 없어져서, 우주와 내가 둘이 아니게 되어 그 공덕은 헤아릴 수 없게 되는 것이다.

부처님을 형상으로 보지 말라

마음을 항복받기 위해서 무슨 생각이든 부처님께 바치고, 마음을 쓰는 방법으로 무슨 일이든 부처님 즐겁게 해드리기 위해서 한다면, 그 부처님은 과연 어떻게 생겼을까. 거기에 대해서는《금강경》제5분에 다음과 같이 말씀하셨다.

"수보리야, 부처님을 몸뚱이로 보느냐?"

"아닙니다, 부처님. 왜냐하면 부처님께서 말씀하신 몸뚱이라는 것은 몸뚱이가 아니기 때문입니다."

그러자 부처님께서 수보리에게 이르셨다.

"범소유상凡所有相은 개시허망皆是虛妄이라, 약견제상若見諸相이 비상非相이면 즉견여래卽見如來니라. 너희가 생각할 수 있는 바 모든 것은 다 잘못된 것이다. 만일 너희들 생각이 다 올바르지 않은 줄 알고 그 생각 분별들을 모두 부처님 전에 바쳐 마음이 다 비워질 때, 우주의 밝은 빛인 부처님을 볼 수 있느니라."•

• "須菩提 於意云何 可以身相 見如來不 不也世尊 不可以身相得見如來 何以故 如來所說身相 卽非身相 佛告須菩提 凡所有相皆是虛妄 若見 諸相非相 卽見如來."《금강경》제5분.

마음 바치는 법이란 평소 방심치 않고 자기 마음 들여다보며 올라오는 마음에다 대고 '미륵존여래불, 미륵존여래불' 하며 부처님께 마음 공양 올리는 것이다. 사람의 분별은 8만 4,000가지가 있는데 이런 업장분별業障分別들이 올라올 때마다 하나하나 부처님께 바치면, 바치고 난 밝음의 자리가 바로 여래如來이다.

부처님을 형상으로 보지 말라니? 그러면 부처님은 어떤 분이신가. 그것은 부처님을 결코 그려 갖지 말라는 것이다. 부처님을 마음속으로 그린다면 그건 자기 맘대로 그린 자기 생각일 뿐이요, 자기 생각으로 그려 가진 부처님은 결국 컴컴한 자기 마음밖엔 안 될 것이다. 그러므로 부처님을 상상하여 그려 갖는 것은 컴컴한 마음을 연습하는 것이다. 그러므로 마음속으로 부처님을 향할 때는 상상하는 것 없이 다만 '부처님' 하도록 할 것이다.

절에 가서 부처님께 절을 하는 것도 마찬가지다. 절에 가서 절을 하는 것은 등상불等像佛이 있어서 마음이 허하지 않기 때문이다. 불상이 없다면 절할 마음이 나지 않을 것이다. 그러나 부처님이 절을 좋아하신다면, 물레방아 앞에다 부처님을 조성해놓고 거기서 자꾸 방아를 찧으면 부처님이 좋아하실 것 아닌가. 절하는 것이나 불공하는 것은 바로 절이나 물건을 통하여 자기 마음을 바치는 연습을 하는 것이다.

그렇다면 부처님께 어떻게 절하는 것이 좋을까. 예를 들자면, 부처님 등상을 조성해놓았으니 등상에는 마음이 없어야 할 텐데, 절을 하면서 자기 마음을 빼다 마음 없는 등상불에 붙여놓는다. 등상불은 마음이 없어야 할 덩어리인데 마음을 받았으니 도깨비가 될 것이다. 반면에 자기는 사람이니까 마음이 있어야 할 텐데 마음을 빼서 부처님 등상에 보냈으니 그만 허깨비가 된다. 그래서 도깨비와 허깨비가 수인사修人事하고 끝나게 된다.

허깨비하고 도깨비가 종알종알해보았자, 거기에는 재앙밖에 일어날 일이 없을 것이다. 그럼 어떻게 해야 할까. 바로 아무런 상상도 하지 말고 '부처님' 하는 그 마음에 대고 절할 줄 알아야 한다.

이처럼《금강경》의 큰 뜻은 제3·4·5분에서 말씀하셨고, 여러 번에 걸쳐《금강경》을 수지독송하거나 다른 사람에게 이야기해주면 그 공덕은 헤아릴 수 없이 많다고 말씀하셨다. 그러나 이처럼 밝은 부처님의 말씀을 남을 위해서 전해주는 경우에도, 자기가 그렇게 했다는 생각은 바쳐라. 왜냐하면 그 생각이란 허망한 것이기 때문이다.

그대의 모든 생각은 다 꿈, 허깨비, 물거품, 그림자 같은 것이며 이슬이나 번갯불처럼 곧 사라지리니, 그대 마땅히 이같이 보아라.•

• "一切有爲法 如夢幻泡影 如露亦如電 應作如是觀."《금강경》제32분.

응무소주 이생기심

흔히 '불교는 몹시 어려운 것'이라고들 한다. "왜 어려운 것이냐?" 물어보면, "어디든지 마음을 두지 말고 마음을 내라[應無所住而生起心]니, 그걸 어떻게 하라는 거요?"라고 대답한다.

나는 "밝은 이를 공경하겠다는 마음이 날 때, 그 순간 제 몸뚱이라는 것이 잊어버려진다. 그래서 그때, 그 순간에 주함(머무름)이 없이 그 마음을 내는 것이 바로 어디에도 마음을 두지 않고 마음을 내는 것이다"라고 말해준다.

"범소유상이 개시허망이니, 모든 상이 상 아닌 것으로 보면 곧 여래를 보느니라" 하는 말이나 "응당 주함이 없이 그 마음을 내라"는 말은 다르지 않다. 다만 앞의 말이 순전히 네거티브negative, 소극적이라고 한다면, 여기 이 말[應無所住而生起心]은 순전히 적극성을 띤 것이다.

또 "모든 상이 상 아닌 것으로 보면 곧 여래를 보느니라" 하는 것은 자기 자체를 정화하는 것, 곧 자기 스스로가 안심安心을 얻을 수 있다는 말이고, "마음에 머묾이 없이 그 마음을 내라"는 것은 곧 (세상에 대하여) 적극성을 띠게 되는 말이다. 그래서 불교는 처음에 자기를 정화하고 그다음에 세계를 정화한다고 말하는 것이다.

《원각경》에서 말하는 ‘ ‘일신이 청정하면 다신이 청정하고[一身清淨故多身清淨]”, 즉 한 몸뚱이가 조촐하면 많은 몸뚱이가 조촐하고, “일세계가 청정하면 다세계가 청정하다[一世界清淨故多世界清淨]”, 즉 한 세계가 조촐하면 많은 세계가 조촐하다는 것 역시 이런 원리를 말한 것이다.

---

* 《원각경》〈보안보살장普眼菩薩章〉 내용.

내가 없는 법[無我法]을 통달한 자가 진실한 보살이다

이 '내(나)'라는 한 마디에는 탐·진·치 삼독이 구족하니까, '내가 없는 법'을 통달할 것 같으면, 이것이 진실한 보살이다.

'보살'이란 무엇이냐? 위로 부처님 지혜를 구하고 아래로 모르는 이를 가르쳐 주는* 이다.

　그러면 모르는 이를 가르쳐 준다는 것이 어떤 것이냐? '부처님의 마음을 즐겁게 하려고' 모르는 이를 가르쳐줄 것 같으면, 제 마음에 '밝은 이'를 징徵(새김) 할 것이다.

　그러나 '모르는 이를 자기가 가르쳐 주겠다' 하게 되면, 제 마음에 '모르는 이'를 증 하니까, 결국은 자기가 모르는 사람이 되게 된다. 남을 제도한다는 생각을 일으키면 저는 모르는 사람이 되게 되니까, 부처님 국토를 장엄할 수가 없다.

• 　상구보리上求菩提 하화중생下化衆生.

《금강경》은 왜 읽는가?

한번은 어느 학인이 "《금강경》은 왜 읽는 건가요?" 하고 물었다.

그래서 나는 "너 하루에 얼마 정도 너를 위한 시간을 내고 사느냐? 단 10분이나 한 시간이라도 순전히 너만을 위한 시간을 가져봤느냐? 《금강경》을 읽는 시간이 바로 그 시간이다. 그래서 30분, 한 시간 동안 《금강경》을 읽되, 읽으면서 그걸 들고 앉았으면 네가 오늘 뭘 생각하고 뭘 했는지, 오만 궁리나 생각이 전부 거기 묻어 나온다. 그것을 보라고 한 것이니라.

그래서 저녁에 경을 읽으면 하루 동안 한 일이 다 정리가 되고, 아침에 경을 읽는 것은 새날로서 새 일을 하기 위한 준비를 하며 하루 내내 재앙이 없으라는 뜻으로 읽는 것이다. 자기를 오롯이 보기 위해서, 자기 정리를 위해서 경을 읽느니라. 자기 분별을 다 바치는 일이고 바쳐지는 일이다"라고 일러주었다.

우리 속언俗言에도 그런 말 많다. 새벽에 일찍 일어나는 사람 치고 골치 안 밝은 사람이 없고, 밤중에 늦게 자는 사람치고 밝아지고 재앙이 없는 사람이 적다.

그거 왜 그럴까? 이 우주에는 태양과 달과 같은 게 있어서,

태양 기운이 시작해 오를 적에 태양을 안 보도록 눈을 감으면 신경이 예민해져서 여러 병이 발생한다는 것은 아마 정신을 다루는 사람들이 많이 설명한다. 그러니까 낮에 눈을 뜨지 않게 되면 그만큼 밝은 거 연습하는 것이 적어지고, 밤중에 눈을 감지 않으면 그만큼 껌껌한 거 연습하는 시간이 많다는 것이다.

그러니 이것은 무엇을 말하는 것이냐? 밝은 것을 자꾸 연습하면 밝아지고, 껌껌한 것을 연습하면 껌껌해지는데, 아침에 일찍 일어나는 사람은 밝은 기운을 자꾸 연상하게 되니까 그 사람은 재앙이 적어지고, 밤중에 늦게 자는 사람들은 껌껌한 기운을 연습하게 되니까 그만 껌껌해진다. 밝은 마음이 원인이 되어서 결과로 오는 것을 복福이라고 한다면, 껌껌한 마음이 원인이 되어서 오는 것을 화禍라고 하고 재앙이라고 할 것이다.

그래서 우리가 이《금강경》을 읽는 것은, (밝음 그 자체나 마찬가지인) 2,500년 전 석가여래를 향해서, 우리가 자꾸 아침저녁으로, 시간 있는 대로 자꾸 연습하는 것이다.

이 연습을 하면 어떻게 되느냐? 마치 장님에게 자꾸 해를 향해서 환한 생각을 해보라고 하는 것과 같다. 피부가 신진대사로 바뀌는 데 걸리는 시간이 1,000일이라면, 1,000일의 한 10분의 1(100일)만 연습해도 그 마비됐던 신경이 다시 흥분이 된다는 의학 기록이 있는 것과 마찬가지로,《금강경》을 읽으면 우리의 감각도 자꾸 밝아지는 것이다.

7회 독송

"선생님, 저희는 수 주일 전부터 《금강경》을 하루에 일곱 번씩 읽기로 정해놓고 계속 공부를 해왔는데 며칠 전 불가피한 일로 일곱 번을 채우지 못한 뒤부터는 전보다도 더 힘이 들고 잘 안 읽힙니다."

어느 학인이 묻기에 이렇게 말하였다.

"너무 기를 쓰고 하려고 하니까 그렇지. 그래서 내가 늘 그러지 않든? '공부를 잘하겠다' 하면 탐심이고, '왜 안 되나' 하면 진심이라고. 본래 성인에게는 다섯 번이니 일곱 번이니 하는 분별이 없는 것이다."

생각할 수 있는 모든 것은 다 거짓말

법문할 때에 《금강경》 제5분의 '4구게'를 가끔 인용하였다.

"'네가 생각할 수 있는 모든 것은 다 거짓말이다. 그리고 그게 다 거짓말인 줄 알 것 같으면, 부처님의 마음을 알 수 있을 것이다.' 이게 무슨 말인지 알겠느냐?"

"잘 모르겠습니다."

"잘 몰라? 그럼, 이건 무슨 뜻이지?" 하고는 시 한 구절을 천천히 인용하셨다.

매화 가지 위에

밝은 달이 걸렸는데,

매화를 보고 나니

달은 이미 간 곳 없네.

"무슨 뜻인지 잘 모르겠습니다."

"그래 앞의 말과 같은 뜻인데…. 억지로 알려고 하지 말고 자꾸 바쳐라."

세포는 마음 씀에 따라 바뀐다

깊은 바닷속, 햇빛이 한 점도 들지 않는 암흑 속에서 물고기들이 산다. 이들은 알에서 깬 지 1,000일이 지나면, 고기 세포가 발광 세포로 탈바꿈되어 스스로 바다 밑의 어둠을 밝히며 살아간다. 어떻게 그와 같이 될까? 그것은 주위의 암흑 때문에 물고기들의 마음이 늘 밝음을 향해 있기 때문이다.

우리 몸의 세포는 신진대사를 통해 일정한 주기로 바뀐다. 살의 세포가 완전히 바뀌는 데에 대략 1,000일, 뼈의 세포가 바뀌는 데에는 그 세 배인 3,000일, 뇌의 세포가 바뀌는 데는 다시 그 세 배인 9,000일이 걸린다. 수도자가 여느 사람들과는 달리 살결도 부드럽고 청정해 보이는 것은 이와 같은 이유일 것이다.

환골탈태 기간과 육신통과 견성

마음이 육신의 애착을 따라 탐내는 마음과 성내는 마음과 자기 잘난 마음을 연습하며 살아가면 얼굴도 그 마음을 닮아간다. 그러나 부처님 광명을 향해서 공부하면 마음이 밝아져서 얼굴과 몸 전체가 부처님을 닮아간다.

마음이 1,000일 동안 부처님을 향하면 고기 세포가 바뀌고 3,000일 동안 공부하면 뼈 세포가 바뀐다. 9,000일 동안 밝은 광명을 향하면 대뇌 세포가 모두 바뀐다.* 이것을 환골탈태換骨奪胎, 도통道通이라고 한다.

날씨나 기후에 따라 마음이 변하는 경우가 많다. 봄·가을은 업장業障(전생에 지은 악한 행위의 과보로 금생에 받는 장애)이 자주 일어나는 계절이다. 계절에 따라 마음이 변하지 않게 되기까지 마음을 닦는 데 3년이 걸린다.

3년만 잘 닦으면 환절기 때 마음이 흔들리지 않는다. 우주가 변화하는데도 마음이 흔들리지 않을 정도로 줏대가 섰다

---

* 현대 의학에 따르면 인체의 세포 수명은 조직별로 차이가 있는데, 예를 들면 피부 세포는 2~4주, 혈액 세포는 3~4개월, 뼈 세포는 10년, 근육 세포는 15년 정도다.

면 그 사람은 대단한 능력자다. 잘 닦으면 아상이 녹아 자기 마음에 분별이 없기 때문에 우주의 분별이 휘몰아치더라도 마음이 흔들리지 않는 것이다.

만일 그대가 1,000일 동안 방심하지 않고 한마음으로 닦는다면, 그대가 지금보다 훨씬 지혜로운 사람이 되어 몸뚱이에 관련된 모든 문제를 해결할 수 있으며, 자기의 몸이 어디에서 왔고 어떤 원인으로 그렇게 구성되었는지를 알게 될 것이다. 이것을 숙명통宿命通이라고 한다. 숙명통이 나서 자신의 전생을 알게 되면 남의 전생도 알게 되는데, 그 정도가 되면 이미 아상이 없어져서 자신과 남의 구별이 사라지기 때문이다. 이때가 탐심이 다 소멸한 때라 할 것이다.

만일 그대가 3,000일 동안 한마음으로 닦는다면, 뼈의 세포가 모두 바뀌면서 지혜 또한 성숙하여 자기 마음의 정체를 볼 수 있게 된다. 자기 마음이 어떠한지를 알게 되면 다른 사람의 마음도 알 수 있게 되는데, 이것을 가리켜 타심통他心通이라고 한다.

마음이 육신에 붙어 있는 것을 흔히 '마음' 또는 '분별심'이라고 한다. 이것이야말로 온갖 재앙을 일으키는 장본인이지만, 육신에서 벗어난 마음은 '성리性理'라고 한다. 똑같이 마음이라 하지만 그 성질은 매우 다르다.

누구나 100일만 공부하면 견성을 한다. 견성이란 자기가 자기에게서 나오는 마음(생각과 감정)을 읽을 수 있는 걸 말하는데, 이는 배고플 때 배고픈 마음을 아는 것, 상대방이 미울 때 미운 마음이 나온 걸 아는 것이다. 바로 자기 성품을 보는 것이니 이를 견성이라 한다.

만일 9,000일 동안 한마음으로 닦는다면, 어두컴컴한 것들로 이루어진 몸과 마음이 모두 환골탈태하게 된다. 이것을 누진통漏盡通이라고 하는데 이러한 경지는 여느 사람으로서는 측량할 수 없다. 누진통을 얻은 이의 말과 행동은 그야말로 신통神通이라고 할 수밖에 없다. 이때가 진심의 뿌리까지 다 소멸한 때라 할 것이다.

《금강경》을 읽으면

침술을 배우고자 한다면 침술 서적을 부지런히 읽어 그 글쓴 이의 마음과 상통이 될 때 침술을 배웠다 할 수 있고, 이때야 비로소 시술이 가능한 것이다. 《금강경》을 부지런히 읽는 것은 《금강경》을 설하신 석가여래의 마음과 상통하기 위함이다.

부처님의 경전을 읽으면 전세의 죄업을 소멸하고 혜안이 통투通透된다고 하였다. 평소 《금강경》을 많이 읽으면 《금강경》의 법력에 의해 점점 읽기가 수월해지고 재미가 나며 기분이 상쾌해져서 재앙이 소멸되는 것을 느낄 수 있다. 《금강경》은 밝으신 이의 법이기 때문에 그것을 읽으면 해탈 탈겁脫劫이 된다. 《금강경》을 '읽어서' 뜻을 모른다 해도 밝으신 이의 법을 믿고 지키는 것이니 마음이 밝을 징조인 것이다.

새벽 3시는 문수보살文殊菩薩*이 법문하는 시간이다. 이때 맞추어 일어나서 《금강경》을 읽을 수 있다면 더욱 좋을 것이다.

---

* 석가모니 부처님의 왼쪽에 있는 지혜를 상징하는 보살로, 오른쪽의 행원行願을 상징하는 보현보살과 함께 삼존불三尊佛을 이룬다.

《금강경》은 12시간 살도록
플랜 정하는 데 필요한 것

순간순간에 진실하면 걱정이 없다.

몸뚱이 착이 많은 사람에게는 하루 12시간만 살게 설계해 주면 아주 좋다. 그런데 12시간은 좀 많으니까, 그저 한 10분씩만 살아도 대단히 편안할 것이다. 10분, 10분에 빚만 안 지면 그 10분이 많이 모여서 100년에 빚을 안 질 수 있는데, 그렇게 하자면 너무 촉박하고 그러니까, 그저 12시간만 살면 아주 재미있을 것이다.

이 《금강경》은 우리한테 12시간 살도록 플랜plan 을 정하는 데 아주 필요하다. 그래서 아침 먹고 아침 먹은 것만큼 값하고, 점심 먹고 점심 먹은 것만큼 값하고, 또 저녁 먹고 저녁 먹은 것만큼 값하면, 빚도 지지 않고 또 복도 없어지지 않고 그대로 다 편안할 것이다.

그래서 12시간만 잘 살면 되겠는데, 이들이 100년, 1,000년을 사니까 시비가 일어나고 전쟁이 일어나고 이렇게 된다.

《금강경》수행자의 자세와 수행 단계

《금강경》을 어떻게 읽어야 할까?

2,500년 전에 적어도 정신과 육체가 모두 건전한 석가여래가 당신 제자를 데리고서 이 이야기를 하셨다는 사실을 믿어서 의심하지 말라, 이것이 첫째 조건이다.

둘째 조건은, 나도 그 제자들 중에 있어서 그분의 말씀을 직접 듣는다고 생각하고 듣되, 그 말씀을 알려고 노력하라는 것이다.

셋째 조건은, 안 것을 실행하라는 것이다. 남의 얘기를 들으면 다 아는 것 같지만, 글로 써보면 들어서 아는 것과는 엄청나게 차이가 있다. 또 글로 써봤다가도 실제로 실행해보지 않으면 그 내용을 잘 모른다.

실행하는 방법은 이렇다. 1,000일에 피부가 신진대사로 한 번 바뀐다니까 1,000일을 하는데, 다 하자면 벅차니까 1,000일의 10분의 1쯤을 정해서 한 100일을 연습하면 100일 동안에 무엇이 달라졌나 보고, 그것을 염두에 두고 또 두 번째 100일을 해보고, 세 번째 100일을 해보고, 네 번째 100일을 해보면 자기도 모르는 사이 어느 때 글자를 모르는데도 느닷없이 '이런 말씀이구나' 하는 생각이 나오기도 한다. 여기서 느닷없이 나온다는 것은 우리의 경험에서 나온다는 말이 아니라, 현실에서 바로 나오므로 느닷없이 나온다고 한 것이다.

그래서 《화엄경》에서도 신信·해解·행行·증證의 네 가지 수행 단계를 말한다.

첫째 믿고[信], 믿음이 모든 공덕의 어머니라고 하였다.

그다음, 부처님의 말씀을 잘 알려고 해야 한다. 잘 알려고 원을 세울 때 참뜻을 이해할 수 있게 된다[解].

셋째는, 안 것을 실행에 옮기는 것[行]이 중요하다. 그러면 분별심, 즉 아상이 사라지며 깨달음도 얻게 된다. 자기가 알아 가진 것을 결정을 받아서 다시 없어지지 않게 하는 것을 '증證'이라 한다.

그러므로 깨달음을 얻었다 하더라도 그 깨달음이 올바른 깨달음인지 잘못된 깨달음인지 반드시 선지식(깨달을 수 있도록 이끌어주는 좋은 스승)에게 검토받아야 한다.

신, 해, 행까지는 닦는 사람이 할 수 있지만, 증은 오직 주세불主世佛이 계셔서 "너는 이러저러한 정도에 갔구나, 너는 이러이러하니까 다시는 미迷하지 않겠구나" 같은 것을 말씀해 주셔야 그것이 영생을 가는 길에 도움이 된다.

식색, 수면욕과 잠들기 직전 공부

탐·진·치는 곧 식색食色(식욕과 색욕)으로 압축된다. 또 식색은 먹고[食] 자는 것[睡眠]으로 압축된다. 따라서 먹고 자는 착을 해탈하게 될 때 큰 자유가 올 것이며 지혜롭게 되리라.

밤중에 의식을 잃고 잠에 빠지는 것을 해탈하기 위해서는, 일부러 눕지 않고《금강경》읽는 연습을 하라. 그러나 이와 같은 수행은 초보자에게는 적합하지 않다. 상당 기간 수행하여 몸뚱이를 조절하는 능력이 생겨서 되어질 때 시작하는 것이 좋다.

잠들기 직전에 하는 공부는 잠자는 동안에도 계속 연장된다. 밤새껏《금강경》을 읽으면서 자신도 모르게 잠이 들지언정 일부러 잠을 청하지는 말아라. 이것이 습관이 되면 점차 어둡니 밝니 하는 구분이 없어지고, 깨어 있는 상태와 잠들어 있는 상태가 다르지 않게 된다. 그리고 모른다는 마음의 분별심은 사라지고 아는 마음으로 바뀐다.

경을 읽었더니 몸이 아픈 이유

어떤 사람이 《금강경》을 하루 스물한 번 읽자, 반신半身이 서서히 마비되어 오면서 골의 반쪽이 빠개지도록 아팠다. 그래서 나를 찾아와 물었다.

"《금강경》 읽으면 좋다고 하셔서 열심히 읽었는데 이제 죽는 것 아닙니까? 제가 도대체 왜 이렇게 아픈지 이유를 모르겠습니다."

그래서 그 사람에게 아픈 원인을 말해주었다.

"네가 세 살 때 네 오라비 뒤에서 썰매를 타다가 얼음이 꺼져서 물에 빠졌던 일이 있었다."

아주 어렸을 때 일이고 아무도 말해주지 않았기 때문에 그는 전혀 모르는 일이었다.

"그때 네 오라비는 헤엄쳐서 빠져나오고 너는 얼음 밑으로 가라앉았다. 주위에 어른은 없고 전부 애들뿐이라, 큰 애들이 짚에다 불을 붙여 얼음을 녹여서 간신히 얼음장을 깨고 널 들어냈는데, 너는 벌써 몸이 뻣뻣하게 죽어 있었다. 애들이 겁을 집어먹고 부모에게는 알리지 못한 채 네 육신을 논둑에다 걸쳐놓고 있는데, 네가 어떻게 된 것인지 기적적으로 살아났다. 그때 받은 충격이 지금 빠져나오느라고 네 몸이 그렇게 아픈 것이다. 그것이 빠져나오지 않으면 나중에 풍風이 와서 반신불수가 되고, 이 생뿐만 아니라 몇 생을 고생할 것인데, 네가《금강경》을 열심히 읽은 공덕으로 머리 아픈 것으로 해결이 됐으니 얼마나 다행이냐?”

그 사람이 집에 가서 어머니와 오빠에게 물어보니, 말하지는 않았지만 어릴 때 그런 일이 있었다고 대답했다. 자신이 기억하건 기억하지 못하건, 마음에 사진처럼 새겨 박았던 것이 빠져나갈 때는 그것이 활개를 치며 빠져나간다. 그 일을 당할 당시의 아픔이 생생히 재현되면서 그게 해결된다. 그 사람이 아팠던 것도 당시의 아픔이 재현된 것이다.

《화엄경》공부의 부작용

금강산 수도에서 나 자신의 모습을 본 나는 더욱 분별심을 소멸해가는 공부를 계속함에 따라, 여러 전생의 내 모습을 알 수 있게 되었다. 또 다른 사람의 전생도 알게 되었다. 알고 보니 나는 여러 생《화엄경》*을 공부한 사람이었고, 많은 사람들로부터 여러 생《화엄경》의 대가라는 소리를 들었다.

《화엄경》의 대의大義는 '통만법 명일심統萬法 明一心'이라고 한다. 곧 '밖으로 만 사물의 모든 이치를 꿰뚫어 안으로 본래의 한마음을 밝힌다'는 뜻이다.

그런데 놀랄 일은 나를 따라《화엄경》을 공부한 사람들이 대부분 그 후생에 큰 고통을 받는다는 사실이었다. 어째서 모든 불법의 대의를 다 담고 있는 최상승 경전인《화엄경》을 공부한 사람들이 후생에 오히려 고생스럽게 살까?

물론 경의 잘못은 아니었다.《화엄경》을 공부하는 사람들의 마음이 문제였다.

---

* 원이름은《대방광불화엄경大方廣佛華嚴經》이다. 대승불교 초기의 중요한 경전으로 한역본은 불타발타라佛陀跋陀羅가 번역한 60권 본(418~420), 실차난타實叉難陀가 번역한 80권 본(695~699), 반야般若가 번역한 40권 본(795~798)이 있다.

《화엄경》은 마음 닦는 방법을 가장 완벽하게 잘 설명한 경전이다. 또 부처님의 웅대한 삶을 잘 나타낸 경전이기도 하다. 그러나 《화엄경》을 읽는 사람들은 《화엄경》의 가르침대로 마음을 닦으려 하기보다는 부처님의 웅대한 살림살이에 취하게 되기 쉽다. 그래서 '아, 부처님은 훌륭하시구나'라고 공경심을 내기보다는 자신이 마치 부처님이 된 것처럼 착각하기 쉽다.

　《화엄경》에 나타나 있는 부처님의 웅대한 살림살이를 읽다 보면, 뜻은 하늘처럼 커지지만 몸으로는 거기에 합당한 복을 짓지 못하고 땅에 처져 있어서 몸과 마음이 균형을 이루지 못하게 된 것이 원인이었다. 여기서 문제가 생긴다. 마음은 부처님처럼 커졌는데 몸은 여전히 하찮은 중생에 머물러 있다면 그 후생의 삶이 당연히 고생스러울 수밖에 없다.

《화엄경》에서 《금강경》으로

1945년 8월, 우리나라가 해방되었다. 나의 소원이 이루어진 것이다. 해방의 소식을 듣고 '아! 성공했구나!' 생각했다. 그 순간 '더 살아서 무엇 하나?'라는 생각이 들었다. '성공했구나' 하는 마음은 곧 죽은 마음이었던 것이다.

'성공했으니 앞으로 더 할 일도 없겠지'라고 생각하고 보니, 할 일이 남아 있는 것을 알게 되었다. 이제부터는 《금강경》으로 인연 있는 사람들을 만나 새로운 가르침을 전해주어야겠다고 생각하였다. 《금강경》은 곧 부처님이요, 부처님이 그 안에 계시는 경전임을 깨우치게 된 것이다.

《금강경》 독송의 복과 지혜

이제 《금강경》의 대중화 시대가 도래할 것이다. 불교의 역사가 변할 것이다. 고승들이나 공부할 수 있지, 일반 사람들은 그저 선반 위에 올려놓고 영험을 빌어 소원 성취나 바라고 또 조상 제사 때 십대왕+大王*께 조상 천도를 비는 목적으로 소쇄용으로 쓰던 이 《금강경》을 이제 여러분은 아침저녁으로 독송하고, 일어나는 모든 생각 생각을 '미륵존여래불' 하고 부처님께 바쳐라.

부처님의 밝은 뜻, 그 밝은 부처님의 마음이 담겨 있는 《금강경》을 읽는다면 밝은 원인을 짓게 되고, 원인이 밝으면 결과는 복이요, 지혜가 된다.

100일씩 열 번 1,000일을 하면 깨치게 돼 있다. 《금강경》은 집에서, 또 핸드백에 넣고 다니면서 자꾸 향해 읽기를 권한다. 확실히 효과가 있을 것이다. 이것은 내가 평생 직접 경험해보았고 또 지금까지 가르쳐본 결과로 말한 것이다.**

- 저승에서 죽은 사람을 재판하는 열 명의 대왕으로 진광왕, 초강대왕, 송제대왕, 오관대왕, 염라대왕, 변성대왕, 태산대왕, 평등왕, 도시대왕, 오도 전륜대왕이다.

- 1968년 4월 발행된 초판본 독송본 《금강경》을 앞에 두고 하신 법문이다.

불교의 현대화·대중화·생활화

요새 불교를 현대화·대중화·생활화해야 된다고 깃발을 세우고 야단들인데, 여러분이 이 세 가지를 한다고 깃발만 따라다녔다간 백년하청百年河淸일 것이다. 백년하청이란, 중국에 있는 누런 황하가 100년에 한 번 맑아질까 말까 한다는 것으로 아무리 기대해도 소용없다는 뜻이다. 그럼 "불교의 현대화·대중화·생활화를 하지 말란 말입니까" 그리 물을 것이다.

깃발 세워놓고 소리쳐서 사람 모으고 하는 일은 불교 벼슬을 높게 가진 사람들이나 하는 일이고, 우리는 벼슬도 없고 힘도 없는 처지니 뭐 밖에다가 깃발을 세우고 할 것이 아니라, 우선 방에 앉아 아침저녁으로《금강경》을 읽고 일어나는 생각을 부처님께 바칠 수 있으면, 이것이 불교의 현대화·대중화·생활화의 기초가 되는 것이다. 어째서 그러냐?

첫째, 불교를 현대화한다고 시정에다 신식 법당을 건립해놓았다 해도 건물은 현대화됐을지 모르나 불교가 현대화된 것은 아닐 것이다. 그런데 우리는 각자가 사는 집을 각각의 법당으로 삼아서 아침저녁으로《금강경》을 읽으니 이것이 불교의 현대화이다. 전에는 《금강경》을 아무나 공부하지 못했다. 고승高僧들이나 공부할 수 있는 경이고, 또 영험이 많다는 신비한 경이라고 재 올리는 데나 소쇄용으로 썼지 아무나 공부할 수 있는 경이 아니었다. 그러나 요새 우리는 아무나 공부하고 있지 않은가. 그러니 현대화가 틀림없다.

둘째, 불교의 대중화인데 이것 역시 사람이나 많이 모았다 해서 대중화가 된 것이라고 볼 수는 없다. 또 우리말로 경을 번역하는 것이 대중화의 전부는 아닐 것이다. 석가여래 당시에도 사회 계급에 관계없이 찾아와서 출가하는 이를 다 받아들였고, 또 전생으로부터 지어진 원인들을 소상히 밝혀주어 괴로운 마음을 쉬게 하여 부처님께 귀의케 했는데 이렇게 되면 대중화가 안 될 수가 없는 것이다. 그러니까 대중화 운동을 하려면 먼저 깨쳐서 밝은 이가 있어야 한다.

예를 들어 장님이 길을 인도하면 거기 따르는 장님 대중은 어떻게 되겠는가. 바른길로 가는 것은 고사하고 가다가 시궁창에 빠져버릴 게 뻔하다. 그런데 우리는 일어나는 생각을 때나 장소를 가리지 않고 그 즉시 "부처님" 하고 바칠 수가 있으니 더욱 남녀노소를 불문하고 누구나 할 수 있다. 이것이 바로 불교의 대중화이다.

셋째, 불교의 생활화인데 참선한다고 꼿꼿이 앉아 있는 것으로 생활화를 삼는다면 온종일 꼼짝 안 하고 앉아 있을 수만도 없고, 먹고 자고 생활해야 하는 더욱이 그럴 수가 없으니, 이런 사람들은 불교 생활화하기는 아예 글렀다고 볼 수 있다. 그러나 여러분은 법복을 입은 스님도 아니고 집에 부모, 형제, 처자, 권속, 가솔이 딸려 있는 몸이지만, 아침에 남보다 30분 먼저 일어나 《금강경》 읽고, 또 저녁에는 남보다 30분 늦게 자고 《금강경》 읽고 있다. 낮으로는 주어진 일과 닥치는 모든 일을 싫다 하지 않고 하면서, 일어나는 생각은 모두 부처님께 바쳐 부처님 시봉하는 마음으로 현실에 임한다면, 겉보기엔 속인들의 세상일 같아도 내용은 부처님 일이 되는 것이니, 마음이 밝아지는 것은 당연한 일이다. 이것이 불교의 생활화가 아니고 무엇이겠는가.

이렇게 해서, 끝내는 내 일과 부처님 일이 둘이 아니게 되고, 이것이 《금강경》 잘 깨치고 부처님께 중생심 잘 바쳐 마음 밝힌 결과일 것이다. 결국 불교의 세 가지 운동을 하자는 것도 마음 밝히자고 하는 것인데, 신작로가 뚫렸으니 신작로를 가면 쉽고 빠른데, 옛날에 다녔다고 소로小路만 고집하면 그 사람들을 잘난 사람들이라고 할 수 있겠는가.

여기 있는 여러분 중에 수도를 하기 위해서 성직자가 되려고 하는 사람이 혹 있다면 주의할 일이다. 세간을 떠나 성직자가 되어 불법을 합네 하고 산속에서 울타리를 치고 그곳에서만 생활하면, 불법을 아는 똑똑이는 있을지 모르나 불법을

행하는 것과는 거리가 먼 것이다. 우리는 불법을 한다는 생
각 없이 실제로 하는 것이 참 불법이라는 것을 알아야 한다.

　그래서 《금강경》에도 '소위 불법자 즉비불법所謂 佛法者 卽非
佛法(이른바 불법이라는 것은 곧 불법이 아니다)'라고 했다. 불법이
란 마음 밝히는 방법인데, 형식에 매여 마음이 컴컴해지면
그것은 불법의 뜻이 아니라는 경구이다.

　《금강경》에서 마음 밝히는 방법으로 아상이 없어야 된다고
누누이 강조했다. 아상을 닦으려면 산속에 고요히 앉아 있다
고 되는 게 아니다. '백전영웅지불법白戰英雄知佛法'이라고 한
신라 김유신 장군의 말과 같이 속세라고 하는 이 세간을 여
러분의 수도장으로 삼고 가솔과 인연 권속들을 스승이요, 도
반으로 삼아 여섯 가지 바라밀행으로 선법을 닦아나간다면
이것이 곧 불법을 행하는 것이고, 마음이 밝아져서 지혜가
확충되는 길이다. 또 아무리 성직자라 해도 생각이 세간을
향해 있으면 출가한 성직자로 볼 수가 없고, 비록 세간에 있
는 범부라고 해도 생각이 늘 부처님을 향해 있으면 그 사람
은 곧 범부가 아니라 출가자이다.

　그러니 여러분도 마음 밝히는 공부는 겉모습으로 성직자
라야만 하는 것이 아니란 것을 알았으니, 법당이 없어 공부
를 못 한다거나 시간이 없어 공부를 못 한다는 그런 어리석
은 생각은 하지 않을 것이다.

옛날 불가에서 전해져 오는 말에,

'첫째, 사람 몸 받기 어렵고

둘째, 사람 몸 받아도 장부 몸 받기가 어렵고

셋째, 장부 몸 받았어도 불법을 만나기가 어렵고

넷째, 불법까지 만났어도 선지식 만나기가 어렵다'라고 해서 이것을 4난득四難得, 즉 네 가지 이루어지기 어려운 일이라고 전해져 내려오고 있는데,

우리는 지금

첫째, 사람 몸은 받았고

둘째, 장부 몸인데《금강경》으로 닦는 사람은 반드시 장부라야만 한다고는 안 했다. 그저 선남자 선여인이면 다 자격이 되니까 쉽게 말해서 남녀노소를 불문한다 했다.

셋째, 불법을 만났으니 이 자리에 모여 있고

넷째, 선지식 만나기가 어렵다고 했는데《금강경》을 독송하고 일어나는 생각은 그저 부처님께 바쳐 마음 밝아지는 길로 들어섰으니 네 번째 문제도 해결되었다.

이 길로 100일만 따라가도 오랜만에 만나는 사람들로부터 "저이가 많이 달라졌네. 어떻게 100일 만에 저렇게 훤하게 달라질 수가 있어!" 하는 인사를 받게 된다. 이것은 이 공부를 해본 사람들의 경험담이다. 100일만 해도 그런데 하물며 1,000일을 했다고 치면 더 말할 것도 없지 않겠는가.'

• 1968년 4월 영등포구 노량진에서의 열린 대중법회에서의 법문이다.

수행도 공경심이 있어야 한다

신라 때 12세 된 아이가 중국에 가서 글을 배웠는데, 어찌나 글을 잘했는지 그가 24세가 되어 귀국할 때 중국에서 벼슬을 받았다. 그 벼슬이 금자광록대부金紫廣祿大夫였다. 당시 중국이 신라 임금에게 내리던 벼슬이 은자광록대부銀紫廣祿大夫였으니, 이 청년은 신라 왕보다 높은 벼슬을 받은 것이다. 이분이 바로 한문 잘하기로 유명한 고운孤雲 최치원崔致遠 선생이다. 지금도 경상남북도에서는 한문을 잘하고 싶으면 고운 최치원 선생의 〈사산비명四山碑銘〉*을 읽으라고 한다.

해인사의 어느 중이 한문을 잘하고 싶어서 〈사산비명〉을 자꾸 앉아 읽었다. 한 100여 일 동안 그렇게 읽었는데, 하루는 흰 수염이 길게 늘어진 노인이 지팡이를 짚고 나타나 한참 섰더니 그에게 말을 걸었다.

"너 지금 무엇을 읽고 있느냐?"

"〈사산비명〉을 읽고 있소."

---

* 최치원이 지은 비문 가운데 자료적 가치가 높은 4편을 모아 엮은 금석문집이다.

"누가 지은 것인고?"

"최고운이 지었소."

그러자 노인은 더 말을 하지 않고 사라져버렸다. 그렇게 읽기를 다시 100여 일 하자 먼저 그 노인이 다시 나타나 똑같은 말을 붙였다. 중이 지난번과 마찬가지로 최고운이 지었다고 하니 노인은 다시 사라졌고 세 번째로 나타났을 때였다.

"너 무엇을 읽느냐?"

"〈사산비명〉이오."

"누가 지은 것인데?"

"최고운이 지었소."

"이놈아! 그래, '최고운 선생님이 지었습니다' 그렇게나 좀 말하려무나" 하고 꾸짖더니 사라졌다.

그때 노인이 지팡이를 들어 그의 머리를 건드렸는지 어쨌는지, 그 후 그는 멍청해져서 '최고운, 최고운' 하는 말만 중얼거리며 돌아다녔다고 한다.

그러니, 그런 말씀을 읽을 땐 공경심을 가지고 읽어서 우리나라 사람들이 골치가 퍽 밝아졌다. 그것을 일종의 '즉심시불 即心是佛(이 마음이 부처다)'이라고 하는 것이다. 그거 한 마음 자기가 전하는 것인데, 공부를 할 때에 공경심이 없으면 마음이 모이질 않는다. 그러면 최고운이 해인사 가야산에서 육신등공肉身騰空*을 해서, 귀신이 되어 거기 그렇게 왔을까? 그건 아니지. 그 중은 한문을 빨리 배울 욕심만 가득 있었지, 그 글 지은 사람에 대한 공경심이 없으니까, 자기 자체의 모순을 나타낸 것이다. 그런 것은 마음 좀 닦아보면 대략 알 수 있는 문제들이다.

---

* 육신을 가진 채 그대로 하늘로 올라가는 것을 말한다. 신라 출신 김가기가 중국 종남산에 가서 도를 닦아 신선이 되어 사람들이 다 보고 있는 대낮에 승천[白日昇天]하였다는 기록이 있다. 신선 중에서도 최고 등급이 백일승천 인데, 육신등공과 비슷한 의미이다. 유명한 에밀레종을 조성한 성덕대왕의 형인 보천태자는 오대산에서 좋은 샘물로 차를 달여 먹고 불보살들에게 차 공양을 하며 수도한 덕에 육신등공을 했다고 《삼국유사》에 전해진다. 그 외에도 불가에는 육신등공한 여러 스님들의 이야기가 전해진다.

미륵존여래불, 부처님께 마음 바치는 공부

'미륵존여래불'은 석가여래 부처님이 마음 두신 곳이다. '미륵존여래불' 염송은 그 마음을 부처님께 바치는 행위요, 모르는 마음을 아는 마음으로 바꾸는 행위이다. 무슨 생각이든 부처님께 바치되, 알아지는 것이 있어도 또 부처님께 바칠 뿐 자신이 갖지 않아야 한다. 올라오는 순간순간의 마음을 바칠 뿐이다.

2

'미륵존여래불'은

수도하는 사람에게 가장 필요한 마음 자세가 무엇인가?

그것은 남에게 베푸는 마음도 아니요, 계율을 철저히 지키는 마음도 아니요, 용맹정진하는 마음도 아닌, '부처님에 대한 절대 공경심'이다. 부처님에 대한 공경심이 수도인이 가져야 할 가장 중요한 마음가짐임을 알게 되면서, '미륵존여래불'이 어떤 존재인지 깨치게 되었다.

미륵존여래불은 본래 인도와 말레이반도 사이에 있던 섬나라 '안다만Andaman'의 왕자였다. 가무잡잡한 피부의 이 어린 왕자는 인도 대륙에 부처님이 출현하셨다는 소문을 듣고 대나무로 만든 배를 타고 벵골만을 건넜다. 거기서 다시 갠지스강을 거슬러 올라가 바라나시 근교의 녹야원까지 가서 부처님의 회상會上에 참여하였다.

하루는 부처님께서 출타하셨다 돌아오니, 부처님을 향하고 있는 대중 모두가 환한 빛을 발하는 것이 부처와 조금도 다를 바가 없었다. 그래서 그들의 밝음을 칭찬하시며 "보라, 그대들이 한마음으로 부처님을 향하니 그대들 마음이 바로 부처로구나. 제 한마음 닦아 성불이로다"라고 말씀하셨다.

순간, 대중들의 마음에 밝음이 일시에 사라지더니 다시 캄 캄해지고 말았다. 모두가 '자기 마음 닦아 성불한다'는 부처 님의 말씀을 듣는 순간, 그들의 마음에는 '아하! 그렇지. 바로 내 마음이지' 하는 치심癡心이 일어난 것이다. 밝은 부처님을 향했던 마음이 도로 캄캄한 제 마음을 향하다 보니 그대로 캄캄해질 수밖에 없었다.

그런데 기이한 일이었다. 다른 대중들은 다 어두워졌는데, 더욱 밝아 보이는 한 사람이 있었다. 부처님께서는 그 마음을 관찰하 셨다. 그 사람은 자기 마음 닦아 자기가 성불한다는 생각이 없 이 "부처님이 안 계셨다면 이렇게 마음 밝아지는 가르침을 어디 서 들을 수 있었겠습니까? 석가여래 부처님, 참 고맙습니다" 하 고 여전히 부처님을 향하였기에 그 마음이 더욱 밝았던 것이다.
 그가 바로 안다만에서 온 어린 왕자였는데, 부처님께서는 그 마음을 보시고 "그대가 앞으로 많은 사람을 밝게 할 것인 데, 그때 가서 사람들이 그대를 '미륵존여래불'이라고 부를 것이다" 하고 수기受記(부처님으로부터 내생에 부처가 되리라는 예 언을 받는 것)를 내리셨다.

여기 '미륵존여래불'을 사람이라 생각해서는 안 된다. '석가 여래에 대한 절대 공경심'이 바로 '미륵존여래불'인 것이다. 이것을 깨친 후 나는 사람들에게 '대방광불화엄경' 대신 '미 륵존여래불'을 염송念誦하도록 권했다.

왜 '미륵존여래불'인가?

사람들은 "'미륵존여래불' 하여 바쳐라"라고 하면 "왜 '관세음보살'이나 '나무아미타불'을 부르라고 하지 않고 '미륵존여래불'을 부르라고 하나요? 또 석가여래가 '관세음보살'이나 '나무아미타불'도 하라 하셨으니 '미륵존여래불'도 하라 하셨을 텐데, 왜 기왕이면 '석가여래'를 부르라 하지 않고 '미륵존여래불'을 부르라고 하나요? 그건 무슨 까닭인가요?" 하고 묻는다.

'석가여래'라고 부르는 것도 아주 좋지. 그런데 석가여래 부처님이 "관세음보살을 부르면 좋다" "나무아미타불을 부르면 좋다" 하시니까 사람들 모두가 그저 그 좋은 것만 빼앗아 돌아서지, 행여 그 좋은 것을 가르쳐준 석가여래 부처님께 "고맙습니다" 하는 일은 꿈에도 없어요.

이것이 바로 한두 생生 가지고 밝기가 어려운 까닭이다. 마치 석가여래 부처님께서 "제 한마음 닦아 성불이로구나" 하시니까 그게 좋아서 모두 제 속으로 가지고 들어가기 바빠 고마운 생각은 아예 내보지 못한 것과 같은 일이다.

그러나 "석가여래께서 나무아미타불, 관세음보살을 하라고 하셨으니, 그런 말씀을 하시는 석가여래 부처님은 여간 영검

하시지 않겠구먼" 하며 이렇게라도 마음이 되는 사람은 효과를 보더라는 말이지.

그런데 '미륵존여래불'을 하라고 하니까, 많은 사람들이 "미륵존여래불은 지금 도솔천에 계시다" 하거나, "미래에 오실 미래 부처님"이라든지, "미륵불은 이미 출현하셨다"라든지 하면서 마음에 분별을 일으킨다.

'미륵존여래불' 하는 것은 그 어느 쪽도 아니다. 약삭빠른 사람들의 분별을 깨뜨려주기 위해서 "부처님은 둘이 아니다" 하면, 그들은 얼른 "그럼 부처님은 하나군" 하고는, 하나를 끌어안을 것이다.

바로 그런 사람들이 세상의 종말을 이야기하고 미륵불을 구원불救援佛이라 하여 등에 업고 다니며, 혹세무민惑世誣民하여 사회에 물의를 일으키는 것이다.

'미륵존여래불'은 석가여래 부처님이 마음 두신 곳이다. '왜 미륵존여래불을 하라고 하나?' 하는 생각이 올라오거든, 거기다 대고 '미륵존여래불' 하고 자꾸 바쳐라. 그러면서 스스로 깨쳐보라.

무슨 생각이든지 부처님께 바쳐라

사람들은 마음에 평화와 행복을 얻기 위하여 불교를 신앙한다. 그러나 불교의 궁극적인 목적은 부처가 되는 데 있다. 석가모니 부처님께서 사바세계에 출현하신 큰 뜻도, 고해苦海에서 윤회하는 중생을 제도하여 부처로 만드는 데 있었다. 부처가 되면 중생이 가지는 일체의 번뇌와 고통과 부자유에서 벗어나 원만하고 자유자재하게 된다. 그러므로 성불은 곧 해탈인 것이다.

그러면 성불은 어떻게 해야 하며 해탈은 어떻게 이루어질까? 석가모니 부처님께서는 모든 것을 버리라고 말씀하셨다. '나'를 버리고 탐심과 진심을 버리라고, 아만과 집착과 아집을 버리고 아상을 떠나야 한다고 가르치셨다.

  매에게 쫓기는 비둘기의 생명을 구하기 위해서 자신의 육체를 매에게 던져주시던 당신처럼,* 모든 것을 버릴 수 있어야 성불이 가능하고, 해탈의 길이 열린다고 하셨다. 모든 것

---

* 　부처님의 전생 이야기를 담은 《본생담》에 나오는 이야기로, 부처님이 전생에 어느 나라 '시비왕'이었을 때, 매에게 비둘기 대신 자신의 육신을 보시했다고 한다.

을 버리지 않고는 윤회의 굴레에서 벗어날 수 없고, 피안의 길 또한 아득할 수밖에 없다고 말씀하셨다.

그러므로 나는 여기서 성불과 해탈을 위해 모든 것을 부처님께 바치라고 말한다. 우리는 자신의 모든 것을 부처님 앞에 바칠 줄 알아야 한다. 몸도 마음도 탐욕과 성냄과 어리석음도 부처님께 바치고, 기쁨도 슬픔도 근심도 고통도 모두 바쳐라.

모든 것을 부처님께 바칠 때 평안이 오고, 법열이 생기는 것이다. 오욕五慾*도 바치고 팔고八苦**도 바쳐라. 부처님께서는 우리가 바치는 모든 것을 기꺼이 받아주신다. 그리고 이렇게 모든 것을 바침으로써 부처님의 가르침이 받아들여지는 것이다.

중생의 원인이 되는 무명無明***을 바치면, 부처님의 지혜가 비친다. 부처님의 광명이 우리에게 비칠 때, 우리는 비로소 윤회의 굴레에서 벗어나게 된다. 생사를 바치면, 거기에는 불

---

*   집착을 일으키는 다섯 가지 욕망으로, 재욕財慾 · 색욕色慾 · 식욕食慾 · 명예욕名譽慾 · 수면욕睡眠慾을 일컫는다.

** 사람이 세상에서 면하기 어렵다고 하는 여덟 가지 괴로움으로, 생고生苦 · 노고老苦 · 병고病苦 · 사고死苦 · 애별리고愛別離苦 · 원증회고怨憎會苦 · 구부득고求不得苦 · 오음성고伍陰盛苦를 일컫는다.

*** 세상의 바른 이치[緣起, 空]를 깨닫지 못하는 상태로, 12연기의 첫째 단계로 모든 고통과 번뇌의 근본 원인이다.

생불멸의 영원한 삶이 있다. 모든 것을 부처님께 바치지 않고 자기 소유로 하려는 마음에서 일체의 고통이 따르고 번뇌가 발생한다. 명예를 자기 것으로 하고, 재물을 자기 것으로 하고, 여(남)자를 자기 것으로 하고, 자식을 자기 것으로 하려는 데서 중생의 고뇌가 생긴다.

이러한 모든 것은 영원토록 자기 것이 될 수 없다. 어찌 명예가 재물이, 남녀의 사랑이, 자식이 완전한 자기 것이 될 수 있겠는가? 무상한 중생의 것은 부처님께 바치면, 무상하지 않은 부처님의 지혜와 진리가 대신 내 안에 차게 된다.

모든 것을 부처님께 바치라 함은 우리가 항상 부처님을 모시고 살아간다는 뜻이기도 하다. 부처님과 잠시라도 떨어져 있게 되면 일시에 번뇌와 망상이 생기기 때문이다.

근심 걱정이 본래 없는데 왜 바치라고 하나?

부처님이 세상의 모든 것을 다 아시듯 우리 마음속에도 이 세상의 모든 것을 다 아는 능력이 갖추어져 있다. 그런데 어째서 모르게 되었는가?

우리는 본래 부처님과 똑같이 세상의 모든 이치를 다 아는 능력이 있건만, 언젠가부터 부처님을 등지고 애욕에 물든 삶을 살다 보니 그런 능력을 상실해버리고 무지와 고통 속에서 살게 되었다.

마치 《법화경》의 가섭존자 등 제자들이 말하는 비유와도 같다. 가섭존자는 부처님을 큰 부자[長者]에 비유하였고, 중생을 그 아들이자 궁한 사람[窮子]으로 비유하며 다음과 같이 이야기하고 있다.

> 어떤 사람이 어려서 가출하여 돌아오지 못하고 수십 년을 타국에서 유랑하며 걸식하고 살았다. 아버지는 큰 성의 성주였지만 나이 늙도록 물려줄 자식이 없는 것을 한탄하며 집 나간 아들을 그리워했다.

아들은 유랑 중에 우연히 고향마을에 찾아와 아버지가 사는 성문 밖에서 서성거리고 있었다. 이 사람을 보자마자 아들임을 알아본 아버지가 하인을 시켜 그를 데려오게 하였다. 아들은 자기를 잡아가서 해치려고 하는 줄 알고 겁을 먹고 울부짖으며 반항하다가 땅에 넘어져 기절하고 말았다.

이를 본 아버지는 "그 사람을 쓰지 아니할 것이니 강제로 끌어오지는 말라"라고 하였다. 아버지는 아들의 마음이 얕고 졸렬하여 겁이 많은 줄을 알았기 때문이다.

아버지는 다시 행색을 초라하게 꾸민 하인을 보내 아들을 유인하여 데려와 똥거름을 치고 청소하는 막일을 하게 했다.

어느 날 아버지는 초라한 행색을 하고서 일하는 아들 있는 데로 가서 "너는 이제 다른 곳에는 가지 말고 여기서만 일해라. 품삯도 차츰 올려줄 것이니 걱정하지 말아라. 나를 네 아버지와 같이 생각하고 마음 편히 지내거라" 하고는 아들의 이름도 다시 지어주었다.

그렇게 똥거름 치는 일부터 시작해 머슴살이 하기를 20년. 아들의 마음에 믿음과 친함이 자라나고 뜻이 커져 가자 점차 책임 있는 일을 맡겼다. 그때 아버지는 늙고 병들어서 오래지 않아 죽을 것을 알았다. 어느 날 친척,

국왕, 대신들을 모두 초대한 자리에서 아들을 불러 앞에
세우고 말했다.

"여러분, 이 아이는 내 아들이오. 어릴 때 집을 나갔다가
길을 잃고 타국을 유랑하였소. 그동안 이 아이를 찾느라
애를 쓰던 터인데 뜻밖에 여기서 만났소. 이제부터 내 모
든 재산은 모두 이 아들의 소유이며, 관리도 이 아들이
다 알아서 할 것이오"라고 말하고, 아들에게 재산과 가업
을 물려주었다.

아버지를 버리고 집을 나간 자식이란 무엇을 말하는가? 본래
가지고 있는 능력을 망각하고, 탐내고 성내고 어리석은 짓
을 하며 수많은 고통을 받는 중생을 말한다. 아버지가 계시
는 성에 머물게 되었다는 것은 무엇을 말하는가? 고통을 받
던 그대와 같은 사람들이 선지식을 만나고 《금강경》의 가르
침을 만났다는 이야기를 하는 것이다.

그 아버지는 아들을 데려다 모든 재산을 물려주려고 하였
으나 열등감에 찌든 아들은 자기가 상속자임을 알지 못한 채
놀라고 두려워한다.

마찬가지이다. 모든 번뇌는 착각으로 된 것일 뿐 본래는 실
체가 없다. 그러나 근심 걱정이 본래 없다고 하면 사람들이

쉽게 믿겠는가? 마치 이 아들이 자기 아버지를 아버지라 하여도 잘 믿지 못하듯이, 그대들도 오랫동안 근심 걱정과 하나가 되었기에 근심 걱정이 본래 실체가 없다는 이 말을 잘 믿지 아니한다.

그래서 나는 혜능* 대사의 돈오** 법이 아닌 단계적인 방법으로 부처님께 접근해가는 방법을 택한 것이다. "나는 부처님 시봉하는 사람이다"라고 선언하면서 "궁리를 부처님께 하나하나 낱낱이 바쳐라. 그래서 잘 아니 되면 몸뚱이로 부처님 전에 복 지어라. 마치 옥수수 껍질을 하나하나 벗기는 것처럼 공부하여라"라고 일렀다.

아버지는 아들에게 "너는 나의 아들이고 나의 모든 재산은 너의 것이다"라는 말 이외에 아무 할 말이 없었던 것이다.

그러나 아버지는 열등감에 휩싸인 아들이 이 말을 알아들을 수 없음을 잘 알았다. 그래서 거지가 된 아들에게 거짓 이름을 지어주며, 자신과 친하게 만듦으로써 차츰 아버지라고 생각하게 하듯, 그대들은 무슨 생각이든 부처님께 바치는 공부를 통해서 무시겁의 먼 옛날부터 시작한 열등감에서 차츰 벗어나게 되어 부처님의 아들[佛子]임을 실감하게 되는 것이다.

---

* 중국 선종禪宗의 제6조로서, 육조대사六祖大師라고도 한다. 신수神秀와 더불어 5조 홍인 문하의 2대 선사로 남종선南宗禪의 시조가 되었다. 그의 설법을 기록한 《육조단경六祖壇經》이 전해진다.

** 돈오頓悟란 점진적인 단계를 거치지 않고 단번에 깨닫는 것을 의미한다. 점진적인 깨달음을 가리키는 점오漸悟와 대비되는 개념이다.

이 이야기에서 아버지는, 잘 믿지 못하는 아들에게 전 재산을 물려주며 아버지라고 인정하도록 한다. 그대들도 선지식을 모시고 《금강경》을 공부하면 분명 부처님이 아시듯 다 알아질 것이다. 이제 열등감을 홀홀 벗어던져라. 틀림없이 다 되니 아무 근심 걱정하지 말라.

‘미륵존여래불’은 몰입하는 것이 아니고 배고픈 어린아이가 엄마를 찾아 울듯 하는 것

나를 찾는 이들에게 아침저녁 규칙적으로 석가여래 부처님 앞에서 강의 듣는 마음으로 《금강경》을 읽고, 순간순간 올라오는 생각에 대고 ‘미륵존여래불’ 하기를 권하면 대부분 이렇게 말한다.

"아 그러니까 ‘관세음보살’이나 ‘아미타불’ 대신 ‘미륵존여래불’ 염불을 하라는 말씀이시군요."

‘아미타불’이나 ‘관세음보살’을 염불하는 사람들은 ‘착득심두절막망着得心頭切莫忘’*, 곧 한순간도 잊지 않고 마음속에 붙들어 매는 것, 다시 말해 집중하는 것을 목표로 공부한다.

그러나 ‘미륵존여래불’ 염송은 그렇게 하는 것이 아니다. 올라오는 생각에 대고 소리를 내어 ‘미륵존여래불’ 하거나 마음속으로 부르는 것이다. 심하게 분별이 올라올 때에는 그 생각에 대고 한두 시간 동안 ‘미륵존여래불’ 정근精勤**을 하

• 고려 말의 승려 나옹 선사懶翁禪師(1320~1376)가 누이동생에게 지어주었다는 게송 중의 한 구절이다. "아미타불은 어느 곳에 계시는가. 마음에 붙들어 두고 부디 끊어지지 않게 할지니, 생각이 다하여 생각 없는 곳에 이르면, 보고 듣는 모두가 그 언제나 부처님 광명이리라[阿彌陀佛在何方 着得心頭切莫忘 念到念窮無念處 六門常放紫金光]."

더라도, 종래의 염불처럼 부처님 명호名號에 몰입하는 것은 아니다. 왜냐하면 '미륵존여래불' 염송은 그 마음을 부처님께 바치는 행위요, 모르는 마음을 아는 마음으로 바꾸는 행위요, 염불 수행이 아닌 선禪 수행이기 때문이다.

경전을 보려고 하면 상당한 지식과 시간의 여유가 있어야 한다. 반면 염송은 별 지식이 없어도, 어느 때 어떤 일을 하면서도 오직 성의만 있으면 할 수 있다.

　'미륵존여래불, 미륵존여래불' 하고 부처님 명호를 부르는 것이다. '부처님, 부처님' 하고 부르는 것은 배고픈 어린아이가 엄마를 찾아 울듯 하는 것이다. 이 이치로 부처님을 참으로 그리며 '부처님, 부처님' 부르면 헛되지 않을 것이다.

•• 　장궤하여 합장하고 눈은 지긋이 뜬 자세로 '미륵존여래불'을 소리 내서 부르는 수행을 말한다.

염불도 제 좋아지려기보다 공경심으로 해야

내게 누이동생뻘 되는 친척이 하나 있는데, 일쑤 정신이 오락가락하여 여러 차례 청량리 정신병원*의 신세를 진 일이 있다.

왜 그렇게 되었나 살펴보니, 그 아이가 전생에 부처님 공부를 하면서 좋다는 염불이면 닥치는 대로 무조건 다 했던 것이 그 원인이었다. 부처님 명호를 부르면 좋다니까 더욱 좋아지려고 이 부처님 저 부처님을 다 부르다 보면, 오히려 정신을 산만하게 만들어 후생에 그 아이처럼 될 염려가 있다.

부처님 명호를 부르면 좋다는 말을 들었다면 '부처님 참 위대하시구나. 명호만 부르는 것으로 좋아질 수 있다니'라고 생각하고 공경심을 내야 할 것이다. 공경심으로 염불했다면 그 결과는 매우 아름다웠을 것이나, 좋다는 말만 믿고 자기 좋아지라고만 염불을 한다면, 이는 탐심이 발동한 증거이니 아무리 거룩한 불사佛事라 하더라도 결과가 아름답지 않으리라.

---

* 청량리 정신병원(1945~2018): 국내 1호 정신병원으로 당시 정신병원의 대명사이자 산 역사였다.

수행 기간을 정하는 것은 분별심의 주기 때문

미륵존여래불 정근을 할 때는 장궤長跪 자세가 좋다. 흔히 한 시간을 단위로 하는데, 우리의 분별이 대략 한 시간을 주기로 회전하기 때문이다.

백일기도, 천일기도를 하는 이유는 우리의 분별이 올라오는 주기가 짧게는 한 시간에서 3일, 7일, 49일, 100일, 3년, 9년, 27년, 아주 길게는 3아승기겁劫*까지 있기 때문이다. 따라서 모든 분별이 다 나타나는 기간인 3아승기겁을 닦아야 부처가 된다고 한다. '죄 각각, 복 각각'이란 말처럼, 복을 짓는 때와 죄를 짓는 때가 주기적으로 회전한다. 전생에 죄지었던 때가 금생에는 재앙을 당하는 기간이 되니, 특히 이때 잘 바쳐라.

죄를 잘 바친다면 그다음 주기에는 고통받을 일이 훨씬 적어지리라. 그래서 곧 죽을 사람이라도 병은 고쳐주어야 한다는 것이다.

---

* 헤아릴 수 없는 시간을 뜻하는 산스크리트어 'asaṃkhyeya-kalpa'의 음역어로, '무량겁無量劫'이라고도 한다. 무한한 숫자를 뜻하는 '아승기'와 시간을 뜻하는 '겁'이 결합하여, 계산할 수 없을 만큼 무한히 긴 시간을 의미한다.

부처님도 마음에 그리지 말라

부처님이 어떠한 분인지를 마음에 그리지 말라. '미륵존여래
불'은 다음에 오실 부처님이니 사람이니 하는 분별 또한 갖
지 말고 그냥 '미륵존여래불' 하여라. 흔히 '아미타불'을 염불
하는 사람들은 수염이 텁수룩한 사람을 마음에 그리고, '관세
음보살'을 염불하는 사람들은 어여쁜 여인을 마음에 그리기
때문에, 다음 생에 텁수룩한 영감 모습이나 예쁜 여자의 몸
을 받게 된다.

　부처님은 우주의 마음이다. 형상이 없는데 어떤 모습으로
상상하는 것은 곧 제 마음일 뿐이니 주의할 일이다.

　'미륵존여래불' 바치고 정근하면서도 부처님이 어떤 분이
라고 형상화해서는 안 된다. 그런 것이 마음에 그려지는 듯
이 보일 때는 '미륵존여래불' 염송을 하지 말고 '석가모니불'
이나 '금강반야바라밀경' 염송을 하라. 그러다가 그 분별이
닦이면 다시 '미륵존여래불' 염송을 하라. '미륵존여래불'께
바치는 데 근본이 있지만 경우에 따라 바꿀 수 있다.

우주 삼라만상은 다 제 마음의 그림자

부처님께서 처음 발심한 보살들에게 이르셨다.

"다른 사람들이 부처님을 비방하는 말을 하면, 수많은 창으로 자기 몸을 찌르는 것 같은 고통으로 알아야 한다."*

그러나 큰 보살들에게는 달리 이르셨으니,

"부처님을 비방하는 소리를 들어도, 마음이 움직이지 않기를 태산같이 하여라"**라고 하셨다.

《금강경》을 읽고 마음 닦는 사람들은 누가 스승을 비방하면 어떻게 해야 할까? 우선 자기 마음을 들여다보며 거기다대고 '미륵존여래불' 하여 분노와 흥분되는 마음을 바쳐야 할

* 중국 당唐 고종 때 승려 도세道世(?~683)가 지은《법원주림法苑珠林》권89에 나오는 말이다. "자기 스스로 삼보三寶를 비방하거나 남을 시켜서 삼보를 비방하게 하지 말 것이며, 비방하는 인因과 비방하는 업과 비방하는 법法과 비방하는 연緣도 짓지 말 것이다. 보살은 부처님을 비방하는 외도나 악인의 한마디 말을 들어도 마치 300개의 창으로 심장을 찌르는 것처럼 여겨야 하거늘, 하물며 제 입으로 비방하고, 믿는 마음과 효순孝順하는 마음을 내지 않으면서 도리어 악인과 삿된 소견을 낸 사람을 돕겠느냐. 이것은 보살의 열 번째 바라이죄니라〔若佛子 自謗三寶 教人謗三寶 謗因謗業謗法謗緣 而菩薩見外道及以惡人一言謗佛音聲 如三百鉾刺心 況口自謗不生信心孝順心 而反更助惡人 邪見人謗 是菩薩第十波羅夷罪〕."

** 《화엄경》권8 〈보살십주품菩薩十住品〉.

것이다.

개에게 돌을 던지면, 개는 돌을 쫓아 공격한다. 사자에게 돌을 던지면, 사자는 돌을 공격하지 않고 그 돌을 던진 사람을 공격한다.

우주 삼라만상은 다 제 마음의 그림자일 뿐이다. 그러므로 그대 항상 제 마음을 들여다보고 무엇이든 제 마음에서 찾을 것이지, 밖에서 구하지 말라.

미륵존여래불과《금강경》

'미륵존여래불'은 백색광명白色光明이요,《금강경》은 부처님 전에 마음 바치는 이론이다.

부처님의 가피력

무슨 생각이든지 떠오르는 생각에 대고 '미륵존여래불' 하며, 아침저녁 열심히 《금강경》을 읽으면, 어디서 왔는지 모르게 상쾌한 느낌과 든든하고 새로운 힘이 솟을 것이다.

　이것이 바로 부처님의 가피력 加被力(부처나 보살이 자비를 베풀어 중생에게 주는 힘)이 아니고 무엇이겠는가.

《금강경》 읽고 바치는 수행 방법을 깨치기까지

《금강경》 읽고 바치는 이 수행 방법은, 소사* 생활을 시작한 후 《금강경》 속에서 깨치고 터득한 방법이다. 나는 학인들에게 누누이 말했다.

"너희가 얼마나 쉽게 공부하는 줄 아느냐? 나는 이 법을 깨치기까지 고생이 많았다. 너희는 행복한 줄 알아라."

---

* 소사素砂: 지금의 부천시 중남부 지역의 옛 이름. 현재 행정구역으로 소사동과 소사본동이 있다. 백성욱 박사는 1962년 소사에 수련 농장을 개설하고 학인들을 지도하였다.

몸뚱이 착과 공부

죽지 않으려고 하는 것은 모든 생명의 본능이다. 그래서 사람도 죽지 않으려는 마음 때문에, 죽을까 봐 두려워서 하는 행동이 너무나 많다.

귀찮고 아플 때도 죽지 않으려고 먹고, 피곤해 죽을까 봐 잠도 자고, 죽지 않으려고 병원에도 가서 치료를 받고 약을 먹는다. 감기 들어 죽지 않으려고 옷을 껴입고, 건강하게 살려고 달리기, 수영, 등산, 골프 등 운동을 한다.

직장생활이나 장사가 하기 싫어도 돈벌이가 없으면 굶어 죽을 판이니 억지로 한다. 저녁때를 놓치고 밤중에 밥을 먹는 것도 내일 새벽에 배고플까 봐 미리 먹어두려는 마음이다.

사람이 탐심을 내는 것도, 육신을 보호하고 유지하고 편하게 사는 데 많은 물질이 필요하기 때문이다. 성을 내는 것도 자신을 적이나 상대로부터 보호하기 위해서다. 짐승이 자기를 강하게 보이려고 하는 것도 마찬가지 이유에서다.

생명 가진 중생은 모두 죽지 않으려는 마음 바탕에서 살아간다.

그러나 육신은 내 것이 아니다. 80년 정도 유지하다 늙고 병들어 죽는다. 육신은 수없이 죽었다 또 태어나는데 사람들은 육신이 죽으면 모든 것이 끝나는 양 두려워한다. 육신을 자기로 알기 때문이다. 이것을 '몸뚱이 착著'이라고 한다. 공부는 이 애착을 닦아 자유로워지는 것이다.

죽지 않기 위해 사는 사람이 아니라, 살기 위해 사는 사람이 되어야 한다. 살기 위해 사는 사람이 되려면, 부처님 위해 사는 사람이 되어야 한다. 부처님 위해 사는 마음이면 죽지 않으려고 사는 몸뚱이 착이 점점 닦이고 엷어진다.

분별이 쏟아질 때: '미륵존여래불' 염송의 두 가지 결과

마음에 온갖 분별이 올라올 때 그 마음을 부처님께 바치지만 잘 안될 경우, 즉 어떤 생각이 끊임없이 자꾸 올라오는 경우가 있다. 그럴 때는 그 생각에 대고 일정 시간 동안 집중적으로 '미륵존여래불'을 염송하라. '미륵존여래불'을 염송하는 것은 분별심을 부처님께 바치는 또 다른 행위이다.

예를 들어, 어떤 사람에 대해 몹시 미운 생각이 날 때 궁리를 계속하지 말고 미운 그 얼굴에 대고 '미륵존여래불'을 염송하라. 그렇게 하면 두 가지 결과가 나타난다.

하나는 밉다는 분별심이 쉬어지면서 '괜히 미워했군' 하는 마음이 드는 경우이다. 이것이 선정禪定이다.

또 하나는 분별심이 완전히 소멸되면서 바로 눈앞에 상대방과의 인연이 소상하게 나타나 그 원인을 알게 되는 경우이다. 이것이 지혜이다. 이렇게 되기 위해서는 더욱 많은 준비가 필요할 것이다.

이처럼 그 원인까지 확실히 알게 되어야 대뇌 깊숙이 침투된 분별이 녹아, 선입견 없이 세상을 있는 그대로 보게 된다. 분별이 걷잡을 수 없이 쏟아져서 '바친다'는 마음조차 내기 힘들 때는, '바친다'는 마음도 쉬고 그대로 지켜보기만 하라. 이것마저도 힘들 때는 다 덮어두고 그냥 내버려두어야 한다.

하루 12시간씩만 살아라. 하루 30시간, 아니 30년을 살려 한다면, 몸뚱이 착이 커져서 마음이 더욱 분주해진다.

분별이 쏟아질 때

"선생님, 요즈음 마음속에 어찌나 많은 생각이 떠오르는지 주체할 수가 없습니다."

어느 학인의 말에 나는 이렇게 답하였다.

"바로 그런 것들을 부처님께 바치라는 거야. 그런 것이 나오거든 '너 잘 왔다' 하고 얼른 바쳐라. 그런 걸 바치면 복이 쏟아지지."

이 말을 들은 학인이, "그런데 수없이 나오는 생각들을 언제까지 바쳐야 하나요? 끝이 있습니까?" 하고 물었다.

"그런 거 걱정 말고 자꾸 바쳐라. 한 생각 바치지 않고 놓아두면 그것이 다시 올라올 때가 언제일지 알 수 없고 그만큼 네가 밝아지지 못하는 것이야. 자꾸 바치면, 마치 창고에 물건이 가득 차서 어두운데, 거기 있는 물건들을 하나하나 꺼내면 마침내 그 안이 비어서 창문으로 밝은 햇살이 들어오듯 자기 마음이 밝아질 수 있지. 그런데 그것이 엄청나게 많다고 미리 겁을 내니까 힘이 들지. 석가모니 부처님께서는 중생의 번뇌가 8만 4,000가지가 된다고 숫자까지 말씀해주시지 않았는가."

얼마 후 다시 그 학인이 "선생님, 요즈음에는 진심이 자주 나는데 왜 그런지 모르겠습니다"라고 말하여 이렇게 답하였다.

"바치지 않고 제 궁리만 하고 있으니까 그렇지."

"네?"

"무슨 생각이든지 떠오르면 그걸 부처님께 바쳐야 하는데, 네가 제 궁리만 하고 앉아 있다는 말이다. 내가 항상 말하지 않더냐? 궁리 끝에는 악심밖에 나올 게 없어."

나는 잠시 조용히 있다가 다시 물었다.

"그러면 바친 끝에는 무엇이 나오겠느냐?"

"잘 모르겠습니다."

"바친 끝에는 즐거운 마음, 미소가 나오지."

그 후 어느 기회에 다시 또 그 학인이 "공부가 잘 안 됩니다"라고 하여 또 이렇게 말하였다.

"이런 말이 있지. '네 배가 정히 고프면 불공 시간이 되었느니라' 하는 말이다."

"그런데 선생님, 아무리 바치려고 해도 잘 안 바쳐지는데 어떻게 합니까?"

"잘 안 바쳐진다는 마음, 바로 그걸 바쳐라."

부처님께 바쳐 이상이 소멸하면

부처님께 바치는 연습이 숙달되면, 마음을 쉬는 시간이 점점 길어지고 멍한 듯 아무 생각 없이 시간이 흐르는 현상이 자주 나타나게 된다. 그리하여 나중에는 한 생각이 만 년의 세월이 흐르더라도 움직이지 않는 '일념만년종불이一念萬年終不移'*의 경지에 이르게 된다. 이렇게 분별이 쉬는 시간은 잠자는 시간 이상으로 몸과 마음을 청소한다.

분별하는 마음이 쉼에 따라 주위의 분위기를 감지할 수 있는 능력이 발달한다. 만원 버스 안에서 갑자기 마음이 답답해지는 것을 느낄 때가 있는데, 이는 자기의 마음이 비었을 때 주위 사람들의 마음이 흘러드는 것을 느낀 결과다. 내 밑에서 공부하는 이들은 공부하는 과정에서 내 모습이 눈앞에 나타나 법문을 해주는 경우를 종종 체험한다고 한다.

이와 같은 현상은, 자기 마음을 부처님께 바쳐 분별을 쉬게

---

* 임제臨濟의 18세 법손 석옥 청공石屋清珙(1272~1352)의 《석옥청공선사어록石屋清珙禪師語錄》권2에 나오는 말이다.

된 상태가 내 앞에서 분별을 쉰 것과 유사하기 때문에 나타난다. 이때는 아직 아상이 완전히 사라지지 않은 때이다.

이처럼 마음이 쉴 때 나의 모습을 통하거나 음성을 듣는 간접적인 방법으로 지혜가 나타나기도 하지만, 더욱 마음을 부처님께 바쳐 아상이 소멸하면 형상이나 음성에 의지하지 않고도 알아지게 된다.

내가 하라는 대로의 '미륵존여래불'이다

나는 간혹 학인들에게 "그대가 가져간 '미륵존여래불'이 아니고, 내가 하라는 대로의 '미륵존여래불'이다"라고 또박또박 일러주었다. 그러면 대개는 그것이 무슨 말인지 금방 알아듣지 못했다. 그러다 같이 공부했던 사람들이 각자 다른 길을 가고, 시간이 갈수록 같은 말을 서로 다르게 전하는 것을 보고 나서야 '아, 그래서 그때 선생님께서 그렇게 말씀하셨구나' 하며 깨닫는 사람들도 있다.

내가 '미륵존여래불' 염송을 하라고 일러주면, 사람들은 대개 '그렇지, 미륵존여래불 하면 되지'라고 생각한다. 그러고는 다 가지고 가서 자기들이 자기식의 '미륵존여래불'을 하면서 '된다' '안 된다'라고 한다. 마치 미륵동자가 수기를 받을 당시, "(그대들이) 부처님이 다 됐다" 하셨을 때, "아 네…" 하고 부처님께 다시 드린 것과 달리, 어떤 사람들은 '그렇지, 내가 부처님 다 됐지' 하고 자기가 가져서 다시 깜깜해진 사정과 같은 것이다.

내가 "미륵존여래불 하면 다 된다. 바쳐라" 했지만 "'그대가

가져간' 미륵존여래불이 아니고, '내가 하라는 대로의' 미륵
존여래불이니라" 하고 주의를 시킨 그 말을 더욱 새겨들어야
할 것이다.

'미륵존여래불' 쟁반으로 생각을 다 올려서 바쳐라. 그러나 그냥 저절로 바쳐지는 법은 없다더냐?

어느 날 한 학인이 우물에서 물 두 양동이를 가득 채워 들고 우사牛舍로 올라가고 있었다. 너무 일이 많으니까 물을 조금씩 길어 나를 시간도 없었던 것 같다. 그가 물 양동이를 든 채 인사를 해서 내가 말을 건넸다. 그는 내 말을 한참 듣고 있었는데 양동이를 들고 있다는 생각도 없이 그냥 듣고 있어서 "얘, 그 양동이나 좀 내려놔라" 하고 말하였다.

처음 그가 나를 찾아왔을 때 나는 이렇게 말하였다.

"네 생각을 네가 가지면 재앙이고, 부처님 드리면 복이 되느니라."

그는 눈을 반짝하더니 나를 가만히 쳐다보았다. 어떻게 바쳐야 하는지 묻는 듯했다.

"어떻게 바치느냐, 그 말이지? 절에 가면 과일이고 음식을 쟁반에 바쳐다가 법당에 올리지 않니? '미륵존여래불' 그 쟁반으로 네 생각을 다 올려서 바치면 된다."

그렇게 얘기해주니까 그의 얼굴에 미소가 감돌았다.

그 후 10여 년쯤 지나서 나는 그에게 다시 말했다.

"얘, 오죽 다급해야 턱을 까불면서 '미륵존여래불'을 하겠니? 그냥 저절로 바쳐지는 법은 없다더냐? '미륵존여래불'도 그게 아예 득성어인得成於忍*이 되면, 항상 바치고 있는 사람이 되는 것이다. 급하게 '미륵존여래불'을 할 일이 있다는 것은, 궁리가 많이 있거나 어떤 사건이 생겼을 때지, 그렇지 않으면 그럴 일도 없다."

• 《금강경》제28분 불수불탐분不受不貪分에 "지일체법무아 득성어인知一切法無我 得成於忍"이 나온다. '세상 모든 것이 고정불변함이 없음을 알아서 분별에 빠지지 않고 바치는 것이 몸에 배어 호흡처럼 습관이 된다면'이라는 의미다.

미운게 네 마음이냐, 그 사람 마음이냐?

한 제자가 사무실에 함께 근무하는 동료를 경쟁자로 느끼고 몹시 미워하고 괴로워하던 끝에 나를 찾아왔다.

"선생님, 저는 같은 사무실에 있는 아무개만 보면 정말 밥맛이 떨어집니다. 그렇다고 매일 안 만날 수도 없고요⋯."

"아무개가 미운 게 네 마음이냐? 그 사람 마음이냐?"

"그 사람이 미운 건 제 마음이죠."

"이놈아. 그러면 네 마음을 닦아야겠니, 아니면 그 사람을 고쳐야겠니?"

"제 마음을 닦아야겠습니다. 그런데 그 사람 미운 마음을 어떻게 닦습니까?"

"떠오르는 그 사람 얼굴에다 대고 '미륵존여래불' 해라. 그리고 그 사람이 부처님 시봉 잘하기를 원願 세워라."

"아니! 그 미운 자식 잘되라고 축원을 해줍니까?"

"그게 바로 네가 네 마음을 제도하는 길이니라."

그 제자가 그렇게 실천한 지 몇 달 만에 그 사람 미운 마음이 사라졌다. 그 사람을 만나서 인사를 해도 겉으로만 형식적으로 하는 것이 아니라 속까지 웃으며 하게 되었다.

그 사람 얼굴에 대고 '미륵존여래불' 하라

어느 날 한 보살이 찾아왔다. 무엇 때문인지 진심瞋心으로 가득 차 열이 펄펄 나는 상태라서 우물에 가서 물 한 잔 마시고 오라고 했더니, 이내 나가서 우물에서 물 한 바가지를 벌컥벌컥 단숨에 들이켜고는 다시 법당으로 들어와서 사정을 이야기했다.

보살이 돌아간 뒤 나는 밖으로 나와 마당에서 자초지종을 지켜보았던 학인에게 물었다.

"얘, 아까 그이 봤지?"

"네."

"어떻든? 열불을 막 냈지?"

"네."

"내가 우물에 가서 냉수 한 그릇 마시고 오라고 했다. 냉수를 마시고 온 그이에게 무슨 근심이 있냐고 하니, 자기 남편이 바람을 피워서 도저히 못 살겠는데 어떻게 하면 좋겠냐고 묻더라. 그래서 내가 '다른 방법이 없소. 남편 얼굴에다 대고 미륵존여래불 하시오' 그랬더니, 더 열을 내면서 그 좋은 '미륵존여래불'을 왜 그렇게 보기 싫은 인간한테 해야 하냐고 나를 야단치더라. 그래 내가 '그러면 할 수 없지. 그럼 그냥 가시오'라고 그랬다."

얼마 후 그 보살이 다시 찾아왔다가 돌아간 후에, 내가 또 그 학인에게 말했다.

"얘, 너 그 사람 봤니?"

"네."

"얼굴이 좀 밝아졌지?"

"네."

"왜 그러냐? '미륵존여래불'을 그 사람 얼굴에 대고 하라 그러니까 그 사람 좋으라고 하는 줄 알고 펄펄 뛰더니, 가서 할 게 뭐 있겠니. 그래도 그거밖에 할 게 없으니까 했겠지. 그러더니 마음이 많이 편해졌다고 좋아하더라."

'미륵존여래불' 장궤 정진

공부 시작한 지가 얼마 되지 않아서 아직 《금강경》 읽는 것도, '미륵존여래불' 장궤 정진하는 법도 모르는 한 학인이 어느 날 나를 보려고 기다리고 있었다. 먼저 온 다른 사람들이 법당방에서 합장을 하고 '미륵존여래불' 정진을 하는 소리를 들었다.

'야, 저이들은 공부를 저렇게 하네' 하며 그는 몹시 부러운 마음으로 앉아 있었다. 그 마음을 알고 내가 "왜, 너도 저렇게 공부하고 싶으냐?" 하고 물었다.

"네."

"그럼 해보지 뭐. 미륵존여래불, 미륵존여래불, 미륵존여래불."

나는 삼창을 하고는 그에게 따라 하도록 했다. 그러고 나서 "그래, 그렇게들 정진해라. 정진할 때는 눈을 뜨지도 감지도 않느니라" 하고 법당을 나왔다.

한참 만에 다시 가서 "이제 됐다" 하고 그치게 했다. 그 학인은 그동안 해본 적이 없던 장궤 정진을 오래 하다 보니 무릎이 뚫어질 것처럼 아팠다. 처음엔 안절부절못하다가 결국 그 마음까지 쉬고 나서야 내가 간 것이다.

그렇게 해서 그 사람이 장궤 정진에 다소 익숙해졌다 싶은 어느 날, 나는 "이제 한 시간 가지고는 성에 안 차지? 이제 두 시간 하자" 하고 들어왔다.

또 어느 날 저녁에는 외출하면서 "얘, 내가 어디를 좀 갔다 와야 되겠다. 너는 공부하고 있거라" 했다. 그렇게 해서 그 학인은 '언제 오시나?' 하는 것조차도 지쳐서 잊어버리고, 날이 깜깜해지자 불을 켜고 계속 미륵존여래불 하며 장궤 정진을 하였다.

나는 무엇을 하는 사람인가

소사 도량에서 착실하게 수행하던 어떤 젊은이가 밤에 산책을 나갔다가 그만 독사에게 물렸다. 병원에 달려가서 의사에게 응급처치를 받은 후 독을 완전히 제거하기 위해 며칠 입원했다. 차츰 다리가 부어오르기 시작하자 죽음에 대한 두려움이 생기면서 공부하는 마음이 흔들리기 시작했다. 낙심한 표정으로 "이런 경우에는 어떻게 해야 합니까?" 하고 물었다.

'모든 생각을 부처님께 잘 바치면 독사에게 물리는 재앙을 당하지 않아야 하는데, 모든 생각을 잘 바쳤는데도 독사에게 물린다면 부처님께 바치는 것이 무슨 소용이 있겠는가'라고 생각하고 낙심했기 때문에 그런 질문을 한 것이었다.

그에게 말해주었다.

"'나는 무엇을 하는 사람인가?'라고 자문자답해보아라. 항상 무슨 생각이든 부처님께 바치라고 하지 않았느냐? '내가 무엇 하는 사람인가' 자문해서 '나는 부처님 시봉하는 사람이다'라고 대답이 나올 수 있도록 무슨 생각이든 부처님께 바쳐라. 잘 바쳤다면 설사 어떤 재앙을 당하더라도 재앙의 원인을 알 수 있게 되는 것이다.

그런데 그대는 스스로 잘 바쳤는데도 그런 재앙이 생겼으니 더 바칠 힘이 없다고 생각하는 것이다. 위급한 경우일수록 더욱 힘써 바쳐라. 어떤 경우에도 '나는 부처님 시봉하는 사람'이라는 대답이 나올 수 있도록 잘 바친다면 모든 걱정 근심이 사라지리라."

그는 방심한 사이에 자신이 무엇 하는 사람인가를 잊었던 것이다. 자신이 부처님 시봉하는 사람이라고 믿을 때 부처님께서 항상 함께하시어 모든 재앙을 물리칠 수 있을 것이다.

　평소에 무슨 생각이든지 부처님께 바치는 연습을 하는 것은, 위급한 경우에도 부처님께 그 급한 마음을 바칠 수 있도록 하기 위해서다. 가장 위급한 경우는 아무래도 죽음을 맞을 때다. 평소에 공부〔修道〕를 얼마나 잘했는지는 그때 비로소 알 수 있다. 이때에도 흔들리고 급한 마음을 부처님께 바칠 수 있어야 하는 것이다.

분별이 쉬면 가르침을 받지만

금강산 암자에서 홀로 수도할 때의 일이다. 하루는 먹물 장삼을 만들기 위해 천을 잘라 바느질을 하는데, 안섶을 호고 (헝겊을 겹쳐 바늘땀을 성기게 꿰매다) 뒤집어야 하겠건만 어떻게 해야 할지 도무지 알 수가 없었다. 어떻게 하는 것일까 곰곰이 생각하다가 문득 윗목을 보니 나 같기도 한 웬 늙수그레한 중이 나와 똑같은 옷을 꿰매면서 안섶을 호고 뒤집고 있었다. 그가 하는 것을 보니 그렇게 쉬울 수가 없었다. '옳지, 저렇게 하면 되겠구나!' 하며 무릎을 탁 치는데, 순간 그 늙수그레한 중도 바느질하던 옷감도 온데간데없이 사라졌다.

생각하면 어처구니없는 일이었다. 누가 와서 먹물 장삼을 하나 만들어주기로서니, 뭐가 그리 신기해서 무릎까지 치며 방정을 떨어 그이를 쫓아냈단 말인가.

무엇이 알아져도 오직 바칠 뿐

어떤 수도승이 큰방 뒤 툇마루에서 잠깐 낮잠을 자는데, 산너머 묵정밭(오래 방치하여 거칠어진 밭)에서 노루가 잠을 자고 있는 광경이 환히 보였다. 그럴 때 밝은 스승을 만나 옳은 길을 제시받았으면 좋았을 것이다. 그러나 그럴 만한 계제가 없었던 그는 그 광경이 사실인지 확인하고 싶어졌다.

그는 방에서 나와 개울을 지나고 둑을 넘어 묵정밭에 당도하였다. 과연 노루가 잠을 자고 있었다. 그는 스스로 너무도 신통하고 대견스러워서 "맞구나!" 하고 냅다 소리를 질렀다.

그랬더니 그 소리에 놀라 잠이 깬 노루가 후닥닥 달아나버렸다. 노루 잔등에 꽉 붙어 있던 수도승의 마음과 함께…. 껍질만 남은 그 수도승은 어찌 되었을까?

"노루! 노루!" 하고 뛰어다녔다.

수도를 하여 무엇인가 알아져도, 그것 역시 부처님께 바칠 뿐 절대로 가지지 마라. 수도하는 사람들이 무엇인가 알아질 때에는 아주 팽팽하게 긴장 상태가 되니, 여간 조심하지 않으면 안 된다.

바치고 그 결과도 다시 바칠 뿐 갖지 말라

무슨 생각이든 부처님께 바치되, 알아지는 것이 있어도 또 부처님께 바칠 뿐 자신이 갖지 않아야 한다. 도통하는 것도 부처님 즐겁게 해드리기 위해 할 것이지, 자신의 목표로 삼지는 말아라. 《금강경》을 읽을 때도 부처님 즐겁게 해드리기 위해 읽는 것과 자신을 좋게 하려고 읽는 것은 크게 다르다.

올라오는 마음을 바치면 그 뒤가 검은 경우도 있고, 회색인 경우도 있고, 밝은 경우도 있다. 밝은 경우는 잘 바쳐진 경우이고, 나머지는 덜 바쳐진 경우인데, 어쨌든 모두 바칠 뿐이다. 어떤 결과도 다시 '미륵존여래불' 바칠 뿐이다. 올라오는 순간순간의 마음을 바칠 뿐이다.

바쳐서 부처님의 응답을 듣다

소사에 온 지 오래지 않은 때였다. 그때는 외지에서 사람이 새로 이사를 오면 동네 사람이 텃세를 부리는 일이 심심찮게 있었다. 더구나 내가 동네 사람들과 어울리지 않자, 이를 고깝게 여긴 젊은이들이 나를 골탕 먹이려고 상당히 벼른 모양이었다.

어느 날 밤, 내가 거처하는 방 창 위에 괴상한 옷자락이 너울대더니, 뒤이어 누가 괴성을 지르며 공포 분위기를 자아내는 것이었다. 마을 사람들의 장난이라는 것은 알 수 있었지만, 이런 때 어떻게 해야 좋을지, 우선 내 마음을 들여다보고 진정시키며 원을 세웠다. 밖에서는 귀신 장난이 한층 더 심해져갔고, 그때 홀연히 그 장난을 하는 녀석의 정체를 알게 되었다. 나는 냅다 호령을 하였다.

"저 아래 사는 '천수' 아니냐? 멀쩡한 몸뚱이를 가진 녀석이 몸뚱이 없는 귀신 흉내를 내서는 못쓰느니라!"

그러자 동네 사람의 앞잡이가 되어 나를 시험해보려던 천수라는 청년은 놀라서 뒤도 돌아보지 않고 도망쳐버렸다. '내 이름을 어떻게 알았을까? 정말 이분은 소문처럼 대단한 신통이 있나 보다' 하고 생각했을 것이다. 그 뒤로 다시는 같은 일이 생기지 않았다.

그때 나는 그 사람의 정체가 무엇인지 궁금한 것이 아니었다. 다만 마음을 들여다보며, 어떻게 할까 하는 생각을 부처님께 바치고 원을 세우고 앉아 있으려니, 부처님의 응답이 내 입에서 그렇게 나온 것뿐이었다.

바친다는 관념 없이 바치는 경우

반드시 부처님께 생각을 바친다는 관념을 가져야만 생각을 바칠 수 있는 것은 아니다. 익숙하지 못한 일에 익숙하게 되는 것 또한 모르는 사이에 바친 결과라 할 수 있다.

풀을 처음 베는 사람은 누구나 낫질이 서툴다. 그러나 계속해서 낫질을 하는 동안 본인도 모르게 '서툴다'라는 생각을 바치는 연습을 하게 되어, 이윽고 능숙하게 낫질을 할 수 있게 된다.

처음이라 잘 모르는 일이라 하더라도, 누가 꼭 가르쳐주지 않더라도 그 일에 몰두하다 보면 알아지게 된다. 이것도 또한 바친다는 관념 없이 바치는 경우다.

바친다는 생각까지 바치면

"다 바치고 나면 바친다는 생각이 하나 남아 있게 되고, 그래서 남아 있는 바친다는 생각까지 바쳐 제도하고 나면, 한 중생도 제도 받은 자가 없느니라"라고 《금강경》에 쓰여 있다. 쉽게 말해서, 바친다는 마지막 남은 한 생각까지 바쳐버리면 그 자리는 '나'라는 생각이나 '너'라는 생각이나 '컴컴하고 흐릿한 생각'이나 '경험'이 많다고 하는 저 잘난 생각 등, 다시 말해 나를 구성하고 있는 무명의 원인, 결과가 없는 자리이다.

이렇게 내가 철저히 없는 자리라야 어떤 모양으로서의 부처님이 아니라, 우주의 밝은 광명인 부처님을 친견하게 되는데 이것은 공부하는 데 있어 아상이 쉰 결과이다.

어떤 사람이 평소 궁리가 많고 진심이 많아 바치는 공부가 남들처럼 잘 안 된다고 시무룩했다. 그래도 억지로 시작한 공부가 차차 익숙해져서 1,000일을 잘 마치고 나니 1,000일 전에 가슴속에서 부글부글 끓던 진심이 빠져나가고 그 자리에 진심 대신 환희심이 솟구치고 시무룩하던 기운이 씩씩하게 변하였다. 이렇듯이 생각을 부처님께 바친다는 수행으로,

산속에 앉아 10년이나 걸려야 되는 과정을 단 1,000일에 깨쳐 터가 잡혀가는 것을 보면 참으로 감축할 일이었다.

부처님 국토는 장엄할 수 없다

"수보리야, 만약 보살이 말하기를 내가 반드시 부처님 세계를 장엄(아름답게 꾸밈)한다고 하면, 이는 보살이라고 할 수 없다. 왜 그러냐 하면 여래가 말씀하시는 부처님 세계를 장엄한다는 것은 장엄이 아니므로 그 이름이 장엄이다."[•]

만약 부처님 세계를 좋게 꾸미겠다고 하면 그것도 마음에 탐·진·치 삼독三毒 중에 한 가지가 일어나니까, 그렇게 되면 다시 망념이 일어난다. 그러면 도대체 부처님은 어떻게 한 것이냐?

탐심으로 일으킨 8만 4,000 분별을 닦으면 그것이 처음 아승기를 닦는다고 그러는데, 그것을 완전히 닦은 이를 그 등각等覺이라고 한다. 등각이란 것은 깨친 이와 같다[等]고 해서 등각이다.

그다음에 성나는 마음이 토대가 되어 일어나는 8만 4,000 분별을 전부 닦고 나면, 그 사람을 묘각妙覺이라고 한다. 그다음

[•] 須菩提若菩薩 作是言 我當莊嚴佛土是 不名菩薩 何以故 如來說 莊嚴佛土者 卽非莊嚴 是名莊嚴.

에 제 잘난 생각, 치심으로 일으킨 8만 4,000 분별을 전부 다 닦으면 그걸 대원만각大圓滿覺이라고 한다.

그런데 그 세 가지 자체를 그 실제로 이행하는 사람을 보고 말하자니까 '닦았다' '탐심으로 인연한 분별을 닦았다' '진심으로 인연한 분별을 닦았다' 그러지, 막상 그 깨친 당처(당사자)는 애당초에 분별 자체가 없으므로. 시방 우리가 부처라 하는 분별도 부처되기 직전까지의 분별이지, 부처가 된 뒤에는 분별 자체가 있지 않다.

그래서 부처의 경계는 중생도 없고, 부처도 없다는 것이다. 왜 그러냐, 모든 분별이 다한 곳이 곧 밝은 곳이니까.

그러니까 여래가 부처님 국토를 장엄하라는 것도 제분별 닦으라고 그러는 말씀인데, 제 분별 닦으면 장엄은 어디 있나? 그러니깐 그것이 장엄이 아니다.

아상이 없게 되면
불교와 가톨릭이 다를 것 없음을 안다

동국대학교 총장으로 있을 때의 일이다. 학교 일로 종종 가톨릭 신도들이나 수녀들과 만나게 되었다. 자연스럽게 친해져서 나중에는 서로 속사정을 털어놓기도 하는 사이가 되었다.

어느 날, 수녀 한 분이 괴로움을 하소연하였다. 몸과 마음을 다 하느님께 바칠 것을 서약하고 수녀가 된 그네들이건만, 아직 몸뚱이 착에서 벗어나지 못한 인간이기에, 그들 사회에서 빚어지는 마찰과 갈등 때문에 힘들다는 것이었다.

여자들만의 폐쇄적인 사회여서 그런지 좀처럼 시기와 질투와 증오가 끊이지 않는데, 더욱 괴로운 것은 성직자라는 신분 때문에 가슴 밑바닥에서 끓어오르는 추악한 감정들을 차마 드러내지 못하고 속으로만 끙끙 앓는 모순 속에서 살아가야 할 때가 많다는 것이었다. 수녀는 물었다.

"왜 근심 걱정이 생길까요? 소멸방법이 있습니까?"

"선입견에서 근심 걱정이 생기고, 선입견이 소멸할 때 근심 걱정은 사라집니다."

"어떻게 하면 선입견을 소멸할 수 있겠습니까?"

"내 말을 믿고 그대로 따라 한다면 당신의 마음은 틀림없이 평화와 안정을 되찾을 수 있을 것이오. 할 수 있겠소?"

"하겠습니다."

"내일부터라도 아침저녁으로 《금강경》을 읽으시고, 밉다는 생각이나 괴롭다는 생각 혹은 그 밖의 어떤 생각이라도 일어나면 그 생각을 부처님께 바치십시오."

그러자 수녀는 눈이 동그래지더니 말했다.

"아유, 총장님도…. 아무리 그렇지만, 가톨릭 수녀인 제가 어떻게 불교 경전을 읽고 염불을 할 수가 있겠습니까?"

그래서 내가 말해주었다.

"뭐 그리 어렵게 생각할 필요가 있겠소. 일단 내가 일러준 방법대로 하여 마음의 번뇌를 해결하고 안정을 되찾으면, 그때 가서 다시 열심히 하느님을 섬기면 될 게 아니오. 나를 믿고 찾아왔다면 내 말을 믿어보시오. 가톨릭의 가르침이 부처님의 가르침과 다르다고 보는 것은 모두 선입견에서 생긴 것이오. 《금강경》이 무슨 경전인지 아시오? 부처님을 믿으라는 경전이 아니오. 모든 선입견이 다 허망하니 버리라는 가르침일 뿐이오. 이런 가르침은 불교 신자건 가톨릭 신자건 다 받아들여도 좋은 가르침일 것이오."

"부처님께 바친다는 건 무슨 뜻입니까?"

"부처님이 형상이 없는 것은 마치 하느님이 형상이 없는 것과도 같소. 근심 걱정을 모두 부처님께 바치면 근심 걱정이 사라지고 결국 나라는 존재까지 없어지게 되지요. 나라는 존재가 없게 되면 불교와 가톨릭이 하나도 다를 것이 없다는 것을 알게 될 것이오."

'금강반야바라밀경' 하라

내가 "'미륵존여래불' 하라('미륵존여래불'을 마음으로 읽어서 귀로 들도록 하라)"라고만 했지, 그분이 어떤 분인지에 대해서는 아무런 설명도 해주지 않자, 몇몇 학인들이 경전도 찾아보고 여러 사람들의 이야기도 들어본 후 찾아와 물었다.

"선생님, 지난번 저희 셋이서 어떤 분에게 들었는데, '미륵존여래불'은 석가모니불의 후계자로 영계를 지배하고 있으며 무슨 신장이 호위하고 있다고 하던데요…."

나는 간단히 "그 사람이 심심했던가 보구나, 그런 일 상관하지 말고 자꾸 바쳐라" 하고 말았다.

그리고 일주일 뒤 학인들이 다시 찾아와, 나는 그냥 "거기다 대고 '금강반야바라밀경' 하라"고 하였다.

학인들은 의아한 표정으로 "그럼, 이제 '미륵존여래불'은 안 합니까?" 하였다.

나는 "글쎄, 거기다 대고 '금강반야바라밀경' 하라니까" 하였고, 그 이상 설명하지 않았다.

물러 나간 그들은 여전히 전과 같이 '미륵존여래불'을 했다. '기껏 애써서 그동안 연습이 되었는데, 또 바꾸라 하시다니. 법을 세우시고서는 또 그리 쉽게 바꿀 수가 있는가' 하는 생각에서였다. 그다음 주에 찾아왔을 때도 나는 "금강반야바라밀경 하라"라고만 하였다.

학인은 내 처사가 온당치 않다는 생각에 "미륵존여래불 하기가 좋고, 습관이 벌써 되었는데 선생님은 왜 바꾸라고 하십니까?" 하며 항의조로 말을 하였다.

나는 잠자코 바라보고 있다가 다음 이야기를 해주었다.

전에 중국에서 어느 암자에 혼자 공부를 하고 있는 사람이 있었는데, 암자 아래 냇가에서 빨래를 하던 여인네가 그에게 와서 물었다.

"스님은 여기서 무얼 하고 계십니까?"

"마조 대사라는 분이 '즉심즉불卽心卽佛(마음이 곧 부처다)' 하라고 해서 지금 '즉심즉불' 하고 있네"라고 대답했다.

얼마 후 냇가에 어떤 스님이 나타나서 그 여인네에게 물었다.

"저기 암자에 있는 중이 무엇을 하고 있습니까?"

"네, 마조 대사란 분이 '즉심즉불'을 하라고 해서 '즉심즉불'을 하고 있답니다."

"그러면 그대는 그에게 가서 마조 대사가 이제는 '즉심즉불' 하지 말고 '무심무불無心無佛(마음도 없고 부처도 없다)' 하라 하더라고 전해주시오."

그래서 그 여인은 다시 암자에 가서 말했다.

"스님, 지금도 '즉심즉불' 하시나요?"

"그렇지. 마조 대사께서 그렇게 일러주었으니까."

"스님, 그런데 바로 그 마조 대사께서는 이제는 '즉심즉불'
하지 말고 '무심무불' 하라고 하던걸요."

그 말을 듣자, 그 암자의 중은 퉁명스럽게,

"그 중이 변덕이 죽 끓듯 하는구나." 하였다.

그 후 마조 스님은 다시는 그 중에게 가지 않았다고 한다.

"그런데 대체 이게 무슨 말일까?"

하고 물으니,

"그 암자의 승려가 고집으로 컴컴해졌군요."

이야기에 귀를 기울이던 학인이 대답했다. 그 말이 떨어지
기가 무섭게 나는 손을 들어 그를 가리키며 "네가 바로 그런
짓 잘하지"라고 하였다.

학인은 잘못을 깨우치고는 그때부터 '금강반야바라밀경'을
했다.

옆에 있던 다른 학인이 또 물었다.

"선생님, 저는 무서움을 잘 탑니다. 얼마 전에도 방에서 혼
자 《금강경》을 읽는데 별안간 무서운 생각이 나서 견딜 수 없
어 어머니 방으로 달려간 적이 있습니다."

"네가 이전에 마음에 쌓아두었던 것이 《금강경》을 읽으니
까 쏟아져 나오는 거지."

"그러면, 그렇게 무서울 때는 어떻게 해야 하겠습니까?"

"그 무서운 생각을 꺼내어 앞에 내놓고 거기다 대고 '금강반야바라밀경' 하라."

"…네."

학인이 못 알아들은 표정이 되므로 다시 말하였다.

"너, 이 앞에 놓여 있는 헝겊 끈을 한참 보고 있으면, 그것이 움직이는가, 안 움직이는가?"

"……."

"그렇지. 안 움직여야 하는데, 한참 보고 있으면, 그것이 꿈틀꿈틀 움직이고 드디어는 뱀과 같이 생각되어 놀라 달아나지 않느냐? 그런가, 안 그런가?"

"네, 그렇습니다. 그럴 때는 어떻게 해야 합니까? 선생님?"

"내가 그랬지. 거기다 대고 '금강반야바라밀경' 하라고. 무서운 생각은 대개 목덜미를 통해 들어오는데, 거기에 대고 '금강반야바라밀경' 하면 (머리 뒤로 원을 그려 보이면서) 이렇게 밝아진다."

"네, 선생님."

그러고 수개월이 지난 어느 날, 나는 다시 '미륵존여래불' 하라고 하였다. 학인이 "그럼, 이제 '금강반야바라밀경'은 안 합니까?" 하고 물으니,

"그래도 좋고…, 거기다 대고 자꾸 '미륵존여래불' 하라" 하였다.

무엇을 바라는 마음은, 일이 잘되면 자기가 잘했다 하고, 일이 원하는 대로 되지 않으면 주위를 원망하니 스스로 고통에 빠지는 것이다. 그래서 마음을 쓰지 않고 푹 쉬게 하면 '무심'이 되고, 더 나아가서 '나'라는 것은 인연에 따라 만들어진 조합일 뿐 실체는 없다는 '무아'가 되며, 중관中觀으로 통하여 공성을 체득하면 지혜가 생긴다. 부처님의 공부를 두 단어로 정의하면 '지혜'와 '자비'이다.

부처님의 출가와 깨달음

지금으로부터 2,500여 년 전, 네팔의 수도 카트만두 근처에 카필라바스투Kapilavastu*라는 도시 국가가 있었다. 싯다르타**는 카필라바스투의 라자Raja, 王 슈도다나의 아들로 태어났다. 싯다르타는 어려서부터 매우 영특하였고, 여느 아이들과 달리 특별한 생각을 많이 하며 자랐다.

당시 인도에서는 여러 나라가 패권을 다투고 있었다. 주위 사람들은 싯다르타가 남달리 영특하고 하니, 장차 인도를 통일하는 대왕Mahārāja이 되기를 바랐다. 슈도다나는 여러모로 뛰어난 아들을 위해 나라 안에서 제일가는 선생을 모셔다가

---

* 행정구역상 룸비니주의 6개 지구district 중 카필바스투Kapilvastu 지구에 속한 군이자 카필바추 지구의 수도다. 수도 카트만두로부터는 서쪽으로 약 225km 거리에 있다. 인도 우타르프라데시 주와의 국경에서 북쪽으로 약 15km 거리에 있다.

** 불교의 창시자이며 실존 인물로서 석가모니 부처님의 본래 성명은 고타마 싯다르타Gotama Siddhartha다. 고타마는 성이고, 싯다르타는 이름이다. 후에 깨달음을 얻어 붓다Buddha, 佛陀라 불리게 되었다. 그 외에도 진리의 체현자體現者라는 의미의 여래如來, Tathgata, 그리고 존칭으로 세존世尊, Bhagavat · 석존釋尊 불타, 불, 석가모니 등 다양한 호칭이 있다. 석가모니는 산스크리트어 '샤카무니'를 음역한 것으로 석가는 샤카(샤키야Sākya)라는 민족의 명칭을 한자漢字로 발음한 것이고 모니는 성인이라는 의미를 가지고 있다. 그래서 '석가모니'는 샤카족 출신의 성자라는 뜻이다.

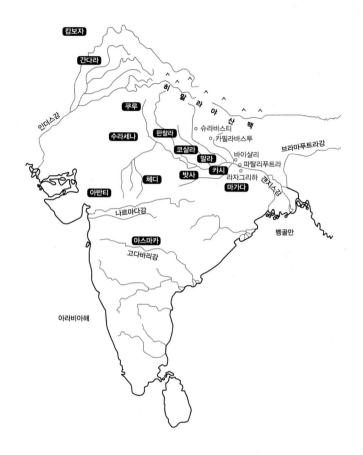

최고의 학문을 가르쳤다. 그때 벌써 인도에서는 여러 철학 이론이 발달한 상태였다.

　그런데 태자가 19세*라는 혈기 왕성한 나이에 온갖 부귀영화를 뒤로하고 삶의 문제를 해결해보겠다고 궁궐을 나섰을 때, 주위 사람들의 실망이 이만저만 크지 않았다. 태자는 가

---

*　현대의 고증에 의하면, 출가 당시 부처님의 나이는 스물아홉이었다.

르침을 구하기 위해서 카필라바스투를 떠나 '마가다Magadha'
로 갔다. 마가다는 당시 인도 대륙에서 가장 큰 나라였으며,
학문과 문화의 중심지였다. 풍요와 자유스러운 분위기가 넘
쳐흐르던 마가다의 수도 라자그리하에는 갖가지 종파의 수
도자들이 모여들었다.

그렇게 출가해서 처음 열두 해* 동안 태자는 당신이 탐구하
는 바를 해결하기 위해서 여기저기 스승을 찾아다녔다. 지금
도 그렇지만, 당시 히말라야 기슭과 갠지스강 연안에는 고행
수도를 해서 신선이 되려는 사람들이 많이 있었다. 그런 사
람들을 찾아다니며 당대 최고라는 스승들을 만나서 여섯 해
를 수도하면서 선정의 최고 경지에까지 도달해보았으나, 그
들의 수행 방법과 목표가 당신 마음에 진선진미盡善盡美**하다
고 생각되지 않았다.

'어디를 찾아가 보아도 내가 의지해 배울 스승은 없다. 이
제는 나 혼자 힘으로 깨달아야만 한다.'

싯다르타는 지금까지 스승을 찾아 밖으로만 헤맸던 일이
오히려 어리석었다는 생각이 들었다. 가장 가까운 데 스승을
두고 먼 곳에서만 찾아 헤맨 것이다. '이제는 나 자신밖에 의

---

* 부처님은 29살에 출가하여 6년 고행 후, 고행을 중단하고 보리수 아래에
  서 정진하여 깨달으신 것이 35살 무렵이며, 이후 45년간 설법과 교화를
  하다가 80세에 돌아가셨다는 것이 현재 정설이다.

** 착함과 아름다움을 다한다는 뜻으로, 완전무결한 궁극의 것을 이르는 말
  이다.

지할 데가 없구나' 하는 생각이 들었다.

그래서 스승을 떠나 다시 여섯 해 동안 홀로 보리수 밑에 자리를 잡고 미동도 하지 않은 채 수도에 전념하였다. 얼마나 꼼짝도 하지 않고 있었던지 다리 사이로 칡덩굴이 자라서 몸을 감고 자라 올랐으며, 머리에는 새가 둥지를 틀고 알을 까서 새끼를 칠 정도였다는 이야기가 전한다. 이것은 정녕 그분이 거의 움직이지도 않고 수도에 전념하였다는 극단적인 표현일 것이다.

이렇게 열두 해 동안 수도하던 싯다르타가 어느 날 갑자기 자리를 털고 일어나 가까운 네란자라neranjarā 강가로 나갔다. 그때 주위에는 싯다르타 태자를 지켜보며 함께 수도하던 다섯 사람이 있었다. 출가할 때 부왕 쪽에서 세 사람, 외가 쪽에서 두 사람을 붙여서 태자의 신변을 잘 지켜주도록 했던 것이다. 그동안 태자가 고행하는 것을 보고 감격한 그들은, 태자를 흉내 내며 함께 고행을 하던 중이었다.

그 다섯 사람의 생각에 수도라는 것은 몸뚱이가 스러질 때까지 고행을 해서 몸을 받는 고苦가 없는 세계에 나는 것이었다. 당시 인도의 일반 민중으로서는 몸뚱이 부지하는 것만도 큰 고생이었으니까, 몸뚱이 없는 삶의 세계가 그들의 이상이요 목적이었다 해도 그다지 이상스러운 일이 아니었다.

그런데 그렇게 수도를 잘하던 이가 훌훌 털고 일어나 강에서 목욕을 하고는, 근처에서 소를 치던 소녀가 바치는 유미죽乳米粥(우유와 쌀과 꿀로 만든 죽)을 주저 없이 받아먹는 것이 아닌가. 그들이 보기에는 기가 막힐 노릇이었다. 그들은 지금 껏 떠받들던 태자에게 실망해서 말하였다.

"저분은 이제 파도破道(도를 깸)한 것이다. 파도한 자는 천한 신분인 우리만도 훨씬 못한 사람이니까 상대할 가치조차 없다. 이제부터 더 이상 태자를 따르지 말고 우리끼리 따로 수행하기로 하자."

다섯 사람은 태자를 남겨둔 채 맨 처음 수도하던 곳으로 가 버렸다. 홀로 남은 싯다르타는 고행이 도道를 이루는 길이 아 니라고 생각했다.

싯다르타는 날마다 공양을 올리는 소녀의 죽을 받아먹고 극도로 쇠약해진 몸을 회복시키면서 그야말로 깊은 명상에 잠겼다. 그러던 어느 날(음력 12월 8일) 새벽녘 유난히 밝은 샛 별(금성)을 보는 순간, '아, 바로 내 마음이 문제였구나'를 깨 치시고 자리를 툭툭 털고 일어나 강가로 내려가셨다. '괴로움 의 원인은 무엇인가?' '늙음과 죽음은 어디에서 오는가?'에서 시작된 인생의 모든 의문을 다 해결하신 것이다. 문득 깨달 음을 얻었다고 할까. 그리하여 그때부터 당신이 깨달은 바를 널리 가르치게 되었던 것이다.

초전법륜

깨달음을 얻은 석가여래께서는 당신의 깨치신 바를 세상 사람들에게 널리 가르쳐주고 싶었다. 그러나 당신이 깨달은 그 내용이 여느 사람들이 이해하기에는 너무 깊고 어렵고 미묘해서, 만일 이야기하더라도 사람들이 알아듣지 못해서 오히려 악업만 짓게 하지 않을까 염려되어 한동안 망설였다고 한다. 어떤 기록에는 3일을 생각하셨다고 하고, 어떤 기록에는 7일을 생각하셨다고도 한다. 《사십이장경》* 이라는 경을 보면, 그때 아주 가만히 앉아서 안정을 취하셨다고도 말하고 있다.

그런데 그때 범천**이 나타나 간절하게 설득했다.

"부디 가르침을 설하십시오. 사람들 중에는 당신의 가르침을 듣고 이해하는 사람도 있을 것입니다."

---

* 후한 명제 때, 가섭마등迦葉摩騰과 축법란竺法蘭이 칙령에 따라 번역한 중국 불교 최초의 경전. 불교의 요지를 42개 장에 걸쳐 간략하게 설명하고 있는 데서 붙은 이름이며, 일종의 부처님의 교훈집이라고 할 수 있다.

** 범천梵天 Brahmā : 인도 신화에 등장하는 신으로 비슈누, 시바와 함께 힌두교 3대 신 중 하나다. 창조의 영역을 담당하는 힌두교의 최고 신으로 '대범천' '범천왕' '범왕'이라고도 한다.

그리하여 석가여래께서는 안정을 끝내시고 당신을 모시던 다섯 사람이 고행·수도하고 있던, 지금의 바라나시 근교 녹야원으로 가셨다. 가는 도중에 한 수행자를 만나게 되었는데 그는 부처님의 얼굴을 유심히 쳐다보더니 말을 걸어왔다.

"당신의 얼굴은 잔잔한 호수와 같이 맑습니다. 당신의 스승은 누구이며 어떤 가르침을 펴고 있습니까?"

"나는 모든 것을 이겨냈고 모든 속박에서 벗어난 사람, 이 세상의 진리를 다 알게 되었소. 나는 스스로 깨달았으므로 내 스승은 없소. 나에게 번뇌는 남아 있지 않소. 또 나는 모든 사악한 세력에 대항하여 승리하였소. 벗이여, 나와 같은 승리자는 이 세상에 없습니다."

부처님께서는 자신 있게 대답하셨다. 그러자 그 수행자는 입을 삐죽거리며, "흠, 그럴지도 모르지" 하고는 머리를 절레절레 흔들며 가던 길을 재촉했다.

한편 전과 다름없이 고행을 계속하고 있던 다섯 사문은 멀리서 석가여래께서 오는 것을 보고서 서로 약속을 하였다.

"저기 고타마가 온다. 저이는 도를 깨뜨리고 타락한 사람이다. 가까이 오더라도 머리 숙이지 말자. 행여 우리까지 물들면 큰일이니까. 저이가 오면 발 씻을 물을 떠다 주지 않는 것은 물론이고 아예 아는 척도 하지 말자."

옛날 인도에서는 맨발로들 다녔기 때문에, 손님이 오면 발 씻을 물을 떠다 주는 것이 큰 예절로 되어 있었다. 그런데 석가여래께서 다가오자, 어찌 된 일인지 제일 먼저 그렇게 하자고 제안했던 사람이 약속을 깨고 일어나 아주 정중한 태도로 인사를 하는 게 아닌가.

"고타마여, 참 잘 오셨습니다."

그러자 나머지 네 사람도 일어나 석가여래의 발을 씻어드리며 예를 올렸다.

석가여래께서는 그들 다섯 사람을 앞에 앉히고 당신이 깨치신 바를 말씀하셨다.

"이제부터는 나를 고타마라고 부르지 말아라. '여래'라고 불러라. 나는 이제 '여래'가 되었다."

부처님은 다섯 사문을 향해 최초의 설법을 하셨다.

"수행의 길을 걷고 있는 사문들이여, 이 세상에는 두 가지 종류의 수행자가 있다. 하나는 육체의 요구대로 자신을 내맡겨버리는 쾌락의 길을 가는 수행자이고, 또 하나는 육체를 너무 지나치게 학대하는 고행의 길을 가는 수행자이다. 수행자는 이 두 극단의 길을 버리고 중도中道를 가야 한다. 여래는 바로 이 중도의 이치를 깨달았다. 여래는 그 길을 깨달음으로써 열반에 도달한 것이다. 이 삶은 괴로운 것이고[苦], 괴로움의 원인은 집착인데[集], 집착하는 원인은 탐욕과 분노와 어리석음이다. 그대들은 수행에서조차 난행고행難行苦行에 집착해 있다."

부처님의 설법을 들은 다섯 수행자는 즉시 제자가 되어 최초의 다섯 스님이 된다.

그다음에 설하신 것이 팔정도이다. 여덟 가지 바른길은 고집멸도苦集滅道 사성제의 마지막 도제道諦를 닦는 방법이다. 모든 것을 바르게 보고[正見], 바르게 생각하고[正思惟], 바르게 말하고[正語], 바르게 행동하고[正業], 바른 일을 해서 먹고살고[正命], 바르게 마음을 닦으며 공부하고[正精進], 흐릿하고 멍청하게 시간을 보내지 말고 늘 바르게 깨어 있어[正念], 바르게 집중하여 삼매三昧에 들어[正定] 깨달아 알아야 한다.

이를 불교에서는 초전법륜初轉法輪˙이라 하여 아주 중요한 사건으로 기념하고 있다.

˙ 부처님이 성도 후 최초로 설하신 법문을, 부처님이 최초로 법의 바퀴를 굴렸다는 의미로 '초전법륜初轉法輪'이라 한다. 최초 설법의 내용은 사성제와 팔정도로, 불교의 가장 고귀하고 성스러운 진리로 여겨진다.

불교 탄생의 배경:
기후

석가모니 부처님 당시, 인도 사람들에게 절실했던 문제 중의 하나는 기후 조건이었다. 원래 인도라는 곳은 북쪽에 히말라야라고 하는 아주 높은 산악 지대가 있어서, 계절풍이 불어오기 시작하면 그 더운 기류가 높은 산에 걸려 갑자기 냉각됨으로써 100일 가까이 큰비가 내리는 우기 속에 놓이게 된다. 100일쯤 줄기차게 쏟아지던 비가 뚝 그치고 나면, 다음 260일 동안은 불볕더위와 가뭄으로 말미암아 온 산하와 대지가 말라붙는다.

이러한 기후 조건 아래서 살아가야 하는 인도 사람들은 삶을 괴로움[苦]이라고 생각하였다. 요즘 같은 냉방기도 없던 시절에 1년의 절반 이상을 40도가 넘는 더위와 가뭄, 그리고 가난 속에서 살아가야 했던 그들이 삶을 고통이라고 생각한 것은 너무나 당연한 것이었다.

석가여래께서는 그들에게 말씀하셨다.

"그렇다, 형제들이여. 이 세상은 괴로움에 차 있다. 이 괴로움의 세계에 태어남은 괴로움이며, 늙고 병들고 죽는 것 역시 괴로움이다. 싫은 것과 만나야 하는 것도 괴로움이고, 좋은 것과 헤어져야 하는 것도 괴로움이며, 구하는 것을 얻지 못하는 것 또한 괴로움이다. 이 세상의 모든 것은 무상하고 불안정하여 우리의 의지처가 되지 못하고 괴로움의 원인이 된다. 나는 이 덧없고 괴로운 미혹의 세계에서 벗어나 불생 불멸의 안온한 세계, 열반적정에 도달하였다. 이제 나는 그대들에게 이 길을 가르쳐주려 한다."

그렇게 해서 이 세상은 괴로움이라 하여 고苦,

그 괴로움들을 한데 모아 검토해보자고 하여 집集,

잘 검토해보면 그 근본이 없음을 알게 되므로 괴로움이 없어진다고 하여 멸滅,

이렇게 하는 것이 정각과 해탈의 경지로 나아가는 바른 길이라 하여 도道, 이른바 '사제법문'을 설하시게 되었던 것이다.

그리고 이를 위해서 바른 견해[正見], 바른 생각[正思惟], 바른 말[正語], 바른 행위[正業], 바른 생활[正命], 바른 노력[正精進], 바른 마음가짐[正念], 바른 선정[正定] 등의 '여덟 가지 바른 생활의 길[八正道]'을 닦아야 한다고 가르치시게 되니, 거기서부터 비로소 불교가 성립되었다고 할 수 있다.

불교 탄생의 배경:
계급제도

인도 사람들의 삶에서 기후 조건 다음으로 문제가 되는 것은 카스트라는 계급제도였다. 기원전 1500년경 중앙 아시아 전역에 걸쳐 세력을 확장한 아리안족이 동쪽으로 이동해 와 인도대륙을 점령한 후 그들을 제압하기 위한 통치 수단으로 네 가지 계급을 형성한 것이다.

카스트 제도는 아리안족이 퍼뜨린 이른바 우주창조설에서 나왔다. 거기에 따르면, 아리안족의 조상은 우주를 관장하는 주재자인 브라만*이다. 그 브라만이 이마로 낳은 아이가 성직자 계급인 브라만, 입으로 낳은 아이는 왕족과 귀족 계급인 크샤트리아, 생식기로 낳은 아이가 농공상의 평민 계급인 바이샤, 발뒤꿈치로 낳은 아이는 천민 계급인 수드라가 되었다는 것이다. 말하자면 카스트는 외래 정복자가 인도 원주민을 통치하는 수단으로 만든 제도였다.

이 제도로 말미암아 하층 계급의 인도 민중은 날 때부터 차

---

* 브라만Brahman은 원래 원리를 뜻하는 말로 중성中性 명사이지만, 이후 남성적인 인격신, 우주를 관장하는 주재자主宰者 브라마Brahmā, 梵天로 신격화되었다. 현재는 우주 최고의 원리인 브라만과 브라마를 혼용하는 경우가 많다.

별 대우를 받으며 매우 고생을 하였다. 점령자인 아리안족은 자기들이 가져온 신과 토착신을 섞어 수많은 신들을 만들어 냈다. 여기에 복종하지 않으면 천벌을 받는다고 힌두 신앙을 만든 아리안족이 이야기하니 어떻게 하겠는가? 그래서 브라만 계급은 발뒤꿈치에서 태어난 하인이나 생식기에서 태어난 상인쯤은 죽여도 살인죄가 되지 않았다. 그런 현상을 타파하고자 많은 분들이 음으로 양으로 활동했는데, 그중에 특출한 이가 2,500년 전 석가여래 부처님이다.

석가여래께서는 모든 사람은 절대 평등하다고 가르치셨다. 단지 스스로 원인 지어 결과를 받을 뿐, 브라만도 노예도 근본은 같으니 수행하면 누구나 부처를 이룰 수 있다고 하셨다. 두 번째 계급인 크샤트리아 출신인 석가여래의 이와 같은 주장은 당시로서는 대단히 혁명적인 것이었다.

사실, 많은 브라만 계급 사람들이 석가여래가 자신들보다 아래 계급에 속한다는 생각 때문에 부처님 회상에 들어오지 못하였다. 그런데도 석가여래의 10대 제자 중에 총애를 받고 혜명慧命(불법의 명맥)을 이어받은 제자가 브라만 출신인 마하가섭인 것을 보면 재미있는 일이다.

그분이 말씀하신 바는 '이 세상에서는 사람이 제일이고, 모든 사람은 평등하다는 것'이다. '모든 사람은 다 깨달음을 얻을 수 있는 불성종자佛性種字(부처가 될 수 있는 씨앗)를 가졌기 때문에 사람 중에 구별이 절대로 있을 수 없다'는 것이다. 당시로서는 대혁명가라 칭할 수 있다.

"무엇 때문에 계급이 있는가? 사람의 한마음은 그냥 광명이다. 이 광명은 우주에 꽉 차는 것이다. 이 광명을 분배해서 가지고 나온 자는 다 광명을 응용할 수 있는 것이다. 그런데 어떻게 그 광명 속에 계급이 있을 수 있느냐? '종'이라는 계급이 있는 것이 아니라, 복을 좀 적게 지은 자, 복을 좀 많이 지은 자의 차이일 뿐이다. 복이라는 것은 마음이 만들어낸 관념 껍데기에 불과하다"라고 말씀하셨다. 그 껍데기인 복을 좀 더 지었다고 귀하고, 복을 좀 덜 지었다고 귀하지 않을 것은 없다. 그러므로 모든 사람은 다 밝을 수 있다.

부처님 말씀을 따르는 왕들도 있었지만, 부처님의 법을 방해하려는 왕도 많았다. 부처님의 제자가 1,500명인데, 나중에 《법화경》에서는 1만 5,000명이라고 했다(1만 5,000명까지는 몰라도 적어도 3,000명은 되었을 것이다).

인도를 계급에서 구하려 애쓰시다

암흑시대라 불릴 만큼 무지몽매하던 그 시기는 과도한 정신 생활이 만들어낸 신들이 막말로 인간을 씹어 먹던 시대였다. 깨어 있다는 세계 문명 발상지들이 그러했으니 나머지 오지 사람들은 어떠했을까, 미루어 짐작할 뿐이다. 두려움으로 만들어진 과도한 정신생활이 지구를 지배했다.

인도에서는 통치체계로 네 가지 계급(카스트)을 만들어 사람들을 고통스럽게 했다. 사제 계급은 브라만, 군인이나 정치가는 크샤트리아, 농민·상인·지주는 바이샤, 그리고 하인·청소부·소작농은 수드라라고 했다. 계급으로 나누어 지배하는 그 차별이 오늘날까지도 인도 사람들을 고통스럽게 하고 있다.

수천 년 동안 많은 수행자와 학자, 정치가들이 인도를 계급에서 구하려고 애를 쓰고 또 구제 방법을 발전시켰는데, 가장 큰 영향을 끼친 분이 부처님이다. 부처님이 세상에 나와서 세상에 대하여 첫 번째 한 말씀이, "이 세상은 고생이고 고생의 근본은 욕심이다. 욕심을 없애려면 밖이 아니라 안으로

마음을 닦아야 한다"는 것이었다. 욕심을 없애면 고생의 근
본을 없앤다는 말이다. 욕심이란 것은 대개 사람들이 그러듯,
바라는 바가 안되면 남의 잘못이고, 바라는 바가 성사되면
자기가 잘했다고 하는 못된 마음을 쓰는 것이다. 또는 바라
는 바가 이루어지지 않으면 남이 잘못해서 바라는 바가 안되
었다고 하면서 고통을 남이 받을 일이지 왜 내가 받아야 하
느냐고 하늘과 땅과 주변 사람을 원망한다.

  잘되면 잘되는 대로 못되면 못되는 대로, 편한 마음이 없다
면 향상(발전)은 절대로 없는 것이다.

교단의 형성

교단이 성립하자면 가르치는 사람과 배우는 사람, 그리고 가르침의 내용이 있어야 한다. 처음 성립한 불교 교단의 경우, 가르침은 석가여래 자신이 맡으셨고, 배우는 사람들은 그 다섯 수도자였으며, 가르침의 내용은 당시 인도 사람들의 당면 문제를 해결해주기 위한 방법인 사제법문이라 할 수 있을 것이다.

그런데 어느 날, 다섯 비구 중 한 사람이 시장에 나갔다가 우연히 사리불Śāriputra*과 마주치게 되었다. 사리불은 그때 목건련Maudgalyāyana**과 함께 출가하여 육사외도六師外道***의 한

---

* 인도 중부의 마가다국 수도 왕사성王舍城 근처에서 태어난 브라만 출신의 제자. 부처님의 10대 제자 중 수제자로, 지혜가 가장 뛰어나 '지혜제일智慧第一'이라고 칭한다.

** 부처님의 10대 제자 중 한 사람. 마가다국의 바라문 출신으로, 신통력이 뛰어나 신통제일神通第一이라 일컫는다. 원래 산자야sañjaya의 수제자였으나 사리불과 함께 부처님의 제자가 되었다. 부처님보다 나이가 많았고, 탁발하는 도중에 바라문 교도들이 던진 돌과 기왓장에 맞아 입적했다.

*** 붓다와 거의 같은 시대에 인도에 살았던 여섯 명의 자유사상가들을 불교의 입장에서 이단으로 간주하고 부르는 호칭.

사람인 산자야 벨라티풋타Sañjaya Belaṭṭhiputta*라는 스승 밑에서
수도하던 중이었는데, 자기 스승한테서 더 배울 것이 없는
경지에 올라 있었다. 사리불은 시장에서 마주친 한 사문**의
단정한 모습에 감동하여 그에게 말을 걸었다.

"사문이시여, 당신은 어떤 스승을 모시고 무엇을 배우고 있
습니까?"

그 비구는 대답하였다.

"나의 스승은 석가여래 부처님이시고, 요즘 배우고 있는 것
은 사제법문입니다."

이어서 비구가 그 내용을 설명해주니 사리불은 당장에 목
건련과 함께 부처님을 스승으로 모실 것을 결심하였다. 그러
자 그들의 스승, 산자야는 제자 250명 중에 지혜와 신통력이
제일 뛰어난 두 사람이 자기 곁을 떠나 부처님께로 간다는
사실이 분하고 원통해서 자결하고 말았다.

결국 두 사람을 따라 나머지 사람들도 모두 석가여래 부처
님의 제자가 되니 교단의 식구가 갑자기 250여 명으로 늘어

---

* 　기원전 6~5세기의 고대 인도 사상가로 불가지론자不可知論者, 회의론자라
　고 한다. 부처님과 동시대 사람으로, 전통적 브라만 문화의 가치관을 부정
　한 자유사상가의 한 사람이다. 마가다국의 수도 왕사성에 살았다고 하며,
　후에 불타의 제자가 된 사리불과 목건련의 스승이었다. 그는 진리를 인식
　하거나 설명하는 것은 불가능하다고 하는 불가지론을 주장했다.

** 　사문沙門: 산스크리트어 슈라마나Sramana의 음역으로, 출가 수행자를 총칭
　하는 말이다.

났다. 이 여파로 육사외도 측에서는 문단속을 강화하게 되었고, 신통력으로 부처님 교단을 호위하던 목건련을 해치려는 사건이 잇달았다. 그런 와중에도 가섭 3형제*가 그들의 제자 1,000여 명을 이끌고 부처님께 귀의하니, 부처님 회상會上(수행단체)은 1,250명의 대식구를 이루게 되었다.

부처님께서는 그들에게 12년 동안 사제법문을 가르치고 실행하도록 이끄셨다. 그 결과 그들은 괴로움의 근본을 깨쳐서 삶이 주는 괴로움과 몸뚱이에 대한 괴로움을 능히 극복할 수 있게 되었다. 이 사제법문을 토대로 한 처음 12년 동안의 가르침을 후세 불교학자들은 '아함부阿含部'라고 규정하였다.

---

* 가섭(카샤파) 3형제: 우르빈나가섭, 나제가섭, 마야가섭으로 부처님의 10대 제자인 '마하가섭'과는 다른 사람들이다. 부처님 성도 당시 네란자라 강가엔 불을 숭배하는 수많은 바라문교 은둔자들이 모여 살고 있었다. 가섭 3형제는 불의 신을 섬기는 종교단체의 지도자였다. 큰형 우르빈나가섭은 제자 500명을, 둘째 나제가섭은 제자 300명을, 막내 가야가섭은 제자 200명을 가르치고 있었다.

단계적 가르침:
일대시교*

석가모니 부처님의 설법 내용을 시기와 종류별로 네 단계로 나누는데, 첫 번째는 아함부이며, 두 번째는 방등부이고, 세 번째는 반야부, 네 번째는 법화열반부이다. 부처님께서 처음 설법을 시작하실 때 제자들의 근기根機(배워서 깨달을 수 있는 능력)가 아직 낮음을 아시고 예비과정과 같이 세상 이치의 기본을 설하신 법문이 아함부이다. 이어서 부처님은 '모든 사람이 차별 없이 똑같다[方等]' 하여 '방등부'를 8년 동안 가르치셨다.

아함부 12년과 방등부 8년을 합해서 20년 동안 가르치시다 보니까, 그 모두가 한마음 밝지 못해서 벌어지는 일이었다. 그 한마음 밝아지기만 하면 아무 문제도 없을 것이었다. 그래서 "자기 마음 닦아서 성불하느니라" 하셨던 것이다. 이

• 부처님의 45년 설법 전체를 이르는 말로, 듣는 사람들의 근기(자질 혹은 수행 정도)에 맞추어 5시기(단계)를 둔 것이다. 천태종의 오시팔교설에 따르면, 일대시교는 화엄부 21일, 아함부 12년, 방등부 8년, 반야(금강경)부 21년, 법화열반부 8년으로 도합 49년이다. 중국 당나라 말기에 형성된 운문종雲門宗에서는 이를 활용한 "일대시교一代時敎 대일설對一說"이라는 공안이 있다. 부처님 일생의 모든 설법은 듣는 이의 근기에 맞추어 일대일로 행해진 것이라는 뜻이다.

것을 '반야부'라고 하는데, 이 반야부를 석가여래 세수 50세부터 71세까지 장장 21년 동안 말씀하신 것을 보면 그 중요성을 짐작할 수 있을 것이다. 이렇게 41년이 경과한 후부터 열반하실 때까지 8년 동안 교화하신 내용을 '법화열반부'라고 한다.•

전에 중국 천진에 갔다가, 교외의 어느 유원지에서 강 저편 바위에 부처님 상을 조각해놓고 이쪽 강둑에서 돌멩이를 던져 불상을 맞추면 행운이 온다고 해서 사람들이 몰려들어 돌팔매질하는 광경을 본 적이 있다.

이런 것은 무엇을 말할까. 부처님과 어떤 식으로든 인연 짓게 하기 위해서 어느 스님이 해놓았을 것이다. 이와 같은 내용이 법화부라 할 수 있다. 중생을 제도하고자 하시는 부처님의 원력으로 모든 중생은 이런저런 인연을 맺어 결국에 가서는 다 밝아져서 불도를 성취한다는 것이 이 법화부의 요지다. 또 '열반부'란 부처님께서 임종 직전 하루 한나절 동안,

---

• 이처럼 부처님의 가르침이 담긴 경전이나 논서論書의 내용을 몇 단계로 분류하는 것을 '교상판석' 혹은 '교판'이라고 한다. 교판은 5세기 초 중국에서 시작되어 9세기경에 이르러 일단락되었으며, 우리나라와 일본에서도 독자적인 교판설이 나왔다. 처음에는 불교의 교설을 체계적으로 이해하려는 목적으로 시작되었지만, 나중에는 각 종파가 자신의 소의 경전을 선양하려는 목적으로 제창하게 되었다. 본문의 교판은 수나라의 천태 지의天台智顗(538~597)가 주창한 오시팔교설에 해당한다. 주의할 점은, 이러한 교판설은 역사적인 사실을 기반으로 작성된 것이 아니라 수많은 경전에 대한 각 종파의 자의적 해석에 의한 분류라는 점이다.

마음 닦는 사람 혹은 미迷한 사람 모두가 이 세상을 작별할 때 몸뚱이를 향해 어떻게 해야 하는지에 대해서 말씀하신 것이다.

그럼 《화엄경》이란 무엇인가. 《화엄경》의 정식 이름은 《대방광불화엄경大方廣佛華嚴經》인데, 많은 수행인들이 이 경을 좋아한다. 그러나 한편으로 불교 학자들이나 수행인들은, 《화엄경》은 부처님이 직접 말씀하신 경이 아니므로 불경이라고 할 수 없다는 주장도 펴고 있다. 더욱이 《화엄경》의 첫 구절이 '여시아문如是我聞'이 아니라 불설佛說로 시작되는 것을 강조하고 있다. 역사적으로 볼 때, 《화엄경》은 석가여래 부처님, 즉 육신으로 오신 부처님께서 직접 설하신 것을 받아 쓴 것은 아니다.

《화엄경》은 부처님 열반하신 후 '나가르주나'라는 이가 아함부를 부연해서 이야기한 것인데, 자기가 했다고 하지 않고 부처님이 말씀하셨다고 하였다. 그래서 누가 "그럼 이 책을 그대는 어디서 구하였는가? 지금까지 우리가 전혀 본 일이 없지 않느냐?" 하고 물으니 "아함부에서 말씀하신 것인데, 아함부가 인간적이고 구도자의 이야기라면 이것은 우주적인 것이다"라고 말하였다고 한다. 그 책은 바닷속 용궁 깊은 곳에 있었는데, 자신이 용궁에 다니러 갔다가 그것을 보고 돌아와 썼다는 것이었다. "그래 용궁에 있다는 그 책은 어떤 내용이었소?" 하고 다시 물으니 "이 우주 전체더라"라고 하였다고 한다. 거기서 조금 베낀 것이라고 해서 그 후 대방광大方廣이라는 석 자가 붙은 경은 불경이 아니라는 주장도 나오게 된 것이다.

어찌 되었건《화엄경》은 부처님 세계의 양상을 자세히 묘사해서 장엄불토莊嚴佛土를 표현했을 뿐 아니라 부처님이 성도하신 광경을 서술하고 불가사의한 불경계佛境界를 표현해 담고 있는바, 이런 내용을 부처님이 아니면 누가 말씀하실 수 있을까. 진리적인 안목으로 볼 때, 이는 부처님 말씀이어야 하리라.

12연기법은
'나'라는 착각이 무엇인지 설명하는 것

연기緣起란, '이것이 있으므로 저것이 있다, 저것이 있으므로 이것이 있다'는 것이다.* 결국 단독으로 있는 것은 없다. 그런데도 이것과 저것이 인연으로 연결되어 있는 존재라는 것을 알지 못하고 '나'와 '내 것'이 소중하다고 한다. '나'는 세상에 하나뿐이라고 생각하면 나처럼 소중한 것이 없으니 그 점에 착각이 일어나 끝없이 태어난다. 그 착각이란 무엇인지 설명하는 것이 12연기법十二緣起法이다.

무명無明, 행行, 식識, 명색名色, 육입六入, 촉觸, 수受, 애愛, 취取, 유有, 생生, 노사老死. 이 열두 가지가 우리를 태어나게 하고, 잠깐의 즐거움에 긴 고통을 받다 병들어 죽고, 또다시 태어나게 만든다.

---

* 연기: 일체 세상 사물의 실상實相과 생기소멸生起消滅의 법칙.《잡아함경》에서 부처님이 깨달으신 세상의 바른 모습은 한마디로 "이것이 있으므로 저것이 있고, 이것이 생기므로 저것도 생긴다. 이것이 없으므로 저것이 없고, 이것이 사라지므로 저것도 사라진다[此有故彼有 此生故彼生 此無故彼無 此滅故彼滅]"라는 구절로 대표된다.

연기법:
공성과 육바라밀

우주와 지구의 모든 것은 '이것이 있으므로 저것이 있다'는 연기법으로 존재한다. 단독으로 있는 것은 없기에 모든 것은 자성自性이 없어 공성空性*이다. 이를 밝힌 부처님 법을 알아야 한계를 넘을 수 있다.

바른 법을 밝히고 닦는 수행이 육바라밀이다. 우리가 몸이 건강하고 집안을 잘 다스리고 이웃과 화목하며 착하게 사는 것만 가지고 인생을 다 해결할 수 있겠는가? 그러지 못하니까 문제를 해결하고 초월하고 싶어 부처님 법을 가지고 수행하는 것이다. 육바라밀 중에 '보시'와 '지계'와 '인욕'은 철저한 생활 규범이며, '정진'하여 '선정'에 들고 '지혜'를 얻는 것은 수행 규범이다.

---

* 자성·공성: 자성自性은 자주 독립적으로 존재하는 고정불변의 실체[我]를 말한다. 이 세상의 모든 사물은 연기한 것(이것과 저것이 서로의 원인 조건이 돼서 생긴 것)이기 때문에 그런 자성을 가진 실체가 비고 없다고 해서 공성이다.

무명과 12연기

무명無明은 밝음이 없다는 뜻이 아니라, 밝음이 적어 어리석고 두려움이 많은, 세상의 모든 번뇌를 뜻한다. 두려우니 살아남으려 움직여야[行] 하고, 본인을 지키려면 밖의 세계를 규정해야 하니 개념[識]이 생기고, 개념으로 인하여 정신·물질[名色]이 나뉘며, 자기의 안전을 위해 모든 물건을 '이롭다'와 '해롭다'로 나누어 어떻게 자신에게 이롭게 쓸 수 있는지 방법을 찾으려[六入] 만져보고[觸], 먹고 입고 잠자는 여러 방법을 환경에 따라 수용한다[受].

　예를 들어 어제는 불고기를 먹었는데 오늘은 수제비를 먹으며, 어제 먹은 불고기를 몹시 그리워하다[渴愛] 친구가 찾아와 불고기를 사주는 인연으로 다시 불고기를[取] 대접받았다면 나중에 언젠가 그 친구에게 사주어야[有] 하는 등 지금 삶의 모든 원인의 씨앗이 모여 결과로 태어나고[生] 또 그렇게 살다 늙어 죽는[老死] 것이다. 끝없는 반복, 지겹지 않은가?

부처님은 고집멸도 사성제로 부처 되는 법을 설하셨지만, 사람들이 똑똑하지 못해 알아듣지 못하니 팔정도, 12연기 등 돌아가실 때까지 팔만사천법문을 설하신 것이다.

누구나 한마음으로 세계의 실상을 보아 청정해지면 부처가 된다고 하지만 그리 쉽지 않다.

그래서 첫째도 둘째도 착하게 사는 씨앗을 뿌려야 한다. 깨달음은 그다음 문제다.

부처님의 공부는 지혜와 자비

불교가 오늘날까지 내려오게 되어 2,500년이라는 역사를 가지게 된 것은 민중에게 공감을 주고 실제 도를 깨우친 이들도 많았기 때문이 아닌가? 부처님이 이 세상이 고통인 것을 알고, 태어나 늙고 병들어 죽는 끝없는 윤회를 해결할 방법을 찾은 것이 고집멸도 사성제이다.

인생이 고통의 바다인 것은 집착 때문이고, 집착의 원인은 탐욕과 분노와 어리석음이다. 이 탐·진·치 삼독이 없으면, 또 '하고자 하는 마음'이 없으면 고생이라는 것은 존재할 수가 없다.

그래서 부처님은 "무엇이든지 바라는 마음이 있으면 '된다, 안 된다' 하는 두 가지가 앞을 가릴 것이다"라고 말씀하셨다.

무엇을 바라는 마음은, 일이 잘되면 자기가 잘했다 하고, 일이 원하는 대로 되지 않으면 주위를 원망하니 스스로 고통에 빠지는 것이다. 그래서 마음을 쓰지 않고 푹 쉬게 하면 '무심'이 되고, 더 나아가서 '나'라는 것은 인연에 따라 만들어진 조합일 뿐 실체는 없다는 '무아'가 되며, 중관中觀°으로 통하여 공성을 체득하면 지혜가 생긴다.

부처님의 공부를 두 단어로 정의하면 '지혜'와 '자비'이다.

- 용수(나가르주나)가 체계화한 반야 공 사상으로, 중도中道의 진리를 보는 것
  이다. 세계의 모든 존재는 스스로 존재하는 자성[實體, 我]이 없기 때문에 공
  한 것이지만, 공은 결코 무無가 아니다. 공이란 자성이 없이 조건에 따라
  생기生起하는 현상 세계의 실상을 있는 그대로 표현한 것일 뿐이다. 따라
  서 공이란 비유비무非有非無, 비실비허非實非虛의 중도다. 모든 존재에 그 자
  체의 자성이 있다고 보는 실체적 인식을 부정하는 지혜이며, 따라서 이러
  한 지혜는 인간의 관념 세계와 사물의 현상 세계의 모든 것을 상대적인 관
  계성[空性] 속에서 찾으려는 것이다.

분별을 비우고 자비심을 담으라

부처님 전생을 누루생생屢屢生生 기록한 것이 《본생경本生經》이다. 온갖 고생을 하며 부처님이 되어서 "내가 많고 많은 생을 닦았다" 하셨다. 이는 곧 바라는 마음을 닦은 것이다. 무엇을 바라는 마음을 닦았는가? 여러 사람과 생명을 가진 모든 중생이 깨달음에 이르기를 바라는 자비심을 닦은 것이다.

모든 살아 있는 세상 중생들은 고생의 근본을 소멸하고 행복하기를 원한다. 그러나 고통과 행복은 늘 같이 공존하니 영원한 행복을 원하면 부처님처럼 깨달아야 한다는 것이다.

깨달음을 바라는 마음은 나만 깨닫자는 것이 아니다. 모든 중생이 깨달아 행복하기를 바라는 자비의 마음이 바르고 빠르게 가는 길이다.

마음공부를 하려면 첫째도 둘째도 일어나는 마음을 쉬어야 한다. 그다음 텅 빈 마음에 자비심을 담아야 한다.

자비

자慈는 어머니가 벌거숭이 갓난아기를 애지중지하면서 크고 넓으신 마음으로 보살펴 사랑하는 형용을 드러낸 말이다. 세상에 나온 갓난아기는 어머니와 서로 갈라졌지만, 어머니의 배 속에서 서로 연결되어 있었다. 갓난아기는 어머니의 살점 일부가 한 생명체로 떨어져 나간 것이기에, 어머니는 크고 넓은 마음으로 아이를 돌보는데, 이것이 사랑하는 마음씨다.

비悲는 그 갓난아기가 배가 고파서 말도 못 하고 울 때, 가엾게 생각한 어머니가 젖꼭지를 아기의 입에 물려 젖을 먹게 해주는 애타게 간절한 마음씨다. 또 진자리를 마른자리에 갈아 눕히며 애처로워하는 마음씨이므로, 부모님의 은혜는 바다보다도 더 깊다고 옛날 어른들이 말씀하셨다.

절대 자유는
부처님 법의 중심인 '공'

사람은 자유롭기를 원한다. 인간은 누구나 무엇에 묶이고 매이지 않는 자신과 환경을 희구希求할 것이다. 그런데 자유롭고자 하는 마음은 비교하고 견주어 느끼는 것이기에 상대적이다. 인간이 원하는 자유는 상대적 자유이지 절대적 자유는 아닐 것이다. 절대 자유의 실체를 아는 사람은 그것을 무서워할 수밖에 없다. 절대에 대한 발심發心이 잘 안 나는 것이다.

절대 자유는 부처님 법의 중심인 '공空'을 말한다. 이 세상 모든 것이 보고 듣고 만질 수 있는 것인 줄 알았는데, 본래 모든 것은 영원한 실체가 없이 공하여 허망무상한 것이라면, 또 그 착각으로부터 벗어나는 것이 절대 자유라면 무섭지 않겠는가? 개미가 히말라야산맥의 실체를 보면 기절하지 않겠는가?

원시시대부터 불안하고 두려운 미래를 신과 하늘과 땅에 의지하는 믿음으로 극복하고자 함으로써 종교가 만들어졌다. 우리가 해결할 수 없는 거대한 질문을 만나, 깨달은 사람들이 전한 가르침에 따라 답을 구하고 답을 찾은 사람도 있다. 개인적으로는 부처님의 법이 해답이라 생각한다. 사성제, 팔정도, 12연기와 공을 근거로 하는 중관 철학은 과학자와 학자라면 꼭 공부해야 한다.

부처님 가르침의 근본은 변하지 않는다

어느 종교든 다른 문화권으로 가면 토착화하는 과정에서 민중이 원하는 의미를 더하게 된다. 중국에 불교가 들어와 노자, 장자 등 도가사상과 알게 모르게 습합習合하여 선禪이 번성했다. 우리나라 절에 가면 한쪽에 칠성각°이나 산신각이 있는 것 또한 우리 토속과 불교가 만나 생긴 불교신앙의 예이다.

인도 북부 카슈미르에서는 불교도들이 용을 신앙해서 수도 이름을 스리나가르Srinagar라 했다. 스리sri는 성스럽다는 뜻이고, 나가르는 용들이 사는 곳이라는 뜻이라고 한다.

 또 인도 신화에 나오는 가루다는 금시조金翅鳥로도 불리는데 용이나 뱀을 잡아먹는 새이다. 가루다와 나가르 둘 다 불경에 나오는 짐승으로, 둘이 만나면 하나는 죽어야 하는 상극인데 어떻게 둘 다 불교에 차용되었을까. 카슈미르는 용을 신앙하고 남쪽 사람들은 가루다를 신앙하니 둘 다 자연스럽게 불경에 비유로 사용된 것이다.

• 　도교에서 유래한 칠성신七星神을 모시는 전각이다.

이렇듯이 문화권에 따라 가르침의 비유는 변하지만, 부처님의 밝은 광명 그 골자는 변하지 않는다. 그 골자란 자비와 지혜로 고집멸도 사성제를 해결해야 하며,

여덟 가지 바른 견해[八正道]를 가지고 사람의 열두 가지 연기 흐름을 관하며,

육바라밀을 행해야 한다는 것이다. 어떤 이들은 진리를 말하고 가르침을 말하면서도 싸우고 미워하는 경우가 있는데, 그런 일반인이나 출가자들은 탐·진·치 삼독의 뜻부터 알아야 한다.

돕고 베푸는 것도
부처님을 즐겁게 해드리려는 마음으로

많은 젊은이들이 세상을 제도하겠다고 나를 찾아온다. '불쌍한 사람들을 돕겠다' '사회를 정화해보겠다' '인류에 봉사하겠다' 등. 그러면 나는 그들에게 말해준다.

"그들을 불쌍한 사람들로 보는가? 그들을 불쌍한 사람으로 보는 그 생각은 선입견이니 선입견을 부처님께 바쳐라. 돕고 싶다는 생각 또한 자비심이 아닐 수도 있으니, 그 생각 또한 부처님께 바쳐라. 부처님께 바치면 마음이 안정되고 행복감을 느끼게 된다. 마음에 행복감을 느낄 때, 부처님의 응답을 얻을 수도 있으리라. 그 응답에 따라 행동하여리."

또 말해준다.

"불쌍한 사람들을 돕고 많은 사람들을 선도하는 것은 자비심이니 좋은 일이다. 그런데 그대의 정도를 모르고 그런 일을 한다고 나서지 마라. 그대의 능력이 부족할 때는, 사회에 이익되기는커녕 오히려 폐만 끼칠 것이다.

또 그대가 불쌍한 사람들을 돕는다고 하면, 그대 마음에 불쌍한 사람들을 그리게 되어 그대 자신이 그렇게 될 염려가 있다. 어리석은 사람들을 교화한다고 그들을 마음에 그리면, 그대 자신이 어리석게 될 염려가 있다.

도둑 소굴로 들어가 도둑을 교화한다고 산으로 올라간 스님이, 3년만 되면 그들과 함께 도둑질을 하러 마을에 내려온다는 이야기가 있다.

무슨 일이든지 부처님을 즐겁게 해드리기 위해서 한다고 생각하여라. 그리하면 그대 마음에 불쌍함과 어리석음을 그리지 않고도 그들을 도우면서 부처님 광명을 향하게 될 것이다. 제도는 오직 부처님만이 하시는 것이다.

사회사업을 하려고 하더라도 부처님을 즐겁게 해드리기 위해서 한다고 원을 세울 뿐이요, 내가 사회사업을 한다고 생각하지 마라. 일은 부처님께서 하시는 것이다. 그리하면 마음에 불쌍함과 어리석음을 그리지 않고 또 근심 걱정을 하지 않고도 사회사업을 할 수 있다. 제도는 오직 부처님만이 하시는 것이고, 우리는 하겠다는 생각을 부처님께 드리기만 하면 된다."

제도는
그 사람의 분별심을 쉬게 하는 것

다른 사람에게 부처님 말씀을 포교하고자 할 때는 먼저 포교하겠다는 생각을 부처님께 바쳐라.

《금강삼매경》에 "다른 사람을 제도한다는 것은 사람을 변화시키는 것이 아니다. 단지 그 사람의 분별심을 쉬게 하는 것이다"라고 하셨다. 다른 사람의 분별을 소멸시키려면 우선 자신의 분별심을 쉬어야 한다.

자신의 분별심은 그대로 접어두고 다른 사람에게 설법하는 것은, 자기의 더럽고 때 묻은 분별 덩어리를 상대방에게 억지로 들씌우는 것과 같다.

서양과 동양 문화:
예수교와 불교

서구사회에서는 물자와 재물이 풍부해졌지만, 사회에 복잡한 현상이 늘어가면서 마음이 더 공허해지자 정신생활로 탈출구를 찾는다. 그것을 어디에서 찾았는가 하면, 자기들이 착취하고 무시했던 동양에서다. 서양 사람들은 빈속을 채우려고 아시아의 문화 전반을 들쑤셔 고물상처럼 이것저것 다 주워 갔다.

학문과 몸을 단련하는 요가와 예수교를 차용한 몇몇 사람들의 마음공부가 전해졌고, 공자의 유교는 학문으로, 도교는 태극권이니 뭐니 해서 무술로 전해졌다. 동양에서 건너간 종교 중에 불교만이 그 참다운 면모를 갖추었다.

서양 사람들은 근본이 실용적이므로 믿음으로 깊게 들어갈 수 없다. 예수교는 하느님을 통해 자기가 지혜를 닦고 옆사람도 사랑으로 건사해서 천국에 가는 것을 최고로 생각한다. 먼저 하느님에게 기도하라고 말하지만 불교에서는 먼저 자기의 컴컴한 마음을 제除해야 한다고 하니, 서양 사람들에게 처음에는 큰 수레[大乘]가 아니라 작은 수레[小乘]가 들어갔다.*

"네 마음속의 탐심을 제하면 고생이 없느니라."

"네 마음속에 불평이 없으면 이 우주는 평화스럽고, 네 마음속에 네 잘난 생각이 없으면 네 지혜는 자꾸 발전되느니라."

이러한 말은 하느님을 요구하지도 않고 오직 자기 스스로가 자기를 각각 그렇게 함으로써 인생을 완전으로 갈 수 있다는 가르침이었다.

• 승乘, 곧 수레는 깨달음에 이르는 가르침을 의미한다. 일반적으로 소승은 자신의 해탈을 목적으로 하는 수행을 의미하며, 대승은 자신의 해탈[自利]과 중생 교화[利他]의 양면을 모두 갖춘 보살의 수행을 의미한다. 대표적 소승 경론에는 아함부 경전을 비롯하여 《사분율》《오분율》《비바사론》《발지론》《구사론》《성실론》 등의 논서가 있고, 대승 경론에는 《반야경》《열반경》《법화경》《화엄경》《무량수경》《아미타경》 등의 경전 및 《섭대승론》《대승기신론》《중론》《성유식론》 등의 논서가 있다.

종교의 기원

인간을 종種으로 보면 포유류라고 한다. 약하게 태어나 어미의 젖을 먹지 못하면 죽고, 태어나자마자 걷고 뛰는 다른 종에 비하여 생존이 어려우니 도망 다니며 살아야 했을 것이다. 공룡시대에 인간의 조상은 큰 쥐 모양으로 포식자를 피해 나무 위나 땅굴을 깊이 파고 숨어 살았다. 그렇게 살던 인간이 지구를 지배하게 된 것은 재미있는 일이다.

숨어 살며 생존을 위해 쌓은 경험은 교육으로 다음 세대에 전해지고, 경험만으로는 감당하지 못할 사건에 대비하여 아프리오리a priori, 즉 직관이 발달한 것이다. 거기에서 초월하는 의식이 나오니 그것이 원시종교이다.

사람이 태어나고 늙고 병들고 죽는 생로병사의 자연스러운 흐름처럼 우주에도 큰 흐름이 있는데, 이를 '성주괴공成住壞空'이라는 사자성어로 표현한다. 만들어지고 유지하다 붕괴되어 모든 것이 시작점인 '없음[無]'으로 돌아감을 말한다.

지금 인간이 지구를 차지했다고 해서, 서로 돌보지 않고 조금 더 편하고 조금 더 먹자고 환경을 파괴하면, 인간의 시대도 영원할 것 같지만 때가 되면 멸종할 수 있다. 지구의 역사를 보면 멸종의 역사라고 할 만치 많은 종種이 사라지거나 퇴보했다.

플라톤은 "자연에 대해서 의심을 하는 것이 철학의 기원이며 자연에 대해서 겁을 내는 것이 종교의 기원이다"라고 말했다. 원시인의 미신에서 종교가 시작되었다. 그래서 현대에도 사회를 정확히 이해하려면 사람들 밑바닥에 있는 미신을 볼 줄 알아야 한다. '문지방을 밟지 마라' '밤에는 손톱을 깎지 마라' 등등 여태까지 우리 살림살이 저변에는 무수한 터부taboo가 있어서 두려움을 만들고 그 두려움이 종교를 만들었다.

흔히 말하기를, 죽으면 염라국으로 간다고 하지 않는가? 그런데 저승에 있는 염라국에 어째서 이곳 이승과 똑같이 임금이 있고 또 그 밑에 비서관들이 있고 옥사쟁이들도 있고 형무소처럼 꾸며져 있단 말인가? 그런데도 옛사람들은 물론 지금 사람들도 저승과 염라국이 왜 여기 이승과 똑같은지 의심하지 않는다.

　아마 지금은 염라국도 임금이 다스리다가 변해서 대통령제가 되었을 것이다. 왜 그러냐 하면, 아랫동네의 우리가 대통령제를 하니 그렇다. 염라국 사람들도 임금은 옛날 것이라며 민주주의로 하자고 하니, 아마 염라대왕도 할 수 없이 그러자고 할 것이니 말이다.

플라톤, 종교, 미신

플라톤은 "사람이 자연에 대해서 의심을 내면 그 순간이 철학의 요소를 구성하는 것이고, 자연에 대해서 무서운 마음을 내는 것이 종교의 출발점이다"라고 말했다. 우리에게 먼저 주어진 것은 아마도 종교일 것이고, 종교의 범주에서 자유롭고 싶은 사람들은 철학을 했을 것이다.

종교를 들여다보면 뻔뻔한 연출과 조작이 보인다. 두려움으로 만들어진 종교는 인간에게 더한 복종을 강요했고 대부분이 제사장과 권력자들의 농간이었다.

이스라엘 백성이 도망 나와 벌판을 지날 때 신이 불기둥으로 길을 밝혀주었다고 하고 홍해 바닷물이 갈라졌다고 한다. 이런 기적은 사람들을 즐겁게 하기보다 두렵고 무서워하게 만든다. 신은 손 닿을 수 없는 높은 하늘에 사는데, 그래서 향이 만들어졌다. 냄새 좋은 향 연기가 솔솔 하늘로 피어오르면 하늘의 신들이 기뻐한다는 생각을 한 것이다.

성경에 보면 믿음의 조상이라고 불리는 제사장 '아브라함'은 늦게 얻은 귀한 아들 '이삭'을 불에 태워서 제사 지내려고 했다는데, 사람을 불에 태워 그 고약한 냄새를 원했거나 믿음을 시험하기 위해 그런 행위를 하게 했다면 그 신은 자격 미달이다. 또 그리스 신화에 나오는 아가멤논이 트로이전쟁*에서 이기게 해달라고 자기 딸을 불에 살라서 신에게 냄새를 맡으라고 한 것도 두렵고 어리석은 마음이 드러난 것이다. 실제로 신이 있다면 어느 신이 그런 요구를 하겠는가?

부처님은 12연기 중 첫 번째인 중생의 행동 동기를 '무명'이라 했는데, 무명은 어리석음 때문에 생긴 두려움을 말한다. 어리석어 제 자식을 태워 죽이면서까지 신에게 아부하려는 것이다. 그것은 미신, 곧 잘못된 믿음이다.

---

* 고대 그리스의 영웅 서사시에 전해 내려온 그리스군과 트로이군의 전쟁. 트로이의 왕자 파리스에게 빼앗긴 스파르타 왕비 헬레네를 되찾기 위하여, 미케네왕 아가멤논이 그리스 연합군 수만 명을 이끌고 트로이로 원정하여, 10년간 장기전을 펼쳤다. 이타카의 왕인 지장智將 오디세우스가 고안한 '트로이 목마'를 사용해 상대의 허를 찔러 트로이를 정복했다.

하느님이라는 관념은
우리 삶에 필요해서 있는 것

하느님이라는 관념은 우리 삶에 필요해서 있을 뿐이지, 우리
는 하느님을 알 수 없고, 안다고 해도 알고 있는 그대로가 아
니다. 하지만 우리 생활에 많은 위로와 위안을 주기 때문에
아니 믿을 수가 없다. '죽음 다음에 무엇이 있을까'라는 물음
에 답하기 위해, 그리고 두려운 자연에 관한 대처對處로써 정
신생활이 시작된 것이다. 여기서 지능이 높은 인간들이 주
워들은 이야기와 하늘, 땅, 자연을 관찰한 이론을 체계화시
킨다. 그런 부류가 하늘과 죽음과 모든 해답을 움켜쥔 '무당'
이다.

서양의 현대 기독교는 중간 매개체인 줄[線], 곧 목사나 신부
를 그다지 중요시하지 않는다. 실용적인 서양과 달리 우리나
라를 보면, 핏속에 흐르는 종교성 때문에 무당이나 스님에게
기대어 살았기에 현대에 와서도 목사나 신부에게 복종하고
순응하며 어쩔 줄 몰라 한다.

삼천대천세계는
중생의 업력으로 이루어진 것

이 세상을 누군가가 주재한다고 생각하지 말아라. 칸트가
"이 세상은 내버려진 것이다. 다만 마음을 세운 사람이 찾는
만큼 나타날 뿐이다"라고 말했듯이,* 이 우주는 어떤 절대자
가 있어 그 뜻에 따라 이루어진 것이 아니다. 삼천대천세계**
라는 것은 결국 중생의 업력으로 이루어진 것뿐이다.

- 칸트에 따르면, 우리가 세계를 보는 방식은 우리가 세계에 대해 생각하는
  방식, 즉 우리의 오성 구조에 의해 규정된다. 우리가 무엇을 보든지 그 직
  관 형식인 '시간과 공간'은 오성의 형식인 '범주'에 의해 규정된다는 말이
  다. 결국 우리는 세상을 있는 그대로 보는 것이 아니라 생각하는 대로 본다
  는 의미다.

- 불교에서 우주 공간을 뜻하는 말. 고대 인도인의 세계관에서 유래한 것으
  로, 한 개의 태양과 한 개의 달을 가진 공간을 일세계(태양계에 해당)라고 하
  고, 이와 같은 세계가 1,000개 합쳐진 공간을 소천小千세계라고 하며(은하
  계에 해당), 소천세계가 1,000개 합쳐진 것을 중천中千세계라고 하고, 중천
  세계가 1,000개 합쳐진 것을 대천大千세계라고 하는데, 대천세계는 소중
  대의 3종의 천이 겹쳐진 것이기 때문에 삼천대천세계 또는 삼천세계라고
  도 한다. 이만큼의 공간이 한 부처님의 교화 대상이 되는 범위다.

드럼통의 여섯 구멍

드럼통에 구멍을 여섯 개 뚫고, 그 속에다 원숭이 한 마리를 넣었다. 이 원숭이가 이 구멍으로 내다보고, 저 구멍으로 내다보고, 또 사방 요리조리 내다보고는 컴컴한 속에서 통계를 짠다. 여섯 구멍으로 들어온 것만 가지고 통계를 짰으니, 이 원숭이의 지식이 얼마나 되겠는가.

그런데 밖에 있는 사람이 '하늘'이라고 얘기하면, 이 녀석도 따라서 '하늘'이라고 한다. 그런데 드럼통 밖에 있는 사람이 말하는 '하늘'이라고 하는 것과, 드럼통 속에 들어앉은 원숭이가 '하늘'이라고 하는 것은 전혀 다를 것이다. 글자는 같지만 내용은 전혀 다르다.

드럼통의 여섯 구멍은 무엇을 의미하는가. 우리 몸의 여섯 가지 감각기관이다. 눈, 귀, 코, 입, 피부라는 다섯 구멍에다가, 밖에서 들어온 내용을 합해서 헤아리는 '생각'의 구멍까지 모두 여섯이라고 하는 것이다. 그 구멍을 통해 세상에 대해 느끼고 아는 것은 아마 진짜 세상과는 질적으로 전혀 다를 것이다.

그런데 또 재미있는 게 있다. 누가 작대기로 드럼통을 땅땅 때리면 드럼통 속에 들어앉아 있는 이가 아프다고 한다. 몸에 상처도 나지 않는데 왜 아프다고 할까. 드럼통 속에 들어 있기 때문에 자신을 보호하는 데로 마음이 가서, 드럼통에는 신경이 통하지 않는데도 거기까지 신경을 다 늘어놓고 있기 때문이다.

우리가 몸이라는 고깃덩어리 속에 떡하니 들어앉아서 세상을 접하니, 모르는 것도 모르고 아는 것도 모르고, 도무지 알 수 없는 것이 대부분이다. 이것을 조금이라도 가르쳐줘야 하는데, 선생이고 학생이고 할 것 없이 애당초 장님이니, 장님이 장님을 가르치는 꼴이다.

　여태까지는 선생이 가르쳐주는 대로 '나비'라고 하면 따라서 '나비'라고 하면 됐다. 그러나 이제는 선생이 '나비'라고 하면 '그게 어떤 것인가' '어떻게 해서 나비라는 이름을 얻었으며 실물은 어떤 물건인가' '종류는 몇인가' '우리와 무슨 관계가 있나' '그 생태는 우리에게 어떠한 진로를 주게 되나' 하는 것을 배우는 이들이 자유롭게 생각해보아야 한다.

돈, 보시, 십일조, 빚

돈은 종이에다 그린 그림일 뿐이다. 그런데 사람들이 거기다 마음을 붙여, 그것 때문에 울고 웃는다. 돈은 필요할 때 있으면 좋은 것이지만, 필요치 않을 때 많으면 재앙이 오기 쉽다. 제 마음이 다 돈으로 가서 붙어버렸기 때문에 돈이 마음을 앗아가는 것이다.

절에 다니는 사람들이 부처님께 공양하고, 교회 다니는 사람들이 헌금하는 것은 그 마음을 드리는 것이다. 사람의 마음이 재물, 돈에 붙어 있기 때문이다. 그런데 가진 것을 다 주면 "'나'는 무엇을 먹고살겠는가?" 한다. 그래서 자기 먹을 것을 남기고 10분의 1만 드리라 하는 것이 십일조다.

박복한 중생이라도 돈을 많이 벌어서 부처님 전에 바치고 복 많이 짓기를 발원하면 무량대복無量大福이 꽉 찬다. 그래서 번 것의 10분의 1만 부처님께 올리고 기도함으로써 더 많은 돈을 버는 원동력이 된다.

배고픈 사람이 기운이 없어 기진맥진하다가도, 밥을 먹으면 기운이 다시 나듯이, 부처님께 십일조를 함으로써 앞으로 더 많은 돈을 버는 복력이 생기는 것이다.

보시는 탐심을 닦아 '없다'는 마음, 가난한 마음을 해탈하는 공부법이다. 마음이 넉넉해야 실제로 부자가 된다.

빚은 주고 나면 마음이 거기 가서 달라붙어 있기 때문에, 주는 날로부터 그 사람의 종이 된다. 여유가 있으면 주고 말지 언정 돈거래는 안 하는 것이다.

삼독심

—

4

세상을 다 이해하면서도 얽매이지 않는 것, 이것이 불법佛法이며 탐심을 깨치는 방법이다. 탐심을 깨침으로써 경제활동의 원리를 이해할 수 있으며, 진심을 닦음으로써 올바른 법률생활에 도달할 수 있다. 세상의 어떠한 직종에 있더라도 우선 자신의 몸뚱이착을 닦는 데 목적을 두어라. 그러면 지혜가 밝아져서 세상의 주인공이 될 것이다.

도는 행복해지는 진정한 방법

부처님이 처음 설한 법에 "모든 것은 고통이고 고통의 원인은 집착이다. 집착에는 세 가지 원인이 있는데, 욕심과 화내는 것과 어리석음이다"라고 하셨다. 고통의 원인을 제거하는 방법을 부처님께서 말씀하셨는데, 바로 도道를 닦는 것이다.

도를 닦는다는 것은 마음을 수단으로 삼아 자신을 밝히며 살아가는 것으로, 종국에는 부처님처럼 대자유에 이르는 것이 대략 도라고 말할 수 있다.

각자 스스로 행복해지는 진정한 방법을 찾는 것만이 인류의 대안이다. 밖의 제도나 재물은 일시적인 것임을 명심해야 한다.

자식이 굶어 죽어가는데
자족하며 살고 있다고 한다면

마음을 닦는다는 것은 어떠한 것인가.

마음이 밝다는 것은 어떠한 것을 의미하는가.

세 가지 마음을 가려서 조심해야 한다.

탐내는 마음[貪心, 탐심], 성내는 마음[嗔心, 진심], 어리석은 마음[癡心, 치심]이 그것이다.

욕심이 많으면 고생을 한다. 욕심의 근본은 집착이니, 고생을 타고나는 것이다. 그러면 욕심을 안 부리면 어떻게 되느냐. 욕심을 안 내고 자족하며 부족함 없이 살면 그것이 도인이다.

그러나 가난한 사람이 자식들이 굶어 죽어가는 판에 나는 자족하며 산다고 하는 것은 가장 역할도 못 하는 놈이 최면에 빠진 것이니 낙심落心이고, 사람이 반편半偏(보통 사람보다 모자라는 사람)이 된 것이다.

탐·진·치는
곧 몸뚱이이면서 곧 고생이다

'고생'이란 대체 무엇이냐?

탐심을 닦은 자에게는 고생이 전연 없을 것이다. 성내는 마음이 있는 사람에게는 투쟁이 있고 전쟁이 있을 것이다. 또제 잘난 생각이 있으면 지혜가 없어서 어두워질 것이다.

이 세 가지는 곧 몸뚱이이면서 곧 고생이다. 이것만 없으면 고생이란 것 자체가 있질 않다.

보통 내가 '고생'이라고 느끼는 것을 (분명히) 모를 때에 고생이지, 실지로 그 내용을 알고 보면 절대로 고생이 아니고 역시 낙樂이 존재한다. 그러니까 무지無知라는 것이 고생을 낼지언정, 지혜(있는 사람에게)는 고생이라는 것이 전연 없는 것이다.

《금강경》과 탐·진·치

아상은 나라는 생각, 인상은 너라는 생각, 중생상은 미迷한(흐릿한) 생각이고 수자상은 경험이 있다는 생각이다. 흔히 수자상을 글자대로 해석해서 '목숨 수壽' 자니까 오래 살겠다는 생각으로 해석들을 하는데, 그건 옳지 않다.

《금강경》에서는 수행인에게 삼독이라는 탐·진·치를 아상·인상·중생상·수자상, 4상으로 표현하였다.

마음 닦는 것은 참는 것이 아니라
깨쳐서 그 정체를 아는 것

부처님께서 '한마음 닦아 성불한다' 하셨는데, 어떻게 닦을 것인가? 탐내는 마음, 성내는 마음, 또 어리석은 제 잘난 생각을 배제하면 된다. 그것을 곧 마음을 닦는다고 한다.

그런데 '닦는 것'은 곧 '참는 것'이 아님을 명심해야 한다. 참기만 하다 보면 언제라도 폭발할 수 있다.

닦는 것은 깨치는 것이요, 깨치는 것은 그 정체를 아는 것이다.

세상을 다 이해하면서도
얽매이지 않는 것이 불법

세상을 다 이해하면서도 얽매이지 않는 것, 이것이 불법이며 탐심을 깨치는 방법이다. 탐심을 깨침으로써 경제활동의 원리를 이해할 수 있으며, 진심을 닦음으로써 올바른 법률생활에 도달할 수 있다.

세상의 어떠한 직종에 있더라도 우선 자신의 몸뚱이 착을 닦는 데 목적을 두어라. 그러면 지혜가 밝아져서 세상의 주인공이 될 것이다.

탐·진·치심과 그 공부법

'공부를 어서 하겠다'는 마음은 탐심이고, '공부가 왜 안되나' 하는 마음은 진심이며, '이만하면 됐어' 하는 마음은 치심이니, 공부를 하되 이런 연습 안 하는 것이 수도일 것이다.

공부하는 사람이 주의해야 할 일은, 실제로 공부를 하면 그뿐이지 어서 공부하겠다고 성화하지 않는 것이다.

열차를 타고 부산에 가고자 할 때, 표를 사서 부산행 열차에 탔으면 된 것이지, 빨리 가겠다고 기차 안에서 달린다면 어떻게 되겠는가? 기차 안에서 달리는 마음이 곧 탐심이다.

흔히 말하기를 탐심, 즉 욕심내는 마음은 버려야 한다고 한다. 그런데 탐심을 버린다는 것은 몸뚱이를 버리는 것으로, 먹고사는 것을 포기하는 결과가 된다.

몸뚱이를 버리는 것은 올바른 수도가 아니다. 그러므로 탐심은 버릴 것이 아니라 깨쳐야 할 것이다.

부처님께 탐심을 바친다는 것은, 탐심을 없애는 것이라기보다 이 몸뚱이로 세상을 사는 데 알맞은 방법을 깨치는 것이다.

탐심을 깨친다는 말의 뜻은 무엇인가? 부유하게 살고 싶은 마음이 들 때 설치지 아니하고 허욕을 부리지도 아니하고 자신의 정도에 맞게 실제로 부유하게 살 짓을 하는 지혜를 말한다. '무소유'라고 하는 것도 재산을 아예 소유하지 말라는 이야기가 아니라, '욕심을 무소유하라'는 이야기인 것이다.

진심, 즉 성내는 마음은 반드시 닦아야 한다. 진심이란 '왜 뜻대로 잘 안되나' 하고 짜증 내는 마음을 말한다. 맥이 빠지는 것 또한 진심이다. 남을 탓하는 것 또한 진심이다. 좌절하고 자포자기하는 것 또한 진심이다. 세상을 비관적으로 보는 것 또한 진심이다. 슬픈 마음은 진심이 날 때 생긴다. 남을 흉보고 싶은 마음이 드는 것 또한 진심이 발동했을 때의 일이다. 남의 말에 '아니'라고 부정하는 것 또한 진심의 표현이다.

또 무슨 일을 시작함에 있어서 잘 안되는 것은 마음속에 '안될 걸' 하는 자신 없는 마음 때문이다. 이 안된다는 마음이 진심, 즉 성내는 마음이니 이 마음만 닦으면 안될 일이 없을 것이다.

'한 번 성내는 것이 100가지 공덕을 태운다'라고 하며 옛사람은 경계하였다. 진심이 나면 지혜가 사라져 깜깜해지고 단 한 가지 일도 이룩할 수 없게 된다. 그러나 진심을 부처님께 바치면 결국 못 이룰 일이 없으리라. 진심의 결과는 반드시 제 잘났다는 생각인 치심을 불러일으키게 된다.

치심을 닦기 위해서는 자신이 한껏 못난 줄 알고 배우는 마음을 내어야 한다. 자신이 가짓껏 못난 줄 알아야 몸뚱이 착着, 즉 아상이 고개를 들지 못한다. 자신이 못났다고 하는 것은 몸뚱이 착이 못났다고 여기라는 말이다. 자신이 잘났다고 생각할 때 한없이 어리석어지고, 못난 줄 알고 부지런히 배우는 마음을 낼 때 지혜가 임한다.

공자는 부지런히 배우는 마음을 연습하여 나이 40세에 모를 것이 없게 되었다고 한다. 불혹不惑이란 모를 것이 없다는 뜻이다.

성내는 마음

어려운 일을 앞에 두고 '어휴, 좀 쉬었으면', 또 '다른 사람은 이렇게 안 하고도 곧잘 사는데, 나는 왜 이 모양일까' 하고 생각하면 남들이 죄다 미워진다. '저 자식은 펀들펀들 놀면서 곧잘 먹고사는데, 저런 염병할 놈의 자식'이라고 하기 마련이다.

그러다 결국 내가 그 사람을 미워한 생각은 못 하고, 그 사람이 날 미워한다고 느끼게 된다. 그러면 하던 일이 손에 잡히지 않게 된다. 그 결과는 어떤 것이냐? 죽어버리거나 직장에서 내쫓기기밖에 안 된다.

이처럼 성내는 마음은 자기의 생명력을 깎아버린다.

성내는 마음을 어떻게 닦을 것이냐

성내는 마음을 어떻게 닦을 것이냐? 성내는 마음은 어떻게 해야 하느냐?

간단히 말해 제 마음이 편안하면 화낼 일이 없다. 제 마음은 자존심이라는 거짓으로 만들어진 허깨비 같은 것인데, 진짜인 양 행세하며 누가 자기를 이상한 눈초리로 본다고 착각만 해도 성을 낸다. 우리가 주위에서 보면 자존심이 센 사람들과는 말 섞기를 불편해하는데, 언제 자존심에 상처를 입고 싸우자고 덤빌지 모르기 때문이다.

부처님은 '나'라는 것이 연기법으로 만들어진 조합으로, 그러한 실체가 없다고 하셨다. 자기가 없는데 무슨 자존심이 있겠는가? 그러나 부처님이 그런 말씀을 했다고 해도, 아무리 고심해도 '세상에서 가장 소중한 나는 여기 있다'는 관념을 떨칠 수가 없다.

그만큼 우리는 복잡한 구조로 만들어진 허깨비이다. 그 허깨비가 진짜라는 착각을 일으키게 하는 것이 자존심이다. 허깨비가 울고 웃고 화내고 별 짓거리를 하는 것이다.

아승기겁을 닦는다는 것은
곧 삼독심을 닦는 것이다

탐심을 닦아서 없애려고 하면 없어지기는커녕 탐욕이 거듭 올라와 지레 지치고 낙심이 되어 공부를 겁내게 된다. 그러기에 탐심은 깨치는 것이지 닦는 것이 아니다.

다음으로 성내는 마음은 습관 들여 닦는 것이지 깨치는 것이 아니다. 성내는 마음을 참는 습관[忍辱]으로 닦다 보면 성내는 마음이 어리석은 것임을 알게 되고, 성내는 마음의 원인이 되는 제 잘난 자존심이 곧 치심임을 알게 된다. 성내는 마음을 참는 습관으로 닦는 것은 치심을 닦는 것이 된다. 탐·진·치에 대해 달마 대사는 이렇게 말했다.

"부처님의 말씀은 진실하다. 아승기阿僧祇(셀 수 없이 많은 수)는 곧 삼독심이다. 마음에는 악한 생각이 항하(갠지스강)의 모래와 같이 많고, 그 낱낱의 생각 가운데 다 일 겁劫씩 있다. 평범한 사람은 진여眞如의 성품*이 삼독에 덮였으니, 항하의 모래만큼 많은 악한 생각에서 헤어나지 않으면 어떻게 해탈할 수 있겠는가? 탐욕과 성냄과 어리석음의 삼독심을 제거하면, 이것이 곧 3아승기겁을 지낸 것이다.

• 　삼독의 때로 덮이기 전의 밝고 진실한 본 바탕 마음을 말한다.

말세 중생이 어리석고 둔하여 부처님의 깊고 묘한 3아승기겁이라는 말씀의 뜻을 알지 못하고, 한량없는 겁을 지내야만 성불한다고 알고 있다. 이것이 말세에 수행하는 사람으로 하여금 이 뜻을 잘못 알고 의심을 내어 보리도菩提道(최고의 지혜)에서 물러나게 함이 아니겠느냐."•

달마 대사의 말대로 하면 탐·진·치 삼독의 뿌리가 얼마나 깊은지 알 수 있다. 3아승기겁의 뜻을 잘못 알고 있으므로 보리심菩提心(최고의 지혜를 얻고자 하는 마음)에서 물러난다 했는데 보리심 공부가 곧 육바라밀 수행이다. 보살이 삼취정계三聚淨戒••를 가지고, 또한 육바라밀을 실행해야 불도를 이룬다 하신 뜻이다.

또 욕심과 성내는 마음과 어리석어 불평하는 마음을 원인으로 모든 분별을 일으키는데, 그 분별의 수효가 8만 4,000가지라고 하기에 부처님께서 팔만사천법문을 하신 것이다.

• "佛所說言三大阿僧祇劫者即三毒心也 胡言阿僧祇漢言不可數 此三毒心於一念中皆為一切 恒何沙者不可數也 真如之性既被三毒之所覆障 若不超越彼三恒河沙毒惡之念 云何名得解脫也 今者能除貪瞋癡等三種毒心 是則名為度得三大阿僧祇劫 末世眾生愚癡鈍根 不解如來三種阿僧祇祕密之說 遂言成歷劫末期 豈不疑惡行人不退菩提方成佛道." 달마,《관심론觀心論》권1.

•• 대승불교 보살菩薩의 계법戒法에 대한 총칭으로 섭률의계攝律儀戒·섭선법계攝善法戒·섭중생계攝衆生戒로 나뉜다. 섭률의계는 오계·10계·250계 등 일정하게 제정된 여러 규율위의規律威儀 등을 통한 윤리기준이고, 섭선법계는 선한 것이라면 무엇이든지 총섭하는 선량한 마음을 기준으로 하는 윤리원칙이며, 섭중생계는 일체의 중생을 제도한다는 대원칙에 따르는 윤리기준이다.

그래서 (탐심을 닦아) 첫 번째 아승기를 치르면 등각等覺했다고 한다. 이후 두 번째 아승기 동안 진심을 닦아 지혜가 부처님처럼 나면 묘각妙覺이라고 한다. 묘각이란 각覺을 잘 활용한다는 것이다. 그리고 세 번째 아승기 동안 제 잘난 생각에 의지해서 일어나는 수많은 잡다한 분별을 닦아서 깨치면 그것을 대각大覺이라 한다.

탐·진·치 세 가지를 닦고 깨치려면 어떻게 실제로 수행을 해야 하는가? 우리 몸의 세포가 신진대사에 의지해서 한 번 바뀌는 시간이 1,000일이라고 하니, 염불이면 염불, 참선이면 참선, 절이면 절 수행 등 한 가지 방법을 최소한 1,000일은 유지하고 닦아야 한다.

그래서 불교도들이 처음 수행을 시작하여 3년간 향상심向上心을 일으키지만, 그동안에 하등의 실속이 없고 번뇌만 일으킨다면, 그 사람은 발전하기가 퍽 어려운 것이다.

어리석은 마음이란 무엇인가?

탐내는 마음(탐심), 성내는 마음(진심), 어리석은 마음(치심)
이 일으키는 분별심의 뿌리는 곧 '나'라는 생각, 즉 아상인
데, "아상을 잘 닦아 소멸하면 부처님과 같이 다 알게 된다"는
《화엄경》말씀대로, 이 삼독심을 소멸시켜 나를 없애는 수도
를 하기로 했다.

　그런데 탐내고 성낸다는 것은 무엇인지 알겠는데, 어리석
은 마음이란 그 실체가 분명치 않았다. 어리석은 마음이란
무엇인가?

금강산 안양암은 20평가량 되었다. 하루 세 번 식사하는 것
이 당시 습관이었는데, 좁지 않은 면적을 혼자 청소하고, 빨
래도 하고, 하루 세 끼 밥을 지어 먹으면서 수도하자니 공부
할 시간이 없었다. 그래서 식사를 하루 한 번으로 줄였다. 그
랬더니 공부 시간이 늘어나게 되었으며, 분별심까지 많이 줄
어들어 수도에 큰 도움이 되었다. 그 후 산속에 머물던 10년
동안 1일1식一日一食을 하니, 몸이 더욱 건강해졌다.

　이러한 사실을 안 장안사 중들이, "석가여래도 사시巳時에
하루 한 번만 공양하셨다는데, 스님도 석가여래를 닮으셨군

요"라며 칭찬을 하였다. 나는 이 말을 듣고 빙그레 웃으며 생각했다. '내가 석가여래처럼 하려고 한 것이 아니라, 게을러서 하루에 한 끼 먹는 줄은 모르고, 이 사람들은 내가 부처님 닮으려고 한 끼 먹는 줄로 잘못 아는구나.'

이럴 때 부처님처럼 되었다고 칭찬받은 것에 들떠 제 잘난 생각을 낸다면 참 어리석은 사람일 것이다. 부처님의 제자라는 틀 속에서 세간을 등지고 고요한 곳에 안주하여 '불법을 하네' 하며 부처가 다 된 듯한 어투로 세상을 설명하려 드는 것은 세상을 꾸짖는 진심이요, 제 잘난 마음인 치심이다. 이는 큰 독이 된다. 당연히 공부에 큰 장애가 되는 법. 깜짝 놀라 그 생각을 부처님께 바쳐라.

그런데 내가 소사에서 젊은이들을 지도할 때에는 하루 두 끼씩 먹게 하였다. 그것은 그들이 한창 정력이 넘치는 나이인지라, 세끼를 다 먹으면 기운이 지나쳐서 음심을 다루기 어려울 것이고, 한 끼씩 먹으면 그 많은 목장 일을 감당하기에 힘이 달릴 것이기 때문이었다. 그 밖의 다른 뜻은 없었다.

남의 말을 듣기 싫으면 치심이 발동된 것

남을 억누르는 마음은 말[馬]의 마음이다. 남을 억누르는 연습을 많이 하면 말의 몸을 받게 된다.

옛날, 중국에 유명한 스님이 있었다. 스님은 법문을 잘해서 대중에게 법문할 때면 하늘에서 꽃비가 내렸다고 한다. 이렇듯 대단한 위엄과 신통력을 지닌 스님이었지만, 아상은 대단하였던 모양이다.

어느 눈 밝은 스님이 그의 아상이 대단함을 염려하여 그를 구해주고자 물었다.

"저처럼 열광하는 많은 대중에게 어떻게 법문하십니까?"

"나는 법문한다는 생각 없이 법문을 합니다."

스님은 대답하는 순간 '귀찮은 질문을 하는구나'라고 생각하였을 것이다. 치심이 발동되면 사람은 남의 곧은 말을 듣기 싫어하게 마련이다.

이 스님은 후생에 그 유유자적하던 말씀과는 달리 수레를 끄는 말의 몸을 받게 되었다. 이 말은 이마 한복판에 흰 점이 뚜렷해서 여느 말과는 달라 보였다.

어느 날 그 눈 밝은 스님이 거리에서 짐수레를 끄는 이 말을 보고, 바로 그 스님의 환생임을 알아보았다. 스님은 말에 게 다가가 큰 소리로 외쳤다.

"법문을 한다는 생각 없이 법문을 하듯이, 수레도 끈다는 생각 없이 수레를 끌어보렴!"

본래 선근善根(타고난 훌륭한 기질)이 있었기 때문에, 말은 그 소리에 앞발을 번쩍 들더니 스스로 고꾸라져 몸을 바꾸었다.

남의 말을 듣기 싫다면 치심이 발동된 줄 알고 깜짝 놀라 그 생각을 부처님께 바쳐라. 그래야 치심으로 인한 업보를 해탈 할 수 있다.

삼독심과 신체 장기의 병

꿈에 나타나는 검은색은 탐심을 나타내는 것이요, 누르거나 붉은색은 진심, 흰색은 치심을 나타낸다.

탐심을 내면 소화기 계통에 병이 생긴다. 한 시간 걸릴 일은 한 시간 동안 하고, 두 시간 걸릴 일은 두 시간 동안 하라. 물질이나 사람에 대한 탐심도 있지만, 시간에 대한 탐심도 있다. 시간에 대한 탐심이 많은 이들은 항상 지나치게 바쁘다. 탐심을 닦지 않으면 위장병을 근본적으로 고칠 수 없다. 기껏 치료해 놓아도 또 탐심을 자꾸 내다 보면 재발한다.

진심을 많이 내면 호흡기 계통에 병이 생기기 쉽다. 폐병 환자가 병을 고친 후에도 화를 또 자꾸 내면 병이 재발한다. 치질 환자들도 성내는 마음을 닦아야 한다. 성을 많이 내면 진심의 독이 몸에 있다가 내장을 거쳐 대변으로 빠질 때 항문에 쌓여 치질이 생긴다. 성내는 마음을 닦지 않으면 치질도 근본 치유가 안 될 것이다.

또 치심병癡心病에 걸린 사람들이 있다. 그다지 잘난 것도 없는데 잘난 척하면 사람들에게 미움받고 손가락질당한다.

여래와 부처님

'여래'라는 그 당처當處는 사람이 닦아서 밝아서 밝은 광명 전체에서 남을 가르쳐 주기 위해서 마음 낸 곳, 곧 주세불主世佛을 여래라고 한다.

탐·진·치 삼독심을 완전히 닦을 수 있고 또 닦은 이를 부처님이라 그러면, 닦아서 밝은 이와, 닦아서 밝아서 닦아 밝았다는 분별도 없는 이, 이것이 여래와 부처님이 구별되는 점이다. 언제라도 이렇게 닦아 밝은 이들은 열 가지 이름如來十號이 구속具足하다.

'나'라는 놈의 정체는 몸뚱이 착

'나'라는 놈의 정체는 실상 몸뚱이 착이다. 몸뚱이 착은 일정하지 않아 항상 무엇인가 하겠다고 설친다. 그러다가 그것이 제 뜻대로 되지 않으면 성내고 한탄하기 일쑤고, 되는 듯하면 좋아 어쩔 줄을 모른다.

파리는 더러운 곳과 깨끗한 곳을 가리지 않고 마구 달라붙는다. 그러나 뜨거운 곳에는 접근하지 않는다. 아니, 접근할 수가 없다.

파리와 마찬가지로 몸뚱이 착은 무엇에든 잘 달라붙지만, 부처님께 바치는 그 마음에는 달라붙지 못한다. 거기에는 업보가 없기 때문이다.

무슨 일이든지
'부처님을 위해서 한다'는 마음으로

'나'라는 것이 대체 어디에 들어있는 건가? 가만히 검사해보면, 먹는 데, 잠자는 데, 그런 속에 다 있다. 그러니 그 속에 다 있는 걸 어떻게 골라내서, 부처님께 바치겠는가?

골라내는 방법은, 먹을 적에 부처님께 드리는 마음으로. 먹는 생각에 '나'라는 것이 숨어 있는 것을, 그걸 부처님께 드리는 마음으로. 또 잠잘 적에 부처님께 드리는 마음으로. 이렇게 연습하면 차차 100일씩, 100일씩 연습을 하는 단계에 이르게 된다.

그럼《금강경》은 어떠한 단계로 봐야 하느냐?《금강경》이라는 것은 석가여래 자신이 꼭 밝아지도록 말씀을 하시고, 당신이 실제로《금강경》말대로 1,250인을 가르쳐 보시고, 또 실제로 행해보시고 그 결과를 말씀하신 것이다.

'나'라는 그것이 어디든지 가서는 그 원한을 붙여서 자기 자신을 불편하게 하는 것인데, 그것이 어디 있는 줄 모르므로 밥 먹을 때, 잠잘 때, 누구를 대할 때, 모두 마음이 흩어지는 때가 된다. 그래서 이때 그 마음을 '부처님을 위해서 한다'는 마음으로 하라는 것이다.

음탐심은 참기보다
정체를 알고 깨쳐야

몸뚱이 착, 아상, 음탐심은 결국 다 같은 말이다. 아상이 있기에 탐심과 진심과 치심이 나오는 것이다.

내가 어렸을 때, 절에 가보면 소변보는 측간에 둥그런 고리가 달려 있었다. 고리를 달아놓은 이유는 소변 나오는 물건은 더러운 것이므로 차마 손댈 수 없으니 고리에 넣고 소변을 보라는 것이었다.

그것을 불결하다거나 성스럽지 못하다거나 혹은 부끄럽다고 감추는 마음의 근거는 대체 어디에 있을까? 그건 자기 마음에 음탐심이 있기 때문일 것이다.

알고 보면, 이 세상 모든 일이 이 음탐심에서 비롯된다고 보아도 과히 틀리지는 않으리라. 그러나 음탐심이 일어난다고 하여 그 생각을 기피하거나 혐오해서는 안 된다. 그 생각을 눌러 참으려 해서는 더욱 안 된다.

그 생각을 부처님께 바쳐서 음탐심의 정체를 깨쳐야 하는 것이다. 그 한 생각 잘못 다루어 나쁜 결과를 초래하는 경우가 적지 않다.

재가자와 출가자의 기준이 무엇인가. 음탐심을 깨친 사람은
비록 재가자라 하여도 출가자나 다름없고, 음탐심을 깨치지
못하면 출가해 있어도 속가에 있는 것이나 다름없다.

마음에 좋고 싫음이 있으면, 아직 재앙이 남아 있다는 증
거다.

썩어질 몸뚱이 시봉보다,
몸뚱이로 부처님 시봉을

암소를 보고 좋아서 눈길을 조금도 떼지 못하고 시근거리는 수소를 보면 저 암소가 무엇이 예뻐서 저러는지 사람들로서는 이해가 가지 않듯이, 보통 사람보다 조금 더 밝은 이가 보면 남자가 여자를, 여자가 남자를 미화하고 보고 싶어 하는 것이 이해가 가지 않을 수도 있다.

이성 간에 매력을 느끼는 그 마음의 근원을 깨친 이는 공평한 지혜로, 객관적으로 이성을 바라볼 것이다. 소에게 면도를 시키고 머릿기름을 발라주고 또 향수와 로션을 발라주고 쌍꺼풀 수술도 시키고 콧대를 높이고 정력제를 먹이고 계란 마사지를 해준다면 어떨까.

사람의 육신이나 소의 육신이나 다를 바 없는 고깃덩어리일 뿐이다. 고깃덩어리를 고깃덩어리로 볼 수 있는 지혜가 필요하다. 고깃덩어리도 허망하여 언젠가는 늙어 추해지고 결국은 썩어 없어질 것이다. 설혹 젊고 팽팽한 육신일지라도 뼈와 피와 살과 기타 분비물의 집합체인 몸뚱이가 뭐가 그리 귀할 것이 있겠는가. 이 몸뚱이로 부처님 시봉하다 죽으면 다행이지만, 썩어질 이 몸뚱이 시봉만 하다가 눈을 감는다면 삶이 허무하지 않겠는가.

몸뚱이를 초월하는 마음 연습

이 세상에서 살려면 정기를 안 뺏겨야 된다. 정기를 안 뺏기자면 어떻게 해야 되는가? 제 마음이 평소 몸뚱이에서 초월하는 연습을 하면 얼마간 몸뚱이를 초월할 것이다. 몸뚱이를 초월한 사람은 앉아서 "내가 내일쯤 죽을 것이다"라고 하고는 단정히 앉아서 죽는다.

그러나 이 몸뚱이가 전부 제 것인 줄 안다면, 이놈이 소리 지르고 '어흐흐' 하고 죽어버린다. 뭐 속이 썩어서 죽는 것도 아니고, 멀쩡히 낙심돼서 죽어버린다.

옛말에 '의원이 병나면 고치지 못한다' 하였다. 남의 말은 모두 곧이듣지 않기 때문이다. 죄 곧이 안 듣고는 지가 죽겠다는 말만 곧이듣는다. 죽겠다는 마음을 연습하면, 100일이면 어떤 놈이든 다 죽는다. 근데 보통 백일 연습한 놈이 없다. 100일 못하고 그만 잊어버린다. 자살하는 사람들은 죽는 거 연습하는 게 아니다. 이 세상 살기 싫은 걸 연습하는 것이다.

그러니까 이렇게 세상을 캄캄하게 살면 안 된다. 무슨 방법으로든 자기 정신으로 자기 몸뚱이를 이끌어가야 한다. 자기 몸뚱이를 자기가 건사하려면 좁쌀밥이라도 제가 벌어서

먹을 줄 알아야 하는데, '엄마가 먹여주겠지, 아빠가 먹여주
겠지, 삼촌이 먹여주겠지'라고 장가를 들어도 그런다. 그러면
어떨까? 그 살림살이 괜찮겠는가?

본능과 천성:
혼적 사랑과 대아적 사랑

금강산에 입산 출가 후 나는 여인과의 접촉을 삼가고 일심으로 수도하였다. 출가 10년, 세상에서는 본능이라 어쩔 수 없다고 하는 남녀의 성 문제에 대해 별도의 감각을 따로 가지지 않게 되었다. 이제는 남녀를 구분하는 성이라는 말에 대하여 특별한 감정을 느끼지 못할 정도로 바뀌었다.

세상 사람들은 남녀의 애정은 본능이니 천성이니 하여 도저히 고쳐지지 않는 것으로 알지만, 사실 본능이란 오래오래 해보아서 아니할 수 없게 된 것을 말함이요, 천성이라 하는 것도 늘 익혀서 능숙하게 된 일, 곧 습관화된 것일 뿐이다.

사실 천품天稟(선천적으로 타고난 기품)이란 본래부터 있었던 것이 아닌데, 세상 사람들은 천품이 본래 있었던 것으로 오인하고 있다. 혼魂이 마음인데, 마음은 아침저녁으로 변한다. 혼인들 어찌 달라지지 않겠는가?

부처님께서 가르쳐주신 마음 닦는 공부란 본능을 좌우할 수 있고 천성을 임의로 고칠 수 있는 공부이다.

혼적魂的 사랑을 여의게 되어야, 사랑의 본체 곧 일체 애력愛力을 여의게 되고 혼과 천성을 부리는 힘을 얻게 되는 것이다.

혼적 사랑은 남녀 간의 소위 참된 사랑이라 일컫는 그것, 또는 부모가 자식을 자비로 대하는 등의 사랑을 말한다. "네 병을 내가 대신 앓아주마" "네 죽을 목숨을 내 목숨으로 바꾸어주마" 등 칙살맞은 그 정을 의미하는 아주 작고 아주 좁은 정이다. 내 사랑, 내 부모, 내 자식만 아는 상대적인 그 사랑은 장차 원수가 되는 날이 있게 된다.

그런 단계를 뛰어넘어 일체 애력을 얻은 불교적 사제 간이나 지혜의 동지는, 혹시나 타락하는 동무가 있으면 천만 목숨도 아끼지 않고 천년만년 고생도 돌아보지 않고 서로 제도하기에 조건을 붙이지 않는다. 그것이 대아적 사랑이요, 평등적 자비이다.

음탐심을 깨친 사람은 남녀가 평등하고, 친親과 소疎에 구분이 없으며, 승僧과 속俗이 다르지 않게 보인다. 생활이 모두 불법이요, 번뇌가 보리가 된다.

도인은 반드시 청정비구여야 한다는 분별과 음탐심

부천 소사 수도장에 머물며 공부하는 한 청년이 어느 날 우유 통을 들고 내려오는 것을 보았는데, 그 얼굴이 몹시 불안하고 상기되어 있었다. '어째서 표정이 저렇게 일그러져 있을까?' 하고 생각하는 순간 그 이유가 알아졌다.

어젯밤 이 청년은 저녁 공부가 끝나고 곧바로 잠자리에 들었다. 그날따라 한방을 쓰던 다른 두 청년이 잠들지 않고 이런저런 이야기를 나누는데, 잠을 청하려던 그 청년은 두 사람의 이야기가 귀에 몹시 거슬려 잠을 잘 수가 없었다.

"여기 가끔 찾아오는 저 보살이 누군가?"

한 청년이 말을 꺼냈다.

"신심 좋은 보살이겠지. 그리고 선생님을 지극히 공경하는 보살이야. 그 보살은 선생님께서 이 법당을 지으실 때 모든 재산을 팔아 보탰다고 하던데."

"단순히 신심 좋은 보살이 아니야. 사모님일 거야."

"그럴 리가 있나? 그 보살이 사모님이라면 어찌 부부간에 '선생님, 선생님' 할까."

"선생님이라고 할 수도 있지. 하여간 나는 처음부터 사모님이라고 믿고 있었어."

"글쎄 도인도 부인이 있을 수 있겠지. 청정한 비구라야 깨닫는다는 법은 없으니까."

잠을 자려던 이 청년은 이 말을 듣고 도저히 잠을 이룰 수가 없었다. 도인은 반드시 청정비구여야 한다는 생각이 마음에 꽉 차 있었고, 처자식을 가지는 사람은 도저히 밝아질 수 없다는 믿음이 있었기 때문이다.

선생님이 청정비구라는 믿음 때문에 출가수도를 결심하게 된 이 청년은, 밤새도록 잠을 이루지 못하고 깊은 고민 속에 빠져 내일이라도 집으로 돌아갈까 말까 갈등하며 애를 태웠던 것이다.

나는 이 청년의 마음을 알고 안정시키고 싶었다. 그는 여러 생을 거쳐 이 도량에 왔으며 지금은 꼭 공부가 필요한 시기이기 때문이었다. 내 입에서는 저절로 큰 소리가 나왔다.

"이 사람 어젯밤 큰 것 하나 깨쳤군."

이 소리를 들은 그 청년은 일그러졌던 표정이 갑자기 밝아지기 시작하였다. 나는 더 가까이 다가가 그에게 말을 걸었다.

"두 녀석이 지껄이는데, 너는 잠이 오든, 아니 오든?"

"……."

"두 녀석이 지껄이는 소리가 그들의 생각이냐, 아니면 참말이냐?"

"……."

"그들의 소리를 들을 때 올라오는 분별심을 내고 궁리를 했니, 또는 부처님께 바쳤니?"

여기까지 이야기하니 그 청년은 내가 자신의 마음을 훤히 다 알고 있는 줄 알고 비로소 대답하기 시작하였다.

"궁리를 했습니다."

"궁리를 했더니 네 몸이 파괴될 것 같지 않던?"

"그렇습니다."

"그러면 어떻게 해야 하겠니?"

"그 궁리를 따라가지 말고 부처님께 그 생각을 바쳤어야 지요."

"궁리를 부처님께 바치면 네 마음이 어떻게 될까?"

"안정이 되겠습니다."

"안정이 되고 마음이 편안해지면 그다음은 어떻게 하여야 할까?"

"그 안정된 마음까지도 부처님께 바쳐야 할 것입니다."

"그 안정된 마음까지도 부처님께 바치면 어떻게 될까?"

"선생님께서는 다 알게 된다고 말씀하셨습니다."

"그렇다. 다 알게 될 때까지 그 마음을 바쳐라. 그때에는 두 녀석이 지껄인 소리가 정말 옳은지 옳지 않은지 잘 알게 될 것이다. 그런데 너는 왜 모르게 되었는지 아느냐?"

"모릅니다."

"깨끗한 것을 몹시 좋아하고 지저분한 것을 몹시 싫어하는 마음 때문이다."

"깨끗한 것을 좋아하고 지저분한 것을 싫어하는 마음이 안 좋은 것입니까?"

"그 마음이 바로 음탐심이다."

"그런 것도 음탐심이라면 음탐심을 어떻게 소멸합니까?"

"내가 소멸하겠다고 하면 잘 이루기 어려우리라. 모든 사람이 음탐심을 해탈 탈겁해서 부처님 전에 복 많이 짓기를 발원하여라."

이렇게 이야기해주었더니 그는 스승에 대한 공경심을 회복하고 다시 공부에 전념하게 되었다.

꿈은 제 마음의 반영

어떤 수행자가 물었다.

"꿈에 도반 하나가 어떤 여자의 속곳을 벗기는 꿈을 꾸었습니다."

그래서 그에게 말했다.

"꿈에서 본 애욕의 장면은 그 주인공이나 상대가 자신이거나 타인이거나 모두 다 자기 마음이다. 자신의 음탐심이 그런 꿈을 꾸게 했으나 이상 때문에 차마 자신이 직접 단속곳을 벗기지 못하고, 평소 신통찮게 여기던 도반을 통해 자신의 음욕을 연출했던 것이다."

몸을 닦는 것이 마음 닦는 것

누구나 닦는다고 하고 공부를 한다고 하지만, 저 죽을 줄 모르고 속아서 공부하겠다고 하고 도를 닦겠다고 한다.

공부는 업장業障을 닦아서 불성을 깨치는 것이다. 공부하겠다는 것은 업장의 요구 조건이로되, 결국 그 업장이 녹아 떨어지고 밝은 불성이 드러나는 것이 공부이니 업장 자체가 없어지는 셈인데, 업장은 자기 죽는 것을 모르고 부처님 앞에 합장하고 꿇어앉아 있다.

마음을 닦는다고 하지만 몸을 닦는 것이 마음 닦는 것이다. 몸을 닦지 않고 마음을 어찌 닦을 수 있을 것이며, 마음을 닦지 않고 어찌 한마음이 밝을 수 있을까. 몸과 마음이 평행됨은 기차의 레일과 같은 것이다.

만약에 식탐을 못 닦으면, 아무것도 없는 빈방에서는 그런대로 마음의 안정을 얻을 수 있을지 모른다. 그런데 견물생심, 곧 보이면 8만 4,000조각으로 마음이 흩어지니, 마음을 닦는 것은 몸을 닦는 것으로부터 시작된다.

그러하기에 원숭이는 주인 없는 동안에 주인의 옷을 입고 관을 쓰고 긴 담뱃대를 물고 재떨이에 대통을 땅땅 치며 거드름을 피우다가도, 과자 하나만 던져주면 그 거드름 피우던 것이 어디로 다 사라지고 의관이며 긴 담뱃대며 할 것 없이 다 내동댕이치고 과자를 쫓아가 주워 먹는 것이다.

모든 정력을 낭비하지 않는 자가
오래 사느니라

금강산에 온 지 한 7, 8년쯤 되었을까. 하루는 서울에서 변호사 몇 사람이 찾아왔다. 금강산에서 청년 30여 명을 지도하고 있다는 소문을 듣고, 백 박사가 어떤 사람인가 염탐하러 온 것이었다.

"스님께서는 세상 공부도 많이 한 분인데, 산중에 있는 것보다는 사회에 나가 활동하면서 젊은이들을 지도하는 것이 더욱 바람직하지 않겠습니까?"

"아직 때가 되지 않았소."

"산에 들어온 지 7, 8년이 되었다면, 목적은 충분히 달성하셨을 텐데요?"

"저기 앞산에 활엽수가 눈에 많이 띄는데, 거기에 무어라고 쓰여 있는지 아시오? '모든 정력을 낭비하는 자 속히 죽느니라.' 그렇게 쓰여 있는데 그 글자가 당신들 눈에 보이시오?"

"아무것도 안 보이는데요."

"모든 활엽수는 습기와 온도가 적당하면 있는 대로 가짓껏 정력을 뽑기 때문에 새파랗지요. 그러나 가을이 되어 습기가 부족하고 온도가 내려가면 누르스름해지고 새빨갛게 변해요. 그러니까 초목이 '나 죽습니다' 하는 상태가 단풍이란 말이지요. 그러니 제기랄, 사람들은 초목이 '나 죽습니다' 하는 것을 보고 아름답다고 좋아하는 셈이오. 나는 아직 활엽수를 보면 정력을 낭비하는 자는 쉽게 죽는다는 것이 자주 눈에 띄는데, 이것은 아직 내 마음속에 불평이 많다는 뜻이오. 그러니 천생 산중에 앉아 있을 수밖에 없지 않겠소? 내가 그 진심을 갖고 세상에 나갔다간 세상 사람들을 이롭게 하기보다는 오히려 해를 입힐 일이 많을 테니, 차라리 산중에다 그 독을 푸는 게 낫지요."

"그럼 요다음에 잘 읽는 건 뭔가요?"

"'내가 더 지혜가 생겨서 모든 정력을 낭비치 않는 자는 오래 사느니라', 그렇게 읽을 때가 올 거란 말이지요. 그때라면 내 마음에서 진심이 사라진 것이라 할 것이오. 그때는 내가 사회에 나가서 활동을 해도 사람들에게 이익을 끼치게 될 것이오."

"아니, 그렇게 알면 그렇게 당장 읽으면 되지 않습니까?"

"허, 그게 그렇게 용이치 않거든요. 아는 것하고 실행하고는 전연 달라요."

육바라밀

5

사람을 불행하게 하고 끝없는 고통의 바다에 태어나게 하는 탐·
진·치 세 가지 마음을 닦기 위해서 석가여래 부처님은 일찍이 여
섯 가지 방법을 말씀하셨다. 그 방편을 육바라밀이라고 한다.

육바라밀

1. 보시布施

남을 대할 때에는 주는 마음으로 대하여라.

그리고 보수 없는 일을 연습하여라.

이것이 탐심을 제거하는 보시바라밀이니라.

2. 지계持戒

미안에 머무르지 말고, 항상 후회하는 일을 적게 하라.

이것이 진심을 제거하는 지계바라밀이니라.

3. 인욕忍辱

모든 사람을 부처님으로 보라.

부처님의 인욕을 배우고 깨쳐볼 일이니 이것이 치심을 제거하는 인욕바라밀이니라.

4. 정진精進

이 세 가지는 사람으로서 세상을 대하는 법이니, 옳거든 부지런히 실행하라.

이것이 정진바라밀이니라.

5. 선정禪定

이러한 과정으로 시간이 경과함에 따라 마음이 안정되나니,
이것이 선정바라밀이니라.

6. 지혜智慧

이것이 익숙해지면 마음이 편해지고, 지혜가 나서 일에 대하
여 의심이 없나니,
이것이 반야바라밀이니라.

오계, 삼독심, 육바라밀

달마 대사가, 공부하는 사람은 "밖으로는 모든 인연을 쉬고, 안으로는 마음에 헐떡거림이 없게 하라[外息諸緣內心無喘, 외식제연내심무천]" *하셨다.

불교에서는 바깥으로 모든 인연을 쉬는 방법으로 오계伍戒, ** 곧 불살생不殺生, 불투도不偸盜, 불사음不邪淫, 불망어不妄語, 불음주不飮酒를 말하고, 안으로 마음이 헐떡거리지 않게 하는 방법으로 반야부에서는 여섯 가지 바라밀[六波羅密]을 이야기한다.

우선 오계에 대해서 말하자면, 모든 계의 근본은 제 마음에 미안한 것을 두지 않는 것이다. 그 방법으로 다섯 가지를 얘

---

* 　2조 혜가 스님은 스승 달마 대사를 6년여 동안 모시면서 많은 가르침을 얻었다. "스승님 어떻게 공부해야 합니까?"라는 혜가 스님의 질문에 달마 대사는 마음 다스리는 방법으로, "외식제연하고 내심무천하라. 마음이 장벽과 같아야만 도에 들어갈 수 있느니라[外息諸緣 內心無喘 心如牆壁 可以入道]"라고 말씀하셨다. 《경덕전등록景德傳燈錄》 권3.

** 　오계: 불교도이면 모두가 지켜야 하는 가장 기본적인 생활규범으로 다음 다섯 가지다. ① 살생하지 말라[不殺生]. ② 도둑질하지 말라[不偸盜]. ③ 음행을 하지 말라[不邪淫]. ④ 거짓말을 하지 말라[不妄語]. ⑤ 술을 마시지 말라[不飮酒].

기하셨는데,

첫째, 살생하지 말라.
살생을 하면 어떻게 되느냐. 뭇 중생이 제일 귀중하게 여기는 것이 생명이기 때문에 그 생명이 위태하게 되면 갖은 발악 상태가 나타난다. 남이 그렇게 귀중하게 여기는 생명을 빼앗으려고 하니까, 그 역시 똑같이 발악하여 대응하는 것이다.

그래서 살생하고 난 뒤에는 그 일이 마음에 깊이 새겨져 남아 있으므로 그 마음에서 헤어나지 못하고, 그 결과 다른 일이 더 진전되지 못하게 장애를 받는다. 그래서 살생하지 말라고 하셨다.

둘째, 도둑질하지 말라.
몸뚱이를 자기라고 생각한다면 자기 몸뚱이 다음에 두 번째로 자기를 영위하기 위해서 가지는 것이 물건이다.

그래서 물건을 보호하게 되고 또 생명 유지에 필요한 그것을 빼앗거나 훔쳐가려 하니까 악심을 일으켜 저항하게 되고 역시 악심으로 상대하지 않으면 안 되게 되니, 도둑질하지 말라고 하는 것이다.

셋째, 사람을 제 것으로 하지 말라.
사람을 지키려니까 사음邪淫(아내나 남편이 아닌 자와 하는 음탕한 짓)하지 말라 했는데, 사음이라는 것에 대해서 해석들을 잘못

하고 있다.

사람은 독립적 인격체이기 때문에 제 것으로 소유할 수 없는 것이다. 의지 없는 물건이라면 제 것이라는 것을 얘기할 수 있지만, 의지가 있는 사람은 남에게 종속되지 않는다.

예를 들어, 어머니가 자기 어머니만 되고, 동생의 어머니는 되지 말고, 아버지의 부인도 되지 말라고 한다면 아마 그런 불행이 없을 것이다. 그런데도 '내 여(남)자다' '내 어머니다' '내 언니다' 이런 집착을 한다면 그것은 온전히 이루어질 수 없는 일이기 때문에 암만해도 바깥으로 분별을 조절할 수가 없을 것이다.

이 세 가지를 근본계根本戒라고 한다면, 나머지 두 가지를 수단계手段戒라고 할 수 있다. 수단계라는 것은 앞의 세 가지 근본계행을 가지기 위한 것으로서,

사람이 거짓말을 해서 남을 미혹하려는 것을 금지하는 것, 거짓말하지 말라[不妄語]고 했고,

또 맑은 정신으로 사람의 도리를 지켜야지 술을 먹어 막행莫行하면 안 되니까, 술을 마시지 말라[不飲酒]고 했다.

이것이 바깥으로 모든 인연을 쉬는 다섯 가지 방법이다.

그다음 안으로 마음이 헐떡거리지 않게 하려고, 탐내는 마음과 성내는 마음과 제 잘난 생각, 곧 탐貪·진瞋·치痴 삼독심을 닦으라 하셨다.

첫째, 욕심[慾心]이 많으면 누구나 고생이다. 욕심은 근본에 고생을 일으키는데, 그렇다고 욕심을 안 내면 낙심落心이 되어 사람이 반편半偏이 된다.

그러면 이 욕심은 어떻게 다루어야 하는가? 사람은 누구나 주책이 있는 생각인지 주제 없는 생각인지, 실현성이 있는 생각인지 실현성이 없는 생각인지 스스로 분간할 수 있는 지혜가 있어야 한다.

그러면 지혜를 얻는 방법은 무엇인가?

우선 성내지 말아야 한다. 성내고 분노하면 세상을 접촉할 적에 자기가 감당할 수 없는 일이 벌어지거나, 남에게 무시당했을 때 욱하고 치밀어올라 주위를 망가뜨린다.

성이라는 게 왜 나는가 하니, 내가 마음에 미안한 걸 가지고 있는데, 그 미안한 소재를 누가 건드리면 성이 왈칵 나버린다. 자기 삶과 남의 삶에 불평이 있으면 그것이 쌓여 어느 때 제어하지 못하고 터져 나오는 것이다.

그러나 화가 일어나는 것을 그냥 참아서 마음속에 쌓아두면 안 된다. 자기 안에서 무슨 이유로 화가 나는지 들여다보고, 화내어 해결될 문제는 없음을 알아야 한다.

이는 부처님 법과 예수님, 성현들의 책을 통해서 얻을 수 있다. 이것이 마음을 밝히는 공부다.

매일매일 마음을 밝히다 보면 어느 때부터 마음이 닦이기 시작한다. 어떤 일에도 흔들릴 이유가 없다는 지혜가 생겨 자라기 시작한다. 이제부터 마음공부가 시작되었다고 보아도 된다. 성내지 않는 마음은 밝은 지혜가 있는 것이며, 성내는 마음은 지혜를 가려서 컴컴하다. 한산이 말하기를,

瞋是心中火(진시심중화)　성냄은 마음속의 불이니
能燒功德林(능소공덕림)　능히 공덕의 숲을 태워버린다.

공덕이 있어야 삶이 평탄하고 자신과 주위도 편안하다. 화를 잘 내는 사람 옆에는 누구도 있고 싶지 않을 것이다. 또 성을 잘 내는 사람의 마음은 누구도 믿지 않는다.

오직 본인의 기분이 기준이기 때문에, 존경도 없고 남을 건사하는 마음도 없다. 그러니깐 처음부터 미안한 일을 안 하는 연습을 하고, 무슨 행동을 하더라도 스스로 책임질 줄 알아야 한다. 성내는 마음이 없어야 비로소 지혜가 생긴다.

• 　한산은 중국 당나라의 승려로 문수보살의 화신化身이라 일컬어졌다. "성냄은 마음속의 불, 공덕 숲을 태울 수 있네. 보살도를 행하려거든 인욕하여 직심을 지켜야 하네[瞋是心中火 能燒功德林 欲行菩薩道 忍辱護直心]."《한산자시집寒山子詩集》권1.

그다음 수행에는 향상심이 없으면 안 된다. 향상심은 자기 상태를 앞으로 나아가게 하는 마음가짐으로 향상심을 저해하는 것은 치심이다. '이만 하면 됐다' 하는 만족심滿足心과 제가 잘났다는 자만심自慢心이다.

만일에 사람이 자기가 잘난 줄로 생각하면 세상과는 격리돼버리고 만다. 자기가 못난 줄 알고 자기가 부족한 줄 알 때 비로소 세상에서 자기에게 지식을 공급해주는 것이지 자기가 다 되고 잘난 줄 알면 이 세상과는 단절되어 버리는 것이다.

자신이 못난 줄 알고, 다른 사람을 부처님으로 보아 배우고 공경하라. 이것이 어리석은 마음을 닦는 방법이다.

이상의 세 가지 삼독심은 시시각각으로 자기의 지혜를 가려서 컴컴하게 하는 것이다. 그래서 탐·진·치의 세 가지 마음 닦는 것을 반야부에서는 여섯 가지 카테고리, 즉 육바라밀로 얘기하셨다.

첫 번째, '보시바라밀'인데, 욕심을 닦기 위해서는, 남에게 베푸는 것, 보시를 하고, 보수 없는 일을 연습하여라.

감자 농사를 지어서라도 남을 먹이는 마음을 낼지언정, 바라지 말라. 탐심이 가득한 마음에는 꿈에라도 남에게 주는 마음이 없기 때문에, 억지로라도 그렇게 연습하는 것이다.

보시라고 하는 것은 남에게 주어서 탐심을 닦는 방법이다.

한편으로는 남에게 무엇을 바라지 않는 마음도 포함한다. '보시'의 '보布'는 마음을 넓게 쓴다는 뜻이고, '시施'는 필요치 않은 물건을 여뤄뒀다 남에게 준다는 뜻이다.

모든 세상 사람은 바라는 데서 고통이 따른다. 그런데 또 바라는 것이 없으면 낙심이 된다. 낙심이 되면 정신이 없는 자, 반편이 된다. 그래서 바라는 마음 대신에 주는 마음을 연습하는데, 잘못 주다가는 제 몸뚱이 보존을 못 하겠지만, 잘 준다면 존경을 받을 수 있게 된다.

그럼 잘 주는 방법이 무엇인가 하면, 마음을 좀 넉넉하게 쓰고, 누가 와서 달라고 하든지 일단 주는 마음을 내는 것이다.

대체로 사람들은 절대로 주는 마음을 내보지 않아서, 누가 와서 준다고 해도 겁을 내게 된다. 그러니까 항상 주는 마음을 내고 마음을 널찍하게 하여 세상을 대해보라.

그다음에 줄 수 있는 물건은 여뤄뒀다가 남에게 주도록 연구해볼 일이다. 줄 수 있는 물건이란 무엇이냐? 내가 필요치도 않은데 장래에 쓸지도 모르니까 비축하는 그런 것은 안 해도 좋지 않겠는가? 그래서 물건을 아껴 쓰고 남겼다가 필요하지 않은 물건은 남 줄 줄 아는 마음을 연습하는, 이것이 탐심을 제거하는 첫 단계일 것이다.

예를 들어, 사람을 상대할 때도 마음에 여유가 있는 사람은 밥 한두 끼 굶을 정도로 형편이 어려워도 그렇게 낙심하지 않는다.

마음에 여유가 없는 사람은 밥 실컷 먹어도 낙심해서 기운이 없어 한눈에 봐도 허약하고 쇠약해 보인다. 그런 사람은 배가 팅팅하게 밥을 먹어도 낙심해서, 들피져서(굶주려서 몸이 여위고 쇠약해짐) 심하면 죽는 경우도 많다.

1919년 기미년 만세운동에 참여했던 유근柳瑾(1861~1921)이라는 사람이 있었는데, 꽤 뚱뚱하고, 글을 제법 잘하는 사람이었다.

그런데 이이가 돈벌이할 생각이 조금도 없어서, 아들이 "오늘 아침거리가 없습니다" 그러면 "그래"라고 하고,

또 앉아서 책이나 읽고, 점심때 가서, "오늘 점심거리가 없습니다" 하면 또 "그래" 그러고,

저녁때 가서, "저녁거리가 없어요" 해도, "그래"라는 말만 하고 앉았었다.

그런데도 이렇게 살이 쪄서 뚱뚱했는데, 그건 아무런 근심 걱정이 없었기 때문이다. 마음이 편안한 사람은 살이 찌고, 어떻게 살아야 하나 근심하는 놈은 배불리 먹고 배가 뚱뚱이 부어도 바짝 말라버리는 법이다.

그런 것도 탐심을 잘 못 닦아서 그렇게 되는 것이다. 그러면 탐심을 닦으면 유근같이 그렇게 굶게 되는가? 탐심을 잘 닦아놓으면 굶어지질 않는다.

내가 산중에 10년 있었는데, 처음에는 혼자 있다 보니까, 세 끼 밥 지어야지, 옷 빨아 입어야지, 방 걸레 훔쳐야지 뭐 이건 암만해도 분주하기 짝이 없었다. 그래서 두 끼를 먹기 시작했다. 두 끼를 먹기 시작했더니 훨씬 좀 조용했다.

그래 '에이, 그럴 바에는 한 끼만 먹자' 하고 한 끼만 먹었더니, 살이 버쩍버쩍 말라가는데, 처음엔 이렇게 하다 죽지 싶었는데, 한 3년 가니까 안정이 되었다.

그렇게 하루 한 끼 먹고 살았지만, 세끼 먹고 산 사람보다 시방 더 튼튼하다. 이건 무슨 까닭이냐? 내 마음이 풍요로워졌기 때문이다.

그래서 이 세상을 접촉하는 데 있어서 첫째, 자기가 필요치 않은 거 아껴 뒀다 남 줄 줄 알고 또 누굴 대하든지 옹송그리지* 말라는 것이다.

왜 옹송그리나? '저 사람이 나더러 뭘 좀 달라고 하겠지' 하는 생각을 하고 있기 때문이다. 뭐 있으면 주고 없으면 안 줄 작정하면 그만이지, 이래요 저래요 얘기하는 것은 좋지 않다.

"아, 당신 그 모가지 좀 떼 줘!" 그럴 때도

"글쎄, 그건 좀 주기가 곤란한데, 그거 말고 필요한 다른 건 또 없소?" 해보라. 그거 얘기는 할 수 있잖은가!

사람을 만나기도 전에 미리부터 무서워 겁을 내면서, '저놈이 뭘 또 떼먹으러 왔나?' 그런 생각을 할 필요가 있겠는가.

---

* 궁상맞게 몸을 웅크리다는 뜻.

마음을 항상 널찍하게 쓰고 자기가 필요하지 않은 것은 아껴두었다가 남이 달라고 할 적에 줄 수 있는 마음을 준비하고 있다면, 이 세상과의 관계는 대단히 원활할 것이다. 이것이 소위 보시바라밀이라고 하는 것이다. 우선이 세상을 접촉하는 데 편안하리라.

두 번째는, '제 마음에 미안한 일을 하지 마라. 후회할 일을 적게 하라.' 이것이 성내는 마음[瞋心]을 닦는 지계바라밀이다.

마음에 미안함이 쌓이면, 누가 그 미안함을 건드릴 때 성을 내게 된다. 성내면 지혜가 가려져서 온통 깜깜해진다. 앞뒤 분간을 할 수 없게 된다. 그럼 어떻게 성을 안 내느냐?

마음에 미안한 짓을 하지 말아야 한다. 제 마음에 미안한 일이 있으면 누구든지 보고 쉽게 성을 내게 된다. 젊은 사람들이 실연하면 성을 잘 낸다. 얼굴 갸름한 여자한테 실연을 당했으면, 얼굴 갸름한 여자를 보면 자꾸 따라가고 싶은데, 얼굴 동그란 여자나 납작한 여자를 보면 낯짝도 보기 싫다.

마음에 미안한 걸 하나 넣으면 이렇게 빼낼 수가 없는 것이다. 그러니까 마음에 뭐든지 넣지 않으면, 얼굴이 갸름해도 좋고 동그래도 좋고, 납작하니 좋고, 삐뚤어졌어도 좋고, 성날 일이 없다.

멀쩡한 사람을 보고,

"너, 미쳤구나?" 하면

"난 미쳐 본 일이 없어, 이 사람아! 미쳐본 일이 없는데 뭘 미쳤다고 그래?” 하고 만다. 반면 정말 미쳤을 때 미쳤다고 하면 성을 내지만, 안 미쳤는데 누가 성을 내겠는가?

또 다리가 장애인 사람을 보고 “자식, 팔이 삐뚤어서 글렀어!” 그러면 씩 웃는다. 또 “입 삐뚤어진 놈이 별소릴 다 하네!” 그래도 이 사람이 성을 안 낸다. 그런데 “다리도 없는 자식이 별 지랄 다 하네” 그러면 “그래, 다리 없으니 어쩌란 말이야, 이 자식아!” 하고 죽자고 덤빈다.

왜 그러냐? 근본 마음속에다 다리 없다는 걸 그려 넣어서 그렇다. 누구나 자기가 똑똑한 줄 알지만, 들여다보면 누구나 마음속에 어떤 맹점이 있다. 그래서 그 맹점을 건드렸다 하면 이 사람이 멀쩡하다가도 아주 요동을 친다. 그러니까 제 마음에 미안한 일을 하지 말라는 것, 이것이 지계바라밀이다.

셋째는 욕된 걸 참으라는 인욕바라밀이다.

욕이란 무엇이냐? 마음속에 들어 있는 미안한 것 때문에 자기 감정에 거슬리는 것을 욕이라 한다. 어리석은 마음을 닦기 위해서는 자신이 아주 완벽히 못난 줄 알고, 다른 사람을 부처님으로 보아 배우고 공경하여라.

부처님께서 욕하신다면 배우고 깨쳐볼 일이니, 이것이 인욕바라밀이다.

사람이란 것은 처음 이 세상에 나올 적부터 원망을 가지고 나왔다. 어떻게 원망을 가지고 나왔는가?

여기 앉아 있는 사람에게 자기 얼굴이 참 마음에 드는지 예쁜지 물어보면 아마 그때그때 대답이 다르겠지만, "몰라요" 그러든지 "내 얼굴 별로야. 아주 마음에 안 들어" 그러고는 거울을 들여다보면서

"자식, 낯짝이 이 모양이니 뭐 형편이 피겠나?" 그런다. 다른 사람을 보면 그 사람 얼굴 괜찮은데, 스스로 자신을 보면 그렇게 나빠 보인다.

또 제 하는 행동은 전부가 좋지가 않다. 그래서 아무리 노래 잘하는 '카루소'라도 그의 노래를 녹음해서 들려주면 의심을 한다. '저것이 내 소리 맞아?' 하고 의심한다. 자기 목소리를 녹음해서 혼자 앉아 들어보면, '목소리 더럽다' 싶은데, 뉘 소리인지는 모르겠지만 영 제소리가 아니다. 제 목소리가 분명한데 왜 아닌고 하니 듣기 싫어서 그렇다.

그래서 사람이 어떤 약점을 가졌기 때문에 그것을 건드리면 욕이라고 하고, 이것을 그렇지 않다고 하면 아주 좋아한다. 뭐 녹음까지 할 것도 없다. 누구든지 보고, "아 당신 참 잘생겼네" 그러면 낯은 좀 뜨겁지만 좋긴 좋다. 속으로 '잘생겼다고?' 그러면서 '일부러 흉을 보는 건 아닐까?' 이런다.

그런데 "자식 얼굴이 왜 저 모양이야" 그러면 속으로 서럽고 억울해서 당장 노여움이 터진다. 그래서 아무리 잘생긴 사람이라도 "자식 얼굴 참 못났다" 그러면 못난 생각을 하는 사람이 있는가 하면, 잘난 생각을 하는 사람도 있다.

이것이 인생의 약점이다. 이 약점만 없으면 욕은 근본에 없는 것이다. 그래서 이것을 한 1,000일간만 닦으면 누구든지

되는데, 그땐 우습다.

그때는 누가 '당신 잘 생겼소' 그러면 픽 웃는다. "잘 생기긴 뭐? 잘생긴 거 없어. 그래 당신 할 얘기나 해봐요" 그런다.

또 "당신 못생겼어" 그러면 "옛날부터 원래 그런데 뭘, 걱정할 거 하나도 없어요" 이렇게 되는데, 그렇게 되면 이 사람을 누가 흔들어대지 못할 것이다.

이상 세 가지는 사람으로서 세상을 대하는 법이니, 분명히 알았거든 부지런히 실행하라. 이것이 정진바라밀이다.

부지런히 실행해서 탐·진·치 세 가지의 마음을 자꾸 배제하면, 시간이 지남에 따라 몸과 마음이 건강해지고 안정되며 평화를 얻게 되니, 이것이 선정바라밀이니라.

이것이 익숙해지면 세상일에 미혹되지 않게 되고, 점점 슬기로워져서 자신과 세상을 바로 알게 된다. 마음이 편안해지고 지혜가 나서 일에 대하여 의심이 없으니, 이것이 지혜바라밀이다.

탐·진·치를 닦는 방편이 육바라밀이고, 시론·계론·생천론이 그 바탕이다

사람을 불행하게 하고 끝없는 고통의 바다에 태어나게 하는 탐·진·치 세 가지 마음을 닦기 위해서 석가여래 부처님은 일찍이 여섯 가지 방법을 말씀하셨다. 그 방편을 육바라밀이라고 한다. 시론施論과 계론戒論과 생천론生天論으로 바탕을 삼은 방법이다.

'시론'이란 자기라는 집착의 어리석음에서 벗어나, 도와준다는 어리석은 마음조차 버리고 자기 소유라고 생각한 재물을 먼저 수행자나 가난하고 헐벗은 사람에게 베풀어야 한다는 것이다. 다른 말로 하면 보시론布施論이라 한다.

다음은 오계를 지키라는 '계론'이다. 재가불자가 지켜야 할 다섯 가지 계율은 '살생하지 마라' '도둑질하지 마라' '사음邪淫하지 마라' '거짓말하지 마라' '맑은 정신을 흐리는 술과 중독성 있는 것들을 하지 마라'이다.

이러한 보시와 계율을 잘 지키면 선업의 결과로 천계에 태어나 행복한 삶을 영위할 수 있다는 것이 '생천론'이다.

죽은 다음 극락세계에 가는 것도 중요하지만 보시와 지계를 잘 지키면 '염념보리심 처처안양국念念菩提心 處處安養國'*, 생각마다 보리심이면 곳곳마다 극락이라 했다.

여기서 '안양安養'은 아미타부처님의 극락정토를 말한다. 어쨌거나 지금 오늘을 잘 살아야 죽어서 극락을 가든지 지금 이 자리를 극락으로 만들든지 할 것 아닌가?

---

* 49재와 같은 의식儀式에서 고인에게 음식을 권하는 시구詩句인 권반게勸飯偈에 나오는 글귀다.
"내가 드린 법공양은 아난찬과 다름없어 주린 창자 배불리고 업의 불길 스러지네. 탐·진·치를 다 버리고 삼보에 귀의하면 생각 생각마다 지혜이고 가는 곳마다 극락이네[受我此法食 何異阿難饌 飢腸咸飽滿 業火頓淸凉 頓捨貪嗔痴 常歸佛法僧 念念菩提心 處處安樂國]. [시식게] 부처님 주신 이 음식이 온 세계에 두루하여 먹는 자마다 주림과 목마름을 면하고 극락에 태어나기를[願此加持食 普遍滿十方 食者除飢渴 得生安養國]."

베푸는 것도
부처님 기쁘게 해드리기 위해서

육바라밀의 첫째인 보시바라밀이란, 주는 마음을 연습하라는 것이다. 바라는 마음은 거지 같은 마음이요, 주는 마음은 떳떳한 마음, 넓은 마음이니, 주는 마음을 연습해야 할 것이다.

그런데 여기서 주의할 것은, 준다고 하니까 물건이나 무엇을 실제로 주어야만 한다고 생각하고는 곤란하다고들 여기는데, 보시의 뜻은 그것이 아니라 주는 마음을 내라는 것이다.

실제로 주고 안 주고는 법률적인 문제, 경제적인 문제가 있을 것인즉, 후에 따져보아야겠지만 사람들은 우선 누가 달라고 하면 싫은 마음이 나게 마련인데, 그때 주는 마음을 낼 수 있어야 한다는 것이다.

실제로 주는 것은 고사하고 주는 마음도 못 낼 것이야 없을 터인데, 그것이 그렇게 쉽지 않거든. 남에게 실제로 무엇을 줄 때도 마음으로 하는 연습이 매우 중요하다.

예를 들어 거지에게 물건을 준다면 그때 '거지에게 준다'는 마음으로 보시를 한다면 '거지'라는 마음을 찍어두었으니 결국 자기가 거지가 되는 셈이다.

그러면 이럴 때는 어떻게 해야 할까?

그럴 때는 '부처님' 기쁘게 해드린다는 마음으로 줄 수 있다면 자기는 부처님을 증證했으니 마음이 밝아질 수밖에.

보시바라밀

'보시바라밀'은 '준다'는 말이고, '넉넉하게 마음을 쓰라'는 말이다. "자기에게 필요치 않은 물건은 여둬뒀다가 남 줄 줄 알아라, 감자 농사라도 지어서 남을 먹이는 마음이면 떳떳하고, 아무리 좋은 것이라도 얻어먹는 마음이면 마음이 구차하게 된다." 내가 이렇게 말했던 기억이 시방 다시 새롭다.

남이 달랄 적에 주는 마음을 내면 훨씬 마음이 넉넉하다. 실제로 주고 안 주는 것은 그 일의 추이를 봐서 될 문제고, 처음에 그 문제를 사의思議할 적에 주는 마음을 가지면, 대하는 마음이 훨씬 넉넉하리라는 것이다. 그래서 남이 달랄 적에 주는 마음 낼 줄 알면 그 물건 자체를 잘 살필 수도 있고, 상대방의 마음도 알 수 있다.

남이 싫다고 할 적에 그만둘 줄 알아야 한다. 탐심이 있는 자는 남이 달라면 싫고, 남이 싫다고 하면 자꾸 주겠다고 하는데, 이것이 아마 이 세상 동물적 근성일 것이다. 그것이 평화를 파괴하게 되니까 언제라도 남이 달랄 적에 주는 마음을 내야 한다. 주는 마음이 난다고 해서 반드시 물건을 줘도 되는 것이 아니다. 주는 마음 내는 것은 자기 마음이 평화롭다는 것이지, 실제로 주는 것은 결국 얘기를 해서 꼭 주지 않으면 안 될 적에 주어야 되는 것이다. 그러니까 우선, 주는 마음을 내야 사람과 사람의 접촉이 부드럽다.

보시바라밀과 경제생활

인도 역사에서 깨달아 도통한 많은 분들이 소유에 대해 많은 얘기를 했지만, 부처님은 적게 가지는 것이 아니라 비우고 비워 자기가 가진 것과 자기 자신까지를 남에게 주라고 말씀 하셨다.

인류 역사상 이보다 더 소유욕을 버리게 하는 법칙은 없다고 생각한다. 불교에서는 이것을 여섯 가지 바라밀다[六波羅密]라고 한다.

보시바라밀, 곧 남에게 주는 마음을 내면 훨씬 마음이 넉넉하고 행복할 것이다. 사람은 상대를 배려하면 깊은 친밀감을 느끼는데, 상대가 기뻐하고 감사하면 자신의 존재감이 향상되니 행복한 것이다.

인간이 원숭이였을 때에도 그랬다. 서로 털을 골라 이도 잡아주고 먹을 것도 가져다주고 했으니, 배려하는 마음은 협동하는 마음의 높은 차원의 행동으로 '평화'이다. 우선 주는 마음을 내야 사람과 사람의 접촉이 부드럽다는 것이다.

또 주는 것을 남이 싫다고 할 때는 그만둘 줄 알아야 한다. 특히 주기 싫은 사람일수록, 자기가 주고 싶으면 어떻게든 반드시 주려고 하는 그런 이가 많은데, 그것은 자기 자랑이 목적이거나 또 다른 형태의 욕심일 뿐 보시바라밀이 아니다.

부처님께서 말씀하신 바라밀은 큰 행복으로 가는 대로大路이지만, 근기가 열악하고 욕심이 바탕인 인간 사회에 접목하기에는 무리일 수 있다. 그래서 공평한 규율로 서로의 가치를 나누어 의식주 생활을 영위하는 것을 인간의 세 가지 흐름 중 경제생활이라 한다.

나의 생활 신념

나더러 굳이 생활 신념에 대해 말하라 하면, 그것은 바로 '나를 지혜의 경지에 도달시키려고 하는 지표'라고 할 것이다. 지혜는 내 영육을 정화해주는 생명력이며 적극 의지의 광장廣場이다.

그런데 내가 지혜의 정토를 향해 전진하고자 할 때 주위에는 여러 가지 장애물이 있어 나를 괴롭히는 것이니, 곧 탐과 진과 치의 세 가지 독이라 하겠다.

탐이라고 하는 것은 '하겠다'는 생각이니 바라는 바 욕심이요,

진이라고 하는 것은 '왜 안되나?' 하는 것이니 바라던 바가 안 되면 생기는 불평심이요,

치라고 하는 것은 '이만하면 됐다'는 만족심이니 곧 어리석은 마음으로서,

이것들은 나를 '나'답지 못하게 하는 속박과 장애가 되는 것이다.

다시 말하면, 경제생활(분배 작용)·법률생활(제재 작용)·정신생활(주재 작용)이 탈선되어서 궤도를 얻지 못하는 것이니, 이것들이 완전무결하게 발달됨으로써 자기가 향상되고, 불완전함으로써 타락을 보게 되는 것이다. 그러므로 '나'라는

생명체가 지혜의 경지에 도달하기까지 완전무결하게 발달되자면, 이 탐·진·치에서 '나'를 구제해야 한다.

그리하여 나는 항상 육바라밀다를 연의演義(재미있고 알기 쉽게 설명함)하여 내 생활신조로 삼아왔다.

① 보시는 이 세상을 대할 적에 보수 없는 일을 연습해야 한다는 것이다. 즉 그 일에 대한 과실(보수)을 자기가 먹지 않고 남에게 주려는 마음이면, 자기에게 남는 것은 그 일에 대한 능력이다. 그렇게 함으로써 지혜는 자기에게 남는 것이니, 탐심을 닦는 방법인 이것이 인생 출세의 자본이고, 자본의 축적이 많을수록 위대한 인격이 조성되는 것이다.

② 지계는 자기 마음 가운데 미안未安(남에게 대하여 마음이 편치 못하고 부끄러움)을 머물러 두지 말아야 할 것이다. 그 미안을 남이 지르면 성을 안 낼 수 없는 것이다. 그 미안이 많을수록 자기 생명력은 자꾸 말살되기 때문이다.

③ 인욕은 이 세상을 보되 모두 성인으로 보아야 한다는 것이다. 성인일진대 나무라는 말에 섭섭하게 생각하지 말아야 할 것이다. 나무라는 말이 있다면 깨쳐볼지언정 성을 낼 수 있을 것인가? 자기는 가짓껏 못난 사람으로 알아서 남의 말을 듣고자 해야 할 것이다.

④ 정진은 이 세 가지를 해보아서 성과가 많거든 부지런히 실행한다는 것이다.

⑤ 선정은 부지런히 실행할수록 몸과 마음이 안정된다는

것이다.

⑥ 지혜는 마음이 안정되는지라 슬기가 생기는 것이니, 곧 불교도가 말하는 '부처'인 것이다. 그래서 탐·진·치가 있지 아니하는 시간이 있을 때, 이 시간만이 자기로서 편안함을 느낄 수 있는 행복한 시간이라고 생각한다.

인간과 인간과의 관계, 이것은 길게 말할 것도 없이 '포지티브positive'와 '네거티브negative'와의 결합이어야 할 것이다. 신념이 적은 사람은 신념이 많은 사람을 좋아해야 하는 것이다.

'하겠다(탐)'는 생각을 없애고 진실로 대할 따름이다.

인생에 대한 가치란, 한마디로 말해서, '살 짓'을 함으로써 생명욕生命慾(살고자 하는 욕구)의 절대성을 아는 것이다. 우리의 사명이자 우리의 신앙인 '나'를 발휘하자면, 곧 인류답게 의미 있는 생활을 실현하자면,

첫째, 경제적으로 '나'를 발휘하여라. 현실 생활에서 '나'를 발휘함에 가장 위하威嚇(으르고 협박함)를 주는 것은 오직 경제생활의 부정돈不整頓에 있다고 해도 과언이 아니다. 경제생활이란 인류의 천부적 기능이었다. 하지만, 이것이 한 개인이나 한 군중에 있어서 무한한 부도덕률의 지배로 말미암아 다른 개인이나 다른 군중의 '나의 발휘'를 침해하기가 가장 용이하므로, 석가모니 부처님은 불투도라는 계로써 정돈시켰다. 그러면 이러한 범위에서 경제적 '나'의 발휘를 실현하여 무의미 부자연한 생활로부터 구제할 것이다.

예를 들면 경제생활은 인체생리 가운데 혈액 순환과 같다 할 수 있다. 만일 어떤 것으로 말미암아 혈액 순환의 불완전을 초래한다면, 이다지 무의미한 생활이 또 어디 있겠는가? 중생을 제도하기 위하여 모든 고뇌를 아끼지 않으셨던 많은 성자의 고의소재故意所在를 볼 때, 그것을 실행할 사명을 가진 우리는 더욱 절실하게 이것을 느낀다.

　둘째, 정신적으로 '나'를 발휘하여라. 이것은 석가모니 부처님께서 대단히 중요하게 생각하셨을 뿐만 아니라, 오직 이것을 실행하고자 출현하신 것이라고 하셨다. 그러므로 이것을 정돈하시기 위하여 불살생·불음주·불망어·불사음 등 많은 것으로 한계를 정하시어, 각각 '나'다운 '나'를 실현하도록 노력하시고 70여 년을 고구정녕苦口叮嚀하시었다. 그러므로 경제적으로 '나'를 발휘하는 것도, 결국은 정신적 '나'를 발휘하는 데에 도움이 되는 유일한 방편인 것이다.

　예를 들면, 모든 무의미하고 부자연한 방식과 제도와 인습에서 가장 쾌활하고 자유로운 '나'를 발휘하여, 모든 것이 '나'가 없고는 되지 못하고 또 가능성이 없는 것을 알아서, '나'다운 '나'로 시작하여 각개의 '나'를 자유롭고 의미 있는 '나'가 되도록 노력하고자 예술에도 '나', 문학에도 '나', 역사에도 '나'로 시작하여 한국의 '나', 세계의 '나'를 쌓아서 결국 모든 '나'로써 원만한 활천지活天地를 실현하는 순간에 비로소 석가모니 부처님의 후도 됨을 자랑하는 동시에 자만自滿하고 만족한 인생의 의미와 가치를 갖는 것이다.

마가다왕의 영접

수행하는 바른 마음의 힘, 원동력의 제일 첫째 방법이 보시바라밀이다. 보시를 하려면 먼저 제 마음을 넉넉하게 하고 남의 고통을 헤아려야 한다. 중요한 것은 여기에 지혜가 필요하다는 사실이다. 우선 자기의 마음이 작고 욕심덩어리라는 것을 알아야 한다. 이 마음을 크고 밝게 하려면, '주는 마음을 내면 좋다, 자꾸 주는 마음을 내면 좋다'고 생각해야 한다. 실제로 나누어주는 것은 나중 일이고 우선 '준다'고 하는 편편하고 넓은 마음의 법칙을 늘 지니고 세상과 소통해야 한다. 왜 나누어주는 보시바라밀을 해야 하는지 체득하는 지혜가 꼭 있어야 한다. 그래야 내가 남을 돕는다느니 하는 이런 잘난 척하는 어리석음과 교만함 없이 무주상보시無主相布施*를 할 수 있다.

보시바라밀의 지혜는 바로, 인간이나 동물 등 모든 살아 있는 중생은 고통을 피하고 다 행복해지려 한다는 것을 깊이 공감하고, 모든 중생은 윤회의 연속에서 한 번은 나를 기른 어머니였다는 한마음을 가지는 것이다. 나를 낳아 기르고 보

---

* 무주상보시: 《금강경》에 나온 말씀으로, '내가(보시하는 이)' '무엇을(보시하는 물건)' '누구에게(보시받는 이)' 베풀었다는 세 가지 생각[相]이 없이 베푸는 것. 곧 부처님 좋게 해드린다는 마음으로 하는 보시다.

살펴준 어머니에게 무엇을 준들 아깝겠는가? 이 지혜의 마음은 한 아승기를 겪어야 없어지는 탐욕을, 자비로 뒤집어 깨치는 중요한 것이다.

석가여래 부처님께서 마가다Magadha 왕에게 한 얘기를 깊게 생각해서 삶의 규범으로 삼아야 우리가 행복할 수 있다.

석가모니 부처님은 수행자 시절, 마가다국摩揭陀, Magadha(인도의 중동부, 지금의 비하르Bihar의 남쪽 지역에 있던 왕국)의 수도 라자그리하王舍城 인근의 산에 머물면서 성안으로 탁발을 나가곤 했다. 그 소문을 들은 빔비사라왕은 높은 누각에 올라 싯다르타가 탁발 나오기를 기다렸다. 마침내 싯다르타를 본 빔비사라왕은 그의 위의를 보고 감탄하여 그의 수행처를 찾아가 대화를 나누었다.

> 빔비사라왕이 말했다.
> "내가 관상을 보니 당신은 어디든지 한군데에 1,000일만 있으면 만승천자萬乘天子*가 되겠소. 내가 영토를 나누어드릴 테니 왕을 해보시오."
> 부처님께서 말씀하셨다.
> "왕이여! 이 세상 고생의 근본이 뭔지 아십니까? 내가 하는

---

* 무소불위의 임금이나 황제를 일컫는다. 승乘이란 네 필의 말이 끄는 수레, 즉 전차戰車를 가리킨다. 전차 만 대를 가질 수 있는 것은 천자[皇帝]밖에 없다. 제후는 천승千乘, 대부는 백승百乘을 갖는다.

일은 고생의 근원을 여러 사람에게 가르쳐주어서 그들이 고생하지 않게 하는 것입니다. 모든 고기 잡는 사람을 보십시오. 큰 고기를 잡으려다가 깊은 물에 빠져 죽습니다. 모든 나무하는 사람을 보십시오. 굵은 나무를 베려고 하다가 벼랑에 떨어져 죽습니다. 모든 장사하는 사람을 보십시오. 금덩어리를 구하려다가 도둑의 손에 죽습니다. 모든 제왕을 보십시오. 영토를 넓히려고 하다가 적군의 손에 죽습니다. 이런 고통밖에 없는 탐욕스러운 마음에 자기를 내맡겨 놓아두지 않아야 합니다."

"그러면 아무것도 하지 말라는 것입니까?"

"원인을 지으면 결과는 으레 오는 것입니다. 착한 원인을 짓지 않고 좋은 결과만 바라는 자는 신경쇠약에 걸려 미쳐서 죽고, 비렁뱅이가 되어서 비럭질을 합니다. 그러니 땅을 욕심내는 임금이나 밥 한 끼를 탐하는 거지나 똑같습니다."

왕이 왜 똑같은지 물었다.

"임금이나 거지나 크든 작든 탐심은 똑같이 고약하기 때문입니다."

욕심과 성내는 마음과 어리석음이 고생의 원인이고 그 원인이 집착이니 집착을 없애려면 도를 닦아야 한다는 부처님 말씀이다. 탐욕스런 마음을 밝히고 닦으려면 보시바라밀을 제대로 지혜 있게 실천해야 한다.

주는 마음에도 지혜가 필요하다

지금 극락정토에 사는 마음을 내는 사람하고 이야기를 하면 여기가 극락정토가 된다. 그것이 바로 자기의 한마음으로 이 세상을 사는 방법이다. 지옥 마음을 내면 지옥으로, 천당 마음을 내면 천당으로 간다. 윤회의 씨앗이 지금 순간순간 한마음에 달려 있다.

한마음을 가장 여유 있게 항상 널찍하게 쓰고, 자기에게 필요한 것을 최소한으로 줄이고 절약하여 나누어줄 수 있는 습관을 들여야 한다. 이것이 보시바라밀이다.

그런데 주는 마음에도 지혜가 필요하다는 것을 꼭 기억해야 한다. 마음을 넉넉히 쓴다는 것은 무엇이냐? 남이 달라고 할 때 안 주지 말고 남이 싫다고 할 때 주지도 말라. 이렇게 살아가는 것이 가장 선량한 방법이다.

그래서 내가 줄 적에 다른 사람이 안 받거든 얼른 도로 주머니에 집어넣을 줄 아는 마음을 가지고 하라. 남이 달라고 할 적에 줄 수 있는 마음을 준비하면 세상 사람살이가 원활하게 될 것이다.

옛날 사람들이 인간관계를 잘 표현한 말이 있다. '사람 사이는 한 소[牛]바*만큼이어야 편안하다'는 말이다. '소바'라고 하는 것은 소를 들판에 묶어놓을 때 목에 매는 밧줄인데 줄을 적당한 길이로 하여 소가 곧잘 주위의 풀을 뜯어 먹을 수 있는 거리를 말한다. 그래서 사람과 친할 때도 한 소바만큼 거리를 두어 적당한 관계를 유지하라는 말이다. 한 소바 밖으로 나가면 욕하고 달아나고 너무 가까우면 멱살을 잡힐 수 있다. 언제라도 한 소바 거리에서 상대하면 늘 친하고 오래 간다.

자기가 한 말이나 한 일에 대해서 늘 책임지기 위한 방법으로 거리를 유지한다면 업연業緣**이 아닌 이상 한평생 사는 데 문제가 없다.

살다 보면 좁은 관점에서 자기 이익을 바라서 행한 일들로 인해 양심에 미안하고 후회하는 경우가 많이 있다. 그래서 마음을 항상 넓게 쓰고, 자기 마음에 미안한 일을 하거나 후회 속에 머물러 있지 않으려면 나름대로 생활의 규범이나 계

---

* '바'는 삼이나 칡 따위로 세 가닥을 지어 굵다랗게 드린 줄을 말한다. '소바'는 소를 매어서 끄는 밧줄로, 대개 '소밧줄'이라고 한다.

** 업보를 불러오는 인연을 말한다. 중생이 받는 과보에는 원인이 되는 업연이 있다. 업은 업연을 따라 업과가 되고, 업과는 다시 업연을 따라 새로운 업을 지어서 끊임없이 윤회전생하게 된다. 인연에는 선연善緣과 악연惡緣이 있다. 선연은 좋은 인연으로서, 만나서 유익한 상생의 결과를 가져오는 인연을 뜻하고, 악연은 만나서 결국 슬프고, 괴롭고, 어둡고, 서로 원망하고 증오하며 해롭게 하는 결과를 가져오는 나쁜 인연을 말한다.

율을 만들어 지키는 편이 좋다. 부처님이 올바른 생활을 하라고 만든 계율을 지키는 것이 지계바라밀持戒波羅蜜이다.

계율:
지계바라밀

'지계持戒'는 계율을 소중하게 여기고 지킨다는 뜻이다. 계율을 지키는 방법은 한마디로 제 마음에 미안한 짓을 하지 않는 것이다. 제 마음에 미안한 일이 있으면 그것부터 잘못이 아닌가? 자기 양심에 비춰보아 알아야 하지만, 인간이 그렇게 자기를 똑바로 보는 경우가 드물기에 계율이 만들어진 것이다. 일반 불자는 '오계'를 지켜야 하고, 비구는 250계, 비구니는 348계를 지켜야 한다. 계율대로 살기만 해도 공부는 이루어진다.

처음부터 300여 개의 계율이 있었던 것은 아니다. 석가여래 부처님이 녹야원에서 다섯 비구를 받아들이고 수행집단이 만들어지면서 여러 스님과 일반 불자들이 함께 살다 보니 그때그때 만들어지기 시작하여 율장律藏이 완성된 것이다. 이어서 부처님 법이 여러 문화권으로 퍼져가면서 현실에 맞게 더하고 빼는 일이 이루어졌다. 알아야 할 것은, 계율만 잘 지켜도 마음을 밝히고 닦는 데 아무런 어려움이 없다는 사실이다.

화와 욕과
인욕바라밀

성내고 화내면 인간관계는 물론 무엇이든 파괴되고 황폐해진다. 그래서 공덕이 다 사라지는 것이다.

어느 때 화가 나는가? 화가 날 때 가만히 그 화가 난 이유를 따져보고 생각해 본 적이 있는가?

욱하고 성질이 올라와 화가 날 때 그 이유를 따져 화를 가라앉게 하는 정도만 습관을 들여도 이미 수행의 초급반 과정은 된 것이다.

인욕바라밀은 욕된 것을 참아야 한다는 뜻이다.

대체 욕辱이란 무엇이냐? 바로 자기 감정에 거슬리고 상처받는 것을 욕이라고 할 수 있다.

자기 감정은 곧 자존심이라고 할 수 있는데, 그 자존심에 상처받을 때 가장 화가 나게 된다. 욕의 가장 처음은 자기가 느끼는 부끄러운 수치羞恥로, 마음속에 무엇인가 하나 미안한 것을 넣어두었기 때문에 생기는 것이다.

사람은 누구나 약점을 가지고 있는데, 이것을 건드리면 욕이라고 하고, 약점을 지적하지 않고 용기를 주는 말을 하면 아주 좋아한다.

제일 참을 수 없게 화가 나는 것은 자존심이 상할 때이다. 인간은 누구나 다른 사람에게 좋게 인정받고 싶은 욕망이 크다. 원시시대부터 무리 지어 살며 사회생활이 시작되면서, 인정받는 인간이 생존에 유리하였기 때문이다. 또 남에게 인정받을 때 생기는 성취감은 인간이 높은 단계로 진화할 수 있는 원동력이 되어왔다.

아이가 칭찬을 받으면 성인군자가 되고, 욕을 먹고 자라면 못된 놈이 된다고 하는 말이 있다. 그런데 칭찬을 받는 사람보다 훌륭한 사람이 있다면 그것은 바로 칭찬을 하는 사람이다. 그러므로 주위 사람을 험담하는 게 아니라 칭찬하는 습관을 들여야 한다.

　아이가 공부를 못하면 부모에게, 선생님에게, 친구들에게 욕을 먹는다. 인간은 부모나 선생님 등 권력 있는 존재가 자기를 욕할 때보다 자기와 동급으로 생각하는 친구나 형제자매가 깔보고 모욕하면 자존심이 상해서 더 화가 나게 된다. 성내고 화나는 것을 해결해야 하는 게 인욕바라밀이다.

부처님은 '나'라는 존재가 없다는 것[無我]과 더불어 모든 것은 공空하다는 것을 설하셨다. '나'가 없는데 무슨 자존심이 있겠는가?

　자존심이니 하는 것은 실체가 있다는 착각에서 나오는 것이라, 바르게 사실을 못 본다 하여 전도몽상顚倒夢想*이라고 한다. 이런 사실을 알고 공부하면 자연히 인욕바라밀 수행이 영글어 열매 맺게 된다.

• 전도顚倒는 모든 사물을 바르게 보지 못하고 거꾸로 보는 것이고, 몽상夢想은 헛된 꿈을 꾸고 있으면서도 그것이 현실인 줄로 착각하는 것이다. 무명번뇌에 사로잡힌 중생들이 갖는 잘못된 견해를 말한다. 구체적으로는 무상한 것을 영원한 것으로 아는 것, 나라고 할 만한 것이 없음에도 나와 나의 것에 집착하는 것, 육도윤회의 괴로움을 모르고 순간적인 쾌락에 탐닉하는 것 등을 이른다.

스스로의 욕된 것을 참는 것이지,
남이 한 일을 참는 것이 아니다

욕과 화는 한 몸이라 뗄 수 없는 관계이다. 여러분은 하루에 몇 번이나 욕을 먹고 화가 나는지 헤아려본 적이 있는가? 그 숫자가 아마도 예상보다 훨씬 많을 것이다. 욕과 화는 자기 스스로가 달래고 자기 스스로가 융화시키고 자기 스스로가 협조하지 않으면 도저히 해결할 방법이 없다.

사람들은 누구나 나누어주고 더불어 사는 것을 퍽이나 좋은 것이라고 생각할 것이다. 그러나 반대로 남이 본인에게 무엇인가를 주면 상황에 따라 자존심에 상처받아 욕보았다고 느끼고 화가 날 때가 있다. 감정 상태에 따라 재미있을 때가 있고 그렇지 않을 때가 있다.

예를 들면, 어떤 사람이 좋은 비단 헝겊에다 똥을 싸서 갖다준다 하자. 아마 비단 헝겊에 싸여 있으니 유효적절한 좋은 선물이 들어 있으리라 생각해서 받긴 받았겠지만, 의외로 똥내가 나기 시작하면 얼마나 황당하고 화가 나겠는가? 이런 경우 어떤 사람은 싸우자고 덤빌 것이다.

또 어떤 사람은 똥이 묻었어도 비단을 얻었으니 좋다고 하면서, 똥도 어떻게 쓸 데가 없을까 생각하다 땅에 묻어 거름으로 쓸 수도 있을 것이다.

그러니까 언제라도 자기에게 들어온 칭찬이든 욕이든 자기가 마음으로 해결해야지, 남에게 감정을 드러내는 것은 현명하지 못하다. 화내고 그놈을 가만 안 둔다고 씩씩대면 그때 자기 생명력이 약해지는 것이다.

　무슨 일을 당할 적에 싫거든, 그 싫은 마음이 없어질 때까지 공부해보면 화내는 마음이나 불편한 감정을 긍정적으로 바꿀 수 있다.

'이 세상이 나에게 힘든 상황만 계속해서 주지 않고, 좋은 일도 주겠지' 하고 마음먹으면 그보다 좋을 수 없다. 무슨 일을 하든지, 무슨 일을 당하든지 싫다고 하는 생각만 바꾸면 그 자리에서 마음이 넉넉해진다. 마음이 넉넉하면 보편타당해진다. 그 경지에 이르면 어떤 사람도, 어떤 일도 그 사람을 흔들지 못한다.

　그것이 소위 욕됨을 참는 것이고, 또 스스로의 욕된 것을 참는 것이지, 남의 일을 참는 것이 아니다. 그래서 세상을 대할 때에 마음을 넓게 쓰고 욕된 것을 참는다면 지혜가 날 것이다. 이 방법이 인욕바라밀이다.

누가 날 보고 욕할 적에

누가 날 보고 욕을 하고 침을 뱉는다면, 화를 내지 말고 이렇게 생각해보라. '만일 어떤 사람이 다른 사람에게 침을 뱉고 욕을 한다면, 나는 옆에서 바라보기 때문에 그 사람이 왜 욕을 하고 침을 뱉는지 잘 알 수 있을 것 아닌가?'

그렇게 마음을 바꿔 거기서 잘 판단하면 모욕을 참을 수 있다. 그 모욕을 한순간 참지 못해서 상대를 죽이고 감옥에 갇힌 사람이 얼마나 많은가?

불교에서는 원인과 결과라 해서, 자기에게 일어나는 일은 전에 내가 씨앗을 뿌린 원인으로 일어난 것이므로 참고 받아야 한다고 말한다. 그걸 '마음 바꾸기'라고 한다. 원인을 내 탓으로 돌리고 수용하는 것이다. 콩 심은 데 콩 나는 것이니, 누구를 원망하겠는가?

후회하지 않는 일만 자꾸 연습하면 성나는 일[嗔心]이 저절로 없어지고, 제 마음에 미안한 일 없으면 성이 날 일이 없다.

정신을 쏙 빼서 볼 수 있는 자는

욕을 참아라? 아, 당장 욕을 보는데 어떻게 참는단 말이오?
가슴에다 못을 탕탕 박는데, 어떻게요?

그러나 능력 있는 자는 애당초 '이 고깃덩어리(몸) 이건 내
가 필요해서 (뒤집어) 썼지만, 이 정신은 내가 아니로구나' 그
런다. 자기의 정신을 쏙 빼서 들여다볼 수 있는 자는, 가슴에
못 박힐 적에 별 고통이 없을 것이다.

그렇지만 이 몸뚱이 고깃덩어리 자체에 정신이 붙잡혀 있
는 자는 영락없이 제 마음 가운데다 못을 박을 거다. 이 가슴
에 못 박는 것은 아마 견딜 수 없는 일이 될 것이다.

그런데도 원망이 생기지 않는다면, 그 사람은 물론 정신이
육체에서 능히 떠날 수 있는 사람이다. 이러한 것은 다 자기에
게 미안한 일을 하지 않는 연습을 하는 자가 능히 할 수 있다.

우리가 이것을 연습할 수 있는 쉬운 방법이 있다. 가령 누가
날 보고 욕을 하고 침을 뱉을 적에, 다른 어떠한 사람이 다
른 어떠한 사람에게 침을 뱉고 욕을 한다고 생각한다면, 나
는 옆에서 재미나게 그걸 들을 수 있을 것이다. 자기가 그렇
다면 생각할 여가도 없이 눈물이 펑펑 쏟아지고 복수를 하게

되겠지만, 다른 사람이기 때문에, 왜 때리는지 왜 침을 뱉는지를 알 수 있을 것이다. 그러면 거기서 판단이 잘 될 것이다.

그렇게 되면, 사람이 사람을 죽일 일도 없고 때릴 일도 전연 없을 것이다. 왜냐하면, 사람이란 것은 제 생명을 아끼기 때문이다.

사람이 노루, 토끼, 소 같은 것은 곧잘 죽이는데, 사람을 죽이면 이놈이 밤에 꿈을 꾸고 지각知覺을 한다. 소인 줄 알고 죽이고 노루인 줄 알고 죽였으면, 많이 죽여도 괜찮을 텐데 사람을 죽이면 겁이 나서, '허 참, 내가 사람을 죽였어, 내가 사람을 죽였어' 하며, 술도 못 먹고 아무것도 못 하게 된다.

결국 죄라는 것은 드러나게 마련인데, 이 사회의 여러 사람이 정해놓은 법률을 조끔만 마음이 위반할 수가 없는 것이다. 그래서 자기최면에 걸려 정신착란을 일으키게 된다.

세상에서 말하기를, 죄를 범하고는 살 수 없다고 한다. 그러나 근본은, 죄를 범하고 살 수 없다기보다는, 정신이 약하면 살 수가 없는 것이다. 마음에 미안한 짓을 하고는 어디 살 수가 있어야지.

마음에 미안한 일을 절대로 하지 말고, 그다음 자기라는 것을 잠깐 쉴 줄 알아야 한다.

정진바라밀

정진精進이라는 말에서, '정精'은 자세히 살펴 가장 중요한 정수精髓를 알라는 말이고, '진進'은 힘써 부지런히 앞으로 나가라는 뜻이다. 나아가는 것은 굳센 의지만으로도 되지만, 정수를 얻는 것은 뼛속에서 골수를 얻는 것이라서 지혜가 있어야 한다.

정진은 매일 해야 하는 것이다. 옛사람들은 사분정진四分精進을 하루도 거르지 않았다. 하루 24시간을 넷으로 나누어 새벽 4시, 오전 10시, 오후 4시, 밤 10시에 정진을 했다. 염불을 하든, 참선을 하든 네 번의 정진을 수행자들은 빼먹지 않아야 한다.

수행은 요령이 아닌 착실한 실행: 정진바라밀

금강산에 있을 때다. 가끔 장안사에 법문하러 내려가곤 하였다. 수행의 목적이, 죽는 순간 그 바쁜 마음을 '부처님!' 하는 마음과 바꾸기 위한 것이라고 법문했더니, 이를 들은 한 수좌首座가 이렇게 생각하였다.

'수도의 목적이 겨우 그 정도라면, 일생 동안 수도만 하고 지낼 필요가 있을까. 먹고 싶은 것 먹고 놀고 싶을 때 놀다가, 죽을 때 부처님을 찾기만 하면 될 것 아닌가.'

그는 꾀를 냈다. 사방 벽면과 천장에까지 '관세음보살'을 빽빽하게 써 붙여놓았다. (그때는 '관세음보살'을 할 때니까) 죽는 순간 '관세음보살'을 잊지 않기 위해서였다.

펀둥펀둥 놀기만 하고 공부는 게을리하던 그 수좌가 마침내 임종을 맞게 되었다. 살이 조각조각 찢겨 나가는 것 같고, 육신이 사그라지는 듯한 극심한 고통 속에서, 수좌는 천장과 사방 벽에 써둔 '관세음보살' 명호를 읽으려 하였다. 그러나 정신과 육체는 제멋대로 황망하게 날뛸 뿐, 턱이 마음대로 움직여지지 않았다. '빨리 관세음보살 해야 하는데…' 마음은 급하고, 잘되지는 않고. 그만 분하고 독한 마음이 나서 온몸이 퉁퉁 부어오른 채 최후를 마쳤다.

옳거든 부지런히 실행하라. 이것이 정진바라밀이다. 바쁘지 않은 평소에, 내일 또는 늘그막에 가서가 아니라, 바로 지금 부지런히 마음을 닦고 바치는 연습을 해야, 가장 바쁘고 급할 때, 죽는 순간에도 공부를 놓치지 않을 수 있는 것이다.

육바라밀의 수행 방법과 그 순서

보시바라밀로 탐심을 참으로 닦기 위해서는 나누어주는 마음을 넓게 쓰고 성내지 말아야 한다. '욕된 것'이란, 자기 스스로 욕을 느끼는 것이지, 상대가 무슨 욕이 있어 주는 것이 아니라는 사실을 알아야 한다.

보시·지계·인욕 세 가지는 탐욕과 분노와 어리석음을 고치는 명약이다. 보시·지계·인욕으로 기초를 다지며 부지런히 수행하는 것, 이것이 정진바라밀이다. 보시·지계·인욕을 부지런히 정진바라밀로 닦아나가면 무엇이 나타나는가? 혜慧가 어둠 속에 태양처럼 생긴다.

온몸에 지혜가 체득되어 혜안慧眼을 시작으로 6근六根(眼, 耳, 鼻, 舌, 身, 意)이 경지에 들면, 다섯 번째 선정바라밀(바른 삼매)에 들게 되고, 최종적으로 부처가 되는 단계인 반야바라밀을 이루게 된다.

이 여섯 가지 수행 방법과 순서인 육바라밀은 석가여래 부처님이 열반에 드실 때까지 줄곧 이야기하셨다. 참다운 삶을 살기 원한다면 부처님 법을 알고 따르며 살아야 한다.

방하착:
아무것도 없다는 그 생각도 바쳐라

욕심을 닦는 바라밀다는 보시바라밀이요, 성내는 마음을 닦는 바라밀은 지계바라밀이며, 또 제 잘났다는 어리석음을 닦는 바라밀은 인욕바라밀이다. 이 세 가지 바라밀을 분명히 알고 자꾸 실행하면 시시각각 혜慧가 밝아져 나중에는 닦을 생각도 분별임을 알고 닦을 것도 없어진다. 그때를 선정바라밀이라 한다.

그래서 매일 가만히 자리에 앉아 이 선정 삼매에 들어 자꾸 분별을 닦다 보니 아무것도 없다. 그래 아무것도 없다는데 그만 자기 생각에는 아무것도 없다는 그 생각도 닦아야겠다고 하면, 지금 상태로는 아무것도 안 보이니 안경이나 현미경이 필요할 것이다.

그런데도 보이지 않으니,

어느 스님이 조주趙州˚ 스님을 찾아갔다.

"아무것도 없을 적에 어떻게 하지요?"

조주 스님이 말했다.

"놔라[放下着(방하착)]!"

"아니 아무것도 없는데 놓긴 뭘 놓습니까!"

"뭐 정히 놓기 싫으면 도로 짊어지고 가려무나."

조주 스님은 찾아온 이가 '없다[無]'는 것에 집착되어 있는 것을 알아보고 일침을 가한 것이다. 새가 알을 깨고 나오려 할 때 어미새가 껍질을 쪼아주는 것[啐啄同時(줄탁동시)]과 같다.

'정극靜極하면 광통달光通達**이라.' 끝까지 가서 조용히 있으면 모든 것이 그냥 밝아지게 된다. 그것이 반야바라밀이라고 하는 것이다.

• 조주 종심趙州從諗(778~897): 당나라 때의 승려로 호는 조주, 시호는 진제, 법명은 종심이다. 어려서 출가하여 남전 보원南泉普願 문하에 입문, 법을 이었다. 60세까지 스승을 섬기다가 비로소 행각에 나서서 20년 동안 수많은 고승 선지식들을 두루 찾아다니며 배우고, 80세 때부터 조주성趙州城(현 허베이성) 동쪽 관음원에 머물러 호를 조주라 했다. 검소한 생활을 하고 시주를 권하는 일이 없어 고불古佛이라는 칭송을 들었다. 897년 120세로 입적했으며, 제자들에게 사리를 줍지 말 것을 유언으로 남겼다. 송대에 형성된 선종 5가에 큰 영향을 끼쳤으며, 화두를 많이 남겨 후대 선승의 수행 과제가 되었다. 그중에 특히 무자화두無字話頭와 정전백수자庭前栢樹子, 방하착放下着이 유명하다. 하루는 엄양嚴陽이라는 학인이 조주에게 찾아와 물었다. "한 물건도 가지고 있지 않을 때 어떻게 합니까?" 그러자 조주가 "놔라[放下着]" 했다. 학인이 "아니, 한 물건도 가지고 있지 않은데 무엇을 놓으라는 것입니까?" 하니, 조주가 "그러면 가지고 가거라[着得去]"라고 했다.

•• "청정이 극에 이르면 빛에 통달하니, 고요히 비추어 허공을 머금네. 물러서서 세상을 바라보니 오직 꿈속의 일 같구나[淨極光通達 寂照含虛空 却來觀世間 猶如夢中事]."《수능엄경首楞嚴經》.

남에게 베풂이
결국 자신의 마음을 밝힌다

미국 시카고에 있는 한 술집에 거무스름한 옷을 입은 여인이 들어와 사람들에게 구걸하여 동전을 몇 푼씩을 받기 시작했다. 어느 술 취한 사내가, 동냥하는 꼴이 보기 싫었는지 손에 들고 있던 술잔을 여인의 얼굴을 향해 내던졌다. 술집이 이내 조용해지더니 사람들의 시선은 모두 사내와 여인에게로 향하였다.

그런데 이 여인은 화도 내지 않고, 얼굴에 흐르는 피를 수건으로 닦고 나서는 깨진 유리 조각을 죄다 줍는 것이었다. 그다음 술잔을 던진 주정뱅이 사내에게 말했다.

"당신이 나에게 주신 술잔은 잘 받았어요. 그러면 고아한테 주실 선물은 뭐죠?"

말을 마친 여인은 사내를 향해 빙긋이 웃었다. 순간 술집 안이 엄숙해지더니, 주정뱅이들이 저마다 돈을 꺼내 탁자에다 올려놓았다. 술잔을 던진 사내는 부끄러웠는지 지갑째 내놓고는 달아나버렸다.

술잔에 맞아 피를 흘리면서도, 모욕감을 털어내고 성내는 마음 없이 주정뱅이들을 감동시키고 변화시킨 이 여인이 곧 보살이다.

이 여인의 품격은, 첫째는 고아들을 돌보는 보시의 마음으로 술집을 다니며 탐심을 제거했고, 둘째는 술잔에 맞아 피를 흘리면서도 성내지 않았으므로 진심을 항복받았고, 그러므로 어리석지 않아 치심을 조복받은 것이다. 고아를 돌보던 여인은 자기도 모르게 보시바라밀을 행하며 마음을 닦았을 것이다.

부처님이 육바라밀 가운데 보시바라밀을 가장 먼저 이야기한 것도 그런 이유다. 고통받는 남에게 베풂이 결국 본인의 마음을 밝히고 닦는 기회가 되기 때문이다.

건강하게 살려면

누구나 건강하게 살려면 자기가 벌어서 남을 먹일 줄 아는 떳떳함을 가져야 한다. 이것이 곧 슬기(지혜)인 것이다.

감자 한 개라도 가꾸어 얻었으면 그것을 가난한 이웃과 나누어 먹는 기쁨을 가진 사람은 언제나 건강한 것이다. 멍석을 남에게 꾸어주었거든 얼른 새 멍석을 준비해둘 일이다. 새 멍석을 만들 수 있는 힘이 있거든 빌려주어라.

보수 없는 일을 하라고 권한다. 남의 문 앞에 있는 눈을 쓸더라도 그 집주인이 안 보는 데서 쓸어야지, 보는 데서 쓸면 성내기가 쉬운 법이다.

안 보는 가운데 몇 번이고 계속해서 쓸게 되면, 나중에는 그 집주인이 말도 못 하고 피하게 되는 것이다.

이것이 곧 생명력의 확장이요, 발전이다. 금전, 명예, 권력 이것들은, 곧 생명력 있는 사람들의 그 순간에 필요한 부수된 물건인 것이다.

수행

6

공부하는 사람은 언제라도 밝은 선지식을 모시고 해야 하느니라. 직접 모실 선지식이 안 계시면 막대기라도 꽂아놓고 스승 삼아서 공부해야 한다. 언제라도 '밝은 선지식을 모시고 부처님 잘 모시기를 발원' 하여라.

작지임멸하지 않는 것이 공부다

분별망상을 없애면 그대로 청정한 마음이고 깨달음이라고 하여, 분별망상을 피하고 없애려고만 해서는 안 된다. '작지임멸하지 마라'*고 하였다.

> 작作, 곧 (좋은) 생각을 일부러 짓거나 특별한 경지를 구하려고 하는 것이다.
>
> 지止, 곧 생각을 일으키지 않으려고 하는 것이다.
>
> 임任, 곧 생각을 제 가는 대로 내맡겨두는 것이다.
>
> 멸滅, 곧 생각을 끊어 없애려고 하는 것이다.

이 네 가지를 하지 않는 것이 공부다.

---

* 불타다라佛陀多羅가 한역한《원각경圓覺經》에 나오는 말.

마음 닦는 목적

마음을 닦는 목적이 있다면, 마음의 평화와 행복을 느끼고 지혜롭게 되기 위함이다. 따라서 마음 닦는 일은 오직 개과천선改過遷善일 뿐이다. 곧 '지난날의 허물(잘못)을 고치고[改過] 착하게 될[遷善]' 때 참 행복을 느낄 수 있다. 허물이란 무엇인가? 마음의 평화와 행복을 파괴하고 사람을 아둔하게 하는 모든 행위를 말한다.

진리는 상식에서 그다지 멀지 않다. 아침에 일어나《채근담》*이나《명심보감》**을 읽거나, 절에 다니는 사람이면 불경한 구절을 읽으며 하루를 시작하면 좋다.

그런데 굳게 마음먹어야 할 중요한 것은 매일매일 빠짐없이 지속하는 것이다.

---

* 중국 명말明末의 환초도인還初道人 홍자성洪自誠의 어록으로 유교·도교·불교의 사상을 융합하여 교훈을 주는 가르침으로 되어 있다. '채근'이란 나무 잎사귀나 뿌리처럼 변변치 않은 음식을 말한다.

** 고려 때 어린이들의 학습을 위해 중국 고전에 나온 선현들의 금언金言·명구名句를 편집하여 만든 책.

성성적적

마음 닦는 공부를 하는 사람들은 닦는 과정에서 자신의 희로 애락 감정이 차츰 둔해지는 것을 보고는 자신이 목석처럼 변하는 것 아닐까 두려워한다. 그러나 분별심이 차츰 소멸해간다고 해서 목석처럼 될 리가 있겠는가. 도리어 의심스러운 것이 점차 사라지면서 매사가 분명해진다.

　수행의 근본되는 마음가짐으로 이야기하는 성성적적惺惺寂寂이란, 마음은 고요하되 모든 것은 분명하다는 뜻이라 할 것이다.*

•　원효 스님의《금강삼매경》에 나오는 말로, 생각은 고요히 쉬되[寂] 의식은 또렷이 깨어 있는[惺] 성성적적의 상태는 수행의 근본 마음가짐이다. 분별하지 않아도 능히 모든 것에 대처하는 지혜로운 마음이기도 하다. 선정과 지혜를 함께 수행해야 한다는 정혜쌍수定慧雙修 혹은 더 나아가 선교겸수禪敎兼修 와도 같은 맥락의 말이다. 보조국사는《정혜결사문定慧結社文》에서 "고요히 생각[緣慮]을 쉬고 홀연히 홀로 앉아서 바깥 대상을 취하지 않고 마음을 거두어서 안으로 비추되, 먼저 고요한 것[寂寂]으로써 생각을 다스린 다음 또렷한 것[惺惺]으로써 몽롱함[昏沈]을 다스린다. 가지고 버리려는 생각이 없이 마음으로 분명하여 확연히 어둡지 않고 생각 없이 알며, 일체 경계를 취하지 않고 실체는 없지만 환하게 밝은[虛明] 마음을 잃지 말며 깊고 고요히[湛然] 지내라[常住]"라고 설파했다.

수행은 소원을 쉬는 일

마음에 간절히 그리면 그대로 이루어진다. 그래서 중생은 시시각각으로 소원을 성취하지만, 또 시시각각으로 불만을 갖게 된다. 이상이 있기 때문이다.

닦는다는 것은 소원하는 어떤 결과를 반드시 이루는 것이 아니고, 그렇게 되고자 하는 바로 그 마음, 소원을 쉬는 일이다.

견성: 자기의 마음 작용을 보는 것

견성見性이란 별것이 아니다. 자기의 성리性理를 보는 것이요,
그때그때에 자기의 마음 작용을 보는 것이다.

자기의 그때그때 마음을 볼 줄 알면 그때그때 일어나는 마
음을 닦게 될 것이니, 이쯤 되면 전후사가 좀 요량料量이 날
것이요, 이렇게 될 수 있다면 일반을 초월한 현인賢人의 자리
이다.

견성이란 아주 쉬운 것

흔히들 견성이 어렵다고 한다. 그러나 사실 견성이란 아주
쉬운 것이다. 자기가 자기를 볼 줄 아는 것이 견성인데 무엇
이 어렵겠는가? 배고플 때 배고픈 마음을 아는 것이 견성이
고, 남이 미울 때 미운 마음이 나는 줄 알면 곧 견성이다. 자
기 마음을 볼 줄 아는 것이니 이렇게 연습해가는 것이다.

　세간의 일을 따라다니며 살지 말고, 줏대를 세워 자신을 중
심으로 살아라.

　그대는 저 깊은 웅덩이를 헤엄쳐 건너본 적이 있는가? 어
떻게 하면 깊은 물에 빠지지 않고 무사히 헤엄쳐 건널 수가
있을까?

　마음을 웅덩이 바닥에 두지 말고, 건너갈 저쪽 기슭에 두고
거기만 바라보면서 헤엄쳐라. 절대로 바닥은 보지 마라. 깊은
물에 빠졌을 때는 아주 포기하고 내려가 밑의 바닥을 쳐라.
그러면 그 반동으로 올라올 수 있지만 빨리 빠져나오려고 안
간힘을 쓰면 더욱 가라앉게 된다.

몸을 받은 이상 닦아야 밝아진다

아무리 부처님의 아들이라도 머리를 끌로 파서 지혜를 넣어 줄 수는 없다. 또 석가여래 부처님이 부활을 한다 해도, 몸을 받은 이상 닦아야 밝아진다.

몸을 다시 받으면 몸 받은 것만큼 어두워지게 마련이므로, 다시 그 몸 받은 바는 닦아야 한다.

골치가 밝지 못하면 제 무덤을 판다

수행은 왜 하는 것이냐?

골치가 밝으려고 하는 것이다. 골치가 밝지 못하면 한 치 앞도 보지 못해서 제 자신을 얽어매고 제 무덤을 판다.

만주사변 당시 일본군은 적군의 포로를 죽일 때 포로 10명에 간수 1명을 붙였다. 간수 하나가 포로 10명을 일렬횡대로 세워놓고 총살하여 매장하는데, 처음에 8명을 총살하고 2명의 포로는 빼내어 살려놓는다. 그리고 살려놓은 2명의 포로에게 삽을 주어 죽은 포로 8명의 시신을 묻게 한다. 그런 다음에는 그들 2명 중 1명만 다시 총살하고 나머지 1명의 포로에게 또 그 시신을 묻게 한다. 간수는 1명 남은 포로를 총살하여 그 시신 하나만 묻는다. 간수는 10명의 포로를 죽였지만 제 손으로 묻은 것은 오로지 한 구의 시체뿐이었다.

골치가 밝지 못하면 저렇듯 제 스스로가 제 무덤을 판다. 기왕에 죽을 처지인데 삽을 가진 포로 둘이 간수 하나를 상대하여 싸워볼 생각도 못 한다.

양심과 수심: 수통천하지

"오직 한마음을 닦아라." 늘 이렇게 말했고 죽기 전에도 이 말만 할 듯하다.

그럼 닦는다는 게 무엇이냐? 그 말은 어렵지도 쉽지도 않다. 어렵게 들어가면 부단히 어려워 답이 없고, 쉽게 생각하면 세수하다 코 만지기식으로 쉽다고 할 수 있어서, 쉽지도 어렵지도 않다고 하는 것이다.

그리고 마음을 기르는 양심養心과 마음을 닦는 수심修心은 전혀 다른 말이다. 마음을 기르는 것은 좋은 생각을 쌓아가는 것이고, 마음을 닦는 것은 좋은 생각이든 나쁜 생각이든 자기의 생각과 분별을 쉬는 것이다.

공자의 《주역周易》〈계사繫辭〉 편에, "감이感而면 수통천하지遂通天下之더라"*라는 말씀이 나온다. 이는 '한마음으로 느끼

---

* "역은 생각함도 없고 함도 없이, 고요히 동하지 않다가, 감응하면 드디어 천하의 연고에 통하니, 천하의 지극한 신이 아니면 누가 능히 이에 참여하겠는가[易无思也 无爲也 寂然不動 感而遂通天下之故 非天下之至神 其孰能與於此]."《주역周易》〈계사繫辭〉 상上 제10장.

면 이 우주의 일을 다 알 수 있다'는 뜻이다.

　마음을 닦아 마음이 밝아지면 누구나 성리가 밝을 수 있다. 그래서 그것을 방등方等*이라 하고 인간은 누구나 부처가 될 수 있다는 말과 같은 것이다.

•　이치가 보편적이고 평등하다는 뜻으로, 누구나 마음만 밝으면 부처가 될 수 있다는 대승불교의 이상을 의미한다.

양심과 수심 2

수행, 곧 닦는다는 게 대체 무엇인가?

마음을 기르는 것[養心]과 닦는 것[修心]은 전연 다르다. 금강산 장안사 들어가는 데에 '우주문'이라고 있는데, 거기 한산寒山의 시가 하나 쓰여 있다.

"한번 한산에 머무니 만 가지 일이 쉰다[一住寒山萬事休, 일주한산만사휴]."

어떻게 쉬느냐. "다시 어떠한 생각도 마음속에 떠오르지 않는다[更無雜念掛心頭, 갱무잡념괘심두]"라는 말이다. 그러면 마음이 쉬면서 행동도 쉬어버렸느냐 하면, "한가한 때에는 석실에다가 시를 썼는데[閑於石室題詩句, 한어석실제시구]", 즉 한가할 적에 시구도 더러 썼다고 한다면, 그 시구는 즉흥이지 자기 마음속에 아주 못 박힌 궁리는 아닐 것이다. 그러니 마음 쓰는 것은 어떠냐 하면, "마음대로 하기가 마치 큰 바다에 매이지 않은 배 같다[任運還同不繫舟, 임운환동불계주]"라는 것이다. '매이지 않은 배같이 마음대로 한다' 그러면 그의 마음은 수천 명이 오더라도 시끄럽지 않을 것이고, 아무도 없더라도 그 마음이 고적하다고 하지 않을 것이다.

거기서 조금 더 올라가서, 장안사와 표훈사를 지나 만폭동에 들어가면 돌멩이 바닥에 뭐라고 씌어 있는가 하니, "섞인 골짜기는 차디차고, 바람결은 맑디맑더라." 만폭동엘 가면, 여름에도 참 시원하고 티끌 하나 없이 깨끗하다. 그러나 뜨거운 세상에서 거기 들어가면 처음엔 서늘하고 맑은 것을 느끼겠지만, 거기 오래 앉아 있으면 나중엔 진저리가 나도록 추울 것이다.

그러니 이렇게 "섞인 골짜기는 차디차고, 바람결은 맑디맑더라"라고 하는 사람은 마음을 기른[養心] 사람이란 말이다. 그러나 이런 사람은 혼자 있으면 고적해서 좋겠지만, 그 사람의 옆에 있으면 따뜻한 사람도 그만 얼어버릴 것이다. 이렇게 마음을 기른다는 것은 어떠한 한계가 있어서, 자기를 기르는 것 말고는 다 싫어한다. 그러니까 신선이라는 게 있다면, 사람하고 같이 못 있고 혼자 떨어져 있을 것이다, 사람 같은 거 보면 달아날 것이다.

내가 태백산 가서 생식生食을 한 여덟 달 해봤는데, 그때는 밥 지어 먹는 사람들에게서 냄새가 몹시 나서 못 견디겠더라. 입에서 나오는 냄새, 또 김치 먹는 냄새는 정말 좋지가 않아 슬슬 피하게 됐었다.

그러니까 마음이라는 것은, 아까 한산같이 그렇게 닦는다면 사람들과 같이 있어도 늘 즐겁고 편안할 것이고, 또 어떠한 세상 풍파가 와도 그를 괴롭히지 않겠지만, 만약 만폭동에 있는 그런 시를 쓴 자와 같이 마음을 기른다면 곤란할 것이다.

이렇게 우리는 똑같은 경치를 보고서도 제각각 마음의 소종래所從來(지내온 근본 내력)를 드러내게 되는데, 예를 들어, 금강산 구룡연에 가면 "성난 폭포가 쏟아져 내리니 사람이 그만 아주 정신이 없더라[怒瀑中瀉使人眩轉, 노폭중사사인현전]"라고 쓰여 있다. 그 옆에는 또 "천 길 흰 비단 드리운 듯하고 만 섬 진주알을 흩뿌린 듯하구나[千丈白練萬斛眞珠, 천장백련만곡진주]"라고 하니, '허연 물방울이 모여서 떨어지는데 물방울마다 햇빛이 비치니 모두 진주 같더라'라는 말이다.

어떤 사람은 구룡연을 보고 그렇게 무섭게 표현했는데, 어떤 사람은 구룡연을 보고 그렇게 좋게 표현했다. 이렇게 달리 표현한 것은 사람의 마음 여하에 달렸는데, 〈노폭중사〉는 송우암宋尤庵˙의 글이고, 〈천장백련〉은 최치원의 시이다.

그런데 재미있는 것은, 아마 송우암과 최치원의 전기를 읽어본 사람은 알겠지만, 똑같은 그 자연 경치인데도, 그것을 무섭게 표현한 송우암은 제 명命에 죽질 못했고, 그렇게 부드럽게 표현한 최치원은 얌전히 잘 죽었다.

• 송시열宋時烈(1607~1689). 우암尤庵은 호다. 조선 시대 주자학의 대가이자 노론의 영수.

그래서 석가여래는, "네 한마음 닦아서 네 한마음이 밝으면, 네 한마음이 그 밝은 작용을 다 할 수 있느니라"라고 하셨다. 사람이 마음을 닦아서 밝으면 광채가 되고, 그러면 무엇이든 다 알 수 있고 다 통할 수 있다는 말이다.

그러면 대체 마음이 밝다는 것은 무슨 의미일까?

밝은 마음은 바람이 나무를 지나가는 것과 같다

마음이 어떻게 밝아지느냐? 세상만사를 바람이 나무를 지나가는 것처럼 해야 한다. 바람이 나무를 지나갈 적에 흔들림이 없지 않지만, 지나간 뒤에는 다시 흔들림이 있지 않은 것처럼 해야 한다.

그런데 우리는 어떤가? 지금 우리는 무슨 일을 당하면 좋고 싫은 감정부터 먼저 가진다. 멍하니 들여다보고 오뚝이 모양으로 골치가 떵하고, 그 일이 지나간 뒤에는 들입다 궁리하고, '아, 이렇게 대답을 했더라면 좋을걸, 저렇게 대답을 했더라면 좋을걸' 하며 밤새도록 고민하고 후회한다. 그런 고민이 지나치면 몸뚱이가 화끈화끈 달고 머리가 떵해져서 신경이 쇠약해지고, 더 심해지면 정신분열증이 생긴다고 의사들이 말한다.

평소에 자기 마음을 닦을 줄 알았으면 그런 지경에 이르기 전에 마음을 바꿔 평온할 수 있다.

인간도 우주도 관념과 개념의 덩어리

우리 인간은 어떤 '실체'인 것 같지만 사실 관념과 개념의 덩어리일 뿐이다. '나'라는 존재는 순전히 관념이다. 소크라테스는 "너 자신을 알라"고 말했지만, 우리는 '나'가 누구인지 쉽게 대답할 수 없을 것이다. 관념이나 개념은 실체가 아니기 때문에 조작도 되고, 왜곡도 될 수 있지만, 현상계現象界(감각으로 경험할 수 있는 세계)에서는 꼭 필요한 것이다. 각 개인이나 집단의 약속이기 때문이다. 이러한 관념과 개념의 덩어리인 우리가 우주를 생각하고 따져보면, 우주 역시 하나의 관념 또는 개념이라는 것을 알 수 있다.

부처님이 말씀하신 '한 생각' 속에 우주를 포함한 모든 것이 관념이고, 꿈이고, 환영일 수 있다.

개념과 관념에서 벗어나는 것이 정견

자기가 해야 할 일을 다른 사람에게 시켜서 이득을 얻으려 하거나, 남을 힘들고 불행하게 만들면서 잘 먹고 잘사는 데 급급하다면, 나중에는 자기 생명과 영혼까지도 지탱할 수 없다.

부처님께서는 여덟 가지 바른길, 곧 팔정도八正道에서 바르게 먹고사는 방법을 정명正命이라 하셨다. 여덟 가지 바른길 중에 첫 번째가 정견正見이다. 제일 먼저 바르게 보아야 한다는 것인데, 바르게 본다는 것은 개념과 관념에서 벗어나는 것을 말한다. 옛이야기가 있다.

어느 사람 집에 있던 도끼가 없어졌는데 옆집 아들이 훔쳐간 것 같은 의심이 들었다. 그 사람이 옆집 아들을 찬찬히 살펴보니 움직이거나 말하는 모든 것이 영락없이 도둑으로 보였다. 그러다 어리석은 양반이 집안에서 도끼를 찾게 되었다. 그다음에 옆집의 아들을 보니 잘생기고 정직해 보였다.

이렇듯 인간들은 자기 자신에게 속아 살고 있는 것이다. 정확히 말하면 본래 자기에게 속는 것이 아니라 개념과 관념에 속는 것이다. 속지 않으려면 진실과 실상을 알아야 한다.

수행은 젊은 시절부터 '장영심'을 가지고

이 세상에 의문점이 가득하고 삶 자체가 신비로운 의문이라 하지만, 죽음이든 뭐든 본인 앞에 놓인 문제를 풀어야 속 시원하지 않겠는가? 그 해답을 얻고자 부처님과 많은 이들이 도를 닦고 마음을 닦은 것이다.

우리도 그분들처럼 해답을 구하고 해결해야 한다. 젊을 때는 심각하게 와닿지 않는 문제일 수 있으나 나이가 들면 삶의 의문을 푸는 것이 가장 중요하고 가장 필요한 문제라는 걸 알게 된다.

지금 시작해야 한다. 왜 그러냐? 나이가 들어 죽을 때가 가까워서야 마음을 닦기 시작해도 답을 얻는 사람이 없지 않겠지만, 대개는 답을 얻지 못한 채 자기가 살아온 삶을 한탄하고 후회하며 저세상으로 떠난다.

결국 해답을 찾는 의지를 젊은 시절에 세워야 한다. 그렇다고 가족을 놓아버리고 먹물 옷을 입고 산으로 출가하라는 말이 아니다. 물론 출가할 의지를 세워서 해답을 꼭 찾겠다고 발심한 사람은 그리 해야 하지만, 세상에서 바른 법에 따라 바르게 먹고살며 가족을 부양하면서 착하게 사는 방법도 해답을 찾는 길이다.

세간이나 출세간이나 해답을 찾는 사람이 명심해야 할 것이 있다. 편안하고 세밀하게 마음을 닦아 평생 해답을 찾는 의지를 '긴 마음', 곧 '장영심長永心'이라 한다. 어떤 이들은 맹목적으로 답을 찾겠다고만 하는데 그처럼 허망한 시간 낭비가 없다.

생존의 편리함을 위해 발달하기 시작한 머리가 어느 때부터 형이상학적인 문제를 파고들기 시작했을 것이다. 차츰 인지가 발전하면서 자기 존재에 대해 의문이 들기 시작한다. 지금도 그렇고 앞으로도 인간계가 끝날 때까지 이어질 질문이 '나는 누구인가?'일 것이다. 나를 찾는 사유로부터 깨달은 분들이 나오고, 그분들의 말씀에서 종교가 나왔다.

이제 삶의 해답을 찾는 방법은 밝혀졌다. 답을 찾으려면 질문이 있어야 하지 않겠는가?

'나는 누구인가?' 이 질문을 누구에게 해야 하나? 결국 자신에게 해야 나를 알 것이다. 나 자신 가운데 어디에 질문해야 할지 고민하던 인류가 찾아낸 것이 바로 '마음'이다. 이런 마음의 과학으로 형이상학적 종교문화가 생긴 것이다.

공부도 때가 있다

시호시호부재래時乎時乎不再來, 한 번 지난 좋은 시기는 두 번 다시 오지 않는다.*

공부도 꼭 하는 때가 있으니 시기를 놓치면 후회할 날이 올 것이다. 지력地力이 좋고 온도가 알맞으며, 햇볕이 잘 들고 사방에 막힌 곳이 없어 통풍이 잘되는 우순풍조雨順風調**한 땅에, 거름을 잘 뿌리고 좋은 종자를 심으면 농사가 잘된다.

사람도 마찬가지다. 진통적으로 바탕을 잘 타고나서, 원만한 가정에서 부모님이 애지중지해서 잘 길러주신 후에, 훌륭하신 스승님을 만나 배워서 노력하면 무한대로 자라서 초인간이 될 수 있다.

- "무릇 공은 이루기 어렵고 실패하기는 쉬우며, 때는 얻기 어렵고 잃기는 쉽습니다. 때여, 때여! 다시 오지 않을 것입니다. 족하께서 자세히 살피도록 하십시오[夫功者難成而易敗 時者難得而易失也 時乎時 不再來 顧足下詳察之]." 사마천,《사기열전》권92〈회음후열전淮陰侯列傳〉.
- 비가 때맞춰 오고 바람이 적당히 불어 기후가 알맞다는 뜻. 옛날에는 '국태민안 우순풍조國泰民安 雨順風調'를 발원하는 기우법회를 올리는 일이 많았다.

육신이 건강하지 못하면
수행도 힘들다

육신을 학대하듯 소처럼 일하는 수행자가 있었다. 그래서 그에게 말했다.

"넌 네 몸뚱이를 좀 모셔라. 육신이 건강치 못하면 마음이 따라 약해져서 공부하기가 힘들다. 편하고 즐거운 것을 찾는 '몸뚱이 착'은 닦아야 하지만, 몸뚱이가 약해지고 병들 정도로 지나치게 학대해서도 안 될 것이다. 공부하는 이는 심신이 함께 건강할 수 있도록 자신을 조절할 수 있어야 한다."

너무 늙어도
공부하기 힘들다

나이 예순이 넘은 사람이 소사 도량에 공부하러 들어왔다. 20대인 다른 학인들을 따라 공부하기 힘들어하던 그는 결국 "공부는 젊어서 해야 돼"라며 도량을 나가버렸다.

그 사람은 전생에 열 살 정도의 어린 나이에 나를 찾아 금강산으로 공부하러 왔었다. 나이가 어리다 보니 대중들을 따라 공부하기가 무척 힘들었다. 그래서 늘 '공부는 나이가 들어서 해야 돼'라고 생각하다가 나가버렸다.

이 생에는 전생의 원대로 나이가 들어서 오긴 왔는데, 이번엔 너무 나이가 들고 병까지 얻은 탓에 도량 생활에 적응할 수 없어서 또 금방 나가버린 것이다.

수행과 무기: 참으면 폭발한다

금강산에 있었을 때의 일이다. 하루는 암자에 한 수좌가 올라오더니 아주 공부 잘하는 도인이 났다고 말하였다. 그래서 얼마나 잘하느냐고 물으니 "얼마나 열심히 하는지, 글쎄 공부 중에 밖에서 벼락이 쳤는데도 전혀 모르고 있더군요" 하는 것이었다.

공부가 잘되어 간다면, 모든 것이 더 잘 알아지고 분명해져야 할 것이다. 특별한 것만 보이고 나머지에 대해서는 깜깜 무소식이라면, 이는 분명히 길을 잘못 들어선 것이다. 그 도인처럼 한 군데에 몰입해서 다른 것은 전혀 못 보는 것을 '무기無記''라 하여 옛사람들은 경계하였다.

중국에서 있었던 일이다. 한 농부가 어느 날 땅을 파다가 그

---

* 원래 '무기無記, avyākṛta'는 현실 문제와 동떨어진, 즉 인식 경험을 초월한 형이상학적 질문에 대해서 부처님께서 대답하지 않고 침묵했던 것을 가리키는 말이었으나, 이후 선·악 혹은 유·무로 분별되지 않는 마음을 의미하기도 했다. 선종禪宗에서는 아무런 생각이 없는 멍한 상태를 무기라고 한다. 고려의 지눌은 "마음이 밝게 깨어 있는 성성惺惺의 상태로서 아무런 생각 없이 흐리멍덩한 무기를 다스리고, 고요한 적적寂寂으로서 분별하는 가지가지 생각을 다스리라"라고 했다.

안에서 가부좌를 하고 정定(깊은 삼매)에 든 기이한 사람을 발견하였다. 정에서 나온 그에게 말을 시키니, 뜻밖에도 그는 수백 년 전 사람이 아닌가. 그러니까 수백 년 동안을 그 속에서 그렇게 앉아 있었다는 이야기인 셈이다.

이 소문은 삽시간에 퍼져나갔고, 수많은 사람이 몰려와 그를 친견하고 그에게 예배하였다. 그런데 재미있게도, 그렇게 생불로 추앙을 받던 그가 10년이 지나지 않아 어느 여인과 내통하여 아기를 낳았다.

이는 무엇을 말하는가? 올라오는 생각을 눌러 참으면, 그 견디는 힘이 다할 때 반드시 폭발하게 되어 있다. 참으면 일시적으로는 없어진 듯하지만, 그 뿌리가 없어진 것은 아니므로 언젠가는 다시 나타나게 된다. 그러므로 이는 완전한 해탈이라고 할 수 없다.

소승小乘*의 과果를 얻었다고 하는 사람들은, 깨쳤다기보다 대체로 이처럼 특별한 대상에 정신을 집중하여 다른 생각이 올라오는 것을 억눌러 참는 경우다. 그 억눌러놓았던 분별은 언젠가 다시 올라올 것이고, 이것은 결국 닦아서 해탈해야 할 것이다.

---

* 소극적이고 개인적인 해탈 열반을 추구하는 편벽된 불교 수행. 대승大乘의 상대되는 말로서 작은 수레, 곧 일체중생이 모두 부처가 되기에는 너무나 작은 수레라는 뜻이다.

윗목에 있는 도반을
호랑이가 물어가도 참견치 말라

공부하는 사람은 항상 자신의 마음만을 관찰하고 올라오는 생각을 부처님께 바칠 뿐이지 남의 마음을 들여다보고 참견하지 말라. 남이라 생각하지만 사실은 남이 아니라 내 생각일 뿐이다.

바로 곁에 있는 도반을 호랑이가 달려들어 물어간다고 하자. 안타까운 생각에 들떠 어떤 행동을 하려 할 것이다. 그러나 안타까운 생각은 일단 부처님께 바쳐라. 그리고 부처님께서 주신 응답에 따라 행동할 뿐, 자신의 판단에 따른 행동은 하지 말라.

생사대사生死大事를 해결하려는 자는 윗목에서 호랑이가 사람을 물어뜯어도 상관치 말며 자신의 공부에 몰두하라는 말이 있다. 그것은 공부를 이루기까지 머리에 붙은 불을 끄듯 절박하게 정진하여 주위를 돌볼 겨를이 없어야 한다는 뜻이다.

또 만약 법이 섰다면 호랑이가 들어오지도 못했을 것인데, 아직 법이 서지 않았으니 호랑이가 들어와 사람을 물은 것이다. 그런 상태에서 말리면 같이 물려 죽는 수밖에 없을 것이다.

아상이 있으면 내생에서의 일,
아상이 없으면 지금 이 자리에서의 일

아상我相이 있으면 내생來生에서의 일이요, 아상이 없으면 지금 이 자리에서의 일이다.

어떤 사람이 재산을 몽땅 털어 예수재豫修齋(죽어서 좋은 곳으로 가기 위해 생전에 부처님께 올리는 제사)를 지냈다. 예수재를 잘 지냈으니, 생전에도 복을 받고 죽은 후에는 좋은 곳에 가야 할 터였다. 그런데 복을 받기는커녕, 당장 먹고살기도 어려운 형편이 되고 말았다. 이게 어찌 된 일인가.

부처님께 돈이나 물건을 공양한다는 것은, 거기에 애착하는 마음을 부처님께 바쳐 해탈한다는 뜻이다. 돈이나 물건에 대한 애착심에서 벗어나면 그만큼 자유로워지니 복이 된다는 말이다. 그러나 예수재를 지낸 그 사람의 마음에 재산을 다 바쳤다는 아상이 남아 있다면, 그가 바라는 바를 이번 생에 이루기는 어려울 것이다.

스스로 황당하리만큼 보시를 하고도 그 구하는 바가 성취되지 않는다면 낙심이 될 것이다. 낙심이 되면 공부하려는 마음조차 떨어질 것이니, 이는 복 지으려고 한 일이 도리어 화가 된 것이다.

'모든 마음을 부처님께 바치는 예수재'를 지냈다면 어떨까?
당장 그의 마음에 부처님의 광명이 임할 것이요, 부처님이
그와 항상 함께하실 것이니, 천하에 두려울 일이 하나도 없
게 될 것이다. 그렇게 되면 당장 이루지 못할 일이 뭐가 있겠
는가?

모든 시간과 생각을
부처님 밝은 자리로 바꾸면

사람이 배 속에서 10개월간 아주 먼 과거 생의 단세포 생물 때부터 고등 생물로 진화해온 과정을 모조리 연습을 하고, 10개월이 차면 모태에서 분리되어 세상에 태어나게 되는 것이다. 세상에 태어나서 세 살까지는 전생의 생각을 가지고 살게 되고, 이때 우선 100일이 지나면 부정모혈父精母血로 받은 혈액을 자기가 먹어서 만들어진 혈액으로 대체된다. 그래서 우리는 아기가 태어나 100일이 되면 백일잔치를 해서 축하를 해주는 것이다.

이렇게 100일을 기준으로 해서 아침저녁으로 《금강경》을 독송하면서 나머지 생활하는 시간에도 일거수일투족을 모두 부처님을 즐겁게 해드리기 위해 행하고, 일어나는 모든 생각도 순간순간 부처님, 즉 밝은 당처에 바치면 그 밝은 생각으로 인하여 자기 몸을 형성하는 최초의 물질인 세포가 밝은 생각의 영향을 받아 형성될 것이다.

다시 말해 부모로부터 몸 받기 이전의 본래 모습을 깨치게 되니까 제 스스로에 대해 불평불만을 하는 마음이 없어지게 되고, 또 자기의 숙명통이 되면 타인의 숙명통도 되어 남의 숙명도 알게 되는데 이쯤만 돼도 세상을 대할 적에 모른다는 생각이 없게 된다. 그건 왜 그러냐? 이때가 '나다, 남이다' 하는 생각이 없을 때다. 이 몸 구성되는 시초에 그 원인을 알았는데, 그 몸 이후의 일이야 모두 알도록 해결되는 것이니까 이것이 바로 선가에서 화두로 삼고 있는 '부모미생전父母未生前 본래 모습'이란 화두가 해결된 것이다.

공부는 바른 생활로부터

《원각경》에 '한 마음이 깨끗하면 여러 마음이 깨끗하고, 여러 마음이 깨끗하면 팔만사천 다라니 문이 다 깨끗하다'는 말씀이 있다. 사회 정화니 무엇이니 어려운 이야기부터 할 것이 아니라 우선 자기가 밝아져야 하지 않겠느냐? 공부하는 사람은 우선 자기 어두운 것부터 알고 이를 밝히도록 해야 한다. 자기가 밝아지면 주위가 밝아지고 주위가 밝아지면 전체가 밝아진다. 자기와 주위가 둘이 아니기 때문이다.

공부는 일상생활의 간단한 것부터 바로잡는 데서 시작해야 할 것이다. 저기 저 사람의 앉은 자세를 보아라. 허리가 굽고 몸체가 옆으로 기울어지지 않았느냐?

(등을 구부려 보여주면서)

어떠냐? 내가 이렇게 하고 있으면 보기가 좋은가? 어떠냐? 보기에만 흉한 게 아니라 허리와 등을 구부리고 있으면 등뼈가 내장 속의 간장을 압박해서 눈도 나빠지고 여러 가지 질병의 원인이 된다.

("그러면 어떻게 앉아야 바른 자세가 되겠습니까?"라고 학인이 묻자)

옳지. 밑에서부터 세 번째 등뼈 마디가 있는 곳을 바로 펴고 앉으면 자연히 바른 자세가 될 것이다.

살불살조의 참뜻

공경심은 아상을 제거하는 데 매우 중요하다. '부처님' 소리
만 들어도 합장하는 마음을 연습하라. 요즈음 공부하는 이들
중에 살불살조殺佛殺祖*를 오해하여 자신이 곧 부처라 하여
부처님에 대해 공경심을 내지 않는 사람이 있다.

임제 선사가 부처를 죽이라고 했던 것은, 당신의 공부 중
에 자주 나타나던 부처님 모습이 참 부처님이 아니라 사기邪
氣였기 때문에 스스로 경계해서 한 말씀이다. 여느 사람이 함
부로 흉내 낼 바가 아니다.

• 당나라 말기 고승 임제 의현臨濟義玄(?~867)의 법어法語를 혜연慧然이 엮은
《임제록臨濟錄》에 나오는 말. 문장 전체는 다음과 같다. "도를 배우는 무리
들이여! 그대들이 올바른 견해를 얻고자 한다면 세상 사람들에게 속지 마
라. 안에서나 밖에서나 만나는 것은 모두 죽일 것이니, 부처를 만나면 부
처를 죽이고, 조사를 만나면 조사를 죽이고, 나한을 만나면 나한을 죽여라.
부모를 만나면 부모를 죽이고, 친족을 만나면 친족을 죽여라. 그러면 비로
소 자유를 얻고 외부 사물에 구속되지 않아 철저히 벗어나 자유자재하게
된다[道流 儞欲得如法見解 但莫受人惑 向裏向外 逢著便殺 逢佛殺佛 逢祖殺祖 逢羅漢殺羅漢
逢父母殺父母 逢親眷殺親眷 始得解脫 不與物拘 透脫自在]." 이는 부처와 조사라는 우
상과 관념(언어)의 그 속임수에서도 벗어나야 진실과 만날 수 있고, 어떤 속
박에서도 자유로울 수 있다는 뜻이다.

《금강경》과 계·정·혜 삼학

어느 날 한 학인이 "불교란 계戒·정定·혜慧, 삼학三學을 닦는 것이라고 하는데 그것은 어떻게 하는 것입니까?" 하고 물었다.

"그래, 그럼 그대는《금강경》을 읽어보니 해야 할 일과 안 해야 할 일을 구별할 수 있게 되든가? 어떻든가?"

"네,《금강경》을 읽으면 해야 할 일과 안 해야 할 일이 자연히 알아지는 것 같습니다."

"옳지, 그것이 바로 계戒지. 그리고 그대는《금강경》을 읽으니까 마음이 차분해지든가? 아니면 더 헐떡거려지더냐?"

"물론 마음이 차분해질 뿐 아니라 복잡하게 생각되던 일들도《금강경》을 읽고 나면 정리되는 것을 여러 번 경험했습니다."

"그것이 바로 정定이 아니겠느냐. 그러면 다시, 그대는《금강경》을 읽으니까 마음이 밝아지든가 아니면 더 컴컴해지든가? 어떻든가?"

"그야 말씀드릴 것도 없이 밝아지지요."

"됐다. 그것이 혜慧겠지."

《금강경》 독송 중 여러 생각이 나오는 것은: 7회 독송

"선생님, 《금강경》을 읽으면 마음이 편해지는 것은 사실이지만, 저는 연습이 아직 안 되어서 그런지 경을 읽을 때 집중이 잘 안 되고 자꾸만 여러 가지 생각들이 떠오르곤 해서 어느 때는 그저 건성으로 읽는 때가 많습니다. 이럴 때는 어떻게 해야 하겠습니까?"

학인의 질문에 나는 이렇게 답하였다.

"그런 것 걱정할 것 없지. 그건 네가 평소 마음에 그려 넣었던 것들이 《금강경》의 밝은 기운에 비추어 쏟아져 나오는 거야. 그것들이 그대로 네 마음속에 잠자고 있으면 다 괴로움의 원인이 되는데 밝은 기운 앞에 쏟아져 나오는 것이니 네가 편하지."

복과 혜:
몸으로 부처님께 복 짓는 일은 혜가 나는 필요조건

지혜가 나는 데 필요한 조건이 있다면, 반드시 몸으로 부처님을 향해 복福을 짓는 일이다.

복이란 몸뚱이에 대해 '미안함'이 없는 것을 말하며, 복 지은 결과는 세상을 대할 때 부드럽게 느껴지는 것이다. 이를테면 재앙이 사라진 상태다.

혜慧란 마음에 대해 '미안함'이 없는 상태로, '복과 혜'는 '몸과 마음'처럼 서로 밀접한 관계에 있다. 따라서 마음에 미안함이 없으려면 몸뚱이에 미안함이 없어야 한다. 그런데 이둘의 성질은 다르다. 복 지은 것은 무상하여 나쁜 인연을 만나면 빼앗길 수도 있으나, 지혜는 영원하여 변할 일도 빼앗길 일도 없다.

무슨 생각이든지 부처님께 바치고 무슨 일이든지 부처님 즐겁게 해드리기 위한 마음으로 한다면, 몸으로는 복을 짓는 것이고 마음이 부드러워져서 행복과 평화를 얻게 되고 지혜를 밝힐 수 있을 것이다.

복혜가 구족하려면
고생과 즐거움 모두 항복받아야

부처님의 말씀 중에 "항고항락降苦降樂"이라는 것이 있다. '고생을 항복받고, 즐거운 것도 항복받는다'는 뜻이다. 사람들은 대개, '고생은 항복받는 것이 맞지만, 즐거움은 늘려야 하지 않은가'라고 생각한다.

즐거움은 왜 항복받아야 하는가. 즐거움과 고통은 시계추처럼 왔다 갔다 반복하는 것이다. 그렇다면 고통 속에 즐거움이 있고 즐거움 속에 고통의 씨앗이 있는 것 아니겠는가.

그런데도 고통스러울 때는 울고불고하고, 즐거울 때는 웃고 떠든다. 그래서 한마음이 안되기 때문에 고통과 즐거움 모두 항복받아야 한다는 것이다.

대체 복福이란 뭐냐? 몸을 건사하는 데 미비한 점이 없다는 말이다. 그리고 혜慧가 구족하다는 것은 법을 이해하고 통리通理하는 데 답답함이 없다는 뜻이다. 그러니까 복과 지혜가 구족하려면 고생을 항복받아야 되는 것이다. 동시에 즐거운 낙樂도 항복받아야 되는 것이다.

일제강점기에 나는 금강산 산중에 10년 있으며 밥을 하루 한 끼씩 먹고산 사람이니까, 아마 보통의 고생을 항복받았을 것이다. 그런데 즐거운 낙樂은 항복받지 못했다. 즐거우면 그냥 좋은 까닭이다.

만약 어떤 사람이 어려서부터 고생을 조금도 안 하고도 훌륭한 인격이 됐다 그러면 말짱 거짓이라고 할 수 있다. 어쨌든지 훌륭한 인격을 갖춘 사람은 그에 해당되는 고생을 겪어 항복받아야 한다.

복혜를 골고루 갖추었어도
바로 쓸 수 있어야

몸뚱이 착을 닦지 못한 이에게 지혜가 있으면 그 지혜를 자기 몸뚱이 위하는 쪽으로 굴리기 때문에 오히려 과보를 받게 되는 경우가 있다. 어린애 손에 칼을 쥐여준 꼴이라고나 할까.

몸뚱이 착을 닦지 못한 이가 복력福力이 있는 경우에도 마찬가지이다. 주어진 복력으로 남의 위에 군림하며 그 힘을 업장 짓는 쪽으로 쓴다면, 오히려 화의 근원이 된다.

몸뚱이 착 닦는 것이 근본이 되어야 지혜와 복의 힘도 밝고 좋은 쪽으로 사용될 수 있다.

부처님 시봉 잘하기를 발원해야지, 공부 잘하길 발원하지 말라

지혜로운 사람은 천하를 버틸 힘을 가지고 있다 해도 손에 닿는 일만 한다. 자기 힘이 열이라면 일곱 정도만 쓰고 셋은 여축餘蓄해둘 줄 알아야 한다.

세세생생 밝은 선지식 모시고 부처님 시봉 잘하기를 발원해야지, 스승 모시고 공부 잘하길 발원하지 마라. 그렇게 하면 스승을 마음에 그리기 때문이다.

스승을 그린다는 것은 스승을 끌어다 제 생각으로 만드는 것, 즉 아상을 연습하는 것이다.

'부처님' 하는
그 마음에 대고 절할 줄 알아야 한다

무엇을 보든지, 무엇을 하든지 다 네가 부처님의 눈으로 보고 대하는 연습을 해야 한다. 자기가 마음에 항상 부처님을 모시면, 상대방을 부처님으로 보게 된다. 자기 마음이 부처님과 같아야 부처님의 눈으로 세상을 볼 수 있다. 그렇게 되려면 '부처님' 하는 그 마음에 대고 절할 줄 알아야 한다.

완전히 바닥까지 내려가 바보인 줄 아는 게 좋다. 그런데 자기가 바보인 줄 아는 바보가 되어야 한다. 바보로 사는 게 좋은데, '자기가 바보인 줄 아는 바보'가 되어야 하는 것이다.
　자기가 바보인 줄 아는 바보는 다 아는 사람, 지혜로운 사람이고, 자기가 바보인 줄 모르는 바보는 진짜 바보다.

순간순간에 진실하고
자꾸 닦는 것이 생명이다

과거가 원인이 돼서 현재의 결과를 이루었다면, 현재의 결과만 보면 과거가 얼마나 좋았는지 알 수 있는 것이다. 그런데도 불구하고, 자꾸 과거가 좋다는 것은 자기 죽는 연습밖에 되지 않는다.

그런데도 늙은이는 지나간 것, 죽은 것을 생각하고 죽는 연습을 하니 마음이 죽어서 죽어버리고, 젊은 사람은 현재엔 진실하지 않고, 아직 오지 않아서 허망한 미래만 좋겠다고 꿈만 디리 꾸어대니, 허虛 서방이 좋아 미칠 것 같아서 죽어버리고….

그러면 우리는 어떻게 해야 하느냐?

현재를 자꾸 진실하게 해야 하는데, 시방 현재라고 하면 벌써 과거가 되어버리고, 시방 미래라고 생각하면 그게 현재가 된다.

그러니까 그 순간순간에 진실하고 순간순간에 분별을 자꾸 닦을 줄 알면, 그것이 곧 생명生命일 것이다.

자기 마음에 미안한 일을 하지 않는 것, 솔직한 것이 수양

어떤 국회의원이 찾아와 학생 하나를 부탁한다고 하여, 왜 그런지 물었다. 그가 말하길, 이 학생이 공부는 잘하는데 어릴 때 장난이 심해서 불발탄을 만지고 놀다가 터지는 바람에 손이 잘려 나갔다고 했다. 어떻든지 조금 모자란 사람이 노력을 더 해서 공부를 잘할 수 있다고 좋은 말을 해주었다.

내가 금강산에서 10년 동안 산중에 있었던 것은, 내가 똑똑해서가 아니었다. 왜놈이 무서워서 벌벌 떨고 들어앉아 있던 것이었다. 그렇게 못난 것이 이 백성욱 박사를 만들었다. 그리고 일찍 죽는 것보다 살아남아 잔소리하는 게 세상에도 퍽 이로운 일이다.

솔직하게 자기가 못난 줄 아는 것이 대단히 좋다. 손이 하나 없더라도 손이 없다는 자격지심이나 구부러진 마음만 없으면 그것은 인생에서 아주 괜찮은 토대가 될 수 있다. 손 하나 없고 다리 하나 없다고 해도 자기 자신과 주위와 세상에 화를 내지 않는다면, 그 자체가 인격이 아주 원만한 것이다.

그래서 순수하고 편안한 마음으로, 자기 처지에 무엇이든

붙이지 말고 자기 마음에 미안한 일을 하지 않으면, 수양修養으로 제대로 산 삶이라 할 수 있다.

늘 너 자신을 알라고 하는 소크라테스에게 한 제자가 물었다.

"선생님은 자신이 누구인지 아십니까?"

그러자 소크라테스는 제자에게 "나는 내가 누구인지 모른다는 사실을 알고 있다"라고 대답했다. 무엇이든 솔직하고 정직하게 살면 된다.

먼저 먹은 마음이 뒤에 나타난다

마음이 변천하는 형태, 즉 과정은 아래와 같다. 중앙청*에서 한강을 왕복하자면 중앙청→남대문→서울역→용산→한강에 가게 되고 돌아올 때는 한강→용산→서울역→남대문→중앙청 이렇게 된다. 우리의 마음도 먼저 먹은 마음은 뒤에 늦게 나타난다.

그러기에 옛말에, 그릇에 물을 떠 온 다음에 어른이 먼저 먹어야 할 것을 아랫사람이 먼저 먹었을 경우에 웃어른께 "제가 먼저 먹어 미안합니다" 하면, 웃어른이 웃으면서 "먼저 뜬 물은 아래에 있는데…" 하신다는 말이 있다.

---

* 서울시 세종로 1번지, 광화문 뒤쪽에 있던 옛 중앙 정부 청사를 가리킨다. 일제강점기에는 조선 총독부 건물로 사용되었다.

누구나 제 업장만을 볼 뿐이다

어느 겨울날 아침이었다.

배달하는 아이가 신문을 가져왔다.

"바깥 날씨가 꽤 차지?"

"아유, 정말 화가 나서 견딜 수가 없어요. 이렇게 추운데 하루도 빠짐없이 신문을 넣어주었건만, 글쎄 석 달째나 신문 대금이 밀린 집도 있다니까요."

나는 그저 날씨를 물어보았을 뿐인데….

누구든지 제 말만 하고 제 업장만 볼 뿐이다. 사물을 대할 때 자기 업장으로 탁 덮어씌워 보기 때문에, 사물의 정체를 바르게 보기 어렵다.

그대가 보는 저 나무도 그대에게 보인 나무일 뿐, 나무 그 자체는 아니다. 그래서 제 생각에 빠져 있는 중생은 아무리 좋은 것을 코앞에 갖다놓아도 전혀 알 수가 없는 것이다.

이 우주 삼라만상이 펼쳐지는 것은 그대 마음 닦은 대로의 표현이다. 그대가 집착할 때 우주는 그대로 컴컴해지고, 그대가 집착에서 벗어날 때 우주는 그대로 밝다.

누구나 제 업장만을 볼 수밖에 없기 때문에 자신의 업장을 소멸하기 위해서는 반드시 스승이 필요하다. 공부하고자 하는 사람은 마땅히 선지식을 찾아야 한다.

자타가 없는 줄 알아야 닦아진다

제 마음속에 있는 분별을 제 마음이 아니라고 한다든지, 또 남의 마음이라고 한다든지, 누구 때문에 그렇게 됐다든지 이런 생각들, 또 그건 옳지 못한 생각이라든지, 그건 또 좋은 생각이겠다든지, 이런 분별을 낸다면 영원히 그 마음을 항복받기 어렵다.

자기 마음속의 전부는 자기 것이지 남의 것이 있을 수가 없다. 그런데도 아무개 때문에 내가 속이 상했다고?

제 마음이 약하니까 속상하고 괴롭지 왜 아무개 때문에 상하겠는가? 그러니까 자기 마음속에는 자타自他가 전연 없는 줄 알아야 마음이 닦아지지, 자타가 있다면 마음은 닦아질 수 없을 것이다.

막대기라도 꽂아놓고 스승 삼아 공부하라

우선 너부터 밝아져야 하느니라. 몸으로는 부지런히 움직여 일하고, 마음은 절대로 가만히 두어야 하느니라.

　직접 실행하지 않으면 부처님 말씀을 지식으로만 쌓게 된다. 그러나 실행하면 나 스스로가 변하는 모습을 알게 된다.

공부하는 사람은 언제라도 밝은 선지식을 모시고 해야 하느니라. 직접 모실 선지식이 안 계시면 막대기라도 꽂아놓고 스승 삼아서 공부해야 한다. 언제라도 '밝은 선지식을 모시고 부처님 잘 모시기를 발원' 하여라.

참선도 염불도 도인이 시키는
수행법이어야 밝아질 수 있다

참선하는 사람들은, 참선은 난행문難行門(어렵게 들어가는 문)이지만 참선이야말로 밝아지는 지름길이며, 염불은 이행문易行門(쉽게 들어가는 문)이지만 밝아지기 어렵다고 한다. 다른 수도 방법을 주장하는 사람들도 자신들이 주장하는 방법만이 밝아지는 최상의 지름길이라고 주장한다.

그러나 밝아지는 데 지름길은 없다 할 것이다. 선지식이 지도하면 다 지름길이 될 것이며 결국 밝아지겠지만, 선지식이 아닌 사람이 지도하는 수도 방법이라면 모두 지름길이 아니요, 결국 밝아질 수 없게 된다. 참선도 염불도 모두 도인이 시키는 수행이어야 밝아질 수 있는 것이다.

위병을 앓던 스승에게 화두를 받고 참선 수행을 하던 수좌가 있었다. 그 수좌는 그 화두로 공부했는데 스승처럼 위병에 걸리고 말았다. 그러나 같은 화두로 수행하더라도 도인이 주셨다면 결과는 판이할 것이다. 제자들은 화두를 참구參究(의심을 꿰뚫기 위해 몰입함)하면서 마음이 늘 화두를 주신 스승에게 향해 있는지라, 자신들도 모르게 스승을 닮는 것이다. 그러니까 도인이 준 화두라야 깨칠 수 있다. 수도를 잘하기 위해서는 밝은 스승을 만나는 일이 무엇보다 필요하다.

진정한 수도와 출가

있는 그 자리, 일상생활 속에서 그때그때 일어나는 생각을 부처님께 바치는 것, 그것이 수도이다. 생각이 부처님을 향해 있으면 그것이 곧 출가이다.

마음이 부처님을 향해 있으면 속가俗家(세상살이)에 있어도 나는 그를 출가자라고 한다. 설사 몸은 출가해 있어도 마음이 세상을 향해 있다면 나는 그를 재가자라고 한다.

성직자가 되는 것만이 마음이 밝아지는 길은 아니다. 그대 진실로 마음 닦아 밝아지고자 한다면, 어디에 있든지 실제로 밝아질 일을 하라.

수도는 마음 고쳐가는 것

어떤 이가 '남이 잘되는 걸 보고 즐거운 마음을 내면 성공한다'는 말을 듣고, 그 말을 한 사람을 찾아가 물었다.

"나는 남이 잘되는 걸 보면 성이 벌컥 나는데, 그럼 성공하지 못하나요?"

"성공하지 못하오."

"그럼 어떡할까요?"

"남이 잘되는 걸 보면 일부러라도 좋아하시오."

"일부러 그렇게 하면 가증스럽지 않소?"

"어쨌거나 가서 해보시오."

그래서 이 사람이 성공할 욕심으로 일부러 '잘되면 좋다, 좋다' 하고 한 100일을 하니, 속에서 저절로 '좋다' 하게 되었다. 그 뒤로는 무슨 일을 보든 남이 좋다고 그러면 따라서 좋다고 하니까, 속에서 심통이 안 일어나게 되었다.

다시 그 사람을 찾아가서 물었다.

"당신이 일부러 그러라고 해서 일부러 좀 해봤는데, 한 100일 했더니만 남이 잘된 걸 보고 '좋다' 그러면 따라서 '좋다'가 나오고 그래요. 이거 어떻게 된 거요?"

"아, 이제 그렇게 하면 성공할 거요."

"아니 그거 거짓말로 시작해도 그렇게 될까요?"

"그게 수도修道라고 하는 거요. 누구든지 다 그렇게 맘 고쳐 가는 거요."

그러니까 우리도 성인이 될 수 있다. 억지로라도 고쳐가면 되는 것이다.

한마음이 바로 서야 친구도 있다

한마음이 바로 서야 친구도 있는 것이고 그들이 너를 따를 것이며, 한마음이 바로 서지 않으면 친구도 없어진다.

다음 생에 뭔가를 성취하고 싶다고 바라지 않니? 한데 그런 건 재미없다. 이 생에 뭔가가 되더라도 되어야 한다.

그러기 위해선 《금강경》을 읽고 '미륵존여래불' 하고 마음을 바치는 수밖에 없다.

한마음 깨치기가 어렵다

어린아이가 어머니의 젖을 빨면서 하나는 입에 물고 한 손으로 다른 젖을 쥐고 있으면서도 어머니의 두 눈을 빤히 보며 젖을 빨기 때문에, 둘을 알기는 쉽지만 하나를 발견하기가 매우 어렵다.

누구나 하나를 알기가 그렇게 어려운 것이고, 그래서 한마음 깨치기가 어렵다.

지옥은 가기 쉽다

입은 가만히 놀리기는 좋아도, 본전 안 드는 염불은 하기가
싫은 법이다. 좋은 일은 잘되지 않고, 나쁜 짓은 저절로 된
다. 또 텅 빈 천당에는 가지 않고, 비좁은 지옥에는 가지 말라
고 해도 간다. 지옥은 활짝 열려 있어서 누구나 들어가기가
쉽다.

고맙다는 마음 연습도 부처님에게

'고맙습니다' 하는 마음을 일부러라도 내는 연습을 하여라.
그러면 마음에 기쁨이 가득하다.

그런데 사람에게 고맙다고 하면 업보 연습이 되기 쉽고 기
쁨이 오래 유지되기 어려우나, 부처님께 '고맙습니다' 하면
기쁨이 오래 유지된다.

한 사람이 공부하면
상하좌우 9대가 편안하다

그대 한 사람이 공부하면 상하좌우上下左右 9대가 편안하다.

또 도인 한 사람이 공부하려면, 상하좌우 9대가 도와야 한다.

상하좌우 9대는 온 우주 전부를 말하는 것으로, 경계가 없는 셈이다.

현재현재가 진실하면
미래미래는 진실해진다

현재현재가 진실하면 미래미래는 진실해지며 과거과거도 진실해진다.

하루하루만 진실하게 경 읽고, 순간순간만 진실하게 올라오는 마음 부처님 전에 바치고, 부딪히는 일 그때그때 해결하다 보면 언제 그랬느냐는 듯 공부가 서게 될 것이다.

업장은 어두운 곳을 좋아한다

똥 속에 있는 구더기를 건져서 향기로운 꽃밭에 놓아두어보라. 그곳이 싫어 다시 똥 속으로 기어 들어간다.

사람도 마찬가지다. 업장業障이 가득한데도 닦지 않으면, 밝은 곳은 싫어서 피하고, 어두운 곳을 좋아해서 찾아다니게 된다.

다 닦고 나면
법신불의 광명으로 우주에 그득히 계신다

공부하는 이가 잘 닦아서 8만 4,000 분별을 다 바치고 나면 마지막 한 생각, 중생을 제도濟度하겠다는 한 생각만이 남는데, 이 생각마저 바치고 나면 다시는 육신을 받지 않는다. 그때는 그냥 법신불法身佛˙의 광명으로 우주에 그득히 계신다.

˙ 부처를 그 역할과 성품에 따라 세 가지로 나누는데, 법신불法身佛, 보신불報身佛, 응신불이다. 보신불은 수행의 결과로 나타난 만덕萬德이 원만圓滿한 부처. 응신불은 인연 따라 제도하기 위하여 세상에 나타난 부처. 법신불은 영원불변 무형상의 법 그 자체에 인격적 의의를 붙인 것, 빛[光明]에 비유된다.

도통, 종합적 즉각

7

시간이나 공간이 존재하고 그것이 길다, 짧다, 멀다, 가깝다, 높다, 낮다 하지만, 그런 것은 모두 다 우리가 관념을 토대로 만든 장난이고, 우리의 기억에 의지한 경험이 일으키는 착각에 불과하다. 그것은 각 개체의 자기 생각이지 우주 만물 자체의 실제 형태는 아니다. 우주 자체는 우주 자체대로 있는데 오직 보는 자가 의지하는 관념 때문에 모든 것이 달라 보인다. 그 보는 자가 우주 그 자체를 본래대로 그냥 볼 수 있는 것을 소위 '즉각'이라고 하는 것이다. 이것이 도통에 이르는 대단히 귀중한 첫걸음이다.

도통이란 무엇인가?

인류 정신생활에 큰 몫을 한 인도에서는, 수많은 수행의 전통으로 정신생활을 영위하는 유산이 있다. 그들은 수행을 잘해서 브라만Brahman, 비슈누Viṣṇu, 시바Śiva 등의 신과 합일되는 깨달음을 추구해왔다. 브라만신은 창조를, 비슈누신은 유지를, 시바신은 파괴를 담당한다고 한다. 부처님은 다르게 말씀하셨지만, 인도의 창조, 유지, 파괴의 신의 개념은 상당히 논리적이다. 한순간에도 창조와 유지와 파괴가 반복된다.

우리 몸을 보면 알 수 있다. 사람 몸의 수많은 세포는 찰나에 만들어지고 찰나에 살다 찰나에 소멸된다. 부처님은 "모든 것은 늘 변한다. 그것이 진리다"라고 말씀하셨다. 동아시아에서는 깨달았다는 말을 도통했다고 한다.

그럼 도통이라는 것은 대체 무얼 하는 것이냐?

공자가 《주역》〈계사繫辭〉에서 "감이수통천하지고感而遂通天下之故"라고 말하여 "자기가 한마음으로 느끼면 우주의 일을 그대로 앉아서 알 수 있다"고 했다. 공자가 말한 뜻은 사람의 마음이 고통으로부터 해탈을 하면 안정을 얻는 것이고, 그 안정이 다시 불편한 마음에서 해탈을 하면 한마음이 되는 것이고, 또 그것이 다시 제 잘난 어리석은 마음으로부터 해탈을 하면 완전히 텅 비어 모든 관념을 초월해서 관념으로 조작된 모든 물건은 다 볼 수 있다는 것이다. 그것을 소위 '도통'이라고 했다.

현대 학술에서 '도통'에 적당한 단어를 붙이자면 '아프리오리 a priori'라는 말이 어울린다. 우리말로 번역하면, 곧 '즉각'이라고 할 수 있다. 곧 즉卽, 깨달을 각覺, 말하자면 '바로 알아차리는 것'이다.

도통은 아프리오리,
직관을 통한 즉각

경험에 의지하여 문제를 풀어가는 사색 방식을 '아포스테리오리a posteriori'라 하고, 직관을 통한 즉각[覺]을 '아프리오리'라고 한다.

세상이 돌아가는 이치인 성리에 밝은 이들은 (경험의 결과를) 종합하지 않고도 '아프리오리', 즉각이 가능한데, 그런 즉각을 '도통한 이의 정신'이라고 할 수 있다.

우리는, 특히 연구하는 사람은 무슨 사물을 대할 적에 경험은 배제하고 늘 새로움으로 보아야 한다. 사물을 새롭게 보다 보면 퍼뜩 떠올라 알아차려지는 이 판단을 경험을 초월한 판단이라고 한다. 서양철학에서 '아프리오리a priori'라고 말하는 것이 이것이다.

이것은 시간관념이나 공간관념을 초월했기 때문에 수천 년 전후 일도 그냥 현재같이 보아야 한다. 그래야 거기에 궁리가 들어가서 무슨 추측이나 엉터리 판단을 안 하게 되는 것이다.

즉각[a priori]이란 무엇인가?

시간이나 공간이 존재하고 그것이 길다, 짧다, 멀다, 가깝다, 높다, 낮다 하지만, 그런 것은 모두 다 우리가 관념을 토대로 만든 장난이고, 우리의 기억에 의지한 경험이 일으키는 착각에 불과하다. 그것은 각 개체의 자기 생각이지, 우주 만물 자체의 실제 형태는 아니다. 그래서 임마누엘 칸트Immanuel Kant(1724~1804)는, "이 세상은 내버려진 것이다. 다만 마음을 세운 사람이 찾는 만큼 나타날 뿐이다"라고 했다.* 무슨 소리인가?

우주 자체는 우주 자체대로 있는데 오직 보는 자가 자기의 관념을 가지고 모든 것을 다르게 본다는 것이다. 그러면 그 보는 자가 우주 그 자체를 본래대로 그냥 볼 수 있는 것을 소위 '즉각'이라고 하는 것이다. 이것이 도통에 이르는 대단히 귀중한 첫걸음이다.

---

* 칸트에 의하면, 우리가 세계를 보는 방식은, 우리가 세계에 대해 생각하는 방식, 즉 우리의 오성 구조에 의해 규정된다는 것이다. 우리가 무엇을 보든지 그 직관 형식인 '시간과 공간'은 오성의 형식인 '범주'에 의해 규정되므로, 결국 이 말은 우리는 세상을 있는 그대로 보는 것이 아니라, 생각하고 있는 대로 본다는 의미이다.

탐·진·치를 없애면
즉각이 된다

즉각으로 바로 알아차림은 마음에 개념, 관념 이런 것들에 걸림이 없어야 한다. 부처님께서는 어리석고 어두워 알아차리지 못하는 까닭을 탐·진·치 세 가지라고 말씀하셨다.

모든 고생의 근본은 탐내는 마음[貪心]이다. 탐내는 마음이 성취되면 제가 잘했다고 하는 치심癡心이 되고, 탐내는 마음이 성취되지 않으면 남이 잘못했다고 하는 진심嗔心이 된다. 남이 잘못했는데 그 결과 고통을 왜 자기가 받겠는가 하는 마음이다.

탐내는 마음과 화내는 마음과 어리석은 마음, 이 세 가지 독으로 인해 참마음이 가려져 바로 알지 못한다. 그래서 이 세 가지 독을 없애면 밝아진다'는 것이다. 즉각이 나타난다는 것이다.

그럼 언제쯤 이렇게 밝아질 수 있느냐?

고통의 근본이 되는 바라는 마음(탐심)을 제하는 시간이 대략 3년이라고 할 것 같으면, 불편한 마음(진심)을 완전히 제하는 시간을 아홉 해이고, 제일 늦게 없어지는 건 제 잘난 생각, 치심인데, 그 치심 없애기를 스물일곱 해까지 하면 완전히 없어져서, 그렇게 (시공간을 넘어서) 볼 수 있다.

이런 것을 어디서 비춰 보느냐? 이 고기 세포가 한 번 신진대사에 의지해서 완전히 바뀌는 시간을 1,000일이라 할 것 같으면, 뼈다귀 세포가 한 번 바뀌는 시간이 그 고기 세포 바뀌는 시간의 세 배니까 대략 3,000일이 된다. 그다음에 이 대뇌 세포가 한 번 바뀌는 시간이 뼈다귀 세포 바뀌는 시간의 세 배니까 대략 9,000일이 된다. 9,000일이면 스물일곱 해인데, 스물일곱 해만 되면 누구든지 근기의 대소 없이 다 밝아질 수 있다. 이렇게 바른길로만 가면 밝아져서 즉각, 곧 도통이 될 수 있다.

말은 쉽지만 행하기는 어렵다. 그렇지만 이 밝아진다는 건 허무맹랑한 소리는 아니다. 내가 산중에서 10년 동안 체험해 본 것이다. 사람은 누구나 도통할 수가 있다. 이것은 인도에서부터 시작해서 아시아 방면의 사람들이 정신생활을 연습해온 유산이라고 생각할 수 있다.

그러면 이렇게 동양 방면에는 많은 이가 도통들을 했는데 유럽 사람 중에는 그런 경험을 한 사람이 있는가? 오직 한 사람, 물론 나도 기록에서 본 것이지만, 임마누엘 칸트라는 사람이다. 그는 박사논문 준비할 때에 사흘 동안 온 우주가 그냥 황홀히 밝아지는 경험을 했다. 그래서 그것을 그대로 썼으면 매우 좋았을 텐데, 남한테 설명하기 위해서 우주 만물을 열두 가지 범주*로 구별하다가, 그만 다시 캄캄해져버렸다. 이렇게 유럽 사람들 중에는 도통을 잠깐 구경한 사람이 있고, 동양 사람들이나 인도 사람들은 도통한 흔적이 많다.

• 칸트는 생각을 구성하는 12범주(생각의 틀, 형식)를 이야기했는데, 양·질·관계·양상, 단일·다수·총체, 실재·부정·제한, 실체·인과 관계·상호 관계, 가능성·현실성·필연성의 12개다. 이것들을 감각 내용을 인식에까지 다다르게 하는 사고의 선천적 형식이라고 했다. 양은 '단일성, 다수성, 총체성'으로, 성질은 '실재성, 부정성, 제한성'으로, 관계는 '실체와 속성, 원인과 결과, 상호작용'으로, 양상은 '가능성과 불가능성, 현존과 부재, 필연성과 우연성'으로 되어 있다고 했다.

칸트와 종합적 즉각

임마누엘 칸트의 《순수이성비판》이라는 책을 보면, '종합적 즉각綜合的卽覺'에 대해서 쓴 것이 있다. 우리의 마음은 경험이나 궁리로 분석하지 않고도 종합해서 느닷없이 그냥 알아지는 능력을 갖추고 있다는 것이다.

예를 들어, 여기 '다섯'이라는 관념과 '일곱'이라는 관념이 있다고 하자. 이들은 현실에 바탕을 둔 관념인데, 둘을 합치면 다섯과도 관련이 없고 일곱과도 관련이 없는 '열둘'이라는 새로운 관념이 나온다. 그리고 그 또한 부인할 수 없는 현실의 한 덩어리다. 그것은 우리의 경험이나 생각으로 유추해서 끌어낸 결론이 아닌, 있는 그대로의 또 다른 현실이다. 그러므로 우리의 마음은 있는 현실을 종합해서 또 다른 현실을 그냥 아는 능력이 있다 하여, '종합적 즉각synthetisches Urteil a priori'이라고 표현한 것이다.

분별심이 소멸되고 마음이 밝아지면 나와 너의 구분이 없어지며 진리니 비진리니 하는 분별심도 사라진다. 동양과 서양을 구분하는 분별심도 사라지게 되며 이들이 모두 다른 것이 아님을 알게 된다. 모든 구분이란 다 밝지 못해서 발생하는 것이기 때문이다. 분별심이 사라진 사람이 보면 동양의 성현들이 말하는 지혜와 서양식 표현인 '종합적 즉각'이 하나도 다르지 않음을 알게 된다.

도통한 이들의 판단은 과거의 경험을 분석Analytic a posteriori* 하는 것이 아니라 종합적 즉각이라고 해야 하는데, 우리는 그것이 느닷없이 나온다고 말할 수밖에 없다.

그럼 칸트는 어떻게 철학 논문에서 도통의 경지를 언급하였을까?

그는 그 전생에 금강산에서 스승을 모시고 수도하던 중이었다. 그런데 많은 사람이 그가 모시는 스승을 도통하신 분이라며 찾아오는 것이었다. 칸트 생각에 도통을 했다면 여느 사람들과는 무언가 크게 다를 것인데, 그의 스승에게서는 특별한 것이라곤 보이지 않았다. '사람들이 몰려오는 것을 보면 도통을 하긴 했나 본데…. 사흘만이라도 도통을 하여 그게 어떻게 생겼는지 구경이라도 해보았으면' 하는 것이 그의 소원이었다.

이 한 생각이 원인이 되어 그는 다음 생에 칸트로 태어났는데, 세상의 이치를 탐구하는 철학을 공부하여 마침내 사흘

---

* 판단 형식의 네 가지 유형인 ① 선천적-분석 ② 후천적-종합 ③ 선천적-종합, ④ 후천적(경험적)-분석 중 ①은 데카르트를 비롯한 대륙합리론의 인식론을, ②는 존 로크를 필두로 하는 영국 경험론의 인식론을, ③은 양자를 종합한 칸트의 인식론을 대표한다. 그러나 본문에 나오는 ④ '경험적-분석' 판단은 어떠한 인식론에서도 고려하지 않았다. 원리적으로 불가능하거나 무의미하기 때문이다.

동안 도통하게 되었다. 도통을 하고 보니 세상이 그대로 훤히 알아졌다. 그는 한 3년이면 그 경지를 글로 다 옮길 수 있다고 생각했으나, 사흘이 지나자 다시 캄캄해지고 말았다. 그 바람에 그 경지를 기억해내서 옮기는 데 무려 11년이 걸렸다. 《순수이성비판》은 그렇게 해서 나왔다.

그가 만일 동양적인 사고방식을 지니고 있었다면, 자기가 깨친 바를 희미하게나마 유지할 수도 있었을 것이다. 그러나 분석하고 분류하는 학자적인 습관으로 말미암아, 그는 고심 끝에 그것을 12개의 자루에 나누어 넣고 말았다. 그것이 칸트의 12범주*다. 그러나 이 세상의 이치가 어떻게 겨우 12개의 자루 속에 들어갈 수가 있을까? 그 때문인지 칸트가 죽을 무렵에는 정신이 깜깜해져서 사과와 달걀조차 구별하지 못하였다. 둘 다 동그랗다고 사과와 달걀을 같은 주머니에 넣었으니까.

사실, 서양에서 임마누엘 칸트가 나와 이 종합적 즉각을 이야기하기 전까지는 철학을 학문이라고 할 수 없었다. 다만

---

* 칸트는 생각을 구성하는 12범주(생각의 틀, 형식)로 양·질·관계·양상, 단일·다수·총체, 실재·부정·제한, 실체·인과관계·상호관계, 가능성·현실성·필연성을 제시했다. 그는 이에 대해 감각 내용을 인식에까지 다다르게 하는 사고의 선천적 형식이라고 했다. 양은 '단일성, 다수성, 총체성'으로, 성질은 '실재성, 부정성, 제한성'으로, 관계는 '실체와 속성, 원인과 결과, 상호작용'으로, 양상은 '가능성과 불가능성, 현존과 부재, 필연성과 우연성'으로 되어 있다고 했다.

자기네 생각을 이야기하는 데 지나지 않았다.

〈종합적 즉각과 선천적 종합판단〉

본문의 '종합적 즉각'은 '선천적 종합판단'을 지칭하는 것으로 보인다. 칸트는 《순수이성비판》에서 '선천적 종합판단은 어떻게 가능한가'를 논증하는 데 주력했다. 선천적a priori 판단은 그 근거가 선천적인 이성에 갖추어져 있어서 어떠한 개별적인 경험과도 관계없이 보편타당한 지식이지만, 후천적a posteriori 판단은 개별적 경험에 의해 획득된 것이므로 보편타당성을 갖지 못한다.

분석판단이란 그 판단(명제)의 술어가 단순히 주어를 되풀이하거나 혹은 주어를 여러 요소로 나누어서, 주어 속에 모호하게 들어 있는 여러 가지 요소 가운데 어떤 것을 분명하게 드러내는 판단이다. 즉 세계에 대한 정보를 제공하기보다는 주어 개념을 명확히 설명하는 판단이다.

종합판단이란 술어가 주어 개념을 넘어서서 새로운 정보를 첨가하는 판단이다. 주어의 개념을 분석해서는 그 진위를 알 수 없고, 사실의 확인을 통해서 그 판단의 옳고 그름을 확인할 수 있을 뿐이다. 이러한 판단을 종합판단이라 한다. 종합판단은 그것이 참된 판단일 경우 우리의 지식을 늘려준다. 과학적 지식의 확대는 종합판단을 통해서 가능하다.

따라서 대개 분석판단은 경험적 사실에 관계없이 주어-술어 간의 논리적 관계만을 분석하므로 선천적 판단이고, 종합판단은 경험을 통해 그 진위를 확인해야 하므로 후천적 판단이라 할 수 있다. 칸트는 세상에 대한 지식을 제공하면서도 필연적이고 보편적이기 위해서는, 그 지식은 선천적이면서도 종합적이어야 한다고 했다.

그래서 칸트는 경험에 의존하지 않으면서도 세계에 대한 정보를 줄 수 있는 판단, 즉 선천적 종합판단이 어떻게 가능한지를 탐구했다. 칸트는 우선 수학이나 기하학 등의 지식이 선천적 종합판단에 속한다고 주장한다. 예를 들어, '7+5=12' 혹은 '직선은 두 점 간의 최단선이다'와 같은 판단은 누구에게나 확실하며, 어떠한 경험도 요하지 않으므로 선천적인 것이고, 주어 속에 술어가 포함되어 있지 않으므로 종합판단이라는 것이다. 그렇다면 물리학과 같은 과학적 지식은 세계의 사실에 대한 새로운 정보를 주는 학문이므로 종합판단이지만, 과연 이러한 지식이 누구에게나 타당하고 필연적인 선천적 판단이라고 볼 수 있을지를 확인하는 것이 칸트의 문제였다.

도통은 궁리, 관념을 극복하는 것,
경허와 백월

우리의 정신이 '신세틱 아 프리오리', 즉 종합적 즉각이면 이 세상을 있는 그대로 볼 것이다. 만약 종합적 즉각이 된다면, 이 벽을 그대로 내버려두고 바깥도 내다볼 수 있다. 벽이라는 관념을 무시하면 그대로 내다볼 수 있다.

옛날에 도통했다는 사람들은 아주 철저히 이 종합적 즉각을 그냥 체험했던 것이다.

조선 말기 유명한 선사인 경허鏡虛*스님이 열아홉 살에 저 문경 대승사에 경을 배우러 갔다. 대승사에 가서 보니 절 뒷방에 이상한 사람이 하나 있었다. '백월'이라고 하는 그 사람은 늘 벌건 얼굴로 방에 드러누워 있었다.

하루는 경허 스님이 찾아갔더니 드러누워 있던 백월이 일어나 목침을 내놓고는, "여기 마음이 있소?"라고 물었다. 그래서 경허 스님이 있다고 답했더니 백월이,

"당신 말이 정말 옳소. 모든 사람들이 대략 물어보면 여기에 마음이 없다고 그럽디다. 그런데 어쩌면 당신은 마음이

• 　경허鏡虛(1849~1912): 근현대 불교를 중흥시킨 조선 말기의 승려. 속명은 송동욱宋東旭, 법명은 성우惺牛. 저서로는 《경허집鏡虛集》《선문촬요禪門撮要》가 있다.

있다고 그러우? 그러면 이제 경전 배우지 말고 오늘부터 참선을 해요. 참선을 하면 당신 도통할 것이오." 했다.

거긴 글 배우는 사람들이 찾아가는 곳이라서 그런 얘기를 대개는 못 알아듣지만, 경허는 '도통'이란 소리를 알아들었다.

도통이란 별것이 아니다. 제 궁리를 극복할 수 있다는 말이다.

그럼 궁리가 무엇이냐?

예를 들어 자기 사는 집이 원남동이라 해보자. 지금 다른 곳에 앉아서 원남동을 볼 수 있겠는가? 못 본다. 지금 있는 곳과 원남동 사이에 거리가 얼마라는 관념이 들씌워져서 못 보는 것이다. 하지만 마음에 장벽이 없으면 볼 수 있을 것이다.

그러니까 그때 저 백월이라고 하는 사람이 목침을 내놓고 "여기 마음이 있소?" 할 적에, 보통 사람은 그 막대기 조각에 무슨 마음이 있냐고 할 것이다. 그러나 경허당이 "마음이 있소" 그랬으니까 그 사람이, "당신이 벌써 마음을 그만큼 조정할 줄 알고, 바로 볼 줄 알면, 가서 참선하면 좋을 거요"라고 했던 것이다.

그래 경허당이, "그거 뭔 소리요" 그랬더니 백월 하는 말이, "내가 여기 앉아서 참선을 좀 해보려니, 주변이 분주하고 소란스러워 묘향산을 찾아갔소. 가서 아는 사람을 만나 좀 조용히 참선하고 있어야 되겠다고 했지요. 그러니까 묘향산 큰 절에서, 위로 올라가면 상원사라고 있는데, 밥 짓고 심부름도 할 사람 데리고 가서 있어보라고 그러면서 양식 여섯 가마니를 대줍디다."

그래 백월은 거기 들어앉아서 이제 만판 참선만 했다.

그때 그가 제일 중요하게 여겼던 것은 쌀독이었다. 독 두 개에 가득했던 쌀을 한겨울 동안 먹다 보니 독 하나가 비었는데, 어느 날 쌀독을 들여다보지 않고도 그것이 비어 있는 것이 보였다.

신통하게 생각한 백월은 '그래, 저렇게 속이 보인다면 그 속에 들어갈 수도 있겠구나. 한번 해보기나 해보자' 싶어 밑져야 본전으로 독 속으로 들어가서는 시치미를 뚝 떼고 있는데, 부엌에서 밥 짓던 중이 무슨 생각을 했는지 방문을 열더니, "아, 이 사람 없네" 했다.

백월에게는 그 중이 보이는데, 그 중은 백월을 보지 못했다. 그러자 백월은 슬쩍 나와서 "나 왔다" 하고 말했더니,

"아까는 없었는데 어디서 나왔소?" 하였다.

그래서 백월이 몇 번을 그 사람에게 이걸 해봐도 뭐 영락없이 들어맞았다. 그랬더니 그 중이,

"여보시오, 스님은 다 됐는데 공부는 더 해서 뭘 하우" 하였다.

그래서 백월이 그 공부하던 걸 그만 치워버리려는데, 쉽게 치워버려지지 않아서 백 일을 애썼더니 공부도 없어지고, 독 속이 보이는 것도 없어져버렸다.

그러니 뭐, 이젠 벽도 그대로 있지, 쌀독 속도 안 보이지, 일

이 낭패가 돼버렸다. 심통이 나서 같이 공부하는 그 중의 방에 가서, "네 말 들었더니 낭패가 되었구나", 그러고는 그 중한테 똥을 퍼다가 끼얹어버렸다.

그러나 그런다고 뭐 시원할 리가 없지. 그중은 똥바가지 뒤집어썼고 백월은 도로 미칠 대로 미쳐버렸다. 전에 하던 걸 다시 하자니까 얼굴이 시뻘게지고 골치가 딱딱 아프고 낙심이 되니, 이걸 어떡하겠는가.

그래서 그다음부터 드러누웠다가 제 고향에나 간다고 갔는데, 그때 경허라는 열아홉 살 먹은 사람을 만나서 그렇게 하라고 일러준 것이다.

그러니 요런 경우에도 그렇듯이 종합적 즉각이 되면 이렇게 관념을 초월하게 되는 것이다.

정법과 사법:
종소리를 들어보면 아상의 정도를 안다

깨친다는 것은 안다는 것과 같은 것이니, 이는 분별이 없어 졌기 때문이다. 아는 것에는 두 가지 형태가 있다. 하나는 몸 뚱이 착을 여읜 깨침이요, 다른 하나는 몸뚱이 착을 가진 깨 침이다. 이른바 정법正法과 사법邪法을 구분하는 기준이 있다 면, 몸뚱이 착을 가진 깨침은 사법이 될 것이고, 몸뚱이 착을 벗어난 깨침은 정법이 될 것이다.

또 마음 밖의 무슨 진리를 깨쳤다 하면 이는 사법이요, 마 음이 본래 없는 것을 깨쳤다면 정법이 될 것이다.

자신의 몸뚱이 착이 얼마나 소멸되었는지를 알고자 한다 면, 종 치는 소리를 들어보라. 종소리가 종에서 나오는 것같 이 들릴 때, 그대 아상의 벽은 아직 매우 두꺼운 줄 알라.

종소리가 종에서 나오는 것 같기도 하지만, 자신의 소리처 럼 느껴질 때, 그대 아상이 상당히 엷어졌다고 알라. 아상이 완전히 소멸되었다면, 종소리는 이미 종소리로 들리지 않고 바로 자신의 소리임을 실감하게 되리라. 이때서야 비로소 종 소리를 제대로 듣는 것이다.

일초직입여래지:
도통도 탐심이 아닌 부처님 시봉으로

참선하는 이들 중에는 '일초직입여래지—超直入如來地''라는 말만 믿고, 몸으로는 아무것도 하지 않고 마음속만 들여다보면 자신도 어느 순간 갑자기 깨달을 것 같이 생각하는 사람이 적지 않다.

그러나 '일초직입여래지'는 도인의 경계일 뿐 누구나 할 수 있는 일이 아니다. 설사 확 터져 깨쳤다고 한들, 준비가 안된 사람의 눈에 불가사의한 부처님의 살림살이가 다 보일 리 있을까. 장님이 눈을 떠도 색깔을 구분하려면 3년이 걸린다고 한다.

'일초직입여래지'라는 경지를 자신도 할 수 있다고 생각하는 사람은 탐심이 많은 사람이라 할 것이다. 빨리 도통하겠다는 욕심을 버려라. 도통을 내가 하겠다고 하지 말고 도통도 부처님 시봉을 위해서 하겠다고 해야 한다.

• 단번에 여래(부처)의 자리(깨달음)에 들어간다는 의미. 화두선을 이야기 할 때 견성하여 자기 마음을 깨닫고 바로 부처의 자리에 들어가는[一超直 入如來地] 최고의 수행법이라고 한다. 당나라 때의 승려 영가 현각永嘉玄覺 (665~713)의 시편, 〈증도가證道歌〉에 나오는 말로, 선종의 돈오頓惡 사상을 압축한 표현이다.

이런 사람들은 도통을 하기보다, 도통을 한꺼번에 잡아먹겠다는 탐심으로 말미암아 도리어 위장병에 걸릴 수가 있다. 그러니 빨리 도통하겠다는 욕심을 버리고, 몸뚱이를 한가하게 놓아두지 말고, 자기에게 주어진 일은 피하려 하지 말고, 세간의 일이건 출세간의 일이건 모두 밝은 부처님을 향해 복짓는 마음으로 부지런히 하라.

정신은 절대로 가만히 두고 몸뚱이는 규칙적으로 움직여야, 몸과 정신이 건강해지고 마음이 안정되어 차츰 지혜가 드러나는 것이다. 그런데 이와는 반대로 몸은 한가하게 두고 욕심에 사로잡혀 정신을 들들 볶는다면 이는 밝은 빛을 등지고 사는 것이다.

생이지지

닦던 사람들이 몸을 바꿀 때쯤 되어서는 아상이 쉬고, 아상이 쉬면 모든 것이 알아진다. 자신이 언제 죽을 것인가도 안다. 이렇게 깨친 뒤 3년 이상 지속하다 몸을 바꿀 수 있다면, 그다음 생은 태어날 때부터 무엇이든 알게 되는데, 이를 '생이지지生而知之"라고 한다.

단번에 깨쳤다는 육조六祖 스님의 경우도 여느 사람의 경우와 다르다. 어느 정도 수도가 된 사람은 이 세상을 떠나기 사흘 전에는 자신이 어떻게 세상을 떠나게 되는지 알게 되어 미리 준비해놓는 경우가 있다. 임종이 가까워짐에 따라 수도하겠다는 아상이 쉬기 때문에 나타나는 지혜다.

만일 좀 더 수도가 잘되었을 경우에는 그 훨씬 전부터라도 알 수 있게 된다. 이렇게 세상을 다 알고도 몸뚱이를 3년 이상 유지할 수 있게 되면, 다음 생에서는 배우지 않아도 날 때부터 무엇이든지 다 알게 되는데, 육조 스님은 바로 생이지

• 《논어》〈계씨季氏〉편에 나오는 말이다. "나면서부터 아는 사람이 상급이고, 배워서 아는 사람이 그다음이고, 곤경에 처해서 배우는 사람은 또 그다음이며, 곤경에 처해 배우지 않으면 사람은 하급이 된다[生而知之者上也, 學而知之者次也, 困而學之又其次也. 困而不學, 民斯爲下矣]."

지한 분이다. 그래서 스님께서는 "제 마음속에 선지식이 있어서 단박에 깨닫게 된다"라고 말씀하신 것이다.

태어날 때부터 마음속에 선지식이 있다는 것을 아신 육조 스님의 경계를 여느 사람이 흉내 내서 단번에 깨치려고 한다면, 그 일이 과연 이루어지겠는가.

자신의 마음을 들여다보아, 선지식이 아니라 온갖 탐욕과 악심으로 그득하다면, 우선 그 마음부터 닦아야 하지 않을까.

알아야 할 일도 없고
알고 싶은 마음도 없다면 열반의 경지

'아는 마음의 세계'와 '모르는 마음의 세계'는 사뭇 다르다. 모른다는 분별이 없어지면 환희심이 나고 세상이 별것 아닌 듯이 느껴지는데, 이때를 대비하여 평소 행실이 남 보기에 이상하지 않도록 연습해두어야 한다.

여느 때 몸단속을 게을리한 사람은 이와 같은 경우 자신으로서는 지극히 자연스럽지만, 다른 사람에게는 깜짝 놀랄 행동을 거침없이 할 염려가 있기 때문이다.

알아지는 것이 최종 목표는 아니다. 그것 역시 궁금하거나 답답한 마음이 있기 때문에 알아야 할 일도 있고, 알아지는 현상도 나타나는 것이다.

알아야 할 일도 없고 알고 싶은 마음도 없다면 마음은 그냥 열반의 경지다. 항상 변치 않고[常], 즐겁고[樂], 그것이야말로 참 나[我]인 조촐한[淨] 경지다.

어떤 방법에 의해서건 다만 한순간만이라도 우주의 광명이 임한다면, 무조건 "시봉 잘하겠습니다" 하여라. 자신이 이러한 경계를 얻었다고 하지 마라. 우주의 광명은 타협이나 용서가 없다. 오직 지시만 있을 뿐이다. 우주의 광명을 체험할 때 아무 분별심도 내지 마라. 만일 '내가 이러한 경계를 얻었다'는 분별심을 낸다면 우주의 처벌을 받는다.

도통하려면 도통할 짓을 해야:
검은콩과 흰콩

나를 찾아오는 사람들 중에는 신통이나 도통을 바라는 사람들이 적지 않았다. 나는 그들에게 종종 이런 이야기를 하곤 하였다.

검은콩 한 가마니에 들어 있는 흰콩 한 알을 골라내려면 어떻게 해야 할까? 대부분은 흰콩 한 알을 찾기 위해 검은콩을 마구 헤집을 것이다. 그러나 지혜로운 사람은 그렇게 하지 않는다. 눈에 보이는 검은콩을 하나하나 주워낼 뿐이다. 주워내다 보면 언젠가 자연스럽게 흰콩이 나온다는 것을 알기 때문이다.

수행하는 사람도 마찬가지다. 마음속의 탐심·진심·치심을 제대로 닦지 않으면서 도통하겠다고 욕심만 내면 아무것도 이루지 못한다. 제 속의 탐심·진심·치심을 하나하나 닦아나가면 저절로 밝아지고 자연스럽게 도통한다.

흰콩 한 알을 빨리 찾겠다고 검은콩을 마구 헤집는 마음은 노력도 제대로 하지 않고 단번에 성과를 보겠다는 탐심이다.

도통이라면 살인도 할 사람들

공부하는 수행자들에게 이렇게 말한 적이 있다.

"너희는 도통이라면 살인도 할 사람들이다. 너희가 업장이 일어날 때는 도량이 지옥 같지만, 그래도 못 떠나는 것은 도통 못 하면 어떻게 하나 하는 두려움 때문이다."

우리가 보는 것은 정확한가

우리 눈으로 보는 것은 얼마나 정확할까? 옛날, 아는 척을 하는 사람들이 '세상은 불로 만들었다' '세상은 물로 만들었다'라고 할 적에, 소크라테스만이 "자기가 모른다는 것을 아는가. 자기가 누구인지 아는가"라고 했다. 말하자면 아테네라는 땅 위에 서 있는 사람이, 지중해 속을 전혀 알지도 못하면서 이야기한다는 것은 근본적으로 옳지 못하다는 말이다. 소크라테스가 없었다면 지금도 그런 어리석은 일이 허다했을 것이다.

우리는 눈으로 보는 것이 퍽 정확하다고 생각한다. 그러나 실상 눈으로 보는 것은 전혀 정확하지 않다. 예를 들어 여기 굵은 기둥을 하나 세워놓고, 그 기둥의 100분의 1 정도 되는 가는 실로 굵은 기둥을 어슷하게 통과시켰다고 하자.

　여기서 기둥을 뻔히 들여다보는 사람은 기둥의 한쪽에서 보이는 줄과 다른 쪽에서 보이는 줄이 하나의 직선으로 보이지 않을 것이다. 각각 다른 줄로 착각한다. 우리의 눈이 기둥을 보는 순간 각도가 달라지기 때문이다. "내가 이 두 눈으로 똑똑히 보았소"라면서 우리가 대단히 정확하다고 믿고 있는 눈도 이처럼 전혀 시원치 않은 것이다.

또, 만약 설사에 걸렸는데 물 한 모금도 마시지 못했다고
해보자. 몸은 물론 눈도 오그라져서 세상이 누르퉁퉁하게 보
이고 정확히 보이지 않을 것이다. 우리 눈이라는 것은 어떠
한 조건 속에서 세상을 보는 것인데, 그것을 가지고 정확하
다고 하는 것은 옳지 않다.

예를 들어, 우리가 망원경에 의지해서 천체를 들여다보더
라도, 우리가 육안으로 대상을 정확히 보지 못하는 것과 마
찬가지다. 망원경을 통해 본 것을 그대로 믿으라는 것은 아
주 터무니없는 소리다. 그러나 그렇게 사람들은 믿고 있다.

우리의 눈은 조금만 추워도 눈망울이 핑글핑글 돌아서 아무
것도 보지 못하고, 조금만 더워도 캄캄해져 보지 못하고, 반
드시 적당한 온도에서 보아야 한다. 그 제대로 보이는 때란
언제인지 알 수가 없다.

그러니 우리는 눈에 보이는 것을 그대로 믿지 말고, 과학적
방식, 곧 종합적 즉각에 의지해서 이 우주를 검토해야 한다.

그래서 내가 항상 부탁하는 것이, '골치를 좀 냉정히 하라'는
것이다. 그것이 곧 자기를 아는 방법이다. 우리는 지금 눈에
보이는 것만을 사실로 생각하니, 그저 이것이 세상이겠지 여
긴다. 그런데 반질반질한 놋쇠로 만든 폭탄이 있다고 하자.
겉은 정성을 들여 잘 깎아놨으나, 잘못 만지면 터져버리고

만다. 겉모양은 매끈하고 보기 좋아도 속이 그렇게 고약한 줄 몰랐을 것이다. 이것이 우리의 현실이다.

그러니 항상 무슨 일을 하든지, 먼저 '내가 무엇인가'를 알아야 한다. 내가 무엇인지 알려면 어찌해야 할까? 경험을 떠난 과학적 방법, 곧 종합적 즉각에 의지해서 관찰해야 한다.

모든 도통한 이들의 판단은 전부 종합적 즉각, 학문도 종합적 즉각이어야

시詩를 통해서 세상을 본다거나 그림을 통해서 세상을 본다는 것은, 아마 우리가 눈병 나지 않았을 때, 우리가 신경쇠약 걸리지 않았을 때는 가능할 것이다. 또 우리가 귓병이 안 났을 때는 음악을 통해서 세상을 볼 수 있다. 그러나 그런 조건 [六感]을 넘어서면 도저히 이 우주를 볼 수가 없을 것이다.

우리가 이 우주를 제대로 판단할 수 있으려면, 경험을 초월한 판단, 즉 아프리오리라야 한다. 우리 학문도 무슨 판단을 할 적에 언제라도 아프리오리, 즉 종합적 즉각이어야 한다. 그것을 우리는 과학적이라고 하는데, 요새는 남의 입을 틀어막고 반대를 못 하게 하려면 과학적이라고 한다. 과학적이란 말이 무슨 도깨비라도 되는지, 과학적이라고만 하면 듣는 놈도 꿈적을 못한다.

사실 할 말이 왜 없겠는가. 무식한 놈이라고 그럴까 봐 겁이 나서 그러는 거지. 그러나 우리는 과학이라는 이름에 그렇게 속아서는 안 된다. 그래서 "이 자식아, 네가 날 때렸으니까 내가 널 때리지" 이건 아포스테리오리다. 이건 경험에 의지해서 하는 거다. 그건 과학이 아니고, 진리가 아니다.

우리는 언제라도 무슨 사물을 볼 적에 종합적 즉각이 돼야 한다. 그래야 그것이 진리다. 모든 도통한 이들의 판단은 전부 종합적 즉각이다. 그들은 시간의 관념이나 공간의 관념을 초월했기 때문에, 몇천 년 전 일도 그냥 현재같이 본다. 그들은 경험과 추측에 의지해서 엉터리 판단을 내리는 것이 아니다.

유럽에서 돌아온 서른 살 무렵, 협성신학교*에서 강의 요청이 와서 가서 강의한 적이 있다. 그때 학생 중에는 나보다도 나이 많은 사람이 많았다. 그러다가 내가 산중에 가서 앉았으니까, 그들이 모두 감리사도 되고 목사도 되고, 그래서는 금강산에 왔다가 날 찾아왔다. 한 댓 사람이 척 들어오더니, "선생님 여기서 생활하시는 게 어떻습니까?" 묻는데, 딱히 대답할 말이 없어서, 날 쳐 죽이라는 격으로 대답해줬다.

"예수의 기적이라는 것은 정신과 육체가 건강치 못한 자가 함부로 말하지 못한다. 왜냐하면 육체가 건강한 사람의 행동을, 육체가 건강치 못한 사람이 추측할 수 없기 때문이다. 그때에 예수는 정신과 육체가 건강했었다. 그러니까 불건강한 자로서 건강한 자의 행동을 판단하려고 하는 건 옳지 않다."

"그러면 예수의 기적이 다 옳다는 말씀입니까?"

"옳다는 것보다, 옳지 않다는 말이 좀 곧이들리지 않는다."

---

* 1887년 미국 남북감리교회 한국선교부가 설립한 한국 최초의 신학대학인 일반신학당을 모체로 하여, 1907년 협성協成신학교로 발족하였다. 1931년 협성여자신학교와 통합하여 감리교신학교로 개칭, 1993년 교명을 감리교신학대학교로 변경하였다.

"그렇습니까?"

그러고는 갔으니 그쯤 거짓말해도 곧이듣게 됐다.

언제라도 그 종합적 즉각, 다시 말하자면 현실을 감촉할 수 있는 지혜를 가진 자에겐 아마 그렇게 앞길이 막히지는 않을 것이다. 그러니 내가 강조하는 것은, 어떠한 분야의 학문이라도 그러한 줏대 밑에서 한 4년 하면, 남한테 속지 않게는 될 거란 말이다.

종합적 즉각과 학문

확실하지 않은 수많은 변수가 어떻게 원인이 되어 어떤 결과로 나타날지 몰라 두려워하는 것이 우리 인간의 현실이다. 이런 두려운 마음이 종교의 출발점이 된다. 두려움에서 출발한 이러한 방식은 많은 숙제를 주었다. 인간은 믿음에 복종하여 운명론자로 살아간다. 늘 변화하는 인간의 삶을 들여다보려면, 아프리오리, 곧 종합적 즉각에 의지하여 관찰해야 할 것이다.

그렇다면 뉴턴이나 아인슈타인 등 유명한 학자들이 학문에 뛰어난 통찰력을 가진 이유는 무엇일까? 바로 종합적 즉각 덕분이다. 뛰어난 학자들이 자기 경험과 관념에 매이지 않고 연구하다가 한순간 깨달음으로 오는 것이 종합적 즉각이다. 연구 성과가 인간생활상에 응용되어 후손에게 전달될 때 인간의 능력은 배가된다. 그러므로 모든 학문은 사람의 행복을 위해 존재한다는 사실을 꼭 기억해야 한다.

인간이 과학을 다스리려면

요즘은 과학적인 근거가 있다고 하면 꼼짝을 못하는 세상이다. 과학적이란 것은 무엇인가? 실제로 과학을 보는 표준을 바로 세워야 흔들리지 않는다. 과학이 얼마나 빠르게 발전하나? 자기 기준이 없다면 빠르게 달리는 과학을 정신없이 쫓아가다 쓰러져 멍해질 것이다. 그럼 어떤 것으로 기준과 표준을 세워야 하느냐가 중요하다.

정신에 번뜩 번갯불처럼 일어나는 아프리오리를 즉각이라고 한다. 즉각은 과학의 논리와 증명의 방법론 상위에 있는 기준과 표준이 되는 것으로, 설명으로 제시할 수 없는 것이다. 종합적 즉각은 선입관념이 있으면 일어날 수 없는 물건이다. 발전하는 과학에 치이지 않으려면, 종합적 즉각이 필요할 때 일어날 수 있도록 선입관념을 닦아야 한다.

언젠가 모든 인류가 완성에 이르면

인류는 종합적 즉각이라는 통찰력과 지혜로 눈에 보이지 않는 미세한 세계[微粒子]로부터 빛이 몇억 년을 가야 도달하는 우주의 거대한 세계까지, 학문이라는 배를 타고 탐험하고 있다. 아마도 인류에게 종말이 다가와도 종합적 즉각에 의거한 학문이 인류의 생존을 책임질 것이다.

영원한 것은 없다. 모든 것은 변한다는 것만이 진리라고 한다. 그 진리를 부처님 말씀으로 성주괴공成住壞空*이라 한다. 대략 말하면 만들어진 것은 한동안 존재하다 무너져 허공으로 돌아간다는 뜻이다. 그러므로 만들어진 것이 사라진다는 진리에서 보면 지구도 우주도 언젠가는 사라질 것이다.

그렇다면 앞서 말한 종합적 즉각에 근거한 학문이 어떻게 지구와 우주의 종말에서 인류를 구원할 수 있느냐? '확실한 방법은 바로 이것이다' 하고 내가 말할 수는 없다. 하지만 '하

---

* 불교에서 우주가 생성, 변화, 소멸하는 네 단계를 설명하는 개념이다. 우주는 지극히 긴 기간인 겁劫 동안 생겨나고[成], 머물렀다가[住], 때가 되면 붕괴되어[壞], 시작점인 아무것도 없는 상태[空]가 된다고 말한다.

늘이 무너져도 솟아날 구멍이 있다'는 속담처럼 인류의 근원 본질을 향한 연구 성과가 무엇인가 방법을 찾을 것이라고 예감하는데, 이것이 '종합적 즉각'이다.

우주라고 얘기할 때 '우宇'라는 것은 뚜껑이고, '주宙'라는 것은 바닥을 말한다. 우리 지구는 허공에 걸려서 팽팽 돌아가고 있는데, 인간을 포함한 지구 생물들은 땅이라는 방바닥에서 편안히 산다. 하늘과 공기 등 많은 변수가 지구에 생물이 살게끔 만든 것이다. 그래서 지구에 앉아 밤하늘의 별들을 편안히 보니 하늘은 뚜껑이고, 땅은 바닥으로 인식하여 이것을 우주라 칭한다.

보이고 들리는 만큼 관념으로 정의할 수밖에 없는 것이 우리의 한계이다. 장님 코끼리 만지는 격이다. 장님이 모여서 코끼리를 만지는데, 한 사람은 코만 만지고 '가늘고 기다랗다' 하고, 한 사람은 다리를 만지고 '기둥이다' 하고, 또 한 사람은 배가 동글동글하니 '큰 솥 같다'고 한다. 이 이야기는 맞지도 틀리지도 않다. 한 부분으로 보면 틀린 게 아니지만 전체로 보면 맞는 얘기도 아니다.

장님이 코끼리를 제대로 보려면 어떤 방법이 필요할까? 정답은, 눈을 떠서 전체를 보는 것이다. 학문과 마음공부도 마찬가지다.

전체 국면을 보아야 하지만, 아직도 많은 부분은 인간에게 비밀로 감추어져 있어서 '장님이 코끼리 만지듯' 할 수밖에 없다. 꼼꼼히 보아도 미세한 세계는 끝없이 미세하고, 우주를 올려다보아도 끝없이 거대한 세계가 펼쳐진다. 그러나 우리는 좌절하지 않아야 한다. 좌절하지 않는 것은, 열정과 생명력을 바탕으로 한 지성과 탐구심이 사람에게 있기 때문이다. 그렇게 부단히 나아가 언젠가 모든 인류가 완성에 이르면, 모두가 부처님이고 모두가 예수님인 것이다.

도
인

8

도통한 사람들이 마음에 무슨 생각을 더 하겠는가? 이렇듯 도인
들은 안과 밖으로 끄달리지 않는다. 그렇다고 이 세상을 배척하
는 것도 아니다. 삼시 세 때 밥 먹고 싸고 자는 게 우리와 별반 다
르지 않다. 밥 먹으려고 농사도 짓고 장사도 하고 청소부로 일하
기도 하는 등의 세상살이를 한다. 그런 도인은 세상에 살며 세상
에 있지 않다.

달마 스님

달마 대사達磨大師는 남인도 향지국의 셋째 왕자로서 어려서
부터 퍽 영리하고 총명했던 모양이다. 일찍이 출가해서 제자
를 많이 거느리고 공부하다가, 당신 공부가 점점 높아지면
서 당신의 큰 인연이 중국 땅에 있음을 알게 되었다. 그런데
인도와 중국 사이에는 북쪽에 병풍 쳐놓은 것 같은 산이 1만
3,000~4,000리를 내려와서 가로막고 있어서 왕래가 쉽지 않
았었다.

　남쪽 인도이기 때문에, 배를 얻어 타고 억지로 온 곳이 중
국 남부 지역 광주廣州였다. 광주는 광동성廣東省의 수도인데
그때는 양梁나라 땅이었다. 광주에 오니까, 으레 외국 사람이
들어오면 밀입국자로 보고, 더군다나 달마 스님은 피부 색깔
이나 그 생김새가 너무 다르니까, 요샛말로 순사에게 덜컥
잡히고 말았다.

　순사는 '아하, 이런 거 임금 갖다주면 매우 좋아하겠구나'
라고 생각했을 것이다. 그때 중국 임금이 무제武帝°였다. 그
런데 임금이 왜 좋아하는가 하면, 그런 골치쟁이들(이치에 밝
고 두뇌가 뛰어난 도인) 하나만 있으면 군대 10만 명을 얻은 것
보다 낫기 때문이었다. "뭐냐?" 하고 물으면 "이게 이렇소"

하고 얘기를 하면, 적군 10만 명은 깨뜨려 버릴 수 있는 것이다. 그러니 아주 값이 비싼 것이다.

그래서 광동성 자사刺史가 달마 스님을 붙잡아 임금한테 보내게 되니, 지방 관리는 상으로 돈 많이 생겨서 좋고, 또 달마 스님은 그 통에 임금을 만나보게 됐으니 좋고, 그래서 양쪽이 다 좋게 되었다.

그렇게 임금한테로 가게 됐는데 그때 달마 스님도 여행 중에 갑자기 붙들려 갔으니까 마음이 헐떡헐떡 죽을 지경이었고, 양무제는 벙글벙글하였다. '저놈만 잡고 있으면 천하통일은 문제 없겠구나' 하는 생각이었을 것이다. 도둑놈 심보를 가진 채, 두 사람이 마주 앉게 된 것이다.

달마 스님이 '이걸 어떻게 하지?' 하고 있는데, 양무제가 목에 힘을 주고 한다는 소리가, 졸부 행세에 공갈 협박이었다.

"여보, 내가 즉위한 뒤에 중도 많이 만들었단 말이야. 중도 뭐, 발 안 씻으면 발 고린내 나고, 뭐 양치 안 하면 입 냄새가 지독한데 그런 중이라고 다 좋을까마는, 부처하고 모두 한통속이니까 중을 많이 만들었단 말이야. 또 법당도 많이 지었고. 또 옷도 많이 해줬고 경책도 많이 찍게 했는데, 그래서 내

• 양무제梁武帝(464~549). 중국 남부 양나라의 초대 황제로 불교를 신봉하여 중국 최초로 모든 불경 필사본을 모은 《중경요초衆經要抄》를 편찬하였으며, 527년과 529년에 속세를 버리고 불문에 들어가기도 했다. 달마대사와의 일화에서 나오는 '소무공덕所無功德'은 화두로도 사용되며, 지공화상指空和尙의 권유로 부대사傅大士를 궁궐로 초청하여 《금강경》을 듣는 일화 등이 유명하다.

가 그 공덕으로 무슨 복을 받겠소?"

그때는 그 임금이 좀 협잡꾼으로 보이는 판이었다. 달마 대사 생각에 '어휴, 망할 놈, 공덕은 무슨 공덕' 하였다. 그래서 "소무공덕所無功德", 즉 "공덕이 하나도 없습니다"라고 하였다.

인도였다면 왕의 아들이니까 얘기가 좀 통했을지 모르나, 중국 땅에서야 무슨 소용이 있겠는가. 양무제는 눈이 시퍼레지며 '저놈의 자식 죽여버릴까 보다'라고 생각하고 있는데, 이것을 벌써 달마 대사는 알고 있었다. 타심통이 되기 때문이었다. '저놈이 나를 죽이려 드는구나.'

그런데 양무제도 앞뒤 안 돌아볼 것 같으면 척 죽여버리면 그만이겠는데, 그래도 아직 알 수가 없었다. 괘씸한 생각이 많았지만 구슬려 잘만 쓰면 아주 많은 걸 얻게도 될 것이다. 그래서 연신 달마 스님을 쳐다보는데, 그때 마침 부대사'라는 이가 와 있어서 그에게 물었다.

"달마라는 중이 왔는데, 그는 어떤 사람인가?"

"관세음보살이 광도중생廣度衆生(모든 중생을 널리 제도하는 것)하러 오셨군요!"

"아니, 광도중생하러 왔어? 그런데 어쩌면 그렇게 남의 속을 찢어 놓을까! 아주 가슴이 싸늘해져. 공덕이 조금도 없다

---

* 부대사傳大士(497~569). 16세에 결혼하였고, 24세에 인도의 승려 숭두타를 만나 불교에 귀의하였다. 거침없는 수행으로 출가자와 재가자들로부터 존경을 받았는데, 특히 양무제를 귀의시켜 중국 불교 발전에 기여하였으며, 미륵보살의 응신應身이라고 전해진다.

니…."

그때 달마 스님에게 말하였다.

"잠시 나가 있으시오."

나가 있으라는 소리를 들은 달마 스님은 어떻게나 좋은지 걸음아 날 살려라, 그저 냅다 도망쳐 나왔다. 북쪽으로만 가면 양무제 통치 밖의 '북위北魏'라는 나라가 있다는 것을 알고 있었기 때문이다. 걸음을 재촉해서 갔는데, 바다 같은 양자강이 앞을 막고 있었다. 그런데 당시는 북위와 전쟁을 하는 중이라서 양자강 이쪽 편에는 배가 하나도 없었다. 달마 스님이 강을 건너갈 재주가 있어야지.

어휴! 거기서 생각이 나는 게, 자기가 (그냥) 죽기 싫었으면 그게 중생인데, 그것보다는, '당신이 만약 여기서 죽으면 인도에 있는 제자들이 모두 낙심할 것' 같았다. 죽기가 싫은 마음보다는 제자들 걱정이 먼저였던 것이다. 이런 마음이 보살심이다. 바로 이 점을 부대사가 보고, "관세음보살이 광도중생을 하러 왔다"라고 한 것이다.

뒤에는 양무제가 보낸 군사가 당장 말 타고 쫓아오고 달마 스님 당신은 강에 막혀 섰고, 이걸 어떻게 해야 하나? 기가 막혀 공중을 쳐다보면서, '그 인도에 있는 사람들이 모두 신심 발심해서 부처님 전에 복 많이 짓기를 발원' 하였다. 그 순간 마음이 관세음보살이었다. 이것이 부처님의 자비로운 마음이다. 그러자 공중에 관세음보살이 턱 나타나더니 옆에 갈대 포기를 쭉 뽑아 가지고 강에 턱 던지니, 그것이 물에 둥둥

떴다. 달마 스님이 그 위에 반짝 올라서자 그냥 북쪽으로 쭉 가는 것이었다. 그러나 북쪽으로 간다 해도 북쪽에서도 또 어떤 트집을 잡아 죽이려 할지는 모르지만, 당장 잡혀갈 급한 상황은 모면해야 하니까 망설일 겨를 없어 갈대를 타고 강을 건넜다.

그렇게 달마 스님은 숭산嵩山 소림사少林寺에 가서 뒤도 돌아보지 않고 정진을 했다. '하마터면 죽을 뻔했다. 이제 내가 죽지 않았다는 소문이 인도쯤에 갔겠지.' 그러면서 소림사에 떡 들어앉았는데, 아홉 해 있었다고도 하고, 열두 해 있었다고도 했다. 원체 무서워 쫓겨 가서 들어앉은 것이지, 마음이 여유로워 그랬던 것은 아니다. 그런데 석가여래도 제자들을 20년 가르쳤을 때, 도통한 제자는 안 나오고 오직 부처님이나 바라보던 제자밖에 없었다. 이때 석가여래의 심정이 달마 스님의 심정과 같았을 것이다.

그래서 이제 달마 스님은 아홉 해 만에 세상에 나와 '혜가 대사'*를 만나게 되었다. 중국 선종의 초조初祖요, 인도에서 부처님 법을 이은 28조인 달마 대사가 이렇게 생사를 넘나든 우여곡절 끝에 불법을 우리에게 전해준 것이다. 이것이 달마 스님에 의해 인도에서 중국으로 본격적으로 불교가 전해진

---

* 혜가 대사慧可大師(487~593): 중국 선종의 제2대 조사祖師. 노장사상과 유학을 공부하다가 후에 출가하였는데, 눈 속에서 왼팔을 베어 달마 대사에게 신심을 보이고 인정을 받았다는 '혜가단비慧可斷臂' 일화로 유명하며, 제자에 선종 제3조 승찬僧璨이 있다.

사정인데, 그때 법을 전한다는 의미로 게송을 남겼다.

吳本來玆土(오본래자토) 내가 본래 이 땅(중국)에 온 것은
傳法救迷情(전법구미정) 법을 전하여 중생을 구제하려 함
이니
一花開伍葉(일화개오엽) 한 송이 꽃에 다섯 잎사귀가 피어
結果自然成(결과자연성) 열매는 자연히 맺히리라.

여기에서 말하는 다섯 잎사귀는 앞으로 법을 이어갈 혜
가·승찬·도신·홍인·혜능 대사를 뜻하는 것이다. 그중에서
도 육조 혜능 대사로부터 배워나간 제자들이 중국 선종의 큰
다섯 줄기[伍家]를 이루게 되어 불교가 널리 퍼지고, 또한 우
리나라의 불교도 영향을 많이 받았던 것이다.

이율곡:
마음 닦은 이의 종합적 즉각

이율곡 선생이 두 번째로 황해 감사로 부임했을 때의 일이다. 지은 지 오래인 관청 건물이 곧 무너지게 생겨서 중수重修를 하게 되었다. 그래서 황해도에서 나는 큰 나무를 잔뜩 거두어들여 그중에서 대들보 감을 골라놓았는데 '이 대들보가 얼마나 오래갈까?' 하는 생각이 났다.

이율곡 선생은 마음을 잘 닦던 사람이었기 때문에 마음이 집중되니까 해답을 얻게 되었는데, 보니까 얼마 안 가서 큰 사고가 날 것임을 알게 되었다. 마음을 잘 닦은 사람이 정신을 집중하면 분별심이 일시 사라지며 해답이 나오는 수가 있다. 마치 분별심을 부처님께 바쳐 응답을 듣는 것과도 같다.

선생이 보니, 그만 대들보가 부러져서 사람 둘이 죽을 판이었다. 어떻게 이 사고를 수습할까 생각하자 그에 대한 해답 또한 얻어졌다.

선생은 황급히 목수에게 궤짝을 하나 짜게 하였다. 그러고는 종이에 다섯 자씩 두 줄을 적어 넣었다. 말하자면 오언절구였다. 선생은 종이를 접어 궤짝에 넣고 못질을 시키고는 "만약 후일에 내 직계손이 죄를 짓고 이 고을 감사 앞에 와서 재판을 받게 되거든 이 유서를 감사에게 보여라" 하고 일러

두었다.

율곡 선생이 돌아가신 후, 과연 그분의 9대 종손이 살인죄로 잡혀 와서 재판을 받게 되었다. 종중宗中에서는 이런 일에 대한 선생의 유서가 있다고 하면서 감사에게 탄원하였다.

"이 사람은 전임 감사 율곡 선생님의 9대 직계손인데, 그분이 이러한 범죄가 날 것임을 미리 다 아시고 그에 대한 말씀을 남기셨으니 보아주십시오."

율곡 선생이라면 황해 감사를 두 번씩 지냈을 뿐만 아니라 정승도 지냈고, 무엇보다 성현으로 추앙받던 분이었으니, 감사는 호기심이 났다.

"그럼 유서를 모셔오너라."

유서가 든 궤짝을 가져오는데 동헌 마루에 높이 앉아 있자니 어쩐지 감사의 마음이 편치 않았다. 율곡 선생의 말씀이 오신다니 일어나서 받아 모시는 것이 좋을 듯하였다.

이렇듯 감사가 마루에서 뜰로 막 내려서는데 그만 대들보가 딱 부러졌다. 마루에 그대로 앉아 있었더라면 감사는 꼼짝없이 대들보에 깔려 죽었을 터였다. 사람들이 놀라서 함께 유서를 뜯어보았다.

救爾壓梁死(구이압량사)하니
그대가 대들보에 깔려 죽을 것을 구해주니
活我九代孫(활아구대손)*하라
내 9대손일랑 살려다오

그러니까 율곡 선생이 대들보가 얼마 안 가 부러져서 거기에 두 사람이 깔려 죽을 판이라 어떻게든 그걸 막아야겠다는 '느닷없는 판단'이 나왔던 것이다. 또 그렇게 알게 된 것은 경험의 분석을 통해서가 아니라 즉각을 통해서였다. 도통한 사람은 이렇듯 그냥 단박에 알아진다. 종합적 즉각이다.

율곡은 유학자였기에 유교적인 방법으로 마음을 닦아서 그만큼 알게 되었던 것이다. 율곡이 《금강경》을 만나 공부하였더라면 더욱 밝았을 것이다.

• 같은 내용의 이야기가 당나라 고조高祖 때 유명한 복술가 겸 예언자인 원천강袁天綱의 일로 전한다. 당의 건국 공신功臣인 무사확武士彠의 집에 둘째 딸 무미武媚라는 아이가 태어났을 때 그 아이를 본 원천강은 그녀가 자라서 황후가 되리라 예언했고 무미는 나중에 여황제 측천무후가 되었다.

황룡 사심 선사 1:
나만 좋으려고 복 짓지 말라

한때 황룡 사심* 선사가 중국 호남성에서 20여 명의 제자들을 데리고 분별 쉬는 공부를 하고 있었다. 그래서 이름조차 죽을 사死, 마음 심心으로 지은 것이다.

선사의 도량 근처에 신당이 하나 있었는데, 어떻게나 영험이 좋은지 개를 갖고 가서 정성 드리면 개만큼 덕을 보고, 소를 갖고 가서 정성을 드리면 소만큼 덕을 입고, 무엇이거나 갖고 가서 정성을 드리면 그만큼씩 덕화德化를 입었다.

그런 소문이 퍼져 사람들이 끊임없이 찾아와 빌고 가니 신당에서는 제물로 바쳐진 소, 말, 돼지, 양 따위 짐승들의 울음소리가 그칠 사이가 없었다. 그렇게 오랜 세월이 지났는데, 하루는 선사의 제자들 사이에 싸움이 붙었다.

"스님, 스님, 수좌들이 들러붙어 싸웁니다."

"그러냐."

"싸워서 한 사람이 죽었습니다."

"그러냐."

---

* 황룡 사심黃龍死心(1043~1114): 송나라 인종 때 승려로 황룡 조심黃龍祖心의 법을 이었다.

"관원이 왔습니다."

"그러냐."

"잡혀갔습니다."

"그러냐."

앉아만 있던 황룡 사심 선사가 하루는 자리에서 벌떡 일어나더니 한 수좌에게 말하였다.

"저 신당에 좀 가자."

신당까지 함께 간 선사가 수좌에게 일렀다.

"헐어버려라."

그러나 수좌는 선사를 빤히 쳐다만 볼 뿐이었다. 그렇게도 용한 신당을 헐어버리라니 기가 막혔던 것이다.

"이놈아! 빨리 헐어버리라는데 뭘 꾸물거리느냐?"

선사가 호령을 해도 수좌는 전혀 움직일 기색이 없었다. 선사는 할 수 없이 몸소 신당으로 들어가 불을 질렀다. 다 타고 나니 굴뚝 밑에서 시커먼 이무기가 아가리를 딱 벌리고 있었다.

"내 저 속에 뭐가 들었나 하고 걱정을 했더니, 바로 저놈이 들어앉아 그런 못된 장난을 했구먼!"

그러고는 선사가 큰소리로 호령을 하자, 그것이 그만 사라져버렸다.

'나'만 좋게 하려고 복을 짓고 구하고자 하면 이런 좋지 않은 일이 벌어지는 것이다.

황룡 사심 선사 2:
머묾 없이 낸 마음은 우주를 움직일 수 있다

황룡 사심 선사가 하루는 명주溟洲 땅에 갔다. 그곳에 명주 자사刺史*가 세워놓은 비각이 있어 살펴보았다. 비각의 앞면에 석가여래 부처님의 행적이 적혀 있어서 관심 있게 읽다가 뒷면을 보니 자기 어머니 행적을 잔뜩 늘어놓았다. 이 사람이 부처님을 빌려 자기 어머니 자랑을 늘어놓은 것이다.

'이런 업장을 봤나!' 싶어 사심 선사가 "앗!" 하고 호통을 치니 갑자기 마른하늘에 벼락이 치면서 뒷면의 어머니 행적은 싹 지워져버렸다. 마른하늘에 난데없는 벼락도 이상하거니와 벼락이 치면 비석도 무너지고 주위에 있는 사람들도 죽거나 다치고 해야 할 것인데 모두 멀쩡하고 뒷면의 글만 싹 지워져 있었다.

황룡 사심 선사는 몸뚱이 착으로 마음을 낸 것이 아니라,《금강경》말씀대로 머묾 없이 마음을 낸 경지에 해당한다. 이처럼 아상이 없는 이가 머묾 없이 낸 마음은 우주를 포용하고 우주를 움직일 수 있는 것이다.

---

* 중국 한나라 때에 군郡·국國을 감독하기 위하여 각 주에 둔 감찰관이다. 당나라·송나라를 거쳐 명나라 때 없앴다.

허응 보우:
우주가 모두 자기편이 될 때

조선 명종明宗(재위 1545~1567) 때 허응 보우*라는 훌륭한 학승學僧(교리와 학문을 잘 아는 승려)이 있었다. 당시에 어린 왕을 대신하여 섭정하던 문정왕후文定王后(명종의 어머니)는 독실한 불교 신자로서, 보우 대사를 불러들여 침체된 불교를 개혁하고 중흥시키려 하였다. 그러니 유생들이 들고일어날 수밖에.

　그때 보우 대사는 수도하는 마음으로, 유생들은 보지 않고 오로지 문정왕후만을 상대로 불교를 살리려고 온갖 노력을 다하였다. 이러하니 그가 불교를 위해서 한 일은 남았겠지만, 그의 육신은 살아남을 수가 없었다. 문정왕후가 죽자마자 조정에서 들고일어나 제주도로 귀양을 보냈고, 거기에서 최후를 마치게 되었다.

---

* 　허응 보우虛應普雨(1515~1565): 문정왕후의 신임을 얻어 승과를 부활시키고 선교 양종을 복구시켰으며 도첩제를 다시 실시하게 하는 등, 숭유억불 정책으로 탄압받던 불교의 부흥에 노력했다. 그러나 문정왕후가 죽자, 유생들의 상소로 승직을 박탈당하고 제주도로 유배되어 맞아 죽었다. 저서로 《허응당집》이 있으며 양주 회암사지에 그의 부도로 추정되는 무명의 부도가 있다. "허깨비가 허깨비의 고향에 돌아가는구나. 50여 년 온갖 미친 놀이 끝냈으니, 세상의 영욕을 모두 마치고, 중의 허수아비 껍데기 모두 벗고 푸른 하늘에 오른다[幻人來入幻人鄕 伍十餘年作戲狂 弄盡人間榮辱事 脫僧傀儡上着着]" 라는 열반송이 전해진다.

만약 그때 그가 세상을 멀리하지 않고, 어떤 사람이든지 와서 물으면 대답해주고 또 그 사람들을 다 부처가 될 가능성이 있는, 앞으로 오실 부처님으로 알아 대하였다면 동조자들도 많았을 것이다. 실제로 보우 대사의 제자 중에 사명 대사 같은 이는 유생들하고 매우 친해서, 임진왜란 때 일본에 사신으로까지 파견되지 않았던가.

이 우주는 그물과도 같은 인과로 엮여 있다. 스스로 우주를 용납하지 않을 때, 우주 또한 그 사람을 용납하지 않는 법이다. 자기의 문제를 해결하면서 동시에 자기에게 닥친 세상 문제를 피하지 않고 함께 해결한다면, 이 우주는 모두 자기 편이 될 것이다.

이괄과 노장 스님:
도인 계신 절의 부처가 영험하다

요즈음 참선하는 사람들이 많다. 내가 아는 어느 참선하는 스님은 위장병이 있어서 식사 후면 '그윽!' 하고 트림을 한다. 그런데 가만히 보니, 그 제자들 역시 그 스님처럼 식사 후 '그윽!' 하고 트림을 하는 것이다. 제자들은 화두를 참구하면서 마음이 늘 화두를 준 스승에게 향해 있어서, 자신들도 모르는 사이 스승을 닮는다. 그러니까 도인이 준 화두라야 깨칠 수 있다.

사람들은 절에 가서 치성을 드리면 영험을 본다고 한다. 그럼 어떤 절의 부처님이 더 영험하실까?

도인 계신 절의 부처님이 그 도인의 밝은 정도만큼 영험하시다.

이런 이야기가 있다.

조선 중엽, 평안도 방면 국경 수비대장으로 있던 이괄*이 반란을 일으킬 틈을 엿보고 있었다. 생각 같아서는 곧장 서울

---

* 이괄李适(1587~1624): 조선 중기의 무신. 1624년 인조반정의 논공행상에 불만을 품고 인조 2년(1624)에 서울로 쳐들어와 흥안군興安君을 새로운 왕으로 추대했으나, 불과 하루 만에 관군에게 패하여 도망치다가 부하에게 피살되었다.

로 쳐들어갔으면 싶은데, 아무리 보아도 묘향산이 마음에 걸렸다. 이괄은 묘향산부터 손아귀에 넣고 서울로 가기로 작정하였다. 그로부터 얼마 뒤 묘향산 큰절 뒷방에 거처하던 노장 스님이 불공 보는 부전副殿(불당을 관리하는 직책) 스님에게 일렀다.

"내일쯤 손님이 올 것이다. 그 손님이 '부처가 밥을 먹느냐?' 하고 묻거든 '네, 잡수십니다' 그래라. '얼마나 잡수시느냐?' 하고 묻거든 '한 분이 500석씩은 잡수십니다' 하고 대답해라."

'이 노장 스님이 느닷없이 무슨 소릴 하시나?'

부전 스님은 의아하게 생각하였다.

이튿날 꼭 그맘때였다. 사시마지巳時摩旨*를 하느라고 부처님께 밥을 지어 바치고 종을 땡땡 치던 참인데, 불쑥 국경 수비대장 이괄이 나타났다. 이괄은 법당 문턱에 떡 버티고 서서 불경스러운 말투로 물었다.

"부처가 밥을 먹느냐?"

스님이 가만히 생각하니, 어제 노장 스님이 일러준 말이 떠올랐다.

"네, 잡수십니다."

'옳지, 잘되었다. 등상 부처가 밥을 먹긴 어떻게 먹나. 이젠 트집 잡을 일이 생겼구나.'

이괄은 내심 좋아하며 "얼마나 잡수시느냐?" 하고 물었다.

---

* 절에서 사시인 오전 9시에서 11시 사이에 부처님께 올리는 밥을 말한다.

"한 부처님이 500석씩 잡수십니다."

"그렇다면 곧 쌀 2,500석을 씻어 밥을 짓도록 하여라."

이괄은 트집을 잡아 묘향산을 샅샅이 뒤져 다 때려죽이고 서울로 향하면, 먼저 서울로 가서 밀고할 사람도 없을 터여서 잘되었다고 생각했다. 그래서 2,500석이나 되는 쌀로 밥을 지어서 불기佛器(부처님께 올릴 밥을 담는 그릇)에 담아 법당에 가져갔다.

그런데 놀랍게도 등상 부처가 입을 딱 벌리더니 손을 뻗쳐 불기를 톡 쳐서 밥을 쏟아 넣는 것이었다. 그렇게 자꾸 집어 삼키는데 삼시간에 500석이 거의 다 없어졌다. 쌀만 손해 봤지 일은 틀린 셈이었다. 이괄 일행은 그냥 가버리고 말았다. 그들이 떠난 뒤, 노장 스님이 뒷방에서 나와 말하였다.

"큰 불공이 들었지 뭐냐. 아주 잘됐어. 그러나 이제부터 한 3년은 찬밥을 먹어야 되겠으니, 밥때 되거든 물을 끓여놓고 법당 뒤에 가보거라. 우리 먹을 만큼씩 있을 것이니, 그걸 갖다 끓여 먹도록 해라."

그래서 그 절에서는 3년 동안 대중이 찬밥을 먹었다.

묘향산 다섯 부처님 앞으로 들어온 밥으로 스님들에게 3년 동안 먹인 그 노장 스님은 대체 어떤 분이었을까?

여기서 우리가 알 수 있는 것은 절에 모셔 있는 등상불等像佛이 영험한 것이 아니라, 도인 계신 절의 부처님이 영험하다는 것이다.

신수 대사, 충국사, 측천무후

중국 역사에는 여자 황제가 딱 한 사람이 있다. 바로 당나라 측천무후*이다. 한때 비구니이기도 했던 측천무후는 훌륭한 남자를 곁에 두고 국정에 대한 의견을 듣고 싶었지만, 아무래도 주위의 눈총이 두려웠다. 그래서 좋은 꾀를 생각해냈다. 당대의 덕망 높기로 유명한 스님 두 분을 궁궐로 초대한 것이었다. 한 스님은 국사國師(임금의 스승)로 있던 충국사忠國師였고, 또 한 스님은 신수 대사神秀大師였다. 함께 있으려면 조금이라도 여색을 탐해서는 안 되겠기에, 측천무후로서는 스님 두 분 중에 좀 더 여색에 초연한 스님을 고르려는 것이었다.

"스님들도 때로는 여자 생각이 나십니까?"

측천무후가 두 스님을 떠보았다. 이에 대해서 충국사는 "우리는 절대로 그런 일이 없습니다"라고 답하였다. 그러나 신수 대사는 "몸뚱이 있는 한 그 생각이 없을 수 없겠지만, 다만 방심치 않을 뿐입니다"라고 하였다.

두 스님의 얼굴빛을 보고 느끼기에 충국사는 분별심이 있

---

* 측천무후 則天武后(624~705): 성은 무武며 이름은 조曌다. 당 고종의 황후였지만 690년 국호를 주周로 고치고 스스로 황제가 되어 15년 동안 중국을 통치했다.

을 것 같은데 전혀 없다고 하고, 신수 대사는 분별심이 전혀 없을 것 같은데 있다 하니, 참으로 알 수 없는 노릇이었다.

측천무후는 두 스님을 목욕탕으로 들여보냈다. 그러고는 반반해 뵈는 궁녀 몇을 홀딱 벗겨서 알몸으로 스님들 몸을 닦아드리게 하였다. 그래 놓고 자신은 목욕탕 꼭대기 유리문을 통해서 스님들을 관찰하였다.

그런데 이게 어찌된 일인가. 절대로 여색에 동하지 않는다던 충국사는 몹시 흥분하여 어쩔 줄을 몰라 했고, 몸뚱이 착이 없을 수 없다던 신수 대사는 여여부동如如不動, 조금도 달라짐이 없었다.

측천무후는 "물속에 들어가봐야 비로소 큰 사람이 있음을 알 수 있다[入水始知有長人, 입수시지유장인]"*라는 시를 짓고, 이후 신수 대사를 늘 곁에 모시고 국정을 의논하였다.

---

* 이 고사는 고려 진각 혜심의 《선문염송》 제116칙에 공안으로 나오는데, 등장하는 인물은 충국사가 아니라 혜안慧安 국사다. 충국사는 남양 혜충(?~775)을 말하는데, 남양 혜충은 숙종 2년(761) 국사로 초빙되었으므로 측천무후와 활동 연대가 맞지 않는다.
"혜안 국사가 북종의 신수 대사와 같이 무후가 궁중에서 공양을 올리는 초청을 받았을 때다. 목욕을 시키면서 궁중의 미녀에게 시중을 들게 했다. 오직 혜안 국사는 태연하게 아무런 일이 없었다. 무후가 탄복하여 말했다. '물속에 들어가 봐야 비로소 큰 사람이 있음을 알겠구나[崇嶽慧安國師 與北宗神秀 被武后召入禁中 供養因澡浴以宮姬給侍 獨師怡然無他 后歎曰 入水始知有長人]."《선문염송·염송설화회본禪門拈頌拈頌說話會本》권4.

충국사가 "우리는 절대 그런 일이 없다"라고 한 것은 남을 꾸짖는 말이니 성내는 마음이다. 남을 흉보는 것이 재미있으면, 자기 마음에 성내는 마음이 있는 줄 알아라. 성내는 마음을 내는 사람은 음탐심이 없을 수 없는 것이다.

측천무후와 함께 있게 된 신수 대사는 참 잘되었고, 또 잘 안되었다. 무엇이 잘되었나. 여왕 곁에 매여 있어 잠시도 방심할 수 없이 몸뚱이 착을 닦아야만 했으니, 그것이 참 잘되었다는 것이다. 무엇이 잘 안되었나. 임금 곁에 매여 있어 자유롭게 수도할 수 없으니, 잘 안되었다는 것이다.

자신의 몸뚱이 착을 다스릴 수 있어야 상대를 다룰 수 있다. 남자가 여자를 다룰 수 있으려면, 여자와 한방에서 자더라도 마음이 동하지 않도록 몸을 다스릴 수 있어야 한다.

백은 대사:
음탕심 없는 사람은 성내지 않는다

일본에 백은 대사[*]라는 생불로 추앙받는 도인이 있었다. 한 신도의 딸이 결혼 전 동네 청년과 정情을 통하여 임신을 하게 되었다. 처녀가 아이를 가졌다는 사실을 아버지가 알게 된다면 자신의 목숨이 무사하지 못할 것이라고 생각한 딸은 출산일이 가까워오자 아기의 아버지가 백은 대사라고 둘러댔다.

백은 대사를 지극히 존경하던 처녀의 아버지에게는 청천벽력과 같은 이야기였다. 그는 백은 대사에게 차마 욕은 하지 못하고, "미거한 딸을 돌보아주시어 혈육을 잉태하게 되었습니다" 하고는 아기를 대사에게 떠맡기고 왔다. 백은 대사는 아무 말 없이 아기를 받아서 동네 이곳저곳을 다니면서 젖동냥을 하여 아기를 키웠다.

만인의 존경을 받던 백은 대사는 졸지에 도인으로서의 명예를 상실하고 호색한이 되어버렸고, 절의 신도들도 점차 대사를 외면하게 되었다.

세월이 흐르고 양심의 가책으로 괴로워하던 처녀는 마침

---

* 백은 혜학白銀慧鶴(하쿠인 에카쿠, 1686~1769): 일본 에도시대 임제종의 승려로, 15세에 출가하여 일본 전국을 순례하고 24세에 깨달음을 얻었다. 조동종과 황벽종에 밀려 쇠퇴하고 있던 임제종을 부흥시켰다.

내 실토를 하였고, 그의 아버지는 대사를 찾아가 백배사죄를 하며 아이를 데리러 왔다고 하였다. 백은 대사는 아무 말 없이 고이 키운 아이를 내주었다. 이 사건으로 인해 백은 대사의 명예가 회복되었음은 물론 많은 사람이 대사를 더욱 존경하게 되었다.

도인으로서 모든 명예가 일순간 사라질 위기에 어찌 백은 대사는 태연할 수 있었을까? 음탐심이 없었기 때문이다. 정이 들었던 아이를 아무 소리 없이 고이 내줄 수 있었던 것 또한 음탐심이 없었기 때문이다.

　음탐심이 없는 사람은 성내지 않는다. '아니'라고 하지도 않는다.

예수님이
십자가에 못 박히게 된 것은

예수님은 '태어날 때부터 모든 것을 다 아는 사람', 생이지지였다. 다른 사람의 마음을 다 꿰뚫어 볼 수 있었으며, 먼 곳에서 무슨 일이 일어날지도 알 수 있는 능력을 가진 사람이었다.

이스라엘의 어린 예수님은 이미 수백 년 전에 인도에 부처님이 출현하신 것을 알고 있었다. 여러 생生 전부터 중생 구제의 뜻을 세운 예수님은 이스라엘 사람들의 제도濟度를 위해서 더욱더 힘을 키울 필요가 있다는 것을 알고 있었다. 때가 되자 어린 나이에도 가족을 등지고 머나먼 동쪽 나라 인도로 향하였다. 당시 인도에는 부처님의 가르침을 수행하여 크게 깨달음을 얻은 밝은 도인들이 많이 있었다.

예수님은 인도에서 오랜 수도 생활을 하며 중생 제도를 위한 힘을 키워갔다. 수도가 무르익어 거의 성자의 경지에 이르게 된 어느 날, 예수님은 자신이 이제 다시 이스라엘로 돌아갈 때가 되었음을 알았다. 이스라엘에서 인연이 많은 중생들, 헐벗고 핍박받는 사람들을 구제해야 한다고 생각했던 것이다. 물론 이스라엘에 있는 수많은 인연을 제도하기 위해서는, 십자가에 못 박히는 고통쯤은 감내해야 할 것이라는 것을 그도 이미 알고 있었다.

그런데 고향에 돌아와서 진리를 설파하려고 보니까 사람들은 하나같이 하느님의 아들 메시아를 기다리고 있었다. 그래서 예수님은 그들을 교화하기 위해서 부득이하게 "내가 하느님의 아들이다", 이렇게 사칭하신 것이다. 사람들을 교화하기 위해서 일종의 방편을 쓰신 것이다. 그러나 거짓으로 사람들을 속였기 때문에 결국은 십자가에 매달리는 과보를 받을 수밖에 없었다.

십자가에 못 박힐 때가 되었다. 양쪽 팔과 다리에 못이 박힐 때까지는 견딜 만하였다. 그러나 마지막 가슴에 못이 박히는 순간에는 예수님으로서도 견디기가 힘들었다. 예수님의 마음에는 폭풍과 같은 격정이 몰아치며 '이게 뭐야!' 하고 보니까, 홀연히 마음이 안정되며, 어떤 사람들이 어떤 사람의 가슴에다가 못을 박고 있는 것이 보였다.

미륵, 예수, 무함마드

세상에서는 예수님이 누구인지 잘 모른다. 기독교인들은 더욱 모른다. 불교를 믿는 사람 중에 미륵불을 신앙하는 사람이 후생에 기독교 신자가 되는 경우가 많다. 예수님도 알고 보면 미륵보살의 후생이다.

석가여래 회상에서 3,000년 뒤에 미륵불이 되리라는 수기를 받은 이후, 미륵보살에게는 부처가 되어 중생을 제도하겠다는 생각 이외에 더 닦아야 할 분별이라고는 없었다. 부처가 되겠다는 분별을 해탈하는 기간이 3,000년이라고 할까.

그동안 미륵보살은 그 한 생각을 닦기 위해서 여러 번 몸을 받았는데, 그 한 몸이 예수님의 몸이었고, 무함마드Muhammad의 몸이었다.

그이는 예수님의 몸이 되어서도 중생을 제도해야 한다는 한 생각 때문에 십자가에 못 박히는 고통을 받았다. 사람들이 하도 당신을 믿지 못하고 말을 듣지 않아서 더 강력한 방법으로 해야겠다고 생각하였다. 그 결과, 예수님은 다음 생에 무함마드로 태어나 '한 손에는 칼, 한 손에는 《코란》'이라는 기치 아래 포교를 하게 되었다.

"예수님은 수기를 받은 미륵동자이다. 미륵불을 염송하는 많은 사람들은 후생에 태어나 기독교인이 되는 경우가 많다"라고 말하면, 사람들은 "백 박사는 수도를 참 잘해서 저런 보기 드문 깨달음을 얻었다"라고 하거나 또는 "거짓말이다. 혹세무민한다"라고 할 것이다.

수도를 잘하였다고 한다거나 또는 거짓말이니 혹세무민한다 하는 것은, 실은 자기의 선입견을 말하는 것뿐이며, 그것이 사실인지 사실이 아닌지는 그들 자신도 잘 알지 못할 것이다.

부처님께서는 《금강경》에 "모든 생각, 판단이 다 잘못된 것이다[凡所有相 皆是虛妄]"라고 말씀하셨다. 사람들이 《금강경》의 말씀대로 자신들의 생각, 판단, 선입견 등이 얼마나 하잘것없는 것인 줄 진실로 깨우치게 된다면, 이 세상엔 단 하나도 옳다 그르다 할 것이 없음을 알 것이다.

또 부처님께서는 말씀하셨다.

"만일 자신의 생각이나 판단이 다 잘못인 줄 분명히 깨닫고 모든 선입견의 뿌리까지 없어진다면 세상의 모든 것을 다 알 수 있으리라[若見諸相非相 則見如來]."

자신의 판단이 다 잘못인 줄 깨닫고 새 마음이 열리게 되면, 누구나 세상의 모든 비밀을 비롯하여 예수님이 어떤 존재인지도 분명히 알 수 있게 된다고 말씀하신 것이다.

과거의 모든 부처님도 《금강경》의 이 말씀대로 수도하여 세상의 모든 이치를 다 깨우치셨고, 나 또한 《금강경》 가르침 대로 수도하여 예수님의 정체를 알게 되었으며, 미래에도 사람들이 모두 이 《금강경》의 가르침대로 수행하여 부처님처럼 밝게 될 것이다.

제 생각을 이기면 성인

성인聖人이란 대체 어떤 사람인가? '성聖'이라는 글자가 어떻게 생겼나. 중국 글자는 상형 글자니까 우선 '귀[耳]'를 그려 놓았다. 귀는 이 우주가 보내는 무언가가 들어오는 곳이다. 귀 옆에는 '입[口]'을 그렸다. 이건 나가는 구멍이다. 입은 먹는 구멍이기도 하지만, 의사를 발표하는 구멍이기도 하다. 귀와 입 밑에는 임금 '왕王' 자를 써놓았다. 왕이라는 건 크다는 뜻이다. 그러니 '성聖'은 '귀와 입이 크다'는 말이다.

귀가 크다는 건 무슨 의미인가? 귀야 크든 작든 들리기만 하면 될 텐데, 귀가 큰 게 무슨 소용이냐고 하겠지만, 우리는 듣지 않는 게 있다. 남을 나쁘게 말하는 소리는 아주 귀를 이만큼 크게 열고 자꾸 들으려고 하지만, 자기를 나쁘게 말하는 소리는 귀를 닫고 안 들으려고 한다. 귀가 크지 않아서 그러는 것이다.

　귀는 얼마나 크게 만들어놓아야 하는가. 마치 바람이 나무를 지나가듯 해놓아야 한다. 바람이 나무를 지나갈 때 나무는 바람을 영락없이 다 받아들이지, 체하질 않는다. '나'가 없으면 체하지 않는다. '나'라는 게 있으면 다 망쳐버리고 마는 것이다.

입이 크다는 건 무슨 의미인가? 신문에 내도 부끄럽지 않을 말만 하는 것이다. 널리 알려도 부끄럽지 않으면 진실이다. 진실은 열 사람이 와서 각기 말을 해도 그대로 진실이다. 하루 두었다가 봐도 옳고, 10년을 두었다가 봐도 옳고, 1,000년을 두었다가 봐도 옳다. 그러니 그 진실을 말하는 입이 어찌 크지 않다고 하겠는가.

그러니 성인이란 귀가 크고 입이 큰 사람이다. 《천자문》에서는 "제 생각을 이기면 성인이 된다"고 했다. '나'를 없애버리면 성인이 되는 것이다.

• 《천자문》에 나오는 구. "바른 길을 가면 어진 사람이 되고, 생각을 이기면 성인이 된다[景行維賢克念作聖]." 또 《서경書經》에는 "성인이라도 생각이 없으면 미치광이가 되고, 미치광이라도 생각을 이기면 성인이 된다[維聖罔念作狂 維狂克念作聖]"라고 하였다.

원오 극근:
깨달음은 탐·진·치 닦아 없을 때
시절인연으로 오는 것

원오 극근˙은 선종 화두에 대한 유명한 책인《벽암록碧巖錄》
을 쓴 스님이다. 원오 스님은 젊었을 때 고승 70여 분을 찾아
다니며 선에 대해 물었다. 그러다 보니 이곳저곳에서 설법을
요청하며 떠받드는 바람에 교만해져서 자기가 깨달은 듯이
행동했다. 그렇게 허송세월하다 어느 날, 오조 법연 선사˙˙를
찾아갔다. 법연 선사를 만나서도 평소 하듯이 한바탕 늘어놓
으니 법연 선사가 싱긋이 웃으면서,

"너 뭐 그리 지껄이니?" 하였다.

원오 스님이 깜짝 놀라 되물었다.

"왜 그러십니까?"

"아니, 너 아무리 지껄여도 마지막 죽는 날엔 아무짝에도
소용없는 것이다."

"많은 큰스님들도 다 좋다고 그랬는데, 스님은 왜 언짢다

˙ 　원오 극근圜悟克勤(1063~1135): 중국 송나라 때 승려로, 오조 법연法演의 뒤
　를 이었다.

˙˙ 　오조 법연伍祖法演(?~1104): 송宋대 임제종臨濟宗 양기파楊岐派 승려로 원오
　극근에게 법을 전했다. 조주趙州의 '무無' 자 화두를 수행의 근본으로 할 것
　을 역설했다. 어록집으로《법연선사어록法演禪師語錄》이 있다.

하십니까?"

원오 스님은 자존심이 상했다. 법연 선사가 또 한마디 했다.

"큰스님들이 아무리 좋다 한들 뭣하냔 말이야. 염라대왕이 좋아해야지. 무슨 얘기냐 하면, 너를 끌고 가는 저승사자 귀신이 좋아해야지, 그저 내가 좋다 한들 뭔 소용이냐?"하며 법연 선사가 덧붙여 말했다.

"이제 큰 병이 날 것인데, 그 병으로 극심하게 고통받을 때에, 법당 안에 등잔불이 깜빡깜빡할 때에, 죽음이 닥치면 네가진 마음의 힘을 가지고 공포가 일어나나 안 일어나나 봐라. 입에 발린 소리로 죽음을 이길 수 있는지. 그때 네가 발심하고 싶거든 발심하고, 그리고 싶지 않거든 죽어라."

'원 별소리 다 하네. 내가 왜 병을 앓아.'

젊은 데다가 스스로 건강하다 자신하던 원오 스님은 객쩍은 소리를 들었다며 다시 길을 떠났다. 길을 가다가 강남 소주 蘇州에 있는 '정혜사'라는 절에서 덜컥 큰 열병에 걸렸다. 고통이 어찌나 심한지 '이제 죽는구나!' 살 가망이 없다고 느낀 원오 스님은 죽어도 열반당에서 죽자 하고 엉금엉금 기어서 열반당으로 갔는데, 조그만 등불 하나만 켜져 있었다. 검은 기운이 쏴아 들어오고 아파서 죽겠는데

'참말이구나. 정말 법연 선사의 말이 옳은 소리구나!' 퍼뜩 생각이 났다.

'내 죽기 전에 꼭 법연 선사를 만나야겠다'고 하니까 기운

이 솟아 벌떡 일어나지면서 열도 다 내려버렸다. 한마음이 되니 병이 도망간 것이다.

그 길로 법연 선사를 찾아갔더니 본 척도 하지 않았다. 그날 이후 원오 스님은 눈칫밥을 먹어가면서 3년을 법연 선사 시봉을 하고 있는데, 하루는 그 고을의 높은 벼슬아치 자사刺史가 찾아왔다. 자사는 넓은 중국 땅 한 주州를 다스리는, 사법권·행정권·입법권을 다 가진 임금과 같은 사람이다. 그 자사가 법연 선사에게 물었다.

"어떻게 하면 성리가 밝아지겠소?"

법연 선사는 익살이 많았던 사람이다. 유머도, 선문답도 공부가 돼서 여유가 있는 사람이 하는 것이다. 그이가 당나라 현종과 양귀비의 연애소설을 읽었는지 소설 한 구절을 인용했는데 한문으로 이렇게 되어 있다.

"빈호소옥원무사頻呼小玉元無事이언마는 지요단랑인득성只要檀郞認得聲이라."•

'자주 소옥이를 부르지만 원래 아무 일도 없고, 단랑이 그 소리 듣고 알아채길 바랄 뿐이라네'라는 뜻이다.

양귀비가 시집갈 때 데리고 간 몸종 이름이 소옥이다. 아

• 소옥小玉은 당 현종玄宗 때 양귀비楊貴妃의 시녀 이름이다. 양귀비는 현종이 주변에 없으면 안록산安祿山을 불러들이기 위해 "소옥아, 소옥아" 하고 불렀으니, 속뜻은 소옥을 부른 것이 아니고 안록산을 부른 것이다. "소옥아, 하고 시녀의 이름을 자주 부르지만 별 용무가 있는 것이 아니다[頻呼小玉元無事], 다만 그이에게 자기 목소리를 들려주기 위해서다[只要檀郞認得聲]."

무 시킬 일은 없어도 "소옥아" 하고 자주 부르는 것은, 사랑방에 앉아 있는 안록산 샛서방님이 제 목소리를 듣고 좀 오라는 뜻이다. 법연 선사는 그런 뜻이 있는 천박한 시를, '성리를 닦으려면 어찌해야 하느냐'는 그 거만한 자사의 질문에 답으로 던진 것이다. 그런데 이 말을 자사는 못 알아들었고, 옆에서 듣고 있던 원오 스님이 무릎을 탁 치면서 스승인 법연 선사에게 아주 고맙다고 절을 했다.

이런 것은 '칠통漆桶이 떨어진다(혹은 깨진다)'는 깨달음의 과정이다. 누구는 찻잔 깨지는 소리에, 대나무숲 바람 소리에, 시장에서 고기 파는 사람이 좋은 고기 달라는 사람에게 나쁜 고기가 어디 있냐고 하는 소리에도 즉각 깨달아 알게 되는 것을 칠통이 떨어진다고 한다. 3년간 눈칫밥 먹으며 자기 마음을 닦던 원오 스님은 연애소설 한 대목에 자신의 몸뚱이고 무엇이고 아무것도 거기 있지 않은 상태가 된 것이다.

　깨달음은, 탐심으로 일으킨 분별을 닦고 성내는 마음에 의해서 일으킨 분별을 닦고 또 제 잘난 생각을 닦는 자가, 아직은 철저한 마음이 없을 때, 그 무엇이 필요한 때 시절인연時節因緣으로 오는 것이다. 그러니까 여기에는 추한 것도 더러운 것도 없고, 오직 한마음 뒤집어 깨치면 그때 자아가 서버리고 마는 것이다.

옹정 황제

유럽 사람들 중에는 도통을 잠깐 구경한 사람이 있고, 동양 사람들이나 인도 사람들은 도통한 흔적이 많다. 예를 들면 중국 청나라의 다섯 번째 천자인 옹정 황제는 스스로를 원명圓明 거사라고 불렀다. 오대산에서 공부하고 앉아 있는데, 불교 승려 둘이 남방으로부터 들어오는 것이 보였다. 그걸 보고 앉아서 하는 소리다.

"하나는 알겠는데, 하나는 도무지 모르겠다."

그렇게 자기 혼자 말했더니, 그 옆의 그 두 사람이 "전하, 저희는 전하를 처음 뵙습니다"라고 말했다. 그러자 그 원명 거사는 "그건 내 소리야. 두 사람이 들어오는데 언제 알던 사람일까 그 말이야"라고 말했다.

한 사람은 알 것 같다는 것은 아마 자기 몸뚱이 만들기 전에 언젠가 알았던 것 같다는 말이다.

그럼 무슨 소리를 이렇게 하느냐. 이 세상 모든 것은 원인에 의지해서 결과를 낳는 것이다. 그 원인 결과를 초월하면 과거나 현재나 미래가 동시에 드러나기 때문에 즉각을 하는 이들은 이렇게 그냥 볼 수 있다.

예를 들면 그이들은 언제 누가 무슨 말을 할 적에 그 말이 현재에 나타나지 않으면 말하지 않는다. 그 나타난 것을 그대로 옆 사람이 앉아 지껄이면 "응, 그건 옳다" 그런다. 나타나는 사실하고 지껄이는 사람의 말이 맞지 않으면 "그건 맞지 않다"고 그런다. 맞지 않다고 그러는데 말한 사람이 맞다고 우기면 또 그 사람이 아무 말도 안 하는 걸 본 적이 있다. 그 사람의 세계는 전부 과거라는 기억도 없고, 미래라는 추측도 없고, 미래나 과거나 현재가 그대로 현실이 되고 마는 것이다.

요 임금, 허유, 소부

전에 요堯 임금이라는 사람이, 백두산 근처에 단군의 족속이
외적으로 있을 적에, 하도 고단해서 허유許由라는 사람을 찾
아가 이렇게 말했다.

"해와 달이 돋아 밝은데도 횃불을 끄지 않으면 공연히 어려
움만 더하지 않겠는가[日月出矣 而爝火不息 其於光也 不亦難乎, 일월출
의 이작화불식 기어광야불역난호].

때맞춰 비가 내리는데 물을 대려고 애쓰다니 고단치 않은
가[時雨降矣 而猶浸灌其於澤也 不亦勞乎, 시우강의 이유침관기어택야 불역로
호]."* 그러고는 허유를 보고,

"당신 생긴 걸 보니, 나 같은 놈은 그만둬야 되겠소. 나 대
신 임금 좀 허우." 그랬다. 그러니까 허유가 하는 소리가,

"명예라는 건 실질의 껍데기일 뿐인데 나보고 그런 껍데기

---

* 《장자》〈소요유〉 편에 나오는 이야기. 전문은 다음과 같다.
　"요 임금이 천하를 허유에게 넘겨주고자 하여 말하기를, 해와 달이 돋았는
데 횃불을 끄지 않으면 어려움만 더하지 않겠습니까[堯讓天下於許由曰, 日月出
矣 而爝火不息 其於光也 不亦難乎]? 때맞추어 비가 내리는데 물을 대고 있으니
헛수고 아니겠습니까[時雨降矣而猶浸灌 其於澤也 不亦勞乎]? 선생께서 임금 자리
에 앉으시면 천하가 저절로 다스려질 터인데 제가 오히려 임금 노릇을 하
고 있습니다. 스스로 돌이켜보매 모자라니, 청컨대 천하를 다스려주십시오
[夫子立而天下治而我猶尸之 吾自視缺然 請致天]."

가 되란 말이오[名者實之賓 吳將爲賓乎, 명자실지빈 오장위빈호]?"라고
했다.

당신이 임금을 곧잘 하는데, 왜 나더러 하라고 그러느냐는
말이지.

(백정이) 좀 고단하다고, 제사 지내는 사람이 제사 지내려고
백정 대신 소 잡는 법은 없다, 그 말이다. '소 잡아다 주면 제
사는 지내주지. 내가 무슨 필요로 너 대신 그 구덕을 치느냐'
는 말이다.

그러니까 요 임금이란 자가 그냥 지나갔다.

허유는 영천수穎川水에 가서 귀를 씻었다. 왜 귀를 씻는가
하니, 요가 한 말이 좀 궁리가 되니까. 그래 궁리를 아주 안
하려고 귀를 씻은 것이다.

그런데 그때 소부巢父라는 사람이 소를 끌고 오다가, "별안
간 왜 귀를 씻소?" 하고 물었다.

"허, 그 요라는 이가 와서 임금을 하라기에 싫다고 했는데,
그의 말을 듣고 귓속이 더러워져서 씻는 거요"라고 했다.

그러자 소부는 바로 그 옆에서 소에게 물을 먹이려다 상류
로 옮겨가더라는 이야기다.

"왜 올라가오?" 그러니까,

"그대 귀가 그렇게 더러우니 우리 소 버릴까 그러오."

칸트:
이상이 없는 사람

칸트는 '나'라는 생각이 별로 없는 밝은 사람이었다. 독일과 러시아 접경지대 조그만 마을에서 태어나 거기서 평생을 살았는데, 재미있는 이야기를 많이 남겼다.

칸트는 비가 오나 눈이 오나 날마다 일정한 시간에 어김없이 산책을 했기 때문에, 마을 사람들은 그의 산책 시간을 기준으로 시계를 맞출 정도였다.

칸트가 젊었을 때 일이다. 친구와 함께 산책을 하는데, 갑자기 어떤 사람이 식칼을 들고 덤벼들었다. 친구는 놀라서 황급히 몸을 피했다. 그러나 칸트는 미동도 하지 않고 칼을 들고 덤비는 사람을 향해 조용히 말했다.

"오늘은 금요일이오."

그러자 어찌 된 일인지 그가 갑자기 온순해졌다.

"선생님, 실례했습니다."

그는 칸트에게 고개를 숙여 사과하고는 곧 가버렸다. 숨어서 이 광경을 지켜본 친구가 놀라워하며 칸트에게 어떻게 된 일인지를 물으니 이렇게 대답하였다.

"놀라울 것 없지. 그 사람은 푸줏간 주인인데, 나를 소로 착각해서 칼을 들고 쫓아온 것이야. 내가 오늘이 금요일인 것을 알려주자, 무육일無肉日(기독교에서 고기를 먹지 않는 날)임을 알고 제정신을 차린 것이네."

보통 사람에게는 무서운 적으로 보이는 사람도 지혜로운 칸트에게는 무서운 적이 아니었다.

문수보살이
석가여래를 죽이려 달려든 까닭

석가여래 문하에 들어와 제자가 된 사람들은 출신 계급과 교육 수준과 자란 환경이 각양각색이었다. 높은 지성을 갖춘 제자들이 있었는가 하면, 깡패나 도둑이나 걸인이었던 사람도 있었다.

그래서 이들이 비록 세존의 가르침을 거울로 삼아 수도를 했지만, 과거의 습관을 버리지 못해 때로는 사회적 지탄을 받을 만한 일을 저지르는 경우도 있었다. 그래서 부처님께서는 '살생하지 마라. 도둑질하지 마라. 간음하지 마라. 이를 어기면 성불할 수 없다'는 계율을 만들어 그들을 단속하게 되었다.

그 후, 제자들은 공부가 상당히 진전되어 저마다 자신의 전생을 볼 정도에 이르렀다. 그런데 그들이 자기의 전생을 보니 무수히 많은 살생, 도둑질, 간음으로 얼룩져 있는 것이 아닌가. '살생, 도둑질, 간음의 계율을 어기면 성불할 수 없다고 하셨는데, 이제 우린 다 틀렸구나.' 그들은 그만 낙심하였다.

이 마음을 본 문수보살이 갑자기 석가여래께 달려들어 죽이려 하였다. 무슨 뜻일까?

도인:
세상에 살며 세상에 있지 않은 사람

가장자리가 없는 큰 바다를 중국 사람들은 만경창파萬頃蒼波라고 한다. 만경이라는 것은 밭이랑이 만 개나 되는 광막한 벌판이다. 그런 벌판에 비할 만한 파도치는 큰 바다가 만경창파다. 그 바다에 한 도인이 조그마한 배를 아무 구애 없이 띄워 놓았다고 해보자. 그 풍경이 멋지기도 하고 위태롭게 보이기도 할 것이다. 작은 배가 큰 파도에 가랑잎처럼 휘둘릴 터인데 도인은 무엇을 말하고자 만경창파에 배를 띄운 걸까?

생활하는 데 부족함 없이 갖고서 제멋대로 행동하는 것을 자유라고 하나? 우리가 그렇게 살아보지 않았기 때문에 그렇게 사는 걸 자유라고 생각하지만, 인간의 삶이란 늘 고통과 부족에 허덕이며 살 수밖에 없어서 아흔아홉 마리의 소를 가진 부자가 한 마리의 소를 채우려 하듯 늘 허덕인다.

도인처럼 만경창파에 흔들리는 작은 배에 우리가 타고 앉아 있으면, 아마도 무서운 생각밖에 나지 않을 것이다. 그런데 도인은 어떻게 마음을 쓰는가. 마음대로 하기를, 되어가는 대로 하기를 만경창파에 매이지 않은 배처럼 한다고 한다. 도인의 심정은 어떤 상황이라도 자유롭다는 말이다. 도인의 특징 중 하나가, 수만 명이 오더라도 싫다 하지 않고 한 사람도 안 오더라도 신경 쓰지 않는 것이다.

도통한 사람들이 마음에 무슨 생각을 더 하겠는가? 이렇듯 도인들은 안과 밖으로 끄달리지 않는다. 그렇다고 이 세상을 배척하는 것도 아니다. 삼시 세 때 밥 먹고 싸고 자는 게 우리와 별반 다르지 않다. 밥 먹으려고 농사도 짓고 장사도 하고 청소부로 일하기도 하는 등의 세상살이를 한다. 그런 도인은 세상에 살며 세상에 있지 않다. 우리는 그들을 마음을 다 닦은 사람이라고 얘기한다.

더울 때 더운 곳으로 가고,
추울 때 추운 곳으로 간다

사람은 걸을 수 있으면 살고, 누워 일어나지 못하면 죽는다. 몸을 안 움직이고 잘 먹기만 하는 사람은 오래 못 산다. 몸이란 게 너무 잘해주면 신진대사가 잘 안 돌아가 관절이 굳고 심각한 병이 온다. 젊어 고생은 사서도 한다는 말에는 여러 뜻이 있겠지만 골병들지 않을 정도의 고생은 약이란 말이다.

예를 들어, 한여름 삼복지경三伏之境(삼복중)에 가마솥을 만드는 주물공장에서 일하는 사람은 열기에 질식해 죽을 것 같지만, 그 사람은 감기에 걸리는 법이 없다. 땀을 줄줄 흘리니 속에 있는 열이 모두 땀으로 배출되어 신진대사가 잘되고 시원한 물을 우리가 얼음과자 먹은 것보다 더 맛있게 마실 수 있기 때문이다. 한여름을 잘 지내고 나면 이 사람은 아주 성성해서 가을엔 밥 잘 먹고 건강하다는 말이다.

반대로 팔자 좋은 사람은 여름에 서늘한 곳에 드러누워 아이스크림이나 먹으며 부채질이나 하면, 여름 내내 한기가 들어서 겨울에는 감기로 죽어난다는 말이다.

어느 도통한 스님에게 물었다.

"스님, 더우면 어떻게 하고 추우면 어떻게 합니까?"

스님이 대답했다.

"더울 때 더운 곳으로 가고, 추울 때 추운 곳으로 가면 된다."*

이열치열이라고 더운 날 뜨거운 숭늉 한 사발을 마시는 그 시원함 알지 않는가? 서울에서 춥다고 하다가 설악산이라도 가면 서울이 봄날이었다는 사실을 아는 것과 같다.

---

* 이 문답은 당나라 말기 조동종의 개조인 동산 양개洞山良价(807~869) 선사의 공안이다.
어느 스님이 동산에게 물었다. "추위와 더위가 닥쳤을 때는 어떻게 피할 수 있습니까?" 동산이 말했다. "왜 춥지도 덥지도 않은 곳으로 가지 않는가." 스님이 말했다. "어디가 춥지도 덥지도 않은 곳입니까?" 동산이 말했다. "추울 땐 추위가 그대를 죽이도록 내버려두고, 더울 땐 더위가 그대를 죽이도록 내버려두어라[僧問洞山 寒暑到來如何迴避 山云. 何不向無寒暑處去. 僧云 如何是無寒暑處. 山云 寒時寒殺闍黎 熱時熱殺闍黎]."《벽암록》제43칙.

도인과 부처님, 그리고 보통 사람

몸과 마음이 건강한 이가 도인이고, 몸과 마음이 가짓껏 건
강한 이가 부처님이다.

　보통 사람들의 마음은 대개 약하다. 얼마나 약한가 하면,
예쁜 사람을 만나면 살점이라도 베어서 먹이고 싶고, 그러다
가 금세 미워지면 칼로 푹 찔러 죽이고 싶어진다. 여러분에
게 이런 마음이 가끔 일어나지 않는가. 이런 것이 건강하지
않은 마음이다.

건강한 마음이란 좋은 일에도 담담하고 언짢은 일에도 그렇
게 길길이 날뛰거나 화내지 않고 편안하고 지혜로울 수 있는
마음, 태산처럼 흔들리지 않는 가운데 무분별의 지혜가 깊어
져 우주의 만상이 거울처럼 비쳐오는 그런 마음이다.

도인의 경계는 수많은 일과 생활 분위기가 한마음으로 모이
고, 범부의 경계는 한마음이 수많은 일을 다 쫓아다닌다.

도인과 절대 자유

우리는 자유를 퍽 좋아한다. 누구든지 아마 자유를 희구할 것이다. 그러나 그것은 상대적 자유이지, 절대적 자유는 아닐 거다. 절대 자유는 (오히려) 모두 무서워하고 또 할 마음이 잘 안 나는 것이다.

가장자리도 없는 바다, 이걸 중국 사람들은 대략 만경창파^{萬頃蒼波}라고 그러는데, '만경'이라는 건 밭이랑이 만 개나 되는 그런 광막한 벌판, 그런 벌판에 비할만한 바다이다. 그 바다에다 쪼그만 배를 아무 구애 없이

띄워놨다고 해보자. 기가 막힐 것이다. 이놈이 제멋대로 떠도니 어떡하겠는가. 제멋대로라 자유인데, (누구나 희구하는 것이지만) 너무 자유로워도 걷잡을 수 없게 된다. 그러면 무서운 생각밖에 안 난다.

그런데 그럴 때 도인은 어떻게 마음을 쓰는가? 돼가는 대로, 만경창파에 매이지 않은 배같이 한다.

그러면 그 사람의 심정은 어떤가. 수만 명이 오더라도 싫다지 않을 것이고, 또 한 사람도 안 오더라도 심심하지 않을 것이다. 왜냐하면, 자기 마음에 무슨 생각을 올리지 않으니까,

또 그렇다고 이 세상을 배척하는 것도 아니니까 그렇다. 그런 사람을 마음 닦은 사람이라고 한다.

마음 닦은 사람은 차갑지도 않고 또 만만해 보이지도 않는다. 그래서 그 사람에게 물으면 우리의 문제도 해결할 수 있을 것이다.

용심(用心), 이야기

9

세속에서 살면서 자기 앞에 닥친 일이나 주어진 일을 피하려 하지 않고, 그 일로 인연하여 올라오는 생각과 분별은 무엇이든지 부처님께 바치고 부처님 시봉하는 마음으로 행한다면, 세속의 일이지만 곧 부처님의 일일 것이다.

한마음의 힘

한마음의 힘이 얼마나 강하고 지독한지 알아야 한다. 마음이 부드러우면 아주 불공대천不共戴天의 원수도 용서할 수 있지만, 마음이 칼날이 되어 지독해지면 오뉴월 여름에 서리도 내린다지 않는가?

옛날 중국에서 생긴 일이다.

어느 해 여름에 서리가 오고 얼음이 얼고 괴이한 일이 벌어졌다. 그래서 나라에서는 날씨를 살피는 일관日官과 무당에게 어떻게 된 연유인지 알아보게 했다. 그들이 말하기를, "시방 동북방으로 200리 밖에 사람이 하나 있는데, 그 사람이 너무나 억울해서 그 억울한 마음이 하늘로 퍼져서 그렇게 됐습니다. 이 재앙을 없애려면 그 원한을 풀어주는 덕을 쌓아야 합니다"라고 하였다.

알아보니 실제로 여자 하나가 참 마음이 밝은 사람인데, 너무나 억울한 처지에 놓여 있었다. 그 원한을 풀어주니 하늘이 정상으로 돌아왔다.

'여자가 원통함을 품으니 오월에 서리가 내린다[—婦含怨 伍月

飛霜, 일부함원 오월비상]'라는 고사성어가 있다. 한마음이 이렇게 무서운 것이다. 이러한 능력을 가진 마음은 인도로 가는 순례자들이 히말라야산맥도, 깊은 정글도 넘어 부처님의 성지까지 갈 수 있게 하는 힘이었을 것이다.

자기를 지옥에도 천국에도 가져다놓을 수 있는 막강한 것이 한마음이다. 마음을 닦는다는 말로 알 수 있듯이 마음은 거울이다. 그렇게 한마음으로 외부 세계를 비추는데, 개념과 주관에 가려져 있으면 왜곡하고 기만하여 진실을 못 보게 된다.

다른 사람을 볼 때에 다 훌륭하다고 생각하라. 그러면 자기 마음에 훌륭한 인격자를 그리게 되고, 자기 마음에 훌륭한 인격자가 그려지면 자기 마음이 원인이 되어서 결과가 자기 마음과 몸에 비추게 되어 완성을 이룰 수 있다.

그런데 대개 사람들은 항상 남들의 단점을 찾아 다 나쁘다고 생각한다. 그 나쁘다는 것이 자기 마음에 비춰지면 그것이 결과가 되어서 자기 마음과 몸에 나쁜 것이 온다.

자신이 자기의 마음을 보지 못하는 것이 어떤 결과를 만들 수 있는지 늘 생각하며 살아야 한다.

부처님 법당을 빈대로 장엄하려무나

금강산 안양암에 있을 때 일이다. 어느 날 신계사 큰절에서 수좌가 올라오더니 크게 걱정을 하며 하소연했다.

"대웅전 큰 법당에 빈대가 너무 많아 보기도 흉하려니와 몸이 가려워 큰일입니다."

그래서 내가 "그럼 저 아래 장터에 내려가서 유황을 한 봉지 사거라. 불 잘 피는 화로를 법당 한가운데 두고 거기 양철 조각을 올려놓고 그 위에 유황을 태워라" 하고 방법을 일러주었다.

"그러면 빈대가 죽습니까?"

"죽느니라."

그랬더니 그 중 눈이 휘둥그레지더니, "아휴, 그건 살생이 아닙니까? 전 살생은 못 하겠습니다" 하고 아주 꾸짖듯이 이야기를 했다. 그래서 내가 말했다.

"그럼 너는 부처님 법당을 빈대로 장엄하려무나. 죽인다는 마음이면 살생이지만, 부처님 법당 청소하는 마음이면 부처님 전에 복 짓는 일이 되어 밝아지느니라."

살인죄도 실체 아닌 망상

두 젊은이가 부처님 밑에서 수도하고 있었다. 그런데 부처님 처소는 부처님을 뵙기 위해 곳곳에서 모여든 사람들로 들끓었다. 그것을 보고 두 비구는 생각하게 되었다.

'이렇게 시끄럽고 분주하니 어떻게 수도에 전념할 수가 있겠는가. 어디 조용한 수도처를 찾아봐야겠다.'

뜻을 모은 두 사람은 부처님 곁을 떠나 인가에서 멀리 떨어진 산속 동굴로 가서 수도했다. 그러던 어느 날, 한 비구가 생필품을 구하기 위해 마을로 내려갔다. 그가 떠난 후 갑자기 하늘이 어둑어둑해지더니 비가 쏟아지기 시작하였다. 비는 저녁때가 다 되어서야 그쳤고, 바로 그때 마을로 내려간 비구의 누이동생이 오빠를 만나기 위해 비에 흠씬 젖은 채 동굴에 나타났다. 홀로 남아 있던 비구는 친구의 누이동생이 날이 다 저물어서 비에 젖어 오들오들 떨며 찾아왔는데 오빠가 없다고 그냥 돌려보낼 수가 없었다. 그는 화톳불을 지피고 여자를 앉혀 옷을 말리게 하고 더운 음식을 장만해주었다.

날이 저물어 어둠이 깔렸는데도 친구는 돌아오지 않았다. 화톳불 곁에 앉은 여자의 얼굴이 발갛게 달아올랐다. 그는 내부 깊숙한 곳에서 꿈틀거리는 욕정을 느꼈다. 여자의 상기

된 모습이 한동안 잊고 지내던 정념에 불을 당긴 셈이었다. 이윽고 욕정의 불길에 휩싸인 그는 그만 자제력을 잃고 여자를 범하고야 말았다. 불길이 사그라들고 제정신으로 들어온 그는 생각할수록 어이가 없었다.

'순간의 욕망을 참지 못하고 파계를 하다니….'

그는 가슴을 치며 후회하였다.

한편 밤늦게 마을에서 돌아온 비구는 그들을 보고는 아연실색하였다. 그는 격분하였다. 친구도 친구려니와, 외딴곳에서 수도하는 젊은이 앞에 나타나 화근을 일으킨 누이동생이 더욱 괘씸했다.

'성스러운 수도자를 파계시킨 구제받지 못할 요망한 계집이 아닌가!'

순간 흥분한 그는 그만 누이를 죽이고 말았다. 자신의 발치에 죽어 넘어진 누이동생의 시체를 보는 순간, 그는 정신이 번쩍 들었다.

'나 자신은 간음보다 더한 불살생의 계율을 범한 것이 아닌가! 이제 우리는 어찌할 것인가.'

두 비구는 끌어안고 목 놓아 울었다. 엄청난 파계를 했으니, 도를 이루기는커녕 지옥에나 떨어질 것이었다.

앞길이 막막해진 둘은 부처님 처소로 내려왔다. 부처님께 말씀드리고 자신들이 구제받을 길이 없겠는지 여쭈어보고 싶었지만, 그럴 용기가 없었다. 그래서 계율 제일이라는 우팔리 비구를 찾아가 자초지종을 이야기하고 구제받을 방법을 물었다. 그러나 우팔리 비구는 불가능하다고 냉정하게 잘라 말했다. 그들은 다시 사리불과 목건련을 비롯하여 부처님의 10대 제자들을 두루 만나 자문을 청하였다. 그러나 그들 역시 두 사람의 딱한 처지를 동정은 하면서도 시원한 답을 주지는 못하였다.

간음과 살생이라는 파계의 멍에를 걸머지고 더 살아갈 희망과 의욕을 잃은 그들은 마침내 자살을 결심하기에 이르렀다. 당시 수도자들에게 자아의 울타리를 벗어나 부처님의 경지로 나아가는 성불은 생명보다도 값진 것이었다.

그때 마침 유마힐維摩詰* 거사가 두 파계승 옆을 지나가게 되었다. 그들의 딱한 사연을 듣고 죽은 마음을 살려야겠다고 생각한 유마힐은 그들과 함께 우팔리 비구에게 갔다.

유마힐은 우팔리 비구에게 물었다.

"우팔리 존자시여, 이 두 사람의 죄는 과연 어디에 존재할까요? 마음 안입니까 혹은 밖입니까? 아니면 중간입니까?"

이에 대해 우팔리 비구는 대답을 하지 못하고 안절부절못하였다. 유마힐이 그에게 말하였다.

• 북인도 비야리국의 부호로 석가모니와 같은 시대 사람이다. 재가 수행자로 보살의 행을 닦고, 학덕이 높아 사리불·가섭 등 석가모니의 큰 제자들도 그의 학해學解를 따를 수 없었다. 그의 이름은 《유마경》을 중심으로 《대반열반경》 등에 '위덕무구칭왕우바새威德無垢稱王優婆塞'와 같이 언급되는데, 그 이름은 북전北傳 대승경전에 보일 뿐, 남전南傳 팔리어 문헌에서는 찾아볼 수 없어서 그가 가공인물이라는 주장도 있다. 비말라힐毘沫羅詰 또는 유마힐維摩詰·유마라힐維摩羅詰·비마라난리제鼻磨羅難利帝라고도 쓰며 정명淨名·무구칭無垢稱이라 번역된다.

"우팔리님, 만약 그 마음이 깨달음을 얻는다면 그 마음은 여전히 더럽혀져 있겠습니까? 그렇지 않습니다. 죄라는 생각은 망상이고, 망상은 때와 같습니다. 우리의 모든 관념은 물 속에 비친 달, 거울에 비친 그림자와 같이 우리의 망상에서 생긴 것입니다. 때를 닦으면 맑은 거울이 드러납니다. 망상을 없애면 그대로 청정한 마음입니다. 이 이치를 아는 사람이야말로 참으로 계율을 지키는 사람이며 깨달은 사람입니다."

유마힐의 말에 두 비구는 비로소 절망에서 벗어나 다시 수도에 전념, 높은 경지까지 도달하였다.

송시열과 허미수:
보고 듣고 말하는 것이 모두 제 마음

일체 법은 깨친 사람이 보면 그냥 부처님 법이지만, 깨치지 못한 사람이 보면 그대로 칼날이 될 수도 있다.

금강산을 놓고, 어떤 사람은 산봉우리들이 뾰족뾰족한 것이 마치 창검처럼 날카롭다고 고약하게 보지만, 어떤 사람은 시원시원하고 씩씩하게 본다. 이처럼 같은 대상을 두고 다르게 보는 것은 그 마음 씀씀이가 다르기 때문이다.

숙종 때의 학자 송시열이 금강산을 구경하러 갔다. 그는 구룡연 폭포 앞에 서서 250여 척이나 되는 높다란 산봉우리에서 굉음을 내며 쏟아져 내리는 은빛 물기둥과 물보라를 보고, 마치 산이 찡그리고 물이 성내는 것과 같다고 시를 읊었다.

같은 시대 사람인 허미수* 역시 구룡연 폭포를 두고 시를 지었는데, 송시열과는 달리 폭포의 물기둥과 물보라가 너울거리는 한 폭의 비단 같다고 했다.

---

* 미수眉叟는 조선 중기의 문신이며, 유학자이자 명필가인 허목許穆(1595~1682)의 호다. 우암 송시열과는 서인과 남인의 영수로서 첨예하게 대립한 정적관계였다.

같은 폭포를 두고 두 사람은 어떻게 그리 다르게 보았을까. 송시열은 마음에 진심瞋心이 있었기 때문에 폭포에서 두려움을 느꼈던 것이며, 그 진심이 원인이 되어 말년에는 사약을 받고 죽게 되었다. 허미수는 그 마음이 평화로웠기 때문에 폭포를 평화스럽게 보았다. 그의 평화로운 마음 씀씀이처럼 그의 일생 또한 별 재앙이 없이 평안했다.

이와 같이 보고 듣고 말하는 것이 모두 제 마음이니, 바로 제마음 들여다보고 거기 무슨 그림이 그려져 있는지 알아 제모습을 닦아야 한다.

백기 장군과 힌덴부르크

중국 전국시대 진秦나라(221~206)에 백기白起라는 용맹한 장수가 있었다. 그는 일생을 전쟁터에서 보내며 많은 무훈을 세웠는데, 한번은 항복한 포로 수십만 명을 죽여야만 했던 일이 있었다. 그는 이 사실에 대해 늘 죄책감을 가지고 있다가 말년에 그만 미쳐버리고 말았다. 백기는 용맹스러웠지만 지혜가 없어서 인과응보의 사슬에서 벗어나지 못하고 죄에 대한 대가를 받은 것이다.

힌덴부르크*는 제1차 세계대전 당시 독일의 맹장이다. 그는 소련과의 접전에서 36개 사단을 섬멸했지만, 마음에 그들을 죽였다는 생각은 조금도 없었고, 다만 조국과 민족에 봉사하기 위해 적을 쓸어버렸다는 떳떳함만 있었기에, 나중에는 독일의 대통령까지 되었다. 힌덴부르크는 인과응보의 사슬에 걸리지 않는 방법을 아는 사람이었다.

• 힌덴부르크Paul von Hindenburg(1847~1934): 독일의 군인 출신으로 대통령(재위 1925~1934)에 오른 인물. 제1차 세계대전 때 8군 사령관으로 타넨베르크전투에서 승리했다.

고노에 후미마로와 그 후임자

제2차 세계대전 중에 일본의 살림을 맡았던 고노에 후미마로°라는 총리대신이 있었다. 온갖 노력을 다 기울였지만, 막대한 군비를 들이며 전쟁을 치르느라 나라 형편이 말이 아니었다. 이렇게 해도 안되고, 저렇게 해도 안되고….

더욱이 그의 생각에 미국을 상대로 싸우는 일본의 장래는 암담할 뿐이었다. 나라의 살림을 맡은 우두머리로서 실마리를 찾지 못한 그는, 이를 비관하여 마침내 자살로 생을 마쳤다.

한편, 그의 후임으로 온 총리대신은 사태를 전임자와 같이 비관적으로만 보지 않았다. 그는 그런대로 나라 살림을 꾸려서 전쟁을 뒷바라지하였다.

같은 상황임에도 어째서 누구는 자살할 만큼 막막하게 느꼈고, 누구는 다르게 대처하였을까?

고노에 총리대신은 전생에 스승을 잘 섬기며 공부하던 스님이었다. 그런 그가 어느 날 문득 자신의 처지를 돌아보니 한

• 　고노에 후미마로近衛文麿(1891~1945): 1920~1940년대 일본의 정치가. 1937년에 총리로 선출되었고, 제2차 세계대전 때 독일, 이탈리아와 3국 동맹을 결성했다. 패전 후 A급 전범으로 지정되었다.

심하기 짝이 없었다. '그토록 바라던 도통도 아직 못 했는데, 어느덧 세월은 흘러 이 나이가 되었구나. 그저 이렇게 스승의 잔심부름이나 하다가 생을 마치게 생겼으니 난 뭐란 말인가' 하는 서글픈 생각이 들었다. 그 생각을 해탈하지 못한 채 몸을 바꾼 스님은 일본에서 태어나 총리대신이 되었다. 그러나 잠재의식 속에 있던 '내 신세는 뭐란 말인가' 하는 아상이 올라오는 순간, 나라의 상황이 아무 희망도 없는 것으로 비쳐서 그처럼 자살을 할 수밖에 없었던 것이다.

수행자는 묵묵히 부처님을 향해 복을 짓되, 슬기롭게 자신의 문제를 해결하면서 '난 뭐란 말인가' 하는 생각이 들 때에는 깜짝 놀라 바로 그 생각을 부처님께 바칠 일이다.

나이 서른이 되도록 그 꼴이면
부모의 책임은 아니다

고기 세포가 한 번 신진대사에 의지해서 완전히 바뀌는 시간이 1,000일이고, 뼈다귀 세포가 바뀌는 시간이 고기 세포의 세 배로 대략 3,000일, 이 대뇌가 한 번 바뀌는 시간이 뼈다귀 세포 바뀌는 시간의 세 배니까 대략 9,000일 된다. 9,000일이면 스물일곱 해인데, 스물일곱 해만 되면 누구든지 바뀔 수 있을 것이다. 바른 길로만 간다면….

에이브러햄 링컨이 대통령으로 있을 때 일이다. 어떤 친구가 한 서른 먹은 젊은 사람 하나를 데리고 들어와서는 이 사람이 얼굴은 이렇게 시원치 않아도 대단히 좋은 사람이라고 했다. 그러니까 링컨이 웃으면서 "그 사람 나이가 몇 살입니까?"라고 물었다. 서른두 살이라고 답하자 "나이 서른둘을 먹도록 모양이 그 꼴이면 부모의 책임은 아니지요"라고 했다.

서른두 해를 지낸 뒤에도 특별한 특징이 없을 것 같으면 저희 엄마 배 속에서 나올 때의 그 생각을 고치지 못했다는 말이다. 그러니까 시방 그대들이 배우는 것도 역시 그렇다. 30세까지 무슨 특별한 주견이 서지 못하면 앞으로 조금 더 해야된다. 그 뭐, '삼십까지나 했는데…' 하고 만족할 게 아니다.

끝내 참형을 당한
구선복 장군

영조의 명을 받아 사도세자를 뒤주 속에 넣어 죽게 한 사형 집행자는 구선복* 장군이었다. 그러나 그로서는 사도세자를 죽인다는 생각은 없었고, 다만 임금의 명령을 수행한다는 한 마음만 있었기에 조금도 죄책감이 없었다.

그 후 영조의 뒤를 이어 사도세자 대신 왕위에 오른 정조대왕은 아버지의 비참한 최후를 생각할 때마다 도무지 마음이 편치 못했다. 자신이 왕위에 오른 마당에 생부인 사도세자를 뒤주 속에 넣은 장본인인 구선복을 그냥 둘 수는 없는 노릇이었다. 그래서 정조는 구선복을 참형에 처하라는 명을 내렸다.

구선복이 수레에 실려 형장으로 끌려갈 때였다. 길가에 있던 구경꾼 중의 한 사람이 그에게 다가와 물었다.

"당신은 무슨 죄를 지었기에 참형을 당하게 되었소?"

구선복이 대답하였다.

"나는 오로지 나라에 충성하는 마음으로 임금님의 명령을 수행하였을 뿐, 잘못한 일이 아무것도 없소이다."

---

* 　구선복具善復(1718~1786): 조선 후기 영조, 정조 때의 무신으로 영조 때 훈련대장, 병조판서, 의금부판사를 지냈다. 정조 때 아들 이겸, 조카 명겸과 함께 처형당했다.

구경꾼이 말하였다.

"당신이 추호도 잘못한 일이 없다면, 하늘도 당신을 가엾이 여겨 죽임을 당하게 하지는 않을 것 아니겠소?"

구선복이 생각하니 그 말이 옳았다. 그는 하늘을 향해 소리쳤다.

"저는 하늘을 우러러 조금도 부끄러운 일을 하지 않았습니다. 원컨대, 제 말이 틀림없다면 이 수레가 멈추도록 하소서!"

과연 그 말이 떨어지자마자 수레가 딱 멈추더니, 포졸들이 아무리 끌려 해도 꿈쩍도 하지 않았다. 구선복의 마음에 조금도 미안함이 없었기에 하늘을 향해 외치는 순간, 그 마음이 우주와 하나가 되면서 우주가 정지한 것이었다.

한편 조정에서는 난리가 났다. 참형을 받으러 가던 죄인의 수레가 멈추어 움직이질 않다니 필시 무고한 사람을 죽이려 하니 하늘이 노한 것이라고 민심이 들끓었다. 그렇다고 정조로서는 아버지를 참혹하게 죽게 한 자를 살려둘 수도 없었다.

정조는 영특한 임금이었다. 정조는 곧 측근에게 구선복의 행적을 어릴 적부터 샅샅이 살펴 조금이라도 잘못한 일이 있으면 알아오도록 시켰다. 그러나 구선복은 워낙 강직하고 충실하여 조그마한 비리조차 쉽게 찾아낼 수 없었다.

그런데 딱 한 가지 시비할 만한 일이 있었다. 구선복이 어릴 적에 조숙해서 그랬는지 유모에게 부정한 짓을 하려다 들켰던 일이 있었다. 정조는 부랴부랴 구선복에게 사람을 보냈다.

"너는 어릴 적에 유모에게 못된 짓을 하려다가 들킨 일이 있지 않느냐! 그런데도 하늘을 우러러 조금도 부끄러운 일을 한 적이 없다고 큰소리칠 수 있단 말이냐?"

구선복이 생각해보니 그 일만은 마음에 걸렸다. 순간 구선복의 마음이 흔들렸고, 우주와 하나가 되었던 그 마음이 분리되면서 수레바퀴가 구르기 시작하였다. 그렇게 해서 그는 참형을 당하고 말았다.

그가 그때 부끄러운 짓을 했다는 그 마음을 부처님께 바쳤더라면 좋았을 것이다.

이숙:
동지죽과 짚신

조선 현종 때 당상관과 승지를 지낸 이숙李翿*이라는 신하가
있었다. 어느 해엔가 동지 차례를 지내려고 임금과 당상관들
이 종묘에 모였을 때였다. 이숙이 주책이 없어서 그랬는지 임
금의 조상들에게 팥죽 차례를 지내는 엄숙한 자리에서 그만
웃어버렸다. 당시는 임금이 성미가 토라져서 "저놈 죽여라!"
하면 그것으로 끝일 때였다. 지금이야 삼심제도가 있어 세 번
까지 재판을 받을 수가 있지만, 그때는 즉결이었던 것이다.

현종은 퍽 영특한 임금이었다. 아는 체하다가는 이숙을 당
장 불경죄로 처벌해야 할 것이고, 모르는 척하자면 자신이
형편없는 임금이 될 것이니 참고 또 참으며 동지제가 끝날
때까지 기다렸다.

이윽고 차례를 모두 마치고 난 뒤, 임금은 이숙을 불러 물
었다.

"이 막중한 종묘에 동지제를 올리는데, 웃는다는 것은 그

---

* 이숙李翿(1626~1688): 자는 중우仲羽, 호는 일휴정逸休亭. 송시열宋時烈의 문
  인이다. 1669년 광주부윤廣州府尹을 거쳐 1672년 경상도관찰사를 역임한
  뒤 이듬해 대사간이 되었다. 1675년(숙종 원년) 서인이 실각하자 한때 물러
  났으나 뒤에 재등용되어 이조판서를 지냈다. 1687년 우의정에 올랐다.

다지 모양이 좋지 않은 일이다. 그대가 웃은 뜻이 어디에 있는고?"

이숙이 대답하였다.

"지금 합천 해인사 중들이 동지죽을 쒀서 불공을 하고 큰방에서 나누어 먹는데, 죽 뜨는 아이가 장판방에다 그만 죽을 엎질렀습니다. 그런데 그 엎질러진 죽을 그냥 두는 게 아니라 얼른 바리때에 주워 담으니, 바리때 임자가 그 더러운 것을 왜 주워 담느냐며 야단을 쳤습니다. 그래서 웃었습니다."

임금으로서는 하나도 우습지가 않았다.

"그까짓 일에 웃음이 나올 수가 있겠느냐?"

"사실, 그까짓 일로서야 우습지가 않습니다. 그런데 그 죽솥에는 진눈깨비가 잔뜩 엉긴 더러운 짚신 한 짝이 들어갔습니다. 절에 들락거리는 나무꾼이 신던 것이었습니다. 그것을 삶아서 죽을 쑤었는데 그까짓 장판에 엎질러진 죽 좀 주워 담았다고 더럽다 하니, 이는 아주 바보가 아니겠습니까? 그래서 웃었습니다."

그쯤 되자 임금도 별수가 없었는지 "곧 걸음 빠른 사령을 합천 해인사로 보내 사실을 확인하라" 하고 명하였다.

이틀 후, 해인사에 갔던 사령이 팥죽과 함께 삶았다고 하는 짚신 한 짝을 갖고 돌아왔다. 그러니 임금이 놀란 것은 말할 것도 없고, 해인사 스님들은 그때 아주 겁이 났을 것이다. '아, 임금이 조정에 들어앉아 어떻게 해인사에서 짚신짝 삶아 먹은 것까지 알았을까?' 하고.

조주:
"나는 천하의 선지식이 아니오"

지금으로부터 약 700년 전에 중국 산서성에 큰스님 한 분이 계셨다. 당시 그 나라의 왕이 값진 보물로 붉은 산호 방망이를 하나 가지고 애지중지 귀하게 여겼다. 왕이 그 방망이 가운데를 파고 흰 말총을 달아서 일평생 가지고 지내다가 죽을 때에 유언하기를, "산호불자는 큰스님에게 전달하라"라고 했다.

그 방망이가 바로 조주 종심趙州從諗 스님의 산호 방망이다. 스님이 대체 그 귀한 보석 방망이를 무엇에 썼을까? 법매를 때릴 때 썼다.

법매란 무엇인가? "불교란 한마디로 무엇입니까?" 하고 묻는 사람이 있을 때, 그 영악하고 똑똑한 마음을 해탈시켜주기 위해서 때리는 매다. 남들은 누겁다생累劫多生을 두고 닦아도 불교가 무엇인지를 알 듯 말 듯 하다는데, 그걸 한마디로 들어 가지려는 도적놈 마음이니까 말이 끝나자마자 무섭게 방망이로 한 대 칠 수밖에.

그런데 어떤 사람이 조주 스님의 그 산호 방망이가 탐이 났던 모양이다. 그 사람은 스님한테 공손하게 절을 하고서 귀한 산호불자를 보며 말하기를, "선지식은 모든 것을 잘 주신

답니다" 하고 천연덕스럽게 물었다.

젊은 사람이 말은 비록 그렇게 얌전히 했지만, 조주 스님은 그에게서 귀하고 비싼 산호를 가지고 싶어 하는 탐심을 보았다. 그래서 스님이 말했다.

"점잖은 사람은 자고로 남의 것을 달라고 하지 않아야 하느니라."

스님이 이렇게 답변하자, 욕심 많은 청년이 한술 더 떠서 말했다.

"저는 점잖은 사람이 아닙니다."

그러니까 스님도 아주 재미있는 말을 했다.

"나는 선지식이 아니다."

그의 욕심에는 줄 것이 없다는 말이다.

선지식도 점잖은 사람 앞에서 선지식이어야지 덮어놓고 착하면 어리석은 것이다. 즉 보시든 뭐든 지혜가 필요한 것이다.

욕심 많은 청년이 또 말했다.

"큰 선지식도 지옥에 갑니까?"

산호 불자를 주지 않자 스님을 흔드는 것이다. 스님이 대답했다.

"때때로 간다."

"아니, 가거나 안 가거나 두 가지 중의 하나지 어떻게 때때로 갑니까?"

스님이 한마디 했다.

"예를 들면, 자네 같은 사람을 만났을 때는 그냥 지옥이란 말이다."*

---

* 조주 선사에 관련된 이와 비슷한 이야기가《경덕전등록》권10에 전한다.
  "화상께서는 지옥에도 들어가시겠습니까?"
  "나는 맨 마지막에 들겠다."
  "큰 선지식께서 어찌하여 지옥에 들어가십니까?"
  "들어가지 않으면 누가 그대를 교화하겠는가?"

장수가 치는 종소리와
노승이 치는 종소리

중국 사천성에서 일어난 일이다. 사천성은 지세가 험난하여 《삼국지》에서 제갈공명이 유비에게 추천할 정도로 산이 깊은 곳이다. 그래서 예로부터 산적 패거리가 많았다. 지형이 험하니 치안이 늘 제멋대로였다.

그러던 어느 때 변방을 지키던 한 장수가 반란을 일으켰다. 닥치는 대로 이 고을, 저 고을을 손아귀에 넣고 서울을 향하여 파죽지세로 들어가다가 어느 절에 당도하였다. 반란군들이 온다는 소식에 스님들이 다 달아났다. 반란군 패거리가 텅 빈 절에 들어와 방문을 여는데 다 비어 있었다. 이 방, 저 방 뒤지던 그 장수는 어느 방문 앞에서 흠칫 놀라 멈춰 섰다.

방 안에서 나이 먹은 스님 하나가 벽을 향하여 고요히 참선을 하고 있었던 것이다. 요란한 반란군의 발소리를 들었을 텐데, 미동도 하지 않고 뒤를 돌아다보지도 않았다.

순간 그 장수는 일찍이 느껴보지 못했던 두려움에 등골이 오싹하였다. 정신을 가다듬고 애써 태연한 척 일부러 헛기침을 하면서 발을 크게 쾅 굴렀다. 그러나 면벽 좌선 중인 노스님은 미동도 없었다. 다른 반란군들도 다가와 이 광경을 보고는 기이하고 묘하다며 놀라움을 감추지 못했다.

장수가 칼을 쓰윽 빼들고 문지방을 탁 치면서 말했다.

"수천 명의 목숨을 죽이고도 끄떡없는 장군을 아느냐?"

고요히 좌선하던 스님이 법당 안의 진중한 적막을 깨트렸다.

"살고 죽는 데 조금도 애착이 없는 중을 아느냐?"

죽음을 두려워하지 않는다는 스님의 뜻밖의 호령에 장수는 잠시 할 말을 잃고 말았다. 그렇다고 물러설 장수가 아니었다. 또다시 가짓껏 힘을 내어 소리쳤다.

"죽음을 두려워하지 않는다는 중들이 왜 다들 도망갔느냐?"

"도망가긴 어딜 도망가느냐. 이곳에 다 있다."

"한 놈도 없지 않느냐? 어디 있단 말이냐?"

"종을 치면 다 오느니라."

장수는 부하에게 가서 종을 치라고 명령했다. 그러나 종을 땡땡 쳤는데도 도망간 스님들은 돌아오지 않았다.

"종을 쳐도 한 중도 나타나지 않는구나?"

"네가 치면 오지 않지만, 내가 치면 다 온다."

곧이어 노스님이 종을 치자 숨어 있던 스님들이 여기저기서 하나둘 나타나기 시작했다. 은근히 두려움을 느끼던 장수는 노스님이 무슨 요술이라도 부리려나 싶었는지, 더럭 겁을 집어먹은 모양새로 슬그머니 그 자리를 피했다.

장수가 치는 종소리에는 나타나지 않던 중들이 스님의 종소리에는 나타났던 이유가 무엇일까? 그것은 노스님이 요술을 부려서가 아니다. 장수의 종소리는 절의 법도에 맞지 않았기 때문에 두려워 나타나지 않았던 것이며, 노스님이 치는 종소리는 절의 법도에 맞았기 때문에 안심하고 나타났던 것이다.

죽음조차 두려워하지 않고 태연했던 마음 때문에, 노승은 지혜롭게 대처할 수 있었고 장수를 굴복시켜 환난을 피할 수 있었다.

융천사

도인이 많이 나오면, 백성들이 복을 짓게 되어 나라가 부강해지고 국력이 번창한다고 한다. 도인이 어떻게 그런 요술을 부릴까?

향가라는 것이 있다. 신라시대에 민간에서 부르던, 요샛말로 하자면 유행가다. 향가의 대부분은 사실 도인들이 만들었다.

신라 어느 왕 때, 경주 하늘에 살별(혜성)이 나타나서 며칠이 되어도 사라지지 않았다. 동서고금을 통해 혜성은 늘 불길한 징조로 여겨왔다. 그래서 이름도 살별이다. 그 때문에 사람들이 전전긍긍하던 참인데, 신라 앞바다에 별안간 왜구들의 배가 몰려와 새까맣게 진을 쳤다.

임금은 한 치 앞을 내다볼 수 없는 나라의 장래를 걱정하다가, 당시 나라에서 모든 것을 다 안다고 소문난 도인을 청하여 의견을 물었다.

"하늘에 살별이 뜨고, 나라에는 변괴가 연일 일어납니다. 게다가 왜구까지 몰려오니 나라가 어떻게 될지 참 걱정입니다. 무슨 좋은 방도가 없겠습니까?"

"별일 아닙니다. 사람들이 그 살별이 흉조라는 생각을 가지고 있는 것이 문제를 일으킨 것입니다."

"그러면 어떻게 해야 합니까?"

"지금이라도 저 별에 길吉한 별이라는 의미의 이름을 짓고, 사람들의 마음에 저 별이 길한 별이라는 생각이 들게 하면 됩니다."

지금 같으면 라디오나 TV가 있어서 길한 별이라는 노래를 지어 전국에 퍼뜨리기 어렵지 않을 것이다. 그러나 당시로서는 길한 별이라는 노래를 지어 온 나라 사람들의 마음속에 심어주는 것이 매우 어려웠을 것이다. 걱정이 된 임금이 또 물었다.

"어떻게 하면 길한 별이라는 생각을 심어줄 수 있겠습니까?"

"노래를 지어 아이들에게 부르게 하여 퍼뜨리면 될 것입니다."

임금은 혜성彗星이라 이름을 짓고 길한 별이라는 내용을 담은 노래를 지어 아이들에게 부르며 놀게 하였다. 신라 천지는 이내 그 노래 속에 파묻혀버렸고, 불안에 떨던 백성들은 이제 노래 가사처럼 좋은 일이 생길 것이라는 희망을 갖게 되었다. 근심과 걱정으로 흉흉하던 신라 천지가 갑자기 낙토樂土로 바뀌었다.

한편 왜구들은 살별도 나타났겠다, 가만히 앞바다에 진을 치고 있다가 신라 사람들 스스로 기운이 빠져버리면 상륙해서 저저먹으려던 참이었다. 그런데 기운이 빠지기는커녕 뭐가 그리 즐거운지 노래만 하고 있으니, 아무래도 수상쩍어서 지레 겁을 먹고 달아나버렸다.

기록에는 '융천사'라는 스님이 〈혜성가〉*를 지어 부르게 하자 살별이 사라지고 침노했던 왜구가 물러갔다고 되어 있다.

---

* 신라 26대 진평왕(579~632) 때, 세 화랑이 금강산 구경을 떠나려 하는데 혜성이 나타나자 불길한 징조로 여겨 유람을 그만두려고 할 때 융천사融天師가 〈혜성가〉를 지어 불렀더니 혜성이 사라지고 일본 군사도 물러가니 왕이 낭도의 여행을 허락했다. 혜성의 출현에 대하여 〈혜성가〉에서는 아침노을이 비낀 동해의 신기루 같기도 하고, 밤에 올리는 봉화 같기도 하다고 하면서 혜성은 길을 쓸어줄 빗자루처럼 떠 있고, 달은 앞길을 밝히어 중천에 떠 있으니, 이것은 좋은 징조인데 무엇 때문에 나쁜 징조가 되겠는가라고 노래하고 있다. 〈혜성가〉는 《삼국유사》 권5에 전한다.

변방 노인의 지혜

세속에서 살면서 자기 앞에 닥친 일이나 주어진 일을 피하려 하지 않고, 그 일로 인연하여 올라오는 생각과 분별은 무엇이든지 부처님께 바치고 부처님 시봉하는 마음으로 행한다면, 세속의 일이지만 곧 부처님의 일일 것이다.

부처님의 사도라는 틀 속에서 세간을 등지고 고요한 곳에 안주하여 불법을 합네 하며 부처가 다 된 듯 세상을 설명하려는 것은 세상을 꾸짖는 진심이요, 제 잘난 마음인 치심이다.

반면 몸뚱이 착이 심하여 세상 살림을 꾸려나가기 어려울 정도로 심신이 허약해진 사람은, 정신과 육체가 회복되는 동안 조용한 곳에서 수행하는 것이 좋을 것이다.

분별심이란 본래 그 근본이 없다. 그러나 분별 속에서 사는 우리에게 '분별이란 원래 없는 것이다'라고 하면 그 분별이 쉽겠는가. 분별심을 바치는 수행법은 마치 옥수수 껍질을 하나하나 벗겨내서 이윽고 그 알을 얻는 것과 같이, 정도에 맞게 한 단계 한 단계 닦아 나아가는 방법이다.

옛날 중국에서 이민족의 잦은 침략에 대비하여 북방 외外몽골과 중국 국경 사이에 요새를 만들었다. 거기서는 몽골군이 언제 쳐들어올지 알 수 없었기 때문에, 몽골군이 쳐들어오면 얼른 타고 도망갈 수 있는 말이 많을수록 부자로 통하였다.

어느 날, 한 노인이 애지중지하던 말을 잃어버렸다. 마을 사람들이 찾아와서 노인을 위로하였다. 그런데 노인은 덤덤한 어조로 "내가 이 세상을 겪어보니 언짢은 일 뒤에는 반드시 좋은 일이 생깁디다. 그러니 좋은 일이 생길지 누가 알겠소?" 하고 말하였다. 아니나 다를까, 얼마 후 잃어버렸던 말이 다른 말까지 하나 데리고 집으로 돌아왔다.

사람들은 집에 말 한 필이 더 생겼으니 경사가 났다며 축하해주었다. 노인은 이번에도 "글쎄, 좋은 일 뒤에는 혹 언짢은 일이 따를 수 있으니 기다려봐야지요"라고 말하였다.

그런데 노인의 둘째 아들이 말이 한 필 늘었다고 좋아하며 타고 돌아다니다가 그만 떨어져서 다리가 부러졌다. 사람들이 노인을 위로하였다. 그러자 노인은 또 "글쎄, 좀 기다려봐야겠소" 하였다.

어느 날 몽골군이 쳐들어왔다. 대부분의 마을 젊은이들이 군대로 징발되어 죽어 돌아왔으나 노인의 둘째 아들은 군대에 나가지 않아도 되었다. 다리가 온전하지 못했기 때문이었다. 변방에서 사는 늙은이지만 마음을 쉬고 가만히 앉아 자신에게 닥친 일을 잘 들여다본 결과, 길흉과 화복이 다르지 않다는 지혜를 터득한 것이다.

우순의 지혜

중국 역사에서 성군으로 높이 추앙받는 임금에 순舜과 우禹•
가 있다. 우는 누가 자신을 꾸짖으면 세 번 절하였다고 한
다. 그러니까 그는 자기의 못난 점을 찾아 잘 닦았다는 이야
기다.

효자로 알려진 순 임금은 어려서 어머니를 잃고 계모 밑에서
자랐는데, 계모의 성미가 남달랐다. 하루는 계모가 순에게 구
덩이를 파라고 일렀다. 깊이 파서 들어가면 위에서 흙을 덮
어씌워 죽이려 했던 것이다.

　순은 계모의 의중을 알았지만 "네"라고 하였다. 순은 매우
위태로운 상황임을 알아차렸지만 지혜로웠기에, 계모에게
거역도 하지 않고 자신도 살 수 있는 길을 생각했다. 구덩이
를 파는 동시에 자신이 살아나올 구멍을 함께 팠던 것이다.

　또 하루는 계모가 순에게 지붕에 비가 새니 올라가서 살펴
보라고 일렀다. 순이 사다리를 걸쳐놓고 지붕에 올라가 살피
는 사이, 계모는 사다리를 치우고 밑에서 불을 질렀다. 그러

•　　우禹: 중국 고대 전설상의 임금. 하夏 왕조의 시조.

9. 용심(用心), 이야기　**449**

나 순은 죽지 않았다. 이미 계모의 뜻을 알아채고 사다리 하나를 가지고 올라갔던 것이다.

지혜로운 사람은 역경을 역경으로 보지 아니한다. 역경과 순경을 다르지 않게 본다. 이것이 바로 세상의 흐름에 거역하지 않으면서 자신의 마음을 닦는 지혜다.

공자는 생이지지

《주역》의 〈계사繫辭〉 앞머리에 '감이수통천하지고感而遂通天下之故'라, 곧 '느끼면 우주 이치를 그대로 알겠다'고 했다.

공자가 있을 적에는 뭐든지 모르는 일은 공자더러 가서 물어보면 다 곧잘 대답해주었다. 왜 그러냐 하면, 공자는 '생이지지生而知之'였다. 배워서 안 사람이 아니라 자기 마음만 집중하면 그냥 아는 사람이었다.

일례로 북제北齊*에서 궁정에 기러기가 떨어졌는데 기러기 겨드랑이 밑에 화살촉이 하나 박혀 있었다. 그 화살촉 끄트머리가 쇠가 아니고 까만 돌멩이를 갈아서 만든 것이었다. "이 화살촉이 어디서 생긴 거냐?" 사람을 시켜 공자더러 물으니까 공자 대답이, "여기가 시방 대동大同**이니까, 대동에서 북쪽으로 몇 천 리를 나가면 북위 땅에 어떤 산이 있는데,

---

*   북제北齊(550~577)는 중국 남북조시대(439~589) 중에 강태공의 후예인 강성姜姓 고씨高氏에 의해 건국된 왕조다. 국호는 제齊이지만 남조의 남제南齊(479~502)와 구별하기 위해 북제라고 부른다.

**   대동大同: 중국 산시성 북부의 도시로 전국시대 조국趙國의 북변 요지였다.

그 산에 사는 민족들에 숙신씨*가 있다. 그 숙신씨들은 돌멩이를 깎아서 화살촉을 만들어 쏘기 때문에, 그게 숙신씨의 화살인데 대동에서 아마 한 3,000리 북쪽에서 나온 것이다"라고 대답을 했다.

그런 걸 볼 것 같으면 공자는 무얼 잘 아는 사람이었다.

---

*   숙신肅愼: 고대 중국의 북동 방면에 거주한 이민족으로 고조선 시대에 만주 북동 방면에서 수렵생활을 했다.

나폴레옹의 지혜

나폴레옹이 유럽 대륙 대부분을 휩쓸고 러시아에 쳐들어갔는데, 그때가 겨울이었다. 모스크바로 진입하니 방비하는 러시아 군대는 하나도 안 보이고, 영하 30~40도나 되는 추위 속에 집들은 다 불타버리고 없었다. 러시아군 장성들이 머리를 짜내었던 것이다. 천하무적이라는 나폴레옹 군대와 맞붙었다간 질 것이 뻔하니 후퇴하였고, 후퇴하면서 집이라고 생긴 것은 모두 불태워버렸다.

천하의 나폴레옹이라도 영하 30~40도나 되는 엄동에, 추위를 피할 건물 하나 없는 그곳에서는 별 재간이 없었다. 나폴레옹 군대는 얼어 죽거나 심한 동상에 걸려 패잔병 신세로 후퇴할 수밖에 없었다. 퇴각하는 와중에 옆과 뒤로 러시아군의 습격까지 받으니, 군대는 거의 전멸하다시피 하였다.

러시아 땅을 겨우 빠져나온 나폴레옹이 폴란드 국경 부근의 어느 마을에서 하룻밤을 묵게 되었다. 민가에 잠자리를 마련하고 밖에 보초도 세웠다. 한참 곤한 잠에 빠져 있던 나폴레옹은 갑자기 가슴이 답답해져 오는 것을 느꼈다. 그런데 깨어보니 이게 웬일인가! 허리통이 절구통보다 큰 하마 같은 여자가 배를 깔고 앉아서 왼손으로는 멱살을 움켜쥔 채 오른

손으로는 목에 칼을 들이대고 눈을 부릅뜨고 있었다.

"네 놈이 나폴레옹이지?"

다급히 보초를 불러야겠지만, 그랬다간 여자의 칼이 목을 찌를 것이니 나폴레옹인들 별수가 없었다. 나폴레옹은 "그렇소" 하고 대답을 했다. 여자가 말하였다.

"잘 만났다. 나폴레옹, 이놈! 내 아들 3형제가 네놈한테 미쳐 따라다니다가 모두 죽었다. 이제 죽은 자식들을 살릴 수는 없고, 너라도 죽어 원수를 갚아야겠다."

그런데 이때 나폴레옹의 입에서는 천연스럽게 "아이구, 어머니! 못난 자식 셋보다 잘난 자식 하나가 낫지요, 어머니!"라는 소리가 튀어나왔다.

절체절명의 위기를 당했을 때 마음이 두려워지고 황급해지면 어떤 지혜도 나오지 않는다. 그러나 나폴레옹은 목숨이 경각에 달린 그때에도 두려워하지 않았다. 너무나 태연한 나폴레옹의 기에 눌린 그 여자는 칼을 집어던지고 "오, 내 아들아!" 하며 나폴레옹을 끌어안고 울었다 한다.

이런 이야기를 보면, 나폴레옹이 힘으로 유럽 대륙을 휩쓴 영웅이라고 알려져 있지만, 총칼밖에 모르던 사람은 아니었구나 싶다. "아이구, 어머니!" 순간의 이 한마디가 지혜다. 느닷없이 나오는 지혜, 이것은 몸뚱이 착을 닦아서 저절로 나오는 것이다. 닦는 장소가 따로 있거나 이러저러한 형식이 있어서 나오는 것이 아니다. 성직자가 되어 겉으로 불법佛法

입네 하는 형식을 갖추면, 도리어 아상을 키우기가 쉽다.

평소에 분별심을 부처님께 잘 바친다면 위기에도 두렵지 않게 된다. 상대를 두려워하지 않을 때 참 지혜가 나오는 법이다. 나폴레옹은 그 당대에는 마음을 쉬는 연습을 하지 않았겠지만, 틀림없이 전생에는 분별심 쉬는 연습을 많이 했던 사람일 것이다.

이성계와 무학 대사

이성계가 무학 대사를 찾아가서 복을 좀 점지해달라고 했
으나, 무학 대사는 여러 번 거절하였다. 이성계가 하도 조르
니까 무학 대사가 이성계에게, 저 동해 바닷가에 인도에서
500분의 성현이 와서 앉아 계시는데, 그들을 함경남도 안변
석왕사에 잘 모시라고 했다.

이성계는 무학 대사의 지시대로, 그 동해 바닷가의 넓은 모
래사장으로 가서 그 성현들을 하루 한 분씩 걸망에 지고 모
셔왔다. 이성계가 500분의 성현을 하룻길이나 되는 석왕사
에서 동해 바다 그 넓은 모래사장까지 500일 동안 왕복하면
서 모셔온 것을 보면 힘이 대단한 장사였던 모양이다. 왕복
하룻길이 넉넉한 그 거리를 이성계가 499번째 나한羅漢*님을

---

* 　아라한阿羅漢, Arhat의 줄임말. 최고의 깨달음을 얻은 성자로서 석가모니
　의 10대 제자를 비롯하여 16나한, 500나한, 1,200나한이 있다. 소원을
　이루어준다고 여겼기 때문에 신앙의 대상이 되어 규모가 큰 대부분의 사
　찰에는 영산전靈山殿을 두고 중앙에 석가모니불, 좌우에 10대 제자 또는
　16나한·18나한·500나한을 모시고 있다. 부처님이 열반하신 뒤 제자 가
　섭이 부처님의 설법을 정리하기 위해 소집한 회의 때 모였던 제자 500명
　을 '500나한'이라고 한다. 그림이나 조각에서는 종교성 색채가 짙은 불,
　보살상과 달리 일정한 틀에 얽매이지 않고, 만드는 이의 개성이 한껏 드러
　나도록 자유분방하게 표현된다.

모셔 업고 뒤를 돌아다보니, 그 넓은 모래사장에 나한님 한 분만 오뚝 앉아 있는 것이 보기에 안돼서 나머지 한 분을 함께 걸머지고 두 분을 같이 모시고 왔다.

무학 대사가 가르쳐준 대로 석왕사에 500분의 성현을 다 모셔놓고 팥죽을 쑤어서 팥죽 공양을 올리게 되었다. 우선 500그릇을 퍼서 다 담아 한 분 앞에 팥죽 한 그릇씩을 놓아 드리는데 마지막에 죽 한 그릇이 남았다.

이성계는 이상해서 무학 대사를 돌아다본즉, 무학 대사는 "너 있던 곳에 가보아라" 하시기에 다시 동해바다 넓은 백사장에 가보았다. 그랬더니 그 넓은 백사장에 나한님 한 분이 혼자 오뚝 앉아 있는 것이 아닌가.

이성계는 다시 그 나한님을 업어 모시고 석왕사로 와서 다시 팥죽을 쑤어서 500그릇을 퍼놓고 한 분 앞에 한 그릇씩을 놓는데 역시 여전히 죽 한 그릇이 또 남았다.

그 마지막 나한님이 자기를 한 사람으로 대접을 해주지 않고 남의 곁붙이로 업어 온 것에 노하신 것이다. 마지막 남았던 그 한 분이 현재의 독성나한獨性羅漢 님이시다.

무학 대사는 이성계에게 "네 복이 그만치밖에 안 되어서 하는 수 없구나. 1,000년은 될 줄 알았는데 겨우 500년밖에 안 되는구나" 하신즉, 이성계는 "왕조를 꼭 1,000년만 누리게 해주십시오" 하고 애걸하였다. 그래서 무학 대사는 이성계에게 서울 한양에 성을 쌓을 때 지금 홍제원 고개 넘어가는 곳, 지금 독립문 동북간에 있는 승僧바위(중바위)를 성안에다 두고 성을 쌓으라고 하였다.

그러나 국초국말에는 언제나 간신배가 많은 법. 승바위를 성안에다 두고 성을 쌓으면 이씨네는 유명무실로 권리가 없어진다고 떠들어대는 말들이 들리자, 이성계는 이를 그럴싸하게 여겨서 결국 승바위를 성 밖에다 내놓고 성을 쌓게 되었다. 그리하여 무학 대사가 이성계에게 대대로 1,000년 동안 왕위를 잇게 해주려고 했어도, 이성계의 신심이 그것밖에 못 되어서 결국 1,000년의 반인 500년이 되고 만 것이다.

무학 대사는 지금 종로3가에 있는 종묘를 27칸 반을 지으라고 하고, 그 문패 이름를 창엽문蒼葉門이라고 지었다고 한다. 조선왕조는 글자 풀이와 같이 28대로 끝나고 517년간 계속되었다. 마지막 임금은 한일합병으로 왕 노릇을 하다가 말았기 때문에 반 칸이 되는 셈이다.

어느 함흥차사:
비겁해서는 도를 닦을 수 없다

500년 전에 태조 이성계를 함흥으로 모시러 간 대신이 있었다. 이성계가 "경이 나를 데리러 왔지?" 하니, 그 대신은 태조가 자기를 죽일까 봐 겁이 났다. 자신도 함흥차사가 될까 봐 비겁하게도 "아니올시다. 신이 대왕을 모시러 왔으면 신의 자식 놈들이 눈이 다 멀겠습니다" 한 일이 있었다. 그 후에 얼마 안 있다가 실제로 멀쩡하던 그 대신의 아들 형제가 갑자기 장님이 되었다.

비겁해서는 도를 닦을 수가 없다.

사명 대사와 서산 대사

사명 대사가 서산 대사를 모시고 길을 가는데, 서산 대사는 앞서가고 사명 대사는 뒤를 따라가는 중이었다. 사명 대사가 갑자기 몸에 착이 일어나서 '체통이 이만한 내가 요렇게 조그마한 이를 스승이라고 앞에 세우고 가다니' 하는 생각이 났다.

그러자 앞서가던 서산 대사가 길을 비켜서더니 사명 대사를 보면서 "그러면 네가 앞에 서서 가자" 하였다.

도인의 죽음

육조 혜능 대사가 돌아가실 때 대중 가운데 13세 된 하택 신회* 선사가 있었다. 혜능 대사가 다들 잘 있으라고 하면서 걸상에 앉아 눈을 스르르 감았다. 그 순간 어딘가에서 우는 소리가 났다. 신회 선사가 스승이 돌아가시는 것이 슬퍼 우는 것이었다. 울음소리에 혜능 대사가 다시 눈을 떡 뜨더니, "너 이리 오너라" 하고 어린 신회를 불렀다.

"왜 우느냐?" 물었는데 신회가 대답을 못 하자 "스승이 시원치 않으면 시원치 않은 놈은 어서 죽는 게 나으니 안 울어도 좋고, 스승이 똑똑하면 제 길 잘 찾아갈 텐데 왜 우느냐. 이 녀석아, 마음 닦지 않고 울면 안 돼. 울지 마라!" 그러고는 걸상에 앉아 눈을 스르르 감고 죽었다.

이런 것은 도무지 상상하기 어려운 일이다. 보통 사람은 할

---

* 하택 신회荷澤神會(684~758): 6조 혜능의 제자 중 한 명으로, 당시 선종의 주류를 이루고 있던 신수·보적 등의 북종선에 대항하여 혜능의 독창적인 선사상을 선양하고, 이후 남종선이 중국의 불교계를 주도할 수 있도록 하는 데 결정적인 역할을 한 승려. 북종선에 대한 비판과 논박 내용 가운데 가장 핵심적인 것이 '남돈북점론南頓北漸論'이다. 신회 이후 중국 선종은 돈오를 강조하는 남종선이 주류가 되었다.

말을 다 하고 앉아서 그저 잠자듯이 죽기가 쉽지 않다. 대개가 죽지 않으려고 발버둥치고 목구멍에서 가래가 지그르르 끓어서 죽는데, 도를 잘 닦은 분들은 잘 죽는다.

도인들의 세상과 우리의 세상이 다르긴 다르지만, 마음이 바쁘지만 않으면 그렇게 될 수도 있다.

어느 한쪽을 끊어라

어떤 수행자가 부처님이 나셨다는 소문을 듣고 뵈러 가는 도중에 우물에서 물을 얻어먹었다. 물 긷는 여자가 어딜 가느냐 묻기에 수행자는 부처님을 뵈러 간다고 했다. 그랬더니 그 여자가 바짝 다가서며, "내게 고민이 있는데 그분한테 가면 내 문제도 좀 여쭤봐 주세요" 하였다. 얘기해보라고 했더니, "친정에 있으면 시집이 가고 싶고 시집에 있으면 친정에 가고 싶은데, 이 일을 어찌하면 좋을지 좀 여쭤봐주세요" 하는 것이었다.

수행자는 석가여래를 뵙고서 그 여인의 얘기를 말씀드렸다.

"제가 오는 도중에 우물에서 물을 얻어먹었는데 어떤 여인네가 부처님께 꼭 여쭤봐 달라는 말이 있습니다."

그랬더니 석가여래께서는 "네가 그 사람이 돼서 말해라" 하셨다. 그래서 그 사람이 "제가 친정에 있으면 시집으로 가고 싶고요, 시집에 있으면 곧 친정으로 가고 싶은데요, 이 마음을 어떻게 하면 좋겠습니까?" 하니까, 부처님께서 "그래, 어느 한쪽을 끊어라"라고 하셨다. 수행자는 놀라며 "그게 무슨 말씀입니까?" 하고 여쭈었다.

"그 사람이 시집오기 전에 친정에 정부情夫가 있었다. 그래서 시집에 있으면 친정집 그 정부가 생각나고 친정에 가면 남편이 생각나니, 그걸 어떻게 해야 되느냐 그 말이니라."

그러자 그 수행자가 더욱 놀라며 다시 여쭙기를, "예, 그런데 어떻게 어느 한쪽을 끊으라고 하십니까?" 하였다. 부처님이시라면 '정부를 둔 것은 옳지 않으니 당장 정부를 끊어라' 하셔야 하지 않나 하는 생각이 있었던 것이다.

그러자 부처님께서는, "그래, 인연 업이란 그 사람이 되어 보지 않고는 그 사람에 대해서는 모르는 법이다"라고 하셨다.

서속 세 알 빚을 갚기 위해
돼지로 태어난 보살

어느 수행자가 문수보살을 친견하기 위해 경주 남산으로 가다가, 노인 한 분을 만났다. 수행자는 노인에게 "혹시 문수보살이 어디 계신지 아십니까?"라고 물었다. 그러자 노인은 "문수보살을 만나러 가시는 길이면 내가 일러줄 수는 있는데 내 심부름 하나를 해줘야겠어"라고 말했다. 수행자는 노인에게 "그렇게 하겠습니다"라고 대답했다. 그러자 노인은 "이 길로 곧장 가서 제일 먼저 만나는 이에게 이걸 전해주고 오면 내가 알려주겠소"라며 편지 한 장을 안주머니에서 꺼냈다.

수행자는 노인의 말대로 편지 한 장을 받아 가슴에 품고 막 한 발을 내디디려 하는데, 갑자기 안개가 꽉 끼기 시작해서 한 치 앞도 보이지 않았다. 그래도 그냥 한참을 가다 보니 무언가가 훅 하고 앞에 나타나는 것 같아 얼른 그 편지를 건넸다. 그러자 그 무언가가 편지를 덥석 집어삼켰는데, 갑자기 안개가 쫙 걷히더니 앞에 커다란 돼지 한 마리가 퍽 쓰러져 있는 것이 보였다.

그때 어디선가 갑자기 동네 사람들이 몰려오더니 이 광경을 보곤 "저 나쁜 놈이 최부잣집 복돼지를 죽였다"라며 수행자를 관가에 고발했다.

원님 앞에 잡혀간 수행자는 왜 남의 집 돼지를 죽였는지 추궁을 당하자 "저는 편지를 전했을 뿐입니다"라고 말했다. 원님이 "네 말이 정녕 그렇다면 저 돼지가 편지를 먹었겠구나"라고 했다. 수행자가 "네, 분명 그렇습니다. 어느 안전이라고 거짓말을 하겠습니까?"라고 하니, 원님이 "당장 돼지 배를 갈라라"라고 명했고, 진짜로 돼지 배에서 편지가 나왔다. 편지의 내용은 이러했다.

久在塵勞中(구재진로중)이면　오래 세속 가운데 있으면
惑忘本來事(혹망본래사)하니　본래 일을 망각하기 쉬우니
今朝收萬行(금조수만행)하고　오늘 아침 만행을 거두고
速還靑山來(속환청산래)하라　속히 청산으로 돌아오라

원님이 "이게 무슨 뜻이냐?" 하고 물으니, 사람들은 "네, 그것은 문수보살님이 보현보살님을 부르시는 뜻입니다"라고 했다.

사연인즉, 보현보살*이 부처님을 모시고 문수보살하고 길을 가다가 탐스럽게 잘 익은 서속(기장과 조) 알을 만져보다가 서속 알 서너 개가 떨어졌고 보현보살이 그걸 버릴 수 없어 자기 입에 털어 넣은 적이 있었다. 남의 곡식을 먹었다는 생각

---

* 　불교에서 문수보살이 복덕과 지혜를 상징하는 데 반하여, 보현보살은 실천행을 상징한다. 사찰 대웅전이나 대적광전에는 석가모니와 비로자나불 좌우측에 문수보살과 보현보살을 협시보살로서 봉안한다.

이 마음에 남아 있어서 그 빚을 갚기 위해 보현보살이 그 집에 돼지로 태어난 것이고, 새끼를 많이 낳아주어 그 집이 부자가 되게 한 것이다.

보현보살이 서속 몇 알 먹고 돼지가 되었는다는 걸 보면, 그대들은 운이 좋은 줄 알아야 한다.

폭군과 도인

옛날 중국에서 어떤 도인이 혜안慧眼으로 앞날을 보니까, 수십 년 후에 그 나라에 폭군이 나와서 불법을 해치려고 하는 것이 보였다. '이거, 이래서는 안 되겠다. 그때에 몸을 나투어야 되겠구나' 생각하고 그때쯤 되어 몸을 나투셔서는 도를 통해 가지고 계셨다.

아닌 게 아니라 그 나라에 폭군이 나타나 승려를 전부 소집해서는, "너희 중들이 무슨 일을 하는지 설명해라. 나한테 '불법은 이런 것이다'라고 제대로 보여주지 못하면, 내가 절을 모두 불살라 없애고 중들을 전부 해산시키겠다" 하였다. 그러고는 어떤 날을 하루 정하더니 "그날 모두 다 와서 내가 불법을 알도록 하여라"라고 명령했다.

그 정한 날 전국에서 모든 스님들이 운집한 가운데 폭군은 다시 "자, 너희들 내가 알아먹도록 불법을 나에게 보여라" 하였다. 이것을 과거 생에 혜안으로 보시고 몸을 나투신 그 스님이 "탁자를 여기 하나 갖다 놓아라" 하시더니 그 탁자 위에 올라서서 "자, 탁자를 빼라" 하시므로 탁자를 뺀즉, 탁자를 빼는 동시에 스님은 즉각 열반에 드셨다.

그런데 돌아가신 송장이 허공에 우뚝 선 채로 아무리 가서 흔들어도 흔들리지 않고 요지부동이 되어서 꼼짝도 하지 않았다. 폭군은 겁이 나서 불법을 건드리기는커녕 사찰이나 승려에게 아무런 해를 끼치지 못하고 일이 끝났다. 그 도인 스님의 시체는 100일이 되어서야 제자들이 모셔다가 장례를 치렀다.

법현 스님 1

중국 동진 때 스님 법현° 삼장은 인도에 가서 인도 글과 말을
배워 중국으로 불경을 가지고 돌아와 경전을 많이 번역한 분
이다. 이 스님이 불교의 성지 부다가야에 있을 때 부처님이
《법화경》을 설하신 영취산에 가려 하자, 혼자서는 못 간다고
사람들이 만류하였다. 그곳에 사자가 많아 잡아먹히기 십상
이므로 순례자들이 모여 무리 지어 가야 한다는 것이었다.

이 말을 들은 법현 스님이 생각하기를 '내가 죽기로 결심하
고 3, 4년 걸려 성지에 참배하러 왔는데, 그까짓 사자가 무서
워 못 간다는 것은 말도 안 되는 일이야' 하고는, 혼자서 영취
산으로 향했다.

영취산에 도착하여 작은 동굴에 앉아 참선을 하는데 아니
나 다를까 사자 서너 마리가 나타나 스님을 빤히 쳐다보는
것이었다. 법현 스님은 고향 중국을 떠나면서 이미 목숨을
내놓고 부처님께 향하여 마음을 전심으로 썼기 때문에 살고
죽는 일에 여한이 없었는지 사자가 잡아먹든 말든 신경을 쓰

•   중국 동진東晉 시대의 승려. 저서《불국기佛國記》에 인도 순례 여행기가 전
  한다.《대반니원경大般泥洹經》등 많은 경전을 번역했다.

지 않았다. 그런데 부처님 가피인지 사자들이 그저 어슬렁거리다 돌아갔다.

법현 스님처럼 이런 마음자리를 가진 사람은 어디 있든지 공부를 이루지만, 이 정도가 안 되는 사람은 어디 있든지 공부를 이루기 힘들다.

법현 스님 2

법현 스님이 실론Ceylon, 즉 지금의 스리랑카에서 배를 타고 수마트라로 갈 때 큰 파도가 일고 배가 뒤집힐 듯하자 뱃사람들이 점을 쳤다. 그러더니 저 머리를 빡빡 깎고 이상한 옷을 입은 중국 사람 때문에 용왕님이 성이 나서 그렇다고 하면서 법현 스님을 바다에 던지기로 했다. 그 즉시 스님을 끌고 뱃전에 왔는데, 스님은 얼굴 표정 하나 변하지 않았다. 사자를 보고도 놀라지 않았던 스님이지 않은가?

그렇게 바닷물에 내던져지려는 순간 뱃사람 중 한 사람이 "스님 얼굴을 보니 도인인 것 같다. 죽이지 말자. 죽이면 오히려 재앙을 받겠다"라고 해서 살아났다.

또 싱가포르 근처에서 중국 배를 타고 오는데, 태풍을 만나 배가 뒤집힐 듯하자 이번에는 중국 뱃사람들이 모의하기를, "배 무게를 줄여야 하는데 법현 스님이 서적을 많이 가졌으니 우선 서적을 다 물에 버리자. 또 나중에 문제가 생길 수 있으니 법현 스님까지 물에 빠뜨리자"라고 했다.

그때 법현 스님이 뱃사람에게 말하기를, "지금 중국 황제가 불교에 관심이 커서 이 경전을 버리고 나를 죽이면 너희

족속을 멸할 것이다"라고 하니 뱃사람들이 겁을 먹고 스님을
산둥성에 내려놓아주었다.

혜초 스님

과거 많은 우리 민족이 인도에 성지순례를 갔을 것이다. 그만큼 우리가 종교성이 높고 신심이 좋은 민족이다. 그러나 그다지 많은 기록이 없어 아쉬움이 남는다. 이는 자기들의 고생한 순례기를 쓰는 것조차 의미 없다는 마음의 경지였을지도 모른다.

그런데 먼 후세에 둔황석굴에서 신라 혜초 스님의 《왕오천축국전》이 발견되어 그 가치를 인정받아 세계 4대 여행서로 알려져 있다.

혜초 스님을 포함한 선조들의 용기를 본받아야 한다. 작은 마음으로는 먼 길을 갈 수 없다. 나라가 어려울수록 큰마음을 가져야 한다.

원효, 대안, 방울 스님

대안大安 스님이 원효 대사를 데리고 기생집에 가서 술을 마시며 원효 대사에게 술을 권했다. 원효 대사의 '계행을 지켜야 한다'는 마음을 제거해주기 위해서였다. 어떠한 마음이건 지어 가지면 그림자이니까 계행을 지켜야 한다는 그 마음도 닦아야 한다.

실지로 닦는 것과 '닦아야지' 하는 군더더기 마음을 더해 가지는 것은 다르다. 알고 보면 천양지판天壤之判(하늘과 땅 사이 같은 엄청난 차이)이다. '계행을 지켜야 되겠다'는 생각을 더해 가지고 있는 것은 깨쳐야 될 것이다. 계행은 사다리요, 높은 바위에 올라가는 밧줄과도 같은 것이다.

원효 스님 당시 경주 남산 골짜기에 풀로 엮은 움막집에서 거지 행색으로 살아가는 대안 스님이 있었다. 그는 항상 저잣거리에서 동발銅鉢을 두드리며 "크게 편안하시오[大安]! 크게 편안하시오!" 이렇게 인사하고 다녔으므로 대안 스님이라 불렸을 뿐, 그가 어디에서 왔는지 어떤 사람인지 아무도 몰랐다. 어느 날 원효가 대안을 만났다.

"이보시게, 원효! 나와 함께 가볼 곳이 있는데?" 하고는 다짜고짜 앞장서며 원효를 재촉했다. 멋모르고 대안을 따라가 도착한 곳은 빈민들이 사는 동촌의 어느 술집이었다.

"주모, 귀한 손님 모시고 왔으니 술상 하나 봐오시게."

원효로서는 도저히 용납할 수 없는 일이었다. '이런 부정한 곳으로 나를 데려오다니!' 하는 생각에 그 즉시 자리를 박차고 일어났다. 돌아가는 등 뒤에서 대안 스님이 말했다.

"원효, 구제받아야 할 중생을 여기 두고, 어디 가서 다른 중생을 구제하시려는가?"

돌아와서 며칠이 지났는데도 원효는 등 뒤에서 들려온 대안 스님의 말이 머릿속에서 떠나지 않았다. 일체유심조다, 중생구제다, 일체가 불구부정不垢不淨이다 설법을 해놓고는, 천민 동네의 부정한 술집이라고 도망치다니! 존중받던 자기의 높은 학식이 대안 스님의 한마디에 다 무너져 내리는 것을 느꼈다.

원효는 마침내 대사로서의 법복을 벗어 던지고 신분을 숨긴 채 어느 절에 찾아가서 그 절의 머슴[負木]살이를 하며 공부하는 스님들을 시봉했다.

그 절에는 꼽추에다 행동거지도 어줍은 탓에 대중 사이

에 끼지 못하고 제때 밥도 얻어먹지 못하는 '방울'이라는 스님이 있었다. 원효는 왠지 그 스님에게 마음이 쓰여서 특별히 누룽지도 챙겨주고 보살펴주었다. 그러다 하루는 방울 스님이 누룽지를 얻으러 내려오지 않자 그의 방으로 찾아갔는데 방울 스님이 갑자기 "아니, 화엄강백이 아니신가?" 하였다. 《화엄경》 법문으로 유명한 원효 스님이 아니냐는 말이었다.

"어떻게 아셨습니까?" 하고 묻자 방울 스님은 "당신이 수백 대중의 눈을 가린 것은 대단한 힘이지만 아직 내 눈을 가릴 도력은 없는 게지. 스님은 아직 귀신의 눈은 못 가려. 내가 부질없는 말을 했구먼…."

이에 원효는 "귀신의 눈에 안 띄는 법이 있습니까?"라고 물었다.

"마음이 텅 비면."

방울 스님이 대답했다.

"어떻게 비웁니까?"

방울 스님은 "모든 오욕을 털어버리고, '나'라는 것도 없이 하고 어디에도 걸림이 없으면, 물에 들어가도 빠지지 않고 불에 들어가도 타지 않으며, 얻으려 하지 않아도 모든 것이 구해지는 이치가 있어서 어떤 귀신도 당신을 감히 찾아내지 못할 것이야"라고 하였다.

옛날 도인들은
앉아서 죽고 서서도 죽었다는데

송나라 구양수*라고 하는 사람이 노산을 슬슬 돌아다니다가 어떤 절에 들어갔는데, 글 읽는 소리가 들려 그 소리를 들으며 편안히 쉬게 되었다. 얼마 있다가 글 읽는 소리가 그치고 글 읽던 스님이 나왔다. 구양수가 그 도인에게 물었다.

"옛날 사람들은 앉아서도 죽고 서서 죽기도 하는데, 요새는 왜 앉아서 죽거나 서서 죽는 사람이 없습니까?"

스님이 대답하였다.

"그야 그럴 수밖에. 옛날 사람들은 별로 바쁜 게 없었어. 매사를 천천히 처리하니 죽을 적에 뭐가 바쁘겠는가? 바쁘지 않으니 앉아서도 죽고 서서도 죽을 수 있었는데, 요새 사람들이야 얼마나 바쁜가. 아, 바쁜데 앉아 죽을 겨를이 어디 있어? 드러누워서 데굴데굴 구르다가 죽는 거지."

---

* 구양수歐陽脩(1007~1072): 중국 송나라의 정치가 겸 문인으로 당송8대가唐宋八大家의 한 사람이다. 주요 저서로《구양문충공집》《신당서新唐書》《오대사기五代史記》등이 있다.

비록 뒷집의 '김 영감님'만 불렀지만

함경도 어디쯤에서 있었던 일이다. 산골 마을에서 과부 둘이 함께 살았다. 젊은 나이에 과부가 된 여자가 아들 하나를 길러 혼인을 시켰는데, 그만 첫날밤에 아들이 죽고 말았다.

같은 신세의 시어머니와 며느리가 함께 살게 되었으니 서로 위로도 되고 사이가 좋으련만, 현실은 그렇지 않았다. 욕구 불만에 쌓인 두 마음이 부딪치니 미움과 증오로 집안이 늘 시끄러웠다. 그런 시어머니의 나이가 일흔이 넘게 되자 걱정거리가 하나 더 생겼다.

"극락이라는 게 있다는데, 죽으면 거길 가야 할 텐데…."

그러던 어느 날, 밖에 나갔던 시어머니가 희색이 만면해서 돌아왔다.

"아이구, 얘야. 이제 난 죽으면 극락에 갈 수 있게 되었다. 고개 넘어 바닷가를 지나오는데, 묘향산에서 오셨다는 잘생긴 스님 한 분을 만났지 뭐냐. 그래서 그분께 어떻게 하면 극락에 갈 수 있는지 여쭈지 않았겠니. 그랬더니 가르쳐주시더라. 그저 자나 깨나 항상…, 뭐라더라…, 어이쿠, 큰일 났군. 잊어버렸네. 이를 어쩌나…."

노파는 펄쩍 뛰며 안타까워하였다. 그렇지 않아도 죽으면 극락엘 가겠다고 설치는 시어머니가 은근히 얄미웠던 며느리는 내심 아주 고소하였다. 그래서 짐짓 시치미를 떼고 거드는 척하였다.

"거참, 안타깝게 됐네요. 그런데 제가 가만히 생각해보니, 그 스님께서 틀림없이 뒷집의 김 영감님을 부르라고 하셨을 거예요."

그러니까 남편도 없이 시집살이를 한 데 대해 분풀이를 하고 싶었던 것이다. 무식한 시어머니는 듣고 보니 그런 것 같기도 하였다.

"그래. 맞다 맞아. 네 말대로 뒷집의 '김 영감님'이라고 하셨어."

그날부터 집에서는 늙은 과부가 뒷집의 '김 영감님'을 부르는 소리가 그치지 않았다. 자나 깨나 '김 영감님'을 부르던 늙은 과부가 마침내 임종을 맞게 되었다. 임종 자리에서조차 뒷집의 김 영감을 뇌까리는 시어머니를 보고 미안한 생각이 들었지만, 차마 고백할 용기가 나지 않았다.

그런데 어찌 된 일인가. 시어머니가 숨을 거두자마자 서쪽 하늘에서 밝은 빛이 뻗쳐 오더니 과붓집 오막살이를 대낮같이 밝게 에워쌌다. 뒷집의 김 영감님을 부르던 과부가 그 밝은 빛에 싸여 서쪽 하늘로 사라졌다. 말하자면 서방 정토에 극락왕생했던 것이다.

바닷가에서 늙은 과부에게 '나무아미타불'을 가르쳐주었던 스님은 서산 대사라고 전해지는데, 어떻게 이런 일이 생길 수 있었을까.

늙은 과부가 입으로는 비록 뒷집의 김 영감님을 불렀지만, 그 마음은 온통 자신이 만났던 스님에게 향해 있었던지라, 그 스님 정도만큼 밝아질 수가 있었다.

부처님 나신 곳에서 발견하는 공부

나라와 나라 사이 국경에는 늘 도적 떼가 횡행해서 그들에게
목숨을 빼앗기는 사람이 많았다. 《서유기》에 나오는 손오공,
저팔계, 사오정도 호위무사로 보면 맞을 것이다. 그렇게 고생
해서 순례자들이 석가여래 부처님이 태어나고 부처가 된 땅
에 가면 다들 무엇인가 대단한 것들이 있을 줄 알았는데, 막
상 인도에 가보니 날씨는 덥고 해충도 많고 감옥도 있고 경
찰서도 있고 사람들이 밥 먹고 똥 누고 살더라는 것이다.

자기들 고향과 풍습만 다를 뿐, 나쁜 놈도 있고 좋은 사람
도 있고 똑같은 것이다. 그러니 실망하지 않겠는가? 그러다
퍼뜩 드는 생각에 손바닥으로 허벅지를 딱 치며 "아하!"라고
외친다.

태어나 늙고 병들어 죽는 것은 고통이고, 고통이 생기는 원
인은 집착이며, 이 집착을 쓸어버리려면 도를 닦는 공부를
해야 한다는 것, 즉 '생로병사' '고집멸도'라는 부처님 말씀을
몸과 마음으로 한순간 알게 된 것이다.

마음이 갑자기 무거운 것은

소사 도량에서 한 수행자가, 나를 만나러 온 전임 육군참모 총장을 만나 잠깐 이야기를 나누었다. 그러다가 그는 갑자기 큰 쇳덩어리 솥뚜껑으로 그냥 내리누르는 듯한 느낌을 강하게 받았다. 이상한 경험을 한 수행자가 내게 물었다.

"그 사람의 마음이 순간적으로 왜 그렇게 무겁게 느껴진 것입니까?"

그래서 이렇게 답하였다.

"60만 명을 거느리고 호령하던 사람의 마음이라 그리 무겁다. 그런 사람을 만나 내리눌림을 당할 때도 자꾸 바쳐라. 부단히 바쳐서 법력이 서게 되면 어떤 사람을 만나도 눌림을 당하지 않게 된다."

이유 없는 향냄새

공부하는 사람이 정성껏 부처님을 향할 때 종종 향을 피우지 않았는데도 향냄새를 맡게 된다. 향냄새는 어디서 온 것일까?

그 향냄새는 어디서 온 것이 아니다. 바로 부처님께 정성들인 마음이 향냄새로 느껴지는 것이다. 전생에 향을 피우며 부처님께 정성 들였을 때와 비슷한 용심用心(마음 씀)이 되면 향냄새를 맡게 되는 것이다.

이유 없는 통증

어떤 사람이 자신의 죄를 참회하다가 갑자기 머리에 심한 통증이 오는 것을 느꼈다. 그 통증은 무엇 때문에 생긴 것인가?

그것은 다름 아닌 참회하는 마음 때문이었다.

이 사람은 전생에도 깊은 참회를 하다가 '이렇게 죄 많이 지은 내가 살아서 무엇해' 하며 머리를 바위에 부딪쳐 자결했다. 금생에 죄를 참회할 때쯤 되니 전생에 머리 부딪친 기억이 되풀이되어 머리가 아픈 것이었다.

어떤 경우에도
《금강경》읽고 바치는 공부를

어느 학인이 몸이 불편해서 입원을 했다. 함께 찾아오곤 하던 다른 두 사람이 나에게 그 학인을 구해줄 방법을 물었다.

나는 "그 사람 보고 《금강경》 잘 읽고 아픈 데다 자꾸 '미륵존여래불' 하라고 해라. 그 병은 그 방법밖에 없어" 하면서 말을 이었다.

"전에 어떤 부인이 시집살이를 하는데 아이가 셋이나 되는데도 말 못 하고 참아야 할 일이 많았던 모양이었지. 그 부인이 어느 날 나를 찾아와 애원을 하지 않겠나. 가슴속에 뭔가 단단히 뭉쳐 있어서 병원에 갔더니 의사가 그 덩어리를 수술해서 꺼내야 한다고 하는데 어떻게 하느냐는 거야. 내가 보니 그 부인이 만일 그 덩어리를 잘라내면 꼭 죽을 것이었다. 부인에게 그런 말을 했더니, 부인이 '저도 수술은 무섭습니다. 그러니 선생님께서 요즈음 그 흔한 안찰 기도라도 좀 해주세요' 하고 떼를 쓰지 무어냐. 그런데 내가 그런 안찰 기도 같은 일을 하더냐, 하지 않더냐?"

"선생님께서는 안찰 기도나 그와 비슷한 일을 전혀 하시지 않습니다."

"그래, 그렇지. 내가 그래서 부인에게 나는 그런 일 안 한다고 하고서 스스로 《금강경》 읽고 바치는 공부를 하라고 일러주었지. 그랬더니 그 후 한참 만에 그 부인이 다시 와서는 이제 가슴에 있던 덩어리도 풀리고 밥맛도 좋아졌다고 하더라."

선생님은 말씀을 마친 후 잠시 잠잠히 있다가, 앞에 있던 학인에게 시선을 돌리며 환하게 웃으며 말씀하셨다.

"네 얼굴이 많이 예뻐졌다."

"제가 좋아졌다면 다 선생님께서 보살펴주신 덕분이겠지요."

"그거보다도…, 네가 남을 구하려는 마음을 내니까 결국 네가 구원을 받는 거지."

"그런 이치가 있습니까?"

"그럼…, 내가 이야기 하나 할까?"

"네, 선생님. 잘 듣겠습니다."

"세조대왕이 온몸에 부스럼이 나서 고생할 때, 그는 다른 사람들이 흉한 자기 몸을 보지 못하도록 호위병을 세워놓고 목욕을 하곤 했지. 만일 대왕의 목욕 장소에 들어오는 자가 있으면 가차 없이 처치하도록 엄명이 내려져 있었다.

어느 날이었다. 대왕은 그날도 호위병을 세워놓고 목욕을 하고 있는데, 어디선가 잘생긴 동자 하나가 들어와서 대왕의 부스럼 난 몸을 씻어주는 것이 아닌가. 대왕은 동자의 손길이 하도 시원해서 가만히 있다가 몸을 다 씻어주고 동자가 밖으로 나가려고 하자 그를 다치지 않게 하려고 '너, 호위병을 만나거든 대왕을 못 보았다고 해라' 하고 일렀지. 만일 대왕을 보았다고 하면 호위병들이 동자를 죽일 것이니까.

　그런데 동자는 오히려 싱긋 웃으면서 '대왕께서는 문수동자를 보았다고 하지 마시오' 하고는 곧 어디론가 사라졌지. 그 후 대왕의 부스럼은 깨끗이 나았다는 거야."•

• 　세조는 오대산 상원사 법당에 문수동자상을 세웠고 오늘도 그 동자상을 볼 수 있다.

마음은 늘 비워야 하고 과거의 인연은 해탈해야 한다. 줄 것은 주고, 받을 것은 받아서 이 생에 모두 마음 정리를 하여야 한다. 전생에 갚을 것이 있었다면 이 생에 주고 싶게 되고, 전생에 상대에게 받을 것이 있었으면 이 생에서 상대가 주게 된다. 그때 얼른 받으며 원 세워라. 또 내가 주고 싶으면 갚을 것이 있어서 그러니 얼른 주어야 한다. 주고받는 인과의 셈을 모두 해탈해야 마음이 비고, 마음이 비어야 밝아진다.

스승과 나의 임종:
숙명통

자신의 외모가 마음에 들지 않는 것은 육신을 만들 때 자신이 몰랐기 때문이다. 키, 얼굴, 손, 음성, 성격 등이 '왜 이렇게 마음에 들지 않게 생겼을까' 하고 공부하다 보면, 전생에서 마음 지은 것이 원인임을 알게 된다.

이것을 숙명통이라고 하는데, 이 혜안이 열리면 자신의 못난 탓을 부모에게 미루지 않게 된다. 자기가 지은 대로 받았다는 것을 알기 때문이다. 지금부터라도 밝고 긍정적이고, 남을 높게 보고, 부드럽고 대범한 마음을 연습한다면, 그 결과로 이 생에서도 얼굴 모습이 바뀔 것이고 다음 생에는 좋은 모습으로 태어날 것이다.

전생을 알고 보니, 나는 삼생 전에도 중 노릇을 하였다. 스승은 이름 높은 선승이었다. 하루는 스승께서 돌아가시게 되었다고 기별이 왔다. 급히 달려가니, 스승은 벌써 단정히 가부좌를 하고 앉아 임종을 맞을 채비를 하고 계셨다.

그러나 마지막 사선을 넘게 된 순간에는 정신력이 모자랐던지, 다리를 뻗고 몸이 기울어지는 것이었다. 그 광경을 보고, 생명의 의복인 육체를 벗어나는 일쯤이야 자신 있다고 자만하던 나는 속으로 은근히 스승에게 불만스러운 생각을 가졌다.

그 후 10년이 지나, 바로 나 자신의 임종을 맞게 되었다. 살을 오려내고 뼈마디가 무너지는 듯한 죽음의 고통은, 생각했던 것처럼 쉬운 것이 아니었다. 나는 그만 고통에 못 이겨 벌떡 일어섰으나 더욱 견딜 수가 없어, 한쪽 팔을 높이 뻗쳤다가, 두 팔을 함께 올렸다가, 이 다리 저 다리를 번쩍 들었다가, 나중에는 주저앉아 최후를 마쳤다. 그런 줄도 모르고 임종을 지키던 제자들은 스승이 춤을 추다가 돌아가셨다고 했다.

한편 나의 영가靈駕*는 허우적거리는 혼미한 정신 때문에 그만 음기에 꽉 둘러싸이게 되어 나아갈 틈을 찾을 수가 없었고, 육신에서 마음이 뜨니 허연 안개가 방바닥에 쫙 깔리는 것을 보았다. 그런데 마침 방에 평소 새침하니 말을 잘 하지 않던 중이 하나 있었는데, 멀리서 온 중 하나가 "아, 큰 스님이 가셨는데 너는 얼마나 했니?" 하고 물어도 이 중은 아무 말도 안 하고 빙그레 웃기만 할 뿐이었다. 나는 그것을 보고 '아, 조놈은 얼마나 했누?' 하고 마음을 냈더니, 그만 그 안개구름이 그 중의 입속으로 쫘악 빨려 들어갔다. 그런데 알고 보니 그 중은 고개 넘어 아랫마을에 처자를 하나 숨겨두고 정을 나누는 사이였고, 나는 그 여인의 몸에 의지해서 사

---

* '영혼이 타고 있는 수레[駕]'라는 뜻이며, 육체 밖에 따로 있다고 생각되는 정신적 실체를 말한다.

내아이로 태어나게 되었다.

내가 일곱 달이 되었을 때, 산 너머 밭일을 하러 간 여인은 나를 산 중턱의 아늑한 자리에 재워놓고 일을 했는데, 한낮이 되자 볕이 너무 뜨거워 죽고 말았다. 그 어미가 돌아와서 아기가 빳빳이 죽어 있는 걸 보고는 "추워서 얼어 죽었네"라고 했더니, 그 어미는 그다음 생에 추워서 떨며 살았다.

그렇게 죽은 뒤 다른 여인한테 다시 태어난 몸이 지금의 나인데, 그 따가운 햇볕을 견디기 힘들어 성냈던 마음(진심)을 가지고 몸을 바꾸게 되었기에, 나는 어려서 손에 닿는 것마다 부수는 습관이 있었다.

위산 영우 스님, 소가 되어 나다

우리가 다음 생에 어떤 몸을 받을지는 전적으로 금생에 어떤 원인을 만드느냐에 달려 있다. 예를 들어, 소의 몸을 받는 경우 두 가지 원인이 있다.

하나는 실제로 소의 마음을 연습하는 경우다. 소의 마음이란, 현실에만 만족하고 미래에 대해서는 전혀 생각할 줄 모르는 어두운 마음이다. 저 소를 보아라. 현실에 안주하여 아주 만족한 표정으로 걸음조차 뚜벅뚜벅 한가하지 않은가. 이러한 마음을 연습하면 소의 껍질을 쓰게 되는데, 이 경우는 그 뿌리가 깊어 소 몸을 벗어나기가 쉽지 않다.

다른 하나는 마음에 소를 그려 갖는 경우다. 마음에 소를 그리면 그것이 소의 몸으로 나타나게 된다. 마음이 순수하면 더 빨리 소의 껍질을 쓰게 된다.

옛날, 중국에 1,000여 명의 제자를 거느리던 유명한 고덕古德 위산 영우* 스님이 있었다. 스님은 법문 시간에 자주 소의 덕성을 예로 들어가며 칭찬을 아끼지 않았다. 물론 그도 마음에 소를 그리면 소가 된다는 이치쯤이야 모르지 않았으며 조심도 하였을 것이다.

세월은 흘러 스님이 세상을 하직하게 되었다. 위산 스님이 세상 인연이 다 된 것을 아시고 열반에 들기 위해 좌정을 하고 앉으셨는데, 큰 스님의 마지막을 지키던 제자 가운데 한 사람이 나서서 여쭈었다.

"스님, 이제 어디로 가십니까?"

"응, 난 소가 되느니라."

제자의 물음에 정신이 번쩍 든 스님이 자신의 내생을 관찰하니 아뿔싸, 거의 소가 다 되어 있었다. 그래서 스님은 그만 깜짝 놀라 낙심하고 말았다. 기록에는 여기까지 나와 있는데, 후세에 눈 밝은 이가 있어 그 스님의 후생을 관찰하니 역시 소의 몸을 받았다.

뜻밖의 대답에 제자들은 모두 깜짝 놀랐다.

"아니, 스님께서 어떻게 소가 되십니까?"

"그래, 너희하고 공부를 할 때 들에 소들이 일하는 것을 보면서 '저 소들처럼만 우직하게 공부를 하면 얼마나 좋을까?' 하고 안타까운 마음을 많이 냈었다. 그 바람에 나도 모르게 마음에 소를 그려 넣었느니라."

• 위산 영우潙山靈祐(771~853): 당나라 때 선승으로 호남성 영향현 위산에서 머물며 수행과 포교를 하여 위산이라는 법호를 얻었다. 15세 때 법상法常 스님 문하로 출가하여 한산·습득과 만났으며, 나중에 '하루 일하지 않으면 하루 먹지 않는다[一日不作一日不食]'는 선종 사찰의 규범을 정한 백장 회해百丈懷海의 법을 이었다. 위산은 인적이 드문 깊은 산이었으나 그의 덕을 흠모하여 수많은 수행자가 찾아와 선풍禪風을 크게 떨쳤다. 선종 5가 중 하나인 위앙종의 창시자다.

대답을 들은 제자들 또한 너무 놀랍고 황당해서 "저희가 어떻게 해야 알아 뵙겠습니까?" 하고 물었더니, "어, 옆구리에다가 '위산 영우潙山靈祐'라고 쓰고 나올 것이니라" 하고는 열반에 들었다.

마을에 송아지가 한 마리 태어났는데 옆구리에 '위산 영우潙山靈祐'라는 이름을 쓰고 나왔다. 그런데 이 소가 자기가 소라는 것을 모르고 사람들 가르치던 마음만 남아서 사람만 보면 '으엉, 으엉' 하고 가르치려고 덤벼드는 버릇이 있었다. 소 주인이 그것을 보고 사람을 보면 물려고 덤빈다고 생각을 해서 그 소를 외양간에다 단단히 묶어서 가둬놨다.

어느 보름밤, 이 소가 하늘의 휘영청 밝은 달을 쳐다보고 있는데. 큰 두 눈에서 눈물이 주르르 하염없이 흘러내렸다. 말이 통하지 않는 데다 묶여 있는 자기 신세가 너무나 처량해서였다. 그런데 그때 홀연히 하늘에 환하게 서광이 비치면서 부처님이 나타나셨다. 그 광경을 본 이 소가 '아, 부처니-임' 하는 순간 자기가 소라는 것도, 외양간에 갇혀 묶여 있다는 것도 다 없이, 부처님을 향해서 그냥 뚜벅뚜벅 걸어 나왔다. 마을 앞에 큰 호수가 있었는데 그 속으로 쑤욱 들어갔다.

자신이 소의 껍질을 쓴 것처럼 느껴지는 순간, 생각을 얼른 부처님께 바쳤더라면 좋았을 것을…. 언제라도 '부처님' 하는 그 마음에다 대고 절할 줄 알아야 된다.

발길질 한 번 하고
떡 한 조각 주었더니

조선 중엽 경상남도 하동 지리산 아랫마을에 원님이 새로 부임하였다. 어느 날 새로 부임한 원님이 가까운 곳에 있는 칠불암이 영험하다는 소문을 들었는지 이 절을 방문하였다. 칠불암에서는 일곱 스님이 수도를 하고 있었다.

조선시대에는 불교의 권위가 땅에 떨어져, 스님들을 불러 노역도 시키고 도성 출입까지 금지하던 때라 스님들에게 원님의 존재란 대단한 것이었다. 그런 원님이 암자에 나타났는데, 어쩐 일인지 영접하는 스님이 아무도 없었다. 호기가 등등했던 원님 일행은 그만 어안이 벙벙해져서 뭔가 꼬투리 잡을 것이 없나 하고 스님들 공부하는 방문을 열어보았다.

방 안에는 일곱 스님이 참선을 하고 있었는데 그 꼴이 가관이었다. 천장을 쳐다보며 '헤~' 입 벌리고 조는 사람, 고개를 숙이고 방바닥을 내려다보며 꾸벅거리는 사람, 몸을 가누지 못하고 전후좌우로 흔들며 쓰러지려는 사람…. 일곱 스님이 저마다 괴상한 자세를 취하고 있었다. 이러고 있으면서도 자신을 거들떠보지도 않는 스님들의 푸대접에 더욱 불쾌해진 원님은 그중에 가장 나이가 어려 보이는 스님을 지목해서 곤장을 치도록 명령을 내렸다.

그런데 곤장을 맞는 스님은 조금도 반항하는 기색이 없어 보였다. 자세히 보니 몸이 비쩍 말라 비실비실한 것이 산속에 들어앉아 잘 먹지 못해 그런 것 같았다. 갑자기 측은한 생각이 든 원님은 일곱 대를 치고는 "됐다" 하며 명령을 거두었다. 미안한 생각이 든 원님은 고을로 돌아가서는, 곤장 맞은 스님에게 3년 동안 양식을 보내주도록 명하였다.

　한편 매 맞은 스님은 아무리 생각해도 이유를 알 수 없었다. '그 원님은 도대체 왜 나를 때렸으며, 또 때렸으면 때렸지 양식은 왜 주는 것일까.'

　이런 의문이 마음에서 떠나지 않아서 스님은 그 의심을 붙들고 수도를 하기를 3년, 그 이유를 알게 되었다.

　어느 생인지 알 수는 없는데, 그 스님이 어떤 암자에 행자로 있었다. 하루는 암자에 제祭가 들어와, 음식을 잘 차려 법당에 갖다 놓고 잠깐 부엌에 다녀왔다. 그런데 그사이, 동네에서 가끔 올라오는 큰 개 한 마리가 법당에 들어와 상 위에 놓인 떡 한 조각을 물고 나오는 것이었다.

　이를 본 행자는 불공드리려고 차려놓은 떡을 못 쓰게 만든 개가 괘씸하게 생각되었다. 그래서 발로 걷어차니, 개는 입에 물고 있던 떡을 떨어뜨리고 비명을 지르며 도망갔다. 그 꼴을 지켜보니 절 안에서 화를 낸 것이 후회스럽고, 개가 불쌍한 생각이 들었다. 어차피 그 떡으로 불공을 드릴 수도 없는 일, 행자는 얼른 땅에 떨어진 떡을 집어 개에게 던져주었다.

전생의 그 개는 절에 자주 드나들며 부처님을 향했던 공덕으로 사람 몸을 받아 그 고을 원님이 되었던 것이다. 개에게 발길질한 인연은 곤장 일곱 대, 던져 준 떡은 3년 먹을 양식으로 돌아온 것임을 알고 스님이 노래를 남겼다.

　　발길질 한 번 하고 떡 한 조각 주었더니,
　　곤장 일곱 대에 3년 먹을 양식으로 돌아오더라.

전생의 인연과보를 알아낸 스님의 수행과 지혜를 칭찬할 만하다. 그런데 부처님께서는 그런 인과응보에서 벗어나는 길을 제시하셨다는 사실을 그 스님은 알았을까.

관세음보살 염불도
깨쳐서 바로 해야 한다

중국으로 유학 가던 젊은 스님 일행이 만주를 지나던 길에, 아주 유명한 스님이 있다는 절을 찾기로 하였다. 그런데 막상 들른 그 절에서, 유명하다는 그 스님 외에는 다른 아무도 볼 수가 없었다. 젊은 스님들이 그 스님에게 물었다.

"이 절에는 스님 말고는 왜 아무도 보이지 않습니까? 스님께서는 상좌도 없으신지요?"

"상좌가 있긴 있소만, 모양이 흉측해서 사람들에게 안 보이도록 하지요."

스님이 말했다.

'얼마나 흉측하기에 보여주지 않는 것일까?'

궁금증이 더해진 젊은 스님들은

"모양이 흉해도 좋으니 스님의 상좌를 꼭 뵙게 해주십시오" 하며 노스님을 졸랐다. 한동안 묵묵히 있던 스님은

"그럼, 내 상좌를 보더라도 놀라지 마시오" 하더니

"대공아!" 하고 큰 소리로 상좌를 불렀다. 그랬더니 갑자기

"어흥!" 소리가 나며 커다란 호랑이 한 마리가 나타나 스님 곁에 성큼 앉는 것이었다. 젊은 스님들은 간담이 서늘해져서 몸 둘 바를 몰랐다.

"소공아!" 하고 다시 큰 소리를 부르니, 또 다른 호랑이가 나타나 스님의 다른 한 옆에 앉았다. 겨우 마음을 가다듬은 젊은 스님들이 물었다.

"큰 스님의 상좌들은 어찌해서 모두 호랑이가 되었습니까?"

이에 노스님은 "관세음보살" 할 뿐 더 이상 말이 없었다.

무슨 뜻으로 노스님은 '관세음보살'이라고 한 것일까?

두 호랑이는 전생에 노스님의 제자들이었다. 그런데 노스님이 '관세음보살'을 가르칠 때, 비록 그들이 '관세음보살'을 염송하긴 했지만 그 뜻을 깨치지 못했기에, 스승을 호랑이처럼 무섭게만 여긴 나머지 마음속에 호랑이를 그리게 되어, 다음 생에 호랑이 몸을 받아 난 것이다.

순도 스님과
아도 스님의 전도

고구려와 신라에 불법을 전한 순도˙ 스님과 아도˙˙ 스님이 고구려, 지금의 만주 요양에 있으면서 신라에 불법을 전할 서원을 세웠다. 순도 스님이 아도 스님에게 말하기를, 신라의 경주는 옛날에 석가여래께서 부처님이 되시기 전 전생에 거기 나셨다는 증거를 우리가 알 수 있는 곳이라고 하였다. 그러니 신라에 가서 불법을 전하는 것이 매우 중요하고 좋은 일이라고 했다.

그러나 신라로 출발한 아도 스님은 국경 경비가 삼엄하여

˙　순도順道(?~?): 고구려 소수림왕 때 전진前秦에서 귀화한 승려. 372년(소수림왕 2년) 전진의 왕 부견符堅의 명령으로 사신을 따라 불상과 경문經文을 가지고 고구려에 들어와, 기록상으로는 한국 땅에 처음으로 불교를 전파한 인물이 되었다. 고구려에서는 순도를 위해 소수림왕 5년 왕명으로 초문사肖門寺를 지어주었다.

˙˙　아도阿道(?~?): 신라에 불교를 처음으로 전한 고구려의 승려. 아두阿頭라고도 한다. 각훈覺訓이 펴낸《해동고승전》에 따르면 본래 천축인天竺人이라고도 하고, 오吳나라 사람이라고도 하며, 위魏나라 굴마堀摩와 고구려 여인 고도녕高道寧의 아들이라고도 한다.《삼국유사》에서는 아도를 전설적 인물인 묵호자와 동일 인물로 추정하는데, 이 묵호자는 신라 눌지왕 때에 고구려로부터 신라 변방인 일선군一善郡(지금의 구미시)으로 들어와 모례毛禮라는 사람의 집에 숨어 지내다가, 성국공주의 병을 고쳐주고, 그 공로로 불교를 전할 수 있게 된 것으로 나와 있다.

경주로 가지 못하고 임진강 나루에 있게 되었는데 4, 5년을 있어도 누가 와서 불교를 알려고 하는 사람도 없고 하여 견디다 못해 순도 스님에게 되돌아갔다. 그러자 순도 스님이

"신라 포교의 원인을 짓지 못했으니까 결과가 속히 오리라고 생각할 수 없다. 오늘이라도 원인을 짓는 것이 매우 좋겠다"라고 해서 아도 스님은 임진강에 가서 힘닿는 대로 탁발로 곡식을 얻어 밥을 지어서 임진강에다 순도 스님이 알려준 방식으로 매일 밥을 뿌리며 원인을 만들기 시작했다.

임진강에 몇 해 동안 원인을 만들려고 밥을 뿌리고 나서, 만주로 돌아가 순도 스님 옆에서 지내다 15년 후 다시 임진강 옆 송도에 도착하니 15세쯤 된 아이들이 몰려들어 반가워하며 여간 좋아하지 않았다. 아도 스님이 집히는 것이 있어 아이들 눈을 깊이 들여다보니 모두 붕어, 잉어 등의 물고기였다.

그 아이들이 모두 스님의 옷자락을 잡고 각기 자기 집으로 가자고 끌었다. 한 아이의 집에 따라가니 그 부모가 "당신은 뭘 하는 사람입니까?"라고 물어서 "난 불교를 공부하는 스님인데 그저 여기에 절을 하나 짓고 싶습니다"라고 했다. 그러자 그 아이들의 부모들이 흔쾌히 돈을 걷어서 지금의 경기도 장단에 화장사華藏寺라는 절을 지었다는 얘기가 있다.

모든 것이 원인을 심어 결과를 얻는 일이다. 그렇기 때문에

먼저 원인을 짓는 게 중요하다. 원인은 일단 시작되면 바꾸기 힘들기 때문이다.

원인의 처음은 마음이기 때문에 마음을 바르게 쓰면 행동이 바르고, 행동이 원융하고 원만하면 결과도 좋게 되는 것이다. 콩 심은 데 콩 나고 팥 심은 데 팥 난다는 말이다.

제비조개를 먹으며
불연을 짓게 하다

남송 때 항주 전당강 앞에 신묘神廟가 있었는데, 거기에 스님 한 사람이 살았다. 낮에는 전당강 가장자리를 다니면서 제비 조개를 까먹고 살았는데, 그러다 보니 옷도 분명 낡고 떨어 졌을 거고 추하고 냄새나고 시원치 않았을 것이다. 밤중이면 그 신묘에 들어가서 자고 낮에는 강변을 돌아다니고 하니 동 네에서는 그 스님이 미쳤다는 소문이 많이 났다.

한때 같이 공부했던 도반 스님이 이 소문을 듣고 가만히 생 각하니, 그 스님이 수행을 열심히 했는데 그렇게 쉽게 정신 병자가 되지는 않았을 거라는 확신이 들었다. 그래서 직접 찾아가서 미쳤다는 그 도반이 산다는 신묘에 앉아 기다리니 늦은 밤이 되어서야 그가 돌아왔다.

얼른 일어나 멱살을 잡고 흔들었더니 이 스님이 놀라지도 않고 웃으면서 "자네가 무슨 일인가?"라고 담담히 말하는 것 이었다. 미쳤다고 해서 와보게 되었는데, 그 스님의 마음이 상당히 안정되고 잘 닦여 있는 걸 알았다.

"자네는 어째서 이렇게 사는가?"

도반 스님이 물었다. 그러자 그 미쳤다는 스님이 말하기를, "마음이 밝아져 보니, 내가 쌓은 착한 인연이 적어 전당강 강

가에 가서 제비조개를 까먹고 있는데, 제비조개가 공부하는
내 배를 불려주었으니 조개들이 나와의 인연으로 다음 생에
사람으로 태어나 부처님 법을 공부할 것이네"라고 대답했다.

이것이 인연법이고 원인과 결과에 대한 이야기이다.

악귀의 천도

귀신 중에는 유난히 독해서 다루기 어려운 귀신이 있다. 시
집 못 가고 죽은 귀신, 장가 못 들고 죽은 귀신, 도통하려다
못 하고 한이 맺혀 죽은 귀신 따위다. 한 맺힌 귀신은 주위에
피해를 주기도 하는데, 그런 귀신의 악심惡心(나쁜 마음)을 해
탈시키고 천도遷度*시키는 일은 오직 마음의 눈이 밝은 이라
야 할 수 있다. 그렇지 못한 사람이 천도하겠다고 나섰다가
는, 오히려 그 사나운 귀신에게 붙들려서 같은 귀신이 되기
십상이다.

한 수좌가 도통을 하려고 애썼으나 못 하고, 도통에 대한 한
을 품은 채 세상을 떠났다. 그렇게 악심을 내고 세상을 떠났
으니, 내버려두었다가는 금강산 장안사 대중에게 큰 피해가
올 것이었다. 귀신은 몸이 없고 마음만 있어서 주위에 해를
끼칠 때 그 범위가 크지만, 만일 어떤 몸이라도 받는다면 피
해가 줄어들 것이라는 생각이 들었다.
　'사람의 몸이건 축생의 몸이건 몸을 받자면 생전에 지은 선

---

* 　불교에서 죽은 이의 영혼을 좋은 세계로 보내는 종교의식.

근善根이 있어야 할 텐데….'

그래서 그 중이 복 지은 것이 있나 관찰하니, 생전에 그가 시루떡 한 조각을 가져왔던 일이 떠올랐다. 그 일을 인연으로 그는 천도될 수 있었다.

얼마 후, 그가 생전에 드나들던 부엌 부근에 사슴 한 마리가 자주 나타나는 것을 볼 수 있었다.

아홉 번 상처한 남자의 전생

한 남자가 나를 찾아와 하소연하였다. 부인을 얻으면 죽고, 또 얻으면 죽고 하여 상처喪妻를 아홉 번이나 하였다는 것이다.

그 사람의 전생을 살펴보니, 그 역시 전생에 수도승이었다. 승려 신분으로 여자 생각이 머리에서 떠나지 않으니 몹시 괴로웠다. 그래서 "빌어먹을! 이 세상 여자들이 다 없어져버렸으면 좋겠다"라며 저주를 하곤 하였다.

그 마음이 원인이 되어 금생에 아홉 번이나 상처를 당하는 결과를 낳게 된 것이었다.

금선대의 두 도인

우리나라에 금선대金仙臺라는 명칭을 가진 곳이 세 군데 있다. 그중 한 곳이 묘향산에 있는 금선대이다.

옛날, 이곳에서 두 스님이 열심히 수도를 하고 있었다. 그러던 어느 날 한 스님이 그만 수도 생활에 싫증이 났다. 그동안 실컷 닦았으니 좀 쉬고, 한양이라는 곳이 어떻게 생겼는지 한번 구경이나 하고 와야겠다고 생각하였다. 말이 한양 구경 간다는 것이지, 실은 퇴타심退惰心(그만두고 물러나고 싶은 마음)이 난 것이었다.

스님은 부랴부랴 짐을 꾸렸다. 그러고는 한양을 향해 길을 떠났다. 묘향산에서 나와 박천博川 고개를 지나 어느 푸줏간 앞을 지날 때였다. 우연히 푸줏간을 들여다보니, 한 젊은 백정이 날카로운 칼로 한참 고기를 바르고 있었다.

난생처음 보는 광경이었다. 하도 신기하여 넋을 잃고 바라보니, 날랜 손놀림으로 뼈와 뼈 사이 구석구석 붙어 있는 살점까지 깨끗이 발라내는데 하얀 뼈만 톡톡 떨어지는 것이 그 백정의 솜씨가 혀를 내두를 정도였다.

그는 감탄한 나머지 생각하였다. '옳거니, 저 백정이 뼈마디 구석구석까지 살점을 발라내듯이 마음도 그렇게 철저히 닦으면 되겠구나!' 하고 한마음을 세웠더니, 닦던 마음인지라 그 자리에서 몸을 놓고 그 푸줏간 집의 아들로 태어나게 되었다. 마침 젊은 백정이 아내를 맞이하여 아기를 간절히 원하던 때였으므로….

아상이 많이 닦인 순수한 마음의 소유자는 한 생각에 빠지면 즉시 일이 성사되는 법이다. 푸줏간 아들로 태어난 스님은 나이가 들면서 소원대로 고기 다루는 일을 하게 되었다.

퇴타심은 이렇게 무서운 것이다. 철저히 닦기 위해서 백정이 되었다지만, 언제 다시 발심해서 공부할 기약이 있겠는가? 그러나 그에게는 아직 선근이 남아 있었다.

한편 묘향산에 남아 수도를 계속하던 스님은 세월이 흘러 어느덧 80여 세가 되었다.

'누가 곁에 있어야 죽으면 시체라도 거두어줄 텐데…. 한양 구경 떠난 스님은 영 돌아오지 않으려나. 떠난 지 벌써 20여 년이 되었는데도 소식이 없는 걸 보면, 분명히 무슨 일이 생긴 게지.'

스님이 정定에 들어 관찰해보니, 그 스님은 멀리도 안 가고 박천 언저리에서 푸줏간 백정이 되어 있었다. 스님은 그를 찾아 나섰다. 박천을 지나 한양으로 가는 길목에 그 푸줏간이 있었다. 푸줏간을 향해 목탁을 치며 가는데 안을 들여다보니, 과연 열심히 고기를 다루는 젊은이가 있었다.

'흐음, 그래. 한양 구경도 못 해보고 겨우 푸줏간 백정이 되

었구면.'

19세 백정이 푸줏간에서 일을 하는데 어디선가 익숙한 목탁 소리가 들려 밖을 살펴보니, 저쪽에서 어떤 스님이 목탁을 치며 걸어오고 있었다. 그런데 그 목탁 소리가 어찌나 듣기 좋은지, 저도 모르게 일손을 멈춘 채 넋을 잃고 그쪽을 바라보았다.

스님이 푸줏간을 향해 목탁을 치며 다가오자, 그 백정은 저 스님께서 행여 자기처럼 천한 사람을 찾아올 리 있을까 싶어 감히 입을 벌려 말은 못 하고, '혹시 나를 보러 오시는 겁니까'라는 뜻으로 자기 가슴을 가리키며 팔을 굽혔다 폈다 해 보였다.

스님이 고개를 끄덕끄덕하자 그 순간 백정은 저도 모르게 손에 쥐고 있던 칼을 그 자리에 내려놓고 앞치마를 훌훌 벗어버리고는 스님을 향해 뚜벅뚜벅 걸어갔다. 젊은 백정이 걸어오는 것을 본 스님은 몸을 돌려 목탁을 치면서 오던 길을 되짚어 산을 향해 올라갔다.

목탁 소리를 듣고 밖으로 나와 있던 푸줏간 주인 내외는 아들이 떠나가는데도 어딜 가느냐고, 왜 가는 거냐고 묻지도 말리지도 못하고 그저 바라보고만 있었다. 부모라고는 하지만 별 인연 없이 잠시 몸을 빌려 태어난 것이었기 때문에 감히 묻고 붙잡을 엄두가 나지 않았던 것이다.

백정이 스님을 저만치 앞에 두고 뒤따라가는데 길도 아는 길인 것 같고 주위 풍광도 다 익숙한 것이 전혀 낯설지 않았다. 절에 당도하여 스님께서 방을 가리키며 들어가라 하니 이 백정이 그저 황공하기만 해서 방 안에 들어가 가만히 앉아 있는데 스님이 들어와 자리에 앉았다. 그러자 느닷없이 이 백정이 "아니 자네가 어떻게 나를 찾을 생각을 했나?" 하며 무릎을 탁 치는 것이었다. 전생에 쌓아놓은 선근 때문에 제정신이 들며 자신의 전생을 기억해냈던 것이다.

묘향산 절 방 안에서 새파란 젊은이와 머리가 하얗게 센 노장 스님이 서로 반말을 하며 박장대소를 하니, 밖에서 듣는 사람들은 눈이 휘둥그레졌다.

닦는 이라면 다른 길에 빠졌다가도 그 젊은 백정과 같이 목탁 소리 하나에 미련 없이 털고 일어나, 다시 수도에 전념할 수 있어야 한다.

도반은 큰 선지식이었다. 이 선지식의 도움이 없었다면 퇴타심을 낸 스님은 여러 생 동안 고생을 면하기 어려웠을 것이다. '세세생생 선지식 모시고 부처님 시봉 밝은 날과 같이 하여 복 많이 짓기를 발원'하여라.

자동차왕 헨리 포드의 전생

자동차왕으로 유명한 미국의 헨리 포드*는 전생에 중국의 가난한 농부였다. 그는 소를 몰아 밭을 갈고 농사를 짓는 일이 몹시도 힘이 들었다. 더욱이 그토록 힘들게 일을 해도 대부분의 농사꾼들은 배불리 먹지도 못했다. '소 대신 밭을 쉽게 갈 수 있고 농사도 지을 수 있는 기계를 만들어, 농사는 기계로 짓고 소는 잡아서 사람들이 배불리 먹을 수 있게 되면 좋으련만' 하고 그는 생각하였다.

그는 '나'라는 생각이 없는 보살이어서 마음먹은 대로 일이 이루어질 수 있었다. 다음 생에 몸을 바꾸어 다시 중국에서 태어나 백정 일을 하여 사람들에게 고기 먹이는 일을 하였고, 그다음 생에는 미국에서 태어나 자동차를 고안하고 농기계를 만들어 농사의 수고로움을 덜어주었다.

그는 비록 전생에 중국에서 소를 많이 죽였지만, 살생하는

---

* 헨리 포드Henry Ford(1863~1947): 미국의 세계적인 자동차 회사 '포드'의 창설자. '자동차왕'으로 불린다. 조립 라인 방식에 의한 대량 생산체제인 포드시스템을 확립했다. 그 밖에 수많은 기술상의 새로운 토대와 계획·조직·관리에 합리적 경영방식을 도입했다.

마음이 아니라 사람들을 배불리 먹이겠다는 마음에서 그랬
던 것이므로, 후생에 소를 죽인 데 따른 과보를 적게 받을 수
있었다. 다만 그의 얼굴빛이 유독 고기 색깔 비슷한 붉은빛
을 띤 점이 여느 사람들과 달랐다면 달랐다고 할까.

과거 생의 염려가 금생까지

어떤 사람이 집도 있고 재산도 상당히 있는데도 어떻게 먹고 사나 하는 걱정을 한없이 하고 있었다. 그 사람 평생에는 할 필요가 없는 고민인데도 말이다. 특히 겨울이 되면 그런 걱정으로 가슴이 부르르 떨리고, 눈만 왔다 하면 가슴이 더더욱 억조여와서 고통이 심했다. 자기가 자기를 보아도 이상하게 여겨졌다. 도대체 이런 고민을 할 필요가 없는데 왜 이러는 것일까 하고.

그것은 그 사람이 과거 생부터 가져온 업식 때문이었다. 이 사람은 과거 생에 출가 승려로 깊은 산중 높은 곳에 위치한 암자에서 살았다. 북쪽 지방 높은 산에 겨울이 되어 눈이 오면 길이 막혀 불공 오는 손님도 없고 재齋 지내러 오는 사람도 끊어지니 양식이 떨어질 때가 있었다. 그래서 평시에도 늘 걱정을 하며 대비하는 마음으로 밥을 해서는 밥 그릇 가운데 일부를 덜어내어 말려두곤 했다. 겨울에 비상식량으로 쓰기 위해서였다.

금생에는 굶을 염려가 조금도 없는 형편인데도 과거 생 연습한 마음 때문에 고통을 받고 있는 것이었다. 겨울에 눈이 오면 무얼 먹고 사나 하고.

첫 만남에
애끓는 감정이 일어난다면

내 밑에서 공부하는 한 청년이 물었다.

"몇 년 전 친구를 만나기 위해 그가 다니는 학교 기숙사에 놀러 간 적이 있었습니다. 그곳에서 친구의 선생님을 만나게 되었는데, 간단한 인사말을 나누고 헤어진 짧은 만남이었습니다. 그런데 이상하게도 그분에 대한 인상이 마음 깊이 새겨져서 수년 동안 잊히지 않았습니다. 요사이는 선생님 밑에서 수도 생활을 해서 그런 생각이 일어나지는 않게 되었습니다만, 지금도 이 일이 기이하게 생각됩니다. 이성도 아닌 같은 남자끼리 어떻게 한 번 보고 그처럼 잠까지 못 이루도록 그리워질 수가 있느냐 하는 점 때문입니다."

그와 유사한 경우를 내가 금강산에 있을 때도 구경한 적이 있다. 장안사에 법문을 하러 갔을 때였는데, 당시 대중 가운데 20여 세 된 젊은이와 40여 세 된 부인이 우연히 자리를 함께하게 되었다. 처음 만남이었건만 대면하는 순간부터 둘은 그만 서로에게 미쳐버려서 상대를 칭찬하기에 정신이 없었다.

그러한 광경이 하도 이상스러워서 왜 그런가 하고 그 원인을 살펴보니, 40대 부인네와 20대 젊은이는 전생에 부자지간으로 생활이 매우 궁핍하였다. 그래서 아버지였던 부인네가 아들이었던 젊은이를 데리고 이 절, 저 절 얻어먹으러 떠돌아다녔다. 그러다가 아버지는 그러한 생활에서 벗어나고자 아들을 어느 절에 맡겨놓고는 생활 기반을 잡으려고 먼 곳으로 떠났다.

그러나 아버지는 절에 맡겨둔 아들을 잊을 수가 없었고, 어린 아들 역시 아버지를 그리며 지냈다. 이들은 서로 다시 만나지 못한 채 세상을 떠났다가 금생에 장안사 법회에서 비로소 만나게 된 것이었다. 전생의 일을 기억하지는 못하나, 그리던 마음들이 교감하여 처음 보는 순간부터 애끓는 감정이 일어나게 된 것이다.

이런 종류의 애끓는 감정은 모두 전생에 원인이 있어 일어나는 현상들이다. 지금 그대는 그런 감정을 다 잊었다 하나 아직 그런 감정의 뿌리가 남아 있다 할 것이다. 잘 질문하였다. 그 애끓는 마음이 발견된 것을 감사하라. 그리고 힘써 그 마음을 찾아서 부처님께 바쳐라.

그 마음의 뿌리가 없어지지 아니하는 한, 마음에 우울증이 수시로 솟게 되어 그대를 끝없는 불행의 길로 유도할 것이다. 반대로 지금 그 마음을 잘 바쳐 애끓는 그리움의 뿌리를 해탈하게 된다면, 앞으로는 밝고 행복한 세상을 살 수 있게 될 것이다.

이런 종류의 감정을 놓고 심리학에서 이러쿵저러쿵하지만, 그것은 다 제 소리일 뿐 사실과 다르다. 모두 전생에 원인이 있어 일어나는 현상들이다. 그런 감정이 마음에 남아 있으면, 그 마음이 밝아지기가 매우 어렵다.

어떤 사람을 대할 때 마음이 예사롭지 않다면, 필시 그 사람과 전생에 얽어 놓은 원인이 있을 것이니, 그 마음을 닦아 해탈하여야 한다. 그립다거나 밉다거나 하는 생각이 나거든, 그 생각을 얼른 부처님께 바쳐라. 그런 생각이 없어진 듯하여도, 혹시 숨겨진 감정의 찌꺼기라도 남아 있는지 일부러 찾아서라도 바칠 일이다.

지었던 업이 나오면
사람이 갑자기 변한다

소사 도량에서 공부하던 어떤 사람이 있었다. 그는 원래 성격이 매우 얌전하고 겸손한데, 어느 날부턴가 갑자기 거드름을 피우고 다른 사람한테 명령조로 말하기 시작했다. 사람들이 이상하게 생각하기에 이렇게 말했다.

"쟤가 신라 초기에 왕을 했던 그 마음이 지금 올라와서 그런다."

인과의 셈을 모두 해탈해야
마음이 비고 마음이 비어야 지혜가 난다

마음은 늘 비워야 하고 과거의 인연은 해탈해야 한다. 줄 것은 주고, 받을 것은 받아서 이 생에 모두 마음 정리를 하여야 한다. 전생에 갚을 것이 있었다면 이 생에 주고 싶게 되고, 전생에 상대에게 받을 것이 있었으면 이 생에서 상대가 주게 된다. 그때 얼른 받으며 원 세워라. 또 내가 주고 싶으면 갚을 것이 있어서 그러니 얼른 주어야 한다.

주고받는 인과의 셈을 모두 해탈해야 마음이 비고, 마음이 비어야 밝아진다.

축생으로 나는 마음들

습관은 미래를 형성하나니 바른말 잘하는 사람은 입이 뾰족하다. 그런 사람은 닭의 보를 받기가 쉽다.

또 남에게 줄 줄을 모르고 혼자만 먹는 사람은 돼지가 되기 쉽다. 재산을 잔뜩 많이 쌓아놓고도 남이 달라고 할까 봐 '없어! 없어!' 하면 없는 것을 마음에 징해서(마음에 새겨 가져서) 결국은 있던 것도 없어진다. 그런 사람은 소가 되기 쉽다. 그러므로 소는 살아생전에 많이 쌓아서 뒤에 감추어놓고도 '없다! 없다!' 하던 그 버릇으로 짐승이 되어서도 생리적으로 그 배 속에 잔뜩 저장해두었다가 조금씩 뱉어 되새김질한다.

또 남을 꾸짖으면 개가 되기 쉽다. 개는 똥을 먹기도 하는데 개는 남을 꾸짖은 죄로 더럽다고 하는 똥을 맛있게 먹는다. 우리가 고苦를 받으면서 괴로워서 죽겠다, 죽겠다 하면서도 고 받을 짓을 자꾸자꾸 하는 것이, 개가 더러운 똥을 맛나게 먹는 것과 다를 바가 없다.

또 누구나 자기보다 나은 사람을 존경하며 배워야 하는데,

흔히 '승기자염지勝己者厭之'''라 하여 자기보다 나으면 미워하고 시기하니 그런 마음을 가지면 말[馬] 보報에 가기가 쉽다.

<hr />

• "당나라 유변柳玭이 글을 지어 아들을 훈계하여 말하기를, '명예를 손상하고, 몸을 재앙에 걸리게 하며, 조상을 욕되게 하고, 가문을 망치는 과실 중에서 가장 큰 것이 다섯 가지 있으니, 마땅히 깊이 마음에 새길 것이다. (중략) 셋째, 나보다 나은 사람을 싫어하고, 내게 아첨하는 자를 좋아하며, 오직 희롱하는 말만을 좋아하고, 옛날의 도덕을 생각지 않으면 선전하여 편파偏頗하고 사벽邪僻한 행동에 젖어서 덕성과 의리를 깎아버린다면 의관을 갖추고 있은들 노복奴僕과 무엇이 다르랴.'"《소학小學》〈가언嘉言〉 제9.

어린애가 눈뜨자마자
한동안 만세를 불렀다

어떤 도인이 앉아서 몸을 바꾸었는데 여자 몸을 받아 태어나게 되었다. 이 여자 아기가 자라면서 아침에 눈을 뜨자마자 만세를 부르기를 오래 하였다.

그 도인이 죽는 순간에 사람 몸 받을 자신이 없어서 축생 몸 받으면 어떡하나 하고 걱정이 많았는데, 어쨌든 사람 몸을 받게 되었으니 그게 너무 기뻐서 어린애가 한동안 아침에 눈뜨자마자 만세를 불렀다고 한다.

착한 사람이 못사는 이유

악한 사람이 잘사는 경우도 있고, 착한 사람이 못사는 경우도 있다. 이것이 다 어찌된 일인가?

한평생 착한 일을 많이 하고 살았던 사람이 임종 시에, 한 번도 실컷 흐뭇하게 잘 살아보지 못한 것이 한이 되어, 불량한데도 호의호식 잘사는 사람들을 보고 '아무개처럼 나도 악한 짓이나 좀 잘 했더라면 호강하면서 잘살았을 것을, 평생을 착한 사람 소리 들었댔자 요 꼴로 죽을 바에야 다 무슨 소용인가? 사람은 얌체처럼 남의 입에 들어간 것도 빼앗아 먹을 정도로 악해야 잘살 수 있어' 하고 악심을 먹고 죽으면, 임종 때의 그 마음 때문에 별도리 없이 악인으로 태어난다.

그런데 실상을 보면 전생에는 좋은 일을 많이 했으니까 그냥 제 것 잘 찾아 먹는 것인데, 사람들은 속을 모르고 '사람은 악해야 잘사는 거구나' 하고 있으니 참 가소로운 일이다.

또 그야말로 남의 입에 거의 다 들어간 것도 빼앗아 먹을 정도로 못된 사람이 마지막 임종을 당해서, '내가 이렇게 죽을 줄 알았다면 공연히 어느 연분에 누구를 왜 못살게 망쳐놓고, 어느 연분에 누구를 왜 아주 억울하게 망쳐놓았던가? 원수는 원수대로 짓고 빈손으로 왔다가 빈손으로 간다고 하더니 과연 그렇구나' 하고 후회하며 죽으면, 임종 시의 그 마음 때문에 착한 사람으로 태어나서 착하게 살고는 있으나 전생의 죄업 때문에 찾아 먹을 것이 하나도 있을 리가 없다.

착한 사람인데도 형편이 어려운 것을 보고는, 세상 사람들은 '착해서는 잘살 수 없고, 악해야 잘살 수 있다' 하니 참으로 멍텅구리 같다.

모르고 지은 업은 모르게 받고,
알고 지은 업은 알게 받는다

꼴꾼이 꼴을 베어나가는데 꼴꾼 앞에 있던 뱀 한 마리가 꼴 베는 소리를 듣고 무엇이 이러나 하고 대가리를 바짝 쳐들었다가 꼴꾼이 후려치는 낫에 목이 잘려 죽었다. 후생에 그 뱀은 어떤 스님의 상좌가 되어서도 항상 비수를 가슴에 품고 다녔는데 하루는 밤에 자다가 자기 스님이 만들어놓은 허수아비에 자기도 모르게 칼을 푹 꽂아 원수를 갚고 끝났다.

그 과거에 꼴꾼이었던 스님은 많은 수행을 하였기에 그 곤욕을 면하였다. 모르고 지은 업은 모르게 받고, 알고 지은 업은 알게 받는 법이다.

까마귀가 배나무에 앉았다가 날아가는 바람에 다 익은 배가 떨어지면서 그 배나무 밑에 있던 뱀이 대가리에 맞아서 죽었다. 후생에 그 뱀은 멧돼지가 되었고 까마귀는 꿩이 되었는데, 둥지에서 알을 품고 있다가 멧돼지가 산 위에서 돌을 굴리는 바람에 돌에 치여 죽었다.

여자는 내생에 남자 되기 쉽고,
남자는 여자 되기 쉽다

여자는 내생에 십중팔구 남자가 되기 쉽고, 남자는 내생에 십중팔구 여자가 되기 쉽다. 누구나 남자 마음에는 여자가 들었고, 여자 마음에는 남자가 들었기 때문에 그런 것이다.

배 속 남자아이와 여자아이의 차이

임신한 여자가 남자애를 가졌을 때는 배가 똥똥히 더 부르고, 여자애를 가진 임신부는 엉덩이가 퍼진다. 그 이유는 여자 될 아기는 아버지하고 좋아하는 귀신이요, 남자로 태어날 아기는 어머니하고 좋아하는 귀신이다. 그러므로 아버지와 좋아하는 아이는 아버지를 껴안았으므로 아버지하고 마주 맞서게 되어서 어머니는 엉덩이가 퍼지게 되고, 어머니를 좋아해서 태어나는 아기는 어머니를 얼싸안고 등을 꼬부리고 있기 때문에 여자아기 밴 어머니보다 배가 더 똥똥한 것이다.

성리와 견성

마음이 육신에 묻혀 살며 몸뚱이 심부름을 해주다 가는 것이 대부분의 인생인데, 잘 닦으면 마음이 육신을 벗어나 성리가 된다. '성리性理'는 육신을 벗어나 육신을 객관적으로 보고 그 것을 거느리는 이의 정신이다.

성리만 되어도 마음이 어머니 태중에 들어가지 않는다. 점 지만 하고 마음은 몸 밖에서 자유로이 지낸다. 그러다가 어 머니가 아기를 낳을 때 방문 밖에 있다가 아기가 나오면 그 육신 속으로 들어간다.

성리가 되지 않은 경우에는 그대로 어머니 태중에 들어가 열 달 동안 고생한다. 어머니가 찬물을 먹으면 태아는 한빙 지옥寒氷地獄이고 어머니가 뜨거운 것을 먹으면 열탕지옥熱湯 地獄이다. 또 어머니가 화를 벌컥 내면 그 뜨거운 지옥고를 그 대로 다 받는다.

그러면 왜 구태여 태중에 들어가 열 달 동안 고생을 하는 걸까? 영계靈界(사람이 죽은 뒤에 영혼이 가서 산다는 세계)를 보 면 모두들 몸 받으려고 얼마나 애쓰는지 모른다. 500년, 1,000년 동안 몸을 못 받고 헤매는 마음들을 보면 공부를 안

할 수 없게 된다. 이렇게 애쓰다가 몸을 받게 되면 그 몸뚱이를 잃어버릴까 봐 얼른 들어가버리기 때문에 태중에서 고통을 겪는다. 몸뚱이 착 때문에 미迷해져서 고통을 자초하는 것이다.

성리만 되어도 태중에 들어가지 않을 정도로 육신의 애착을 해탈한 것인데, 이보다 더 잘 닦으면 견성을 한다. '견성'은 성리에서 떨어져 성리를 보는 것이다. 자기 육신을 보는 놈을 또 객관적으로 본다는 말이다.

밝아질 때까지는
끝없이 윤회전생한다

사람들은 관념의 꼭두각시가 되어, 좋고 싫고 화내고 즐겁고를 반복하며 살다가 죽는다.

불교에서는 죽는 걸로 끝나지 않는다고 한다. 콩 심은 데 콩 나고 팥 심은 데 팥 나는 것처럼 밝은 마음을 가질 때까지 끝없이 태어나고 죽으며 고통을 받는다. 되풀이되는 생로병사를 겪으며 소위 윤회전생輪廻轉生한다. 이 얼마나 통탄할 일인가?

믿는 마음과 죽기 전 한 생각

선조 때 고승 부휴浮休* 스님 같은 이나 휴정休靜** 스님 같은
이가 말하기를, "믿는 마음[信念]만 있고, 이에 철저하면 성리
가 밝을 수 있다"라고 했다. 탐심을 깨칠 줄 알고 진심을 닦
을 줄 아는 사람이라야 신념信念(믿는 마음)이 생기지 신념이
거저 생기는 것이 아니라는 뜻이다.

자기에게 올라오는 마음의 근본을 깨쳐서 그 신념으로 행
하는 것이 아니라, 그때그때 마음 가는 대로 이득을 따라 행
하는 사람을 만난 적이 있다.

산중에 한 10년 있을 적에 평안도 개천 사람 하나를 만났는
데, 아둔하도록 약은 사람이었다. 최후의 결과는 생각지 아니
하고 우선 자기 편안한 대로 생각해서 행동하였다.

• 부휴 선수浮休善修(1543~1615): 조선 중기의 선승. 저서로 《부휴당대사집》
　이 있다.

•• 청허 휴정淸虛休靜(1520~1604): 조선 중기의 선승. 서산 대사로 잘 알려져
　있다. 임진왜란 때 승병을 이끌어 공을 세웠으며, 유·불·도는 궁극적으로
　일치한다는 삼교통합론三敎統合論을 주장했다. 《선가귀감》 《청허당집》 등의
　저술이 있다.

이런 사람을 헛똑똑이라고 한다. 죽기 전 한 생각만 돌리면
된다고 하니, 잘난 체만 하고 엉터리로 살다가 죽기 바로 전
에 한 생각 돌리면 되겠거니 하는 사람들이다. 평소 준비가
안된 사람이 죽기 전에 마음을 돌린다는 것은 지렁이가 하품
하는 것처럼 말이 안 되는 소리이다.

부휴 스님이나 휴정 스님 같은 이는 생각을 자꾸 닦아가니,
아니 깨우칠 수 없다. 죽기 전 최후 일념을 잘 갈무리하려면
평소에 마음을 닦아야 한다. 이것이 곧 수행이다.

죽음이란
삶의 마지막 시험

평양에 사는 나이 오십 먹은 거친 주먹패가 앓아서 죽게 되었는데, 아들놈이 옆에 가서 "아버지 죽는 게 어떠우?" 하고 물었다. 그러니까 아버지가 "죽어봐야 얘기하지. 아직 얘기할 수 없으니 조금만 기다려라"라고 말하고 죽었다. 죽어보고 돌아와 버르장머리 없는 아들에게 얘길 하려고 했는데 못 돌아온 것이다.

이 사내처럼 의연하게 죽기도 쉬운 일이 아니다. 죽을 때 한이 남아 살겠다고 발버둥치는 사람이 대부분이다. 죽음이란 삶의 마지막 시험일 수 있다. 당당하게 죽을 수 있으면 가장 좋은 인생의 점수를 받는 것이다.

술 취한 코끼리 떼와 부처님의 신통

석가여래께서 영산회상*에 계셨을 때, 그 주위에 여덟 왕이 있었다. 그때 석가여래의 활동을 방해하려 하는 국왕들이 많았다. 그 왕들이 각각 군사 1,000명을 거느렸다고 하는 기록을 보면 그들의 영토는 매우 작았을 것이다.

그런데 석가여래의 제자는 그보다 많은 1,250명이었다. 게다가 석가여래는 네 가지 계급을 모두 철폐해버렸으니, 제자가 얼마나 더 불어날지 알 수 없었다. 왕들에게는 큰 골칫거리였다. 그래서 왕들이 모여 회의를 하였다. 모두 힘을 합쳐 군대를 동원하여 쳐들어갈 수도 있겠지만, 그렇게 했다가는 석가여래와 그 제자들이 병사들에게 "너희가 하는 짓은 옳지 않다"라고 법문을 해서 병사들이 "예, 그렇습니다" 하고 물러나올지도 모를 일이었다. 그 시대에도 아마 도학道學이 높은 이한테는 잘 덤비지 못했을 것이다. 그래서 사람 병정은 못 들여보내고 할 수 없이 병기로 썼던 코끼리에 술을 잔뜩 먹여 코끝에다 칼을 달아서 500필을 석가여래가 계신 골짜기에다 몰아넣었다.

---

* 석가여래가 영취산靈鷲山에서 제자들을 모아 설법했던 모임을 말한다.

코끝에 칼을 달고 술에 취해 날뛰는 코끼리 떼가 몰려오자, 기사굴산*에 있던 석가여래 제자들은 모두 달아나버렸다. 오직 석가여래와 사촌 동생 아나율만이 남아 있었다. 석가여래는 체면상 달아날 순 없었고, 아나율은 장님이기 때문에 코끼리 떼를 볼 수가 없었다.

아나율은 왕족으로서 자만심이 많아, 아무나 보고 반말을 하여 늘 시비가 많았다. 또 잠을 많이 자서 하루는 석가여래께서 그에게 이렇게 말씀하셨다.

"잠자는 것은 어두운 연습을 하는 것이니, 잘 때 자고, 쉴 때 쉬고, 공부할 때 공부해야지, 이건 날마다 잠만 자니 그래서 어떻게 하겠는가? 내가 들으니 저 벵골만 복판에 큰 조개가 있는데, 한 번 잠들면 3,000년을 잔다더라. 네가 그런 종류가 아니겠는가?"

그 소리에 아나율은 왕족의 성미로 분하고 원통해서, 7일 동안 잠을 안 자고 공부를 하다가 눈이 멀게 되었다. 그 후 석가여래께서 그의 마음을 잘 단속해서 공부하게 하여 그에게

---

* 석가모니 부처님이 설법했던 장소로 유명한, 인도 비하르주 라즈기르Rajgir 시 근처에 위치한 산. 부처님 당시의 마가다국의 수도였던 라자그리하(왕사성) 동북쪽에 있는 산으로, 산스크리트어 'Gdhraka' 또는 'Gijjhakūta/Gridhrakuta'를 음역하여 기사굴산, 한역하여 영취산靈鷲山(또는 영축산)이라 부른다.《법화경》영산회상의 배경이자, 부처님의 많은 가르침이 펼쳐졌다고 전해지는 곳이다. 마하가섭(가섭)이 아라한과를 증득한 뒤 주로 수행하던 장소도 기사굴산의 핍팔라굴이었다.

천안통˚이 열렸다고 한다.

퀴퀴한 술 냄새가 궁금해진 아나율이 석가여래 옆에 남아 정신 바짝 차려서 천안으로 보니, 술 취한 코끼리 떼가 칼을 달고 마구 몰려오는데, 석가여래께서는 두 손을 높이 쳐든 채 태연히 앉아 계시는 것이었다. 그런데 곧 놀라운 광경이 벌어졌다. 코끼리가 그 앞엘 도무지 오지를 못했다.

　왜 못 오나 봤더니, 석가여래께서 높이 쳐든 두 손의 열 손가락에서 광명이 나가더니, 그 광명 끄트머리마다 금색 사자가 하나씩 나타났다. 코끼리가 제일 무서워하는 것이 사자인데, 더구나 금색이 번쩍번쩍하는 사자들이 열 마리나 튀어나오니 코끼리들은 무서워서 그만 그 자리에 멈춰 섰다가 술기운에 차곡차곡 500마리가 다 드러누워 잠들어버렸다. 실컷 자고 나니 술이 깨서 본래의 온순한 성질로 돌아간 코끼리들은 모두 슬금슬금 물러가고 말았다.

그렇게 코끼리들이 물러가고 사람들이 다시 모인 뒤에 아나율이 말했다.

　"이제 알았습니다. 부처님께서 저더러 누가 뭐라든지 거기 마음 뺏기지 말고 제 마음을 들여다보라, 오직 네 마음을 닦

˚　육안으로 볼 수 없는 것을 보고, 멀고 가까운 모든 것을 꿰뚫어 보며, 자신과 남의 미래세를 볼 수 있는 능력을 말한다.

으라고 하셨지요. 그러나 그건 부처님이나 하실 수 있는 일이지 저희에게 강요할 수는 없습니다. 능력 있는 사람이 참을 수도 있고 닦을 수도 있지, 능력 없는 사람이 뭐 닦는다고 앉아 있다가는 죽을 수밖에 없을 겁니다.

제가 조금 전에 보니, 부처님은 호신술이 있어서 두 손만 쩍 벌려도 금색 사자가 나타나던 걸요. 그러니까 코끼리가 술이 취해 달려들어도 가만히 앉아 마음만 들여다보시면 되겠지만, 능력 없는 우리야 제 마음을 아무리 들여다보아도 코끼리가 금방 달려들어 칼로 찌를 텐데요. 그러니 무슨 일이 있어도 마음만 들여다보라는 그 말씀이 저희한테는 적용되지 않습니다."

사실 그 광경을 본 아나율 입장에서는 그렇게 말할 만했을 것이다. 그러니까 석가여래께서 답하셨다.

"아나율아, 나는 수많은 생을 닦았다. 무엇을 닦았느냐? 바라는 마음을 닦았다. 바라는 마음을 닦으면 낙심이 되는데, 그렇게 바라는 마음을 여러 사람 좋게 하겠다는 마음으로 바꿨다. 왜 그런가? 모든 세상 고생의 근본은 바라는 것이다. 바라는 마음이 이루어지면 자기가 잘나버리고, 자기가 잘나버리면 마음이 컴컴해진다.

반대로 바라는 마음이 이루어지지 못하면, 남이 잘못했다고 생각돼서 그 사람을 때리고 싶은 마음이 생겨난다. '남이 잘못했으면 잘못한 그 사람이 고생을 해야지 왜 내가 고통을 받는가' 하고 원망하는 진심이 나온다. 이런 것을 보면 내 마음이 나쁜 것이지 어째서 다른 사람이 잘못했겠느냐? 그러니까 일어나는 마음을 쉬지 않으면 그 잘못된 원인을 모르는 것이다. 그리고 또 배우는 마음이 없으면 영원히 죽어버리는 것이다. 이 세 가지를 내가 많이 닦았느니라.

그렇게 자꾸 닦은 결과에 이 세 가지가 없는 능력을 지닌 부처가 되었다. 그러나 그 수없이 많은 생을 통해 알던 사람들, 혹은 함께 닦던 사람들이 고생하지 않도록 가르쳐주어야겠다는 생각이 남아 있어서 내가 이 세상에 온 것이지, 더 닦을 것이 있어서 온 것이 아니다. 너도 내 사촌 동생이어서가 아니라, 여러 생 동안 닦으려 했으나 잘 안되어 그 모양이 됐으니까 너를 닦게 해주려고 한 것이다.

그런데 아무것도 모르는 코끼리들이 나에게 제도하는 것을 그만두라고 칼을 달고 몰려드니 어찌하겠느냐? 내가 일러주려고 하는 마음이 꺾였을 거 아니냐. 그래서 그때의 내 생각은 '그래, 너희가 나를 해치고 싶거든 마음대로 해라' 하고 두 손을 든 것이다.

'마음대로 해쳐라' 할 적에 '내가 하겠다'는 작용도 쉬었다. '내가 하겠다'고 하는 마음을 쉬니까 내 여러 생 닦은 결과의 밝은 기운이 나왔다. 그 밝은 기운이 다시는 어두워지지 않는다는 뜻으로 금색이 되었다.

그것이 해치러 오는 코끼리에게 나타났고, 코끼리도 몸뚱이를 가졌는지라, 코끼리가 제일 무서워하는 게 사자인데, 그 코끼리가 제 마음에 무서운 것이 광명에 나타나니 사자로 보였을 것이다. 나는 '너희가 나를 해치고 싶거든 마음대로 하라' 그랬지 '나를 해치지 마라' 하지는 않았고, 내게 어떤 호신술이 있어서 신통 조화를 부린 것도 아니다."

이렇게 볼 것 같으면 석가여래는 자기의 마음이 분명히 우주에 통하는 큰 광명인 줄 알았고, 그 광명만이 모든 컴컴한 것을 제하는 줄 알았던 것이다. 그래서 그 말을 일러주려고 했던 것이다.

서울역 시계탑

산속에서 혼자 수도할 때 불편한 것이 한둘이 아니었다. 제일 불편한 것 중 하나는, 차고 있던 시계를 잃어버리고 나니 밤이고 낮이고 현재 시간이 몇 시인지 알 수 없는 것이었다.

어느 날 '서울역 시계탑을 볼 수는 없을까? 지금이 몇 시쯤 되었을까?' 하고 의문이 생겼다. 그 순간, 서울역 시계탑의 모양이 눈앞에 나타났고, 지금 몇 시인지 알게 되었다.

금강산에서 서울역까지의 거리는 500리로 상당히 멀다. 내 마음속에 '얼마나 먼데' 하는 분별심이 있었다면, 내 눈앞에 서울역 시계가 보이지 않았을 것이다. 그러나 '대방광불화엄경'을 염송하는 순간, 금강산에서 서울역까지의 거리에 대한 관념이 사라지고 서울역의 시계가 내 눈앞에 나타난 것이다.

우리로 하여금 제대로 알지 못하도록 하는 것, 그것이 바로 분별심임을 확실히 알게 되었다. 그 후 시간이 궁금해지면 저절로 시간을 알 수 있게 되었다.

기도 중에 본 해방의 광경

해방되기 10년 전 즈음의 일이다. 금강산에서 마음이 잘 조복된 청년 30여 명과 함께 있다는 소문이 있게 되니 일제는 백성욱이 독립운동을 하려는가 하고 불러 조사하고는 더는 수도하지 못하도록 압력을 가하였다. 나는 곧 산을 떠나야 할 때가 온 것을 알았다. 그리고 더는 독립운동을 할 필요도 없어진 것을 알았다. 그때 나는 1945년 8월 우리나라가 일제로부터 해방된다는 것을 알게 되었기 때문이었다. 어떻게 조국 해방을 알게 되었는가.

　입산 초기에 나는 나라를 빼앗은 일본인에 대한 미운 마음이 많았다. 그런데 '대방광불화엄경'을 염송하고 마음이 안정되어감에 따라 차츰 생각이 바뀌었다. 미운 것은 일본인이 아니라 그들의 사고방식이었다. 간교하고 잔인하게 우리나라를 짓밟은 일본인의 사고방식이 문제였던 것이다. 그리고 공부가 진행되고 마음이 더욱 안정됨에 따라 일본인이 우리나라 사람들을 잔인하게 짓밟는 원인이 알아졌다.

우리나라 사람들이 조선 500년 동안 일본인을 하찮게 여기고 무시하였다. 남을 멸시하는 마음이 일본의 지배를 불러온 원인이 되었던 것이다. 소상하게 알아지게 되니 일본 사람도 그 사고방식도 다 미워할 것이 아니었다. 그런 생각이 들게 되면서 우리나라도 분명 독립할 수 있을 거란 희망을 가지게 되었다. 일본인에게 지배를 당한 것이 그들을 멸시한 업보 때문이라면 그 과보가 소멸할 때쯤 되어서는 독립을 하게 될 수 있을 것이기 때문이었다.

독립의 희망을 가지고 공부하던 어느 날, 나는 기도 중에 홀연히 한 광경이 생생하게 떠올랐다. 분명히 해방이 되었는데, 서울은 동경에 매여 있고 평양은 아득한 북쪽 어디쯤에 매여 있는 장면이었다. '어째서 서울과 평양이 서로 다른 곳에 매여 있을까?' 그러나 더는 알 수 없었다. 해방이 된다는 것은 알겠는데, 그 내용을 확실히 알 수 없으니 답답한 마음은 광경을 보기 전이나 마찬가지였다.

수행과 기도를 계속해나가면서 마음속의 탐심·진심·치심이 불러일으키는 각종 분별심이 점차 소멸되자 비로소 그 뜻을 확실히 알게 되었다. 1945년 8월, 서울이 동경에 매인 것은 맥아더 사령부가 동경에 있기 때문이었고, 평양이 북쪽 어디쯤에 매인 것은 평양이 모스크바의 지시를 받고 있기 때문이었다.

공부 중에 어떤 광경을 본다고 하여 그 뜻까지 다 알 수 있는 것은 아니다. 이상이 완전히 소멸된 때라야 비로소 그 뜻을 확실히 알 수 있다.

애착이 남아 있지 않으면
신통도 생길 일이 없다

서너 살 된 아기가 벽을 향해 혼자 중얼거리는 경우가 있다. 아기는 평소에 정이 깊은 할머니와 이야기를 하는 것이다. 아기에게는 벽이라는 관념이 없기에, 실제로 할머니를 보면서 이야기하는 것이다.

내가 소사에 있을 때, 바로 눈앞에 서울 거리가 나타나는 경우가 종종 있었다. 거기서 서울까지의 거리가 얼마나 된다는 분별이 없었기 때문이다. 그러나 내게 보고자 하는 애착조차 남아 있지 않았더라면, 그런 것이 보일 일이 뭐가 있었을까.

내세가 있는가

"선생님, 내세來世라는 것이 있습니까? 사람이 죽은 후에는 어떻게 됩니까?"라고 어느 학인이 묻기에 이렇게 답하였다.

"그런 것은 왜 묻느냐. 나는 모른다."

얼마 후 다시 같은 질문을 하기에 이렇게 말했다.

"내가 옛이야기 하나 하지. 전에 오스트리아 빈에 주교 세 사람이 있었는데 신을 받들고 남에게 내세에 관한 설교도 하면서 잘 지내고 있었으나 죽은 후에 어떻게 될 것인가에 대해서는 그중 아무도 스스로는 확신을 가질 수 없었다.

어느 날 세 주교는 함께 사후의 문제에 관해 오랜 토론을 벌인 끝에 그중 먼저 죽는 사람이 나머지 사람들에게 사후에 세계에 대해 알려주기로 약속했다. 얼마 후 그중 한 사람이 죽었고 나머지 두 사람은 죽은 동료가 사후 세계를 알려줄 것을 기다리고 있었다. 그러던 어느 날 드디어 약속대로 죽은 동료가 큰 벽 거울 속에 나타났다. 그런데 거울 속에는 그 주교가 살아 있을 때와 마찬가지로 다른 두 친구와 함께 사후 세계에 관해 토론하고 있을 뿐이었다. 무슨 말인지 알겠느냐?"

"네, 자기가 공부해서 터득하기 전에는 이론만으로는 죽음에 대한 의문을 풀 수 없겠군요."

"글쎄, 자꾸 바치는 것이 바쁜데 공부하는 삶이 그런 것 따
지고 있을 겨를이 있겠느냐?"

나를 없애는 방법이라는 것은 어떤 것이냐? 하루하루 생활하면
서 감당하기 벅찬 일을 당하더라도 벅차고 힘들다는 생각이 없
을 때 나라는 분별이 일어나지 않는다. 일어나는 밖의 일이나 안
의 감정에 얽매이지 않는 연습을 매일 매 순간 하다 보면 완성된
인격이 된다. 안팎으로 흔들리지 않으면 일단 편안해지고, 학문
을 하거나 돈을 벌거나 무슨 일을 해도 지혜로 전체 국면을 보며,
남을 위해 살면서 본인도 행복할 수 있는 것이다.

성공하고 싶거든

세상에서 성공하고 싶거든 마음에 미안한 짓을 하지 말고, 부지런히 선업의 씨앗을 심어야 한다. 착한 사람은 약해빠졌다고 하는데 그렇지 않다. 착한 습관이 있는 사람은 굳건하고 강하다. 인자한 사람에게는 적이 생길 연유가 없으니 무적[仁者無敵]*이 아니겠는가?

그리고 자식은 부모에게 공경해야 한다는 말의 이유는 이렇다. 부모가 자식을 사랑하는 것은 우주 자연의 이치이나, 자식이 부모를 공경하는 것은 내리사랑이 아니고 어른을 받들어 사랑하는 것으로 복을 많이 짓는 일이다. 이 몸을 주시고

* 《맹자孟子》〈양혜왕장구상梁惠王章句上〉에 나오는 말. 양혜왕이 맹자에게 전쟁에서 진 치욕을 어떻게 하면 씻을 수 있을지 묻자 맹자가 대답했다. "왕께서 백성에게 어진 정치를 베풀어 형벌을 줄이고 세금을 경감하고 농사를 잘 짓게 하고, 젊은이들에게 충과 효를 배우게 하여 집에 들어가서는 부모 형제를 섬기고 밖에 나와서는 어른을 존경하게 한다면, 나무 몽둥이만 들고서라도 견고한 갑옷과 날카로운 무기를 가진 진나라·초나라 병사와 맞서게 할 수 있습니다. 저들은 백성들이 일할 시기를 빼앗아 밭을 갈지 못하게 함으로써 부모는 추위에 떨며 굶주리고, 형제와 처자는 뿔뿔이 흩어지고 있습니다. 저들이 백성을 도탄에 빠뜨리고 있는데, 왕께서 가서 정벌한다면 누가 감히 대적하겠습니까? 그래서 이르기를 '인자한 사람에게는 적이 없다[仁者無敵]'고 하는 것입니다. 왕께서는 의심하지 마십시오."

마음으로 고생하며 키워주신 부모님을 공경하는 마음 연습을 하면, 그때부터는 자기 마음이 떳떳해진다.

적어도 100일, 1,000일, 또 3,000일 정도 마음을 놓치지 않고 살아야 굳세어지는 것이지, 잠깐으로 되는 것이 아님을 알아야 한다.

불교의 윤회론에서 보면, 우리 인생은 길가의 여관에 묵으며 꾸는 꿈 한 자락과 같이 허망할 수 있다.

세세생생 윤회하며 살아온 과정을 아는 신통력을 불교에서는 숙명통이라고 한다.

베푸는 마음에
평화와 행복, 풍요가 온다

귀찮은 손님이 찾아오더라도 무조건 먹이고 차비라도 주는 연습을 하여라.

그대의 마음은 꿈에라도 줄 생각이 없는 마음이기 때문에, 주는 것은 그 마음을 닦는 데 필요한 연습이다. 인색한 마음은 평화와 행복을 파괴하지만, 주는 마음이 습관이 될 때 마음에 평화와 행복, 풍요가 가득하게 된다.

'나'라는 분별이 없을 때
행복할 수 있다

나를 없애는 방법이라는 것은 어떤 것이냐? 하루하루 생활하면서 감당하기 벅찬 일을 당하더라도 벅차고 힘들다는 생각이 없을 때 나라는 분별이 일어나지 않는다. 일어나는 밖의 일이나 안의 감정에 얽매이지 않는 연습을 매일 매 순간 하다 보면 완성된 인격이 된다.

안팎으로 흔들리지 않으면, 일단 편안해지고, 학문을 하거나 돈을 벌거나 무슨 일을 해도 지혜로 전체 국면을 보며, 남을 위해 살면서 본인도 행복할 수 있는 것이다.

'나'라는 분별이 없거나 적을 때 나와 너의 개념이 없어지거나 적어지기 때문에 건강한 사회에서 우리의 생존율을 높이고 더불어 행복할 수 있다. 그러나 번뇌와 망상으로 표현되는 것들은 우리에게 시시각각 걱정거리와 일거리를 제공한다. 그때마다 여러분은 져서는 안 되는 것이다.

일주한산 만사휴:
에고는 불행의 씨앗

일반 사람들은 자기의 마음만 보지 못하는 것이 아니라, 자기가 하는 소리도 자기가 듣지 못하고 산다. 왜 그러냐면 자기의 앎과 지식을 과대평가해서 자기가 하는 말은 참 좋으리라고 생각하기 때문이다. 자기는 늘 옳은 말만 하고 다른 사람은 늘 틀린 말만 한다고 단정하며 살아간다. 만약 하루에 하는 말을 모두 녹음하여 들려주면 아마도 몇 사람을 빼놓고는 진저리를 치며 자기 혐오감에 사로잡힐 것이다. 하물며 남에게 들리지 않는 마음이나 생각으로 짓는 추악함까지 들려준다면, 그 추함을 감당하지 못할 것이다.

또 자기 얼굴에 대해 말하면 제대로 곧이들을 사람이 많지 않을 것이다. 내 얼굴이 요렇게 나쁘게 생겼을 리가 없고 잘나야 하는데, 행여나 어떤 이가 내 얼굴을 보고서 좀 시원치 않다고 하면, 그 사람을 아주 죽이겠다고 달려들 것이다.

자기가 진짜 잘났다면, "왜 내가 시원치 않게 생겼어?" 하고 덤벼들겠는가? 실제로 잘났으면 성낼 일이 없다. 그런데 자기가 못났기 때문에, 저더러 못났다고 하는 사람을 보면 딱 기가 차는 것이다. "못났어도 좀 잘났다고나 해줘야 내가 위안이 되지. 못난 놈보고 못났다고 하면 아주 죽으란 말이냐?" 하게 되는 것이다.

우리 인간이 그런 시스템을 가지는 것은 무슨 까닭인가? 이것
은 '나'라는 한 존재가 세상에서 가장 소중하다는 생각이, 스스
로를 다른 사람과 세계, 크게 말해 공동체인 우주하고 격리시
키기 때문이다. 부단히 분리하여 격리시키면서 나를 보존하기
위해 온갖 악행을 저지르게 함으로써 우리에게 모든 불행이
찾아온다.

　그러면 어떻게든 이 문제를 해결해야 하지 않을까? 해결을
안 하면 행복하지 못하고 남에게 악행을 저지를 수밖에 없지
않은가?

　인간 존재의 목적을 행복이라고 한다면, 그 방법은 처음도
끝도 마음에 있다. 마음이 쓰이는 묘용妙用을 알아, 마음을 닦
고 다스려야 한다. 그 시작이 내가 금강산의 장안사에서 본
한산寒山의 "일주한산 만사휴一住寒山 萬事休", 곧 "한 번 한산에
머무니 만 가지 일이 모두 다 쉬어버렸다"는 이 시에 있다.

　　　衆星羅列夜明深(중성나열야명심)한데
　　　별은 총총 밤빛은 깊었는데
　　　巖點孤燈月未沉(암점고등월미침)이로다
　　　바위굴 외로운 등불 달은 기우네
　　　圓滿光華不磨寶(원만광화불마보)하니
　　　뚜렷이 찬 광명 이지러짐 없거니

挂在靑天是我心(괘재청천시아심)이로다

하늘에 걸려 있어 이내 마음일러라

한산이 밝은 한마음을 표현하기를, "뚜렷이 찬 광명 이지러
짐 없고, 푸른 하늘에 걸어놓은 것은 곧 내 마음이로구나" 하
였다. 이 얼마나 멋진 말인가? 대자유에 이른 풍모가 아니면
이런 표현을 하지 못한다.

이것은 자기 자신이 있다는 자아ego와 삼라만상이 없을 때
에 그냥 나타나는 것이다. 이렇게 나타나면 어떤 일이 일어나느
냐? 이 우주 안에서 무슨 일에도 마쳐되거나 미혹에 빠지지 않
는다. 그래서 대자유인이 되는 것이다. 세상에 현혹되고 마쳐되
면 인생의 끄트머리에서는 후회밖에 남는 것이 없다는 말이다.

그러면 어떻게 해야 마쳐되는 일을 하지 않게 될까? 선입관
념과 개념을 가지지 않도록, 늘 깨어 있도록 늘 자신을 검토
해야 한다. 살아가며 하루하루 선입관념과 개념을 버리는 것
이 마음을 닦는다는 것이며, 그렇게 닦아나아가 밝은 마음을
가지게 되는 것이다. 자기 자신이 곧 삼라만상이며 지금이 꿈
속임을 아는 지혜가 있다면 능히 순간순간을 검토할 수 있다.

우주와 그냥 통하는 그 자리에서 모든 관념과 개념에서 벗
어나려고 시시각각 검토하고 노력한다면, 대자유를 얻을 수
있다. 그렇게 누구든지 자기의 진짜 살림살이가 무엇인지 알
고 자기 일과 역할을 한다면 신이든 사람이든 그 무엇도 사
람을 마음대로 흔들지 못할 것이다.

필사즉생:
베풀면 반드시 복이 되어 돌아온다

탐심을 깨치는 것은 물의 성질을 아는 것과 같다.

물에 빠지면 사람들은 대체로 물에서 벗어나기 위해 허우적거리며 안간힘을 쓴다. 그러나 물의 성질은 가라앉지 않으려고 애쓰면 애쓸수록 더욱 밑으로 가라앉게 만들고, 아예 물속으로 들어갈 양이면 오히려 뜨게 만든다. 이 이치를 잘 이용하면, 세상을 살아가다 곤란에 빠졌을 때 도움이 될 것이다. 이것을 필사즉생必死卽生이라 한다.

양동이의 물을 상대방으로 기울여 보내려 하면 오히려 자기 쪽으로 돌아오는 것을 볼 수 있을 것이다. 마찬가지로 물질이든 마음이든 남에게 베풀면 반드시 복이 되어 다시 돌아오리라.

목마르지 않는 마음

우리 인생은 영생으로 가는 길거리에서 하룻밤 주막에 든 것과 같다. 그러나 주막에 든 것을 임시로 들었다고 생각지 않고, 곡식이 필요하면 곡식을 심고 추수를 해서 알뜰하게 살다가, 뒤에 오는 이를 위해서 갈무리도 하고 깨끗이 청소도 해두고 떠나는 넉넉한 마음이라면, 그 사람의 앞날은 분명히 풍요롭고 밝을 것이다. 그러나 주막에 들어 몸이 고단하다고, 있는 것이나 먹어치우고 함부로 어질러놓고 떠난다면 뒤에 오는 사람은 퍽 고생이 될 것이다.

한국전쟁 때 실제로 그런 일을 많이 구경했다. 피란 중에 배가 고파 어떤 집에 들어가보면 미처 가져가지 못한 음식이나 양식이 남아 있는 경우가 있는데, 그러면 어떤 사람들은 그걸 잘 아껴 먹고 혹시 뒤에 올지도 모르는 피란민들을 위해서 깨끗하게 남겨두고 떠난다. 그런데 또 내가 경험한 어떤 사람들은 먹고 남은 것을 모두 싸서 짊어지고, 다 못 가지고 갈 것은 불을 지르거나, 심지어는 남이 못 먹게 거기다 똥을 누어 그 방에 다시 들어가지 못하게 해놓고 가기도 한다. 이런 마음을 가진 사람들이 바로 전쟁에서 고생하는 사람들이다.

그러나 만일 어떤 집에 들어가서 그 집을 잘 지키고 남은 양식은 뒤에 오는 사람들 먹을 수 있게 해놓는 그런 마음을 쓰는 사람은 전쟁통에도 고생을 덜 한다. 이사 갈 때도 오는 사람 즐거운 마음 가질 수 있게 청소 잘해놓고 간다면, 그런 사람의 삶은 퍽 부드러울 것이다.

그래서 전에 어떤 도인이 말하기를, "목말라 애타다가 물을 구해 마시고 나서는 먹고 남은 물을 '목마른 중생 먹어라' 하고 조심스럽게 버리는 사람이면 다시는 목마른 보報를 받지 않겠지만, 달게 마시고 나서 남은 물이라고 하여 여지없이 확 쏟아 내버리는 마음을 가지고는 다시 목마른 보를 받게 된다"라고 하였다. 그러니까 지금 자기 마음과 하는 짓을 보면 나중을 알 수 있는 것이다.

봉급의 세 배를
벌어주겠다는 마음으로 일하라

직장에 들어간 신입 사원이 첫 봉급을 받으면 대체로는 감사하는 마음을 갖는다. 그러나 시간이 지남에 따라 아상이라는 놈은 끊임없이 제 잘난 생각과 불만을 갖기 때문에, 점차 직장의 잘못된 점만 찾아서 불평을 하게 된다.

이런 마음이 지속되면 그 사람은 봉급쟁이 신세에서 벗어나지 못하게 되고, 오히려 직장에 얽매이게 된다. 불평을 하면서도 직장에서 내몰리지나 않을까 더욱 두려워지는 것이다. 마치 누에가 실을 토해 고치를 만드는 연습을 하다가 그속에 갇혀 꼼짝 못하게 되듯이….

마음 닦는 사람이라면 어떻게 해야 하나?

자신이 직장의 주인이라는 생각을 가지고, 받는 봉급을 항상 감사하게 생각하며, 봉급의 세 배를 벌어주겠다는 마음을 가져라. 적은 봉급이라도 감사하고 세 배를 벌어주겠다는 마음을 내는 것은, 어리석고 순진해서가 아니라 피고용자 입장에서 자신의 몸뚱이 착을 닦기 위해서다. 상사가 시키는 일에 "No! 아니요" 하지 말고 가능하면 "Yes! 네" 하고, 불가능해 보이고 힘들더라도 "네, 생각해보지요"라고 하여라.

몸으로는 상사의 뜻을 충실히 이행하면서 어떻게 하면 직장에 도움을 줄 수 있을지를 생각하면, 마음이 떳떳함은 물론 돈을 벌고 회사를 발전시킬 수 있는 지혜와 좋은 아이디어도 생기고 그 직장에서 꼭 필요한 존재가 된다.

그러면 사람을 거느리는 방법도 터득할 수 있게 되어 결국 그 직장 최고의 자리에 도달할 것이며, 드디어는 사막에서 기둥을 세울 수 있는 큰 기업인으로 발전할 것이다.

이런 것을 주는 마음을 세우는 '보시바라밀'이라 한다. 이 마음으로 일하면, 직장에서 내몰리는 염려가 없어지는 것은 물론 직장에 얽매이지 않게 되고, 장래 어떻게 사나 하는 걱정이 해결된다.

어렵다는 생각이 사라지면
어려울 일 또한 사라진다

뜻하는 바를 이루려고 할 때 대개는 '어렵다, 안 된다'라는 생각이 들기 쉽다. 그러나 마음에 '어렵다, 안 된다'는 생각을 가지고 있는 한 뜻하는 바를 이루기 어려울 것이다.

뜻하는 바를 이루려면 어떻게 해야 하나? '어렵다, 안 된다'는 마음을 부처님께 바쳐라. '어렵다, 안 된다'는 생각을 부처님께 바치다 보면 언젠가 어렵다는 생각, 안 된다는 생각이 다 사라지는 때가 나타나고 자신감이 생기게 된다. 자신감이 생겼다는 것은 탐·진·치가 소멸되고 부처님 광명이 임했다는 뜻이다. 자신감이 생겼다면 뜻하는 바를 이미 다 이루었다 해도 좋을 것이다. 고인古人은 이런 말을 했다.

"마음속에 어렵다는 생각이 사라지면, 어려운 현실이 매우 쉬운 것으로 바뀌는 것을 알 수 있다. 마치 흙으로 만든 항아리가 매우 단단해 보여도 물에 넣으면 힘없이 사그라지는 것과 같다. 마음에 어렵다는 생각이 사라지면 어려울 일 또한 사라지리라."

자기 자신을
아무리 좋게 하려고 해도 안 될 때는

자기 자신을 아무리 좋게 하려고 해도 안 될 때는, 자기 자신만 좋게 하려 하지 말고 '모든 세상 사람들이 좋게 되길 발원'하라. 그러면 그 마음이 일어설 것이다. 그러면 어떤 사람은 말하기를 '그건 보살이나 하는 것이 아니오?'라고 할 것이다.

보살이라서 그러는 게 아니고 슬기로워서 그래지는 것이다. 그러니까 모든 사람을 위해서 자꾸 원을 세우는 것이 곧 제 마음이 자꾸 떳떳해지는 것이다.

예를 하나 들면, 공부하는 사람도 다소 나쁜 버릇이 있다. 이백 박사가 담배를 아주 잘 피운다. 학생 땐 하루 70개비씩 피우곤 했다. 그거를 산중에 가서 간신히 큰마음 먹고 담배 피우는 마음을 쉬어 담배를 전혀 안 피우게 되었는데, 웬걸 중 속한이가 되었나 했더니 중 속한이는 안 되었다. 그냥 중으로 내무부장관을 했다.

그런데 보는 사람마다 내미는 게 담배였다. 그 담배 안 받기가 어려운 것이, 안 받으면 '너 미워한다'라는 것이 되고 마는 거다. 비서들이 "각하, 그것도 안 받으시면 어떡합니까?" 그러는 거다. 그때부터 '하, 그거 참! 내가 젊어서 좋아하던 건데….' 그때부터 주는 거 뭐 다 받아먹었다.

그렇게 다시 피우다 보니 인제 나이 늙어서 아주 담배쟁이가 돼버렸어. 그래서 담배를 끊으려고, "이 백성욱이가 담배 안 피워서 부처님 전에 복 많이 짓기를 발원!" 해봤자 잘 안 되었다.

그러니 어떡하겠는가. "모든 중생들이 담배 좀 안 피워서 부처님 전에 복 많이 짓기를 발원!" 그렇게 하니까 되었다.

그래서 요샌 안 피우게 됐지만, 안 피우는 대신에 뭐든 물고 있는 버릇이 아직도 있다. 인제 그 버릇도 차차 쉬겠지.

구해도
안 되는 이유

이 우주는 모든 것을 다 갖추고 있다. 구하는 것은 다 충족될 수 있다. 그런데 구해도 안 되는 이유는 무엇일까? 그것은 스스로의 마음에 '안 된다'는 진심嗔心이 있기 때문이다. 마음에 '안 된다'고 하는 진심만 없다면 될 일은 다 된다. 될 일이란 진실한 자세를 말한다.

언젠가 내 밑에서 공부하던 한 젊은이가 자기처럼 허약한 사람도 공부를 잘하면 쌀 한 섬을 번쩍 들어 올릴 수 있게 되느냐고 물었다. 그래서 그에게 "안 된다는 생각만 없으면 되지" 하고 말해주었다. 가만히 보니 그의 마음에는 '내 몸은 약하니 그런 일은 절대로 할 수 없다'는 생각이 숨어 있었다. 그 생각을 해탈시켜주기 위해서 나는 그에게 일렀다. 늘 다니는 길목에 쌀 한 섬을 갖다 놓고는 지날 때마다 보면서 '저건 내가 못 들지' 하는 생각을 부처님께 바치라고.

　그리고 나서 100여 일이 지났을까. 어느 날 그는 문득 쌀 섬이 우습게 보이더니 그냥 번쩍 들어지더라는 것이다. 이는 안 된다는 생각을 닦은 당연한 결과다.

미안한 마음도 닦아서
자유롭고 떳떳해야

과거 생에 미안한 일을 많이 하여 마음에 '미안未安'을 안고
온 사람들은 늘 미안한 마음을 가지고 평생을 살아간다. 자
신 때문에 누가 피해를 보지 않나 항상 주위의 눈치를 살피
며, 친구에게 전화 걸 때도 "죄송합니다만, 미안합니다만, 누
구 좀 바꾸어주실래요?" 하고 말한다.

이렇게 미안해하는 것이 겸손은 아니다. '미안한 마음'을 닦
아 누구를 대하든지 자유롭고 떳떳하며 활달한 마음이 나오
도록 해야 하며, 그 위에 예의와 교양이 있어야 한다.

미안한 일을 하면
거기에 매여 포로가 된다

세상일을 할 때에, 자기 역할을 하고서 후회를 하지 말아야 한다. 만일에 무엇을 해놓고 후회가 생기게 되면, 자기는 그 일에 매여 포로가 되는 것이니, 후회가 생기지 않게 일하고 또 세상에 미안하지 않도록 해야 한다.

내가 20세 때 프랑스에서 사과 하나 주워 먹고 다른 사람에게 덤터기를 쓰게 한 일이 있다. 지금까지도 나한테는 사과 반쪽의 죄책감이 남아 있다.

　제 마음에 미안한 것은 스스로를 결딴나게 하는 것이다. 그러니까 가능한 한 자기 마음에 미안한 일을 하지 말고 살아라.

부모 공경을 연습해서
마음이 떳떳해야

자식은 부모를 공경해야 한다는 것은 무슨 말이냐?

부모가 자식을 사랑하는 것은 우주 자연의 이치다. 하고 싶고, 저절로 되고, 안 할 수가 없고 그런 것이다. 그러나 자식이 부모를 공경하는 것은 정반대이다.

이 몸뚱이 조직은 부모로부터 받은 것이라, 몸뚱이에 한해서는 부모가 절대니까, 절대에 대해서 미안한 마음을 가지게 되면 이 몸뚱이가 마음대로 발전할 수 없다. 그러니까 부모에 대해서 공경하는 마음을 자꾸 연습해서 자기 마음을 떳떳하게 해야 한다.

이 떳떳해진다는 것은 일정한 시기, 적어도 100일, 1,000일, 3,000일…, 이렇게 지나면서 굳어지는 것이기 때문에, 삽시간에는 어려운 것이다. 이를테면, 우리가 영생의 길에 있는 한 여관에 들른 것을 이 일생의 삶이라고 한다.

아마 60 먹은 이가 세 살 때 생각나듯이 전에 여관에 들었던 때가 생각이 난다면, 그것을 불교에서는 숙명통宿命通이라고들 말하지만, 보통은 희귀하게 들릴 것이다. 이런 소리 잘 들어본 일이 없을 테고, 또 그런 사람이 있으리라고 생각할 수도 없을 것이다. 나는 지금 살아 있는 사람 중에서도 그런

(숙명통이 있는) 사람들 꽤 봤고, 산중에서 한 400명 가르친 사람 중에서도 그런 사람 많이 봤다.

제 마음에 미안한 것을 하지 않고 이 우주를 이해할 수 있으면, 그 정신의 밝음이 그와 같이 발전하는 것이다.

미워하는 사람이 나의 스승

모든 사람을 이해하고 존경하는 마음으로 하루하루를 살면,
모든 사람이 자신을 행복으로 이끄는 원동력임을 알게 된다.
거기서 한 발 더 나아가서, 나를 미워하는 사람이 자기의 스
승이라는 마음 상태가 되면 평생을 평안할 수 있다.

선생님 비난하는 말을 들었더니

"선생님, 얼마 전 어떤 사람은 제가 선생님께 다니며 공부한다는 이야기를 듣고 선생님에 대한 좋지 않은 이야기를 하는데, 그 이야기를 들으니 마음이 매우 불편합니다."

학인이 이렇게 묻기에 조용히 들은 후 이렇게 말하였다.

"그러면 그대 생각에 어떠하냐? 선생님을 비난하는 말을 들을 때 귀를 찌르는 아픔을 느끼면서 괴로워하는 것이 좋은가. 아니면 그래도 마음이 굳건히 동요하지 않는 것이 좋으냐?"

"괴로워하는 것보다는 꿋꿋하게 움직이지 않는 것이 의젓한 태도입니다."

"그래, 그러면 이제 되었다."

무엇이든 마음에 가지면

"왜놈이 왜성대倭城臺[*]는 점령했을지 모르나, 우리 마음속은 점령한 일이 없다. 왜놈이 우리 마음속에다가 경찰서를 집어 넣었기에 우리를 강점한 것이지, 마음속에 경찰서를 넣지 못한다면 걱정할 것이 없다"라고 말한 적이 있다.

나도 경찰서 앞에만 가면 다리가 벌벌 떨리고, 경찰이 기침 한 번만 해도 깜짝 놀라던 때가 있었다. 나에게는 세상에서 아주 가기 어렵고 고약한 데가 경찰 앞이고 경찰서 앞이었는데, 이걸 내가 마음속에서 빼내지 못해 그만 '경찰 두목'이 돼 버렸다. 내무부장관이 되었다는 말이다.

내무부장관이 되고 나니 몹시 마음이 좋지 않았다. 식전마다 운동을 하러 다니는 내 옆을 형사가 호위하며 따라다니는 것이 싫어 이렇게 빌었다.

"왜 이렇게 가까이 오는 거냐. 호위하려면 저만치 가서 해야지, 왜 이렇게 하는 건가. 아유, 제발."

• 　서울 중구 예장동·회현동1가에 걸쳐 있던 지역. 임진왜란 때 왜군이 주둔한 데서 마을 이름이 유래되었다. 일제 식민 통치의 시발점이 된 지역이다.

또 산중에 있는 사람들 가운데 흉한 자들을 꼽자면 광산쟁이들인데, 나는 그들이 사람도 아니고 뭣도 아닌 참 나쁜 자들이라고 생각했다. 그런데 경찰 두목을 몇 달 하다가 내놓고 나니, 이번에는 광산쟁이 두목이 되었다.• 그래서 '무엇이든지 마음속에 언짢은 것을 절대로 가지지 말아야겠다' 하고 다짐했다. 마음속에 무엇을 가지면 곧 내가 그것이 되기 때문이다. 내가 어떻게 경찰 두목이 될 줄 알았나, 그 말이다.

언제라도 자기 마음속에 그런 것을 넣지 말아야 한다. 마음이 가난한 자에게 복이 있다고 하는 것은, 마음속에 아무것도 없으면 밝기 때문이다. '하늘이 그의 나라'라는 건 이런 말이다.

또 공부하는 사람이 미워하거나 좋아하는 마음을 마음속에 가지면 공부가 되지 않는다. 공부가 되기 전에 마음속에 있는 미운 대상이 곧 자기가 되어버리기 때문이다.

그래서 나는 이제 경찰을 미워하던 마음, 광산쟁이를 미워하던 마음을 모두 뽑아내었다. 경찰을 하다가 잘못되면 도둑놈밖에는 될 것이 없다. 경찰의 눈에는 죄지은 사람밖에 보이지 않기 때문이다. 내가 경찰 두목이었는데도 나쁜 사람이 되지 않은 것은 다행한 일이다. 그래도 그것은 건진 것이다.

• 　백성욱 박사는 1951년에 한국광업진흥주식회사 사장으로 취임했다.

어떻든지 마음속에 거추장스러운 것이 있거든 얼른 뽑아버려야 한다. 언제라도 무슨 일을 당할 적에는 냉정해야 한다.

냉정이란 무엇인가. 미워하지도 좋아하지도 말고, 그 대상 자체를 연구할 수 있는 것을 냉정이라 한다. 배우는 사람이라면 그 방법을 익혀야 한다.

기차 안에서 뛴다고
더 빨리 가겠는가

석가여래께서 "모든 고생의 근본은 바라는 마음이다"라고
하셨다. 바라는 마음이나 의도 없이 움직이는 것을 불교에서
는 무위법無爲法*이라고 하는데, 세상을 도인처럼 살기는 힘
들겠지만, 어느 정도는 작심作心을 해야 살 수 있다.

그렇다고 바라는 욕망이 강해 실제로 노력은 하지 않고 바
라는 마음을 자꾸 일으키면 마음이 대단히 바쁘고 불편한 것
이다. 그 불편한 마음이 고생의 근본이다.

예를 들면, 부산을 가는데 급행열차를 타고 가만히 앉아 있
으면 부산까지 잘 갈 텐데, 바쁘다고 보따리 짊어지고 기차
안에서 뛴다고 부산에 더 빨리 가겠는가?

그런 어리석은 짓은 누구도 안 한다고, 그런 바보가 어디
있느냐고 할 것이다. 하지만 우리의 사는 모습을 보면 바라

---

* 산스크리트어로는 'asaṃskṛta-dharma'라 하며 유위법有爲法, saṃskṛta-
dharma과 대비되는 말이다. 어떤 원인 조건을 인연하여 생기는 모든 현상
을 유위법이라고 하는 데 반하여, 어떤 원인 조건도 없이 그냥 존재하는
것, 생겨나거나 사라지지 않고[不生不滅] 항상 그대로 변함이 없는[常住不變]
것을 말한다. 여기서는 어떤 의도意圖나 작심作心 없이 되어지는 일을 따르
는 도인의 삶의 방식을 뜻하는 듯하다.

는 마음, 곧 욕망이 너무나 강해서 편안하지 못하고 늘 헛되이 분주하고 분주하다. 헛된 욕심을 일으키는 어리석은 마음이 고생의 뿌리라는 것이 부처님 말씀이다.

남의 장점을
칭찬하고 좋아하면 성공한다

남의 잘못과 단점만 보고 말하는 사람은 성공하지 못한다. 그러나 남의 장점을 좋아하고 칭찬하는 사람은 성공하거나 최소한 편안하게 살 수 있다.

왜 그러냐? 사람이 남을 나무라는 마음이 크면, 사람들이 부정적으로 보게 되어 외롭고 고통스러워진다. 반면 남을 자꾸 이해하고 알려고 하면, 긍정적인 쪽으로 발전된다.

상대를 이해하고 배려하려는 마음이 성공의 열쇠이다. 그러므로 남에게는 관용으로 대하되, 자기 자신의 허물에 대해서는 철저히 하라.

고인古人이 말하기를, 남이 잘되는 것에 즐거운 마음을 낼 것 같으면 성공한다고 했다. 하지만 세상 사람들은, 자기는 누구보다도 잘되려고 하면서도 남이 잘된 것을 보면 심통이 나서 죽을 지경이 된다. '사촌이 땅을 사면 배 아프다'라는 속담이 이런 속성을 말해준다.

일단 '네' 하라

상대방과 대화를 할 때 '안 된다'라는 말은 가급적 삼가고, 일
단 '네' 또는 '생각해보겠습니다'라고 하여라. '안 된다'는 말
을 해서 피차 마음에 안 되는 것을 그리지 않는다.

'아니' 할 때 마음속에 파괴의 싹이 트고, '네' 할 때 마음속
에 건설의 싹이 튼다.

누가 너를 죽이겠다고 해도

누가 너를 죽이겠다고 해도 "네" 하라. 그러면 그 사람이 죽이려는 마음을 쉰다. 그러나 "왜 죽여요?" 하면, 이내 죽이겠다고 달려들 것이다.

'네'는 항상 하는 것이지, 궁리로 가려서 하고 싶을 때 하는 것이 아니다. '아니오' 할 생각을 미리 마음에 그려놓고서, '네' 하는 것도 아니다. 항상 '네' 할 마음이면, 세상의 오해와 싸움으로부터 위태로울 일이 없을 것이다.

세상에 '네'보다 더 강하고 힘 있는 말은 없다.

그러니까 모든 사람을
부처님같이 대하라

어느 부부가 함께 찾아오곤 하였다. 어느 날 내가 남편에게
물었다.

"재락이는 요즈음 공부 잘하고 있니?"

"웬걸요, 선생님. 요즈음 저희 부부가 자주 다투었습니다."

"왜? 둘이 좋아서 결혼하더니 이제는 밉더냐?"

"네, 선생님. 다투고 있을 때 그냥 저 사람이 밉고 답답합
니다."

"그래? 그럼, 그런 밉고 답답한 마음이 경숙이 마음이더냐,
재락이 네 마음이더냐?"

"물론 제 마음이지요, 선생님."

"그러니까, 그 마음을 부처님께 바치면 되겠구나. 그게 '경
숙이 것인가' 하고 그 애 얼굴을 들여다보니까 화가 나지, 그
게 제 마음인 줄 알면 바칠 수 있으니 문제가 없겠지?"

"그러나 다투고 있을 때는 어디 그런 생각이 납니까? 미운
생각이 앞서는 걸요."

"그래서 내가 늘 무어라고 그러더냐? 사람을 무엇으로 대
하라고 하더냐?"

"네, 모든 사람을 부처님같이 대하라고 하셨습니다."

"옳지, 모든 사람을 부처님으로 대하여야 하지. 그러지 않으면 서로 싸울 수밖에 없지."

타인이 거울

남이 잘난 척하는 말을 듣기 싫어하는 것은, 바로 그대에게 잘난 척하는 마음이 있고, 그 마음을 부릴 수 없기 때문이다.

제 잘난 마음을 닦으면, 남이 아무리 잘난 척해도 마음이 동요되지 않고, 그 사람이 부처님처럼 훌륭해 보일 것이다. 그러면 삶이 매우 즐겁다.

오리 이원익:
어떤 경우에도 흔들리지 않는 마음

조선시대 때 일이다. 한 벼슬아치가 길을 가는데, 어떤 집에서 소년의 글 읽는 소리가 매우 낭랑하게 흘러나왔다. 그 소리가 하도 범상치 않은지라, 집에 돌아온 그는 하인을 시켜 소년을 데려오게 하였다. 인물이 쓸 만하면 사위로 삼고 싶었던 것이다.

그런데 막상 보니 소년의 모습이 목소리와는 영 딴판이었다. 주인은 사위 삼고 싶은 마음이 일시에 사라져버렸지만, 그렇다고 소년을 그냥 돌려보내자니 미안한 생각이 들었다. 그래서 다과상을 내오게 하여 떡이나 좀 먹고 가라고 일렀다.

소년은 무안할 법도 하지만 아랑곳하지 않고, 태연히 앉아 떡을 다 먹어 치웠다. 그러고는 맛있는 떡을 혼자 먹다 보니 부모님 생각이 난다며 좀 싸줄 수 없겠느냐고 청하기까지 하였다.

이에 주인은 새삼스럽게 소년의 사람됨에 감탄하고 그를 사위로 맞아들였다. 소년은 나중에 재상이 되었는데, 그가 바로 정승 오리梧里 이원익*이다.

잘 닦는 이라면, 오리 대감과 같이 어떤 경우에 처하든지 마음이 흔들리지 않아야 할 것이다.

• 이원익李元翼(1547~1634): 조선 중기를 대표하는 명신名臣. 임진왜란, 인조반정, 정묘호란 등 중요한 사건을 거치며 재상으로의 소임을 다했다.

우 임금의 두 가지 성공 신조:
우배창언과 촌음시경

중국에서 있었던 일이다. 우 임금*이라고 하는 이가 아주 낮은 신분에서 몸을 일으켜서 인생 최고의 지위에 갔는데, 이런 일은 그때의 사회에서도 힘들고 지금 사회에서도 그러하기 퍽 어렵다 할 수 있다. 우리말의 '개천에서 용 났다'는 말과 비슷할 것이다.

그이가 무슨 방법으로 성공했냐 하면, 두 가지 신조로 살았다고 한다.

하나는 우배창언禹拜唱言**이다. 중국 고대 하夏나라를 세운 우 임금은 남이 자기를 나무라고 꾸짖고 모욕을 주면 그 사람에게 공손히 절을 했다 한다. 공부 중에 참으로 큰 공부 방법이다. 그렇지 않은가? 배우는 마음이면 지혜가 열리고, 제 잘난 마음이면 나이 사십에도 망령이 든다.

그대들은 제일 화가 날 때가 언제인지 따져보라. 가만 보면 남이 나를 무시해 자존심이 상했을 때 가장 화가 치민다고

---

* 중국 고대의 전설상 국가인 하나라의 창업주.

** 창언唱言은 도리에 합당한 말이라는 뜻이며, 배는 절을 하여 이것을 받음을 이른다. 하나라 우禹 임금은 창언을 들으면 절을 하여 받들었다는 말이다. 《서경書經》〈대우모편大禹謨篇〉.

한다. 반대로 남이 나를 인정해주면 제일 기쁘다고 한다. 처음부터 우 임금이 어질고 어진 성인은 아니었을 것이다. 욕을 해도 절만 꾸벅 하고, 상대를 칭찬하는 말을 하며 습관을 들여 결국 성인의 반열에 들어갔다.

삶을 사는 건 생활하는 것이고, 생활에는 세 가지가 있다. 정신생활·법률생활·경제생활 세 가지를 지극하게 하여 삶을 향상하려면 우 임금 같은 마음공부인 하심下心이 좋은 방법이다.

그다음 두 번째는 촌음시경寸陰是競*이다. 작은 그늘도 귀하게 여긴다는 말로 짧은 시간도 아끼라는 말이다. 우 임금이라는 사람은 몸을 바지런히 놀려 적은 시간이라도 놀지 않고 무슨 일이라도 했다고 한다.

먼저 일어난 새가 먹이를 더 먹는다는 속담이 있지 않은가? 부지런하면 먹고사는 건 그리 큰 걱정이 없을 것이다. 먹고살아야 그다음을 이룰 것이 아닌가?

우 임금은 이 두 가지를 신조로 삼고 살아서 인생 최고의 지위에 올랐다. 그대들도 우 임금을 본받아 생활하면 원하는 것을 성취할 수 있다. 이런 것을 볼 것 같으면, 제 잘난 생각 없이 겸손하다면 발전될 것이다. 쉽지는 않겠지만 이것이 진정한 사람의 길이다.

• "한 자나 되는 큰 벽옥이 보석이 아니고 짧은 시간이야말로 (보석처럼) 다투어 아껴야 할 대상이다[尺璧非寶 寸陰是競]."《명심보감明心寶鑑》〈성심省心〉편.

동쪽 사람이 서쪽의 극락세계로 가기 원하면, 서쪽 사람은 어디로 가나?

육조 혜능 대사의 유명한 말 중에, "서쪽이 극락세계라 동쪽 사람은 서쪽으로 가기를 원하고, 그러면 서쪽 사람은 어디로 가야 하느냐?"라고 묻는 말이 있다.

그 뜻은 제 마음을 닦아서 안락해야 극락이지, 어떤 장소가 따로 있어서 극락은 아닐 것이라는 말이다.

부족한 줄 알고 속는 척도 해야
배우고 발전한다

속지 않으면서도 속는 재주를 또 배워야 한다. 너무 속지 않으면 세상하고 그만 따로 떨어져버리니까, 속지 않는 사람이란 어리석은 사람이다. 속는 척해야 배우지, 자기가 잘나서 속지 않으면 노상 배울 게 하나도 없다.

안 되면 자신을 탓한 순 임금처럼 동시에 어리석은 것도 많이 배워야 한다. 판단을 잘 못 하겠으면, 다 안다는 똑똑한 사람더러 좀 가르쳐달라고 하면 된다. 또 그이가 한참 이야기했는데 알아듣는 말도 있고 못 알아듣는 말도 있다면, 종이를 내주고 거기다 좀 써달라고 해서 써주면 그걸 배우면 된다.

그럼 머리가 하얗게 되도록 배우기만 하다가 죽으란 말인가? 천만에, 잘만 배우면 임금을 할 판인데 뭘.

순 임금은 본래 한족이 아니라 단군족이었다. 그때 중국의 황제인 요 임금은, 제 아들이 똑똑하지 않은 것도 아닌데, 타부족인 순을 데려다가 키우고 가르쳤다.

순은 무슨 재주가 있었는가? 자기가 해봐서 안 되면 자신이 부족한 줄 알고 자꾸 하지, 남을 원망하지 않았다. 또 무슨 일을 할 적에 자기의 의지를 어떻게 관철했는가 하면, 안 되면 자기가 부족한 줄 알고, 되면 여러 사람의 협조 덕분으로 알았다. 그런 사람은 아무리 게으르게 굴어도 30년이면 된다. 순이라는 사람도 그런 사람, 우라고 하는 사람도 그런 사람이었다. 그래서 우리가 그들을 성인이라고 한다.

생존 경쟁에서 벗어나는 길

이 현상계는 적자생존, 살아남기 위한 싸움터이다. 생존, 이것이 이 모든 우주의 현상일 것이다. 그러면 이 모든 우주의 생존 경쟁에서 벗어나는 길은 무엇일까?

간단히 생각하면 된다. 남이 무엇을 달라면 주고, 상대와 부딪치면 웃으면서 먼저 사과하고, 다들 "돈! 돈!" 하며 돌아 버리는 세상, 그저 밥 굶지 않고 자식들 키우면 된다고 생각하며 살면 된다.

준다는 마음을 내고, 안빈낙도安貧樂道, 부족해도 즐기고 살겠다고 하면 우선 편안하고 귀가 밝아 다른 사람들의 말을 잘 들을 수가 있다. 그러니까 누구를 대할 때든지 상대가 달라고 하거든, 속으로 '그래라' 하면 화평하고, 속으로 '에이 싫어' 하면 거기에서부터 야단이 나게 된다.

언제라도 주는 마음을 내고 상대의 말을 들어보아야 한다.

믿는다는 것은
고단한 세상에서 위안을 받는 것

우리 인간은 우주 건축 재료 속에 있는 물질들로 만들어져 있지만, 그 조합에 음양의 기운이 상응한다. 양의 기운이 많은 것을 남자라고 하고, 음의 기운이 많은 것을 여자라고 한다. 자석을 대보면 같은 극끼리는 급하게 밀어내고 플러스와 마이너스 쪽은 서로 붙지 못해 안달하듯이, 남자는 음의 기운을 만나면 착 달라붙으려 하고 여자도 양의 기운을 만나면 착 달라붙으려 한다.

심리학자들은 남성 속에 여성성이 있고 여성 속에 남성성이 있다고 한다. 그래서 동성 친구를 만나도 그 점이 작용하여, 누구와는 빨리 친해지고 누구와는 멀게 느껴지는 것 또한 서로의 내면에 있는 여성성과 남성성에 끌리기 때문이라고 한다.

그런 것은 우리가 종교학상으로도 많이 볼 수 있다. 우선 비근한 예를 들면 불교에 관세음보살님이 계시다. 관세음보살님은 예쁜 얼굴에 좋은 패물을 차고 풍만한 몸매가 아름답고 편한 느낌을 주기 때문에 젊은이들이 좋아할 수 있다. 모든 사람이 좋아할 모습을 갖춘 것이다.

그 반대로 나이든 마나님들은 죽어서 좋은 데 가야겠다고 그저 친정아버지 같은 아미타부처님을 부른다.

모든 종교의 숭배 대상이 똑같은 유형이다. 가톨릭에서는 성모 마리아를 좋아한다. 성모 마리아는 관세음보살님과 마찬가지로 그렇게 예쁘다.

독일의 철학자 칸트는 "종교라는 것은 믿는 것이다. 믿는 것이라는 것은 뭐냐? 아는 게 아니다"라고 했다. 만약 "믿는 것이 아는 게 아닌데, 아는 게 아닌 걸 어떻게 믿느냐?"라는 말을 하면, 그건 그냥 믿는 게 아닌 것이다.

그냥 믿는 것은 무엇이냐. 우리가 이 세상에서 고단했을 적에 거기에 자기가 착 붙어 위안을 받는데, 성모 마리아나 관세음보살님이 없다면 곤란하고 위로받을 수 없는 것이다.

몸뚱이를 초월하는 마음 연습

이 세상에서 살자면 정기를 안 빼앗겨야 한다. 그런데 정기를 빼앗기지 않으려면 어떻게 해야 할까? 평소 제 마음이 몸뚱이에서 초월하는 연습을 하면 얼마간 몸뚱이를 초월할 것이다.

몸뚱이를 초월한 사람은 앉아서 "내가 내일쯤 죽을 것이다" 하고는 단정히 앉아서 죽는다. 그러나 이 몸뚱이가 전부 제 것인 줄 안다면, '어흐흐' 소리를 지르며 죽어버린다. 속이 썩어서 죽는 것도 아니고, 멀쩡한데도 낙심이 돼서 죽어버리는 것이다.

의원의 병은 고치지 못한다. 자기가 의원인 탓에 남의 말은 모두 곧이듣지 않기 때문이다. 죄다 곧이듣지 않다가는, 자기가 죽겠다는 말만 곧이듣는다. 죽겠다는 마음을 연습하면, 100일이면 어떤 사람이든 다 죽고 만다. 그러나 보통 100일 연습하는 사람은 없다. 100일을 채우지 못하고 그만 잊어버린다. 자살하는 사람들은 죽는 것을 연습하는 것이 아니라, 이 세상 살기 싫은 것을 연습하는 것이다.

그러니 한산의 말*은, 이렇게 세상을 캄캄하게 살면 안 되겠다는 말이다. 무슨 방법으로든 자기 정신으로 자기 몸뚱이를 이끌어가야 한다는 것이다. 자기 몸뚱이를 자기가 건사하려면 좁쌀밥이라도 제가 벌어서 먹을 줄 알아야 한다.

● "한산정상월륜고寒山頂上月輪孤 괘재청천시아심掛在靑天是我心, 한산 이마 위의 둥근 달이 외롭다. 푸른 하늘에 걸린 것은 곧 내 마음이로구나."

버릇없는 아이를
올바르게 키우려면

버릇없는 아이들을 올바르게 키우려면 부모의 노력만으로 는 용이하지 않을 것이다. 이는 부모와 자식이 한집에서 살 게 되면 서로 마음을 들여다보면서 자신도 모르게 탐·진·치 연습이 되어 업보 해탈과는 거리가 멀어지게 되기 때문이다. 자식의 못된 버릇 때문에 부모가 속을 썩는 것은 부모자식 사이에 맺은 숙세의 업보 때문이다. 이 업보가 해탈되지 않 는 한 부모 속을 썩이는 못된 버릇 또한 고칠 수 없게 된다.

그러면 어떻게 하면 못된 버릇을 고칠 수 있을까?

도인이 계시다면 그 아이를 도인이 계신 도량으로 잠깐 출 가시켜 교육받게 하는 것이 좋다. 그 아이가 도인 곁에 있으 면 부모와의 업보는 엷어지는 반면, 도인이 분별심을 쉰 것 처럼 자연 분별심이 쉬게 되므로, 부모와 맺은 업보가 해탈 되어 부모 속 썩이는 나쁜 버릇을 고치게 되는 것이다.

도인 곁으로 자식을 보내는 부모는 어떻게 변할까? 자식을 도인 곁으로 보낸 부모도 도인 곁의 자식을 생각하다 보면 자 연 그 마음이 도인을 향하게 된다. 마음이 도인을 향하면 부모 의 마음에 온갖 분별심이 소멸되어 자식과의 업보가 해탈되 기 때문에 재앙이 소멸됨은 물론 그 마음까지도 바뀔 수 있다.

똥 흘려 누는 학생들이
그대 밥줄

동국대학교에 총장으로 있을 때의 일이다. 하루는 학교를 둘러보다가 화장실 앞을 지나는데, 안에서 누가 소리를 질러 댔다.

"망할 놈의 자식들! 대학교까지 다니는 놈들이 똥 하나 바로 누지 못하면, 그래 공부는 해서 뭐 하냔 말이야? 빌어먹을 놈들!"

학교 청소부가 변기 구멍에다 바로 누지 못하고 바닥에 흘려놓은 똥을 치우면서 혼자서 학생들을 욕하는 소리였다. 그래 그 청소부를 불러 세우고 말했다.

"이 사람아! 학생들이 똥을 퐁퐁 잘 눠서 변소가 깨끗하면 그대 할 일이 어찌 되겠는가? 그렇게 되면 그대 일거리가 없어져, 이 사람아! 그 학생들이 다 그대 밥줄인데, 그렇게 알면 하루에 몇 번씩 고맙다고 해도 모자랄 게 아닌가?"

"아이고, 죄송합니다, 총장님."

"그러니 이봐. 이왕 치워야 할 똥인데 이제부터는 이렇게 말하면 어떨까? '역시 대학생들은 달라. 힘이 뻗쳐서 똥을 동쪽으로도 갈기고 서쪽으로도 마구 갈겨대니 말이야. 그렇지, 이렇게 힘이 뻗쳐야 여기서 장관도 나오고 대통령도 나오지'."

대지주와 홍수

서울 사는 대지주에게 "당신 마음속에 당신이 몇백 석 도지 賭地(논밭을 빌린 대가로 내는 벼)를 받는 모처의 토지가 들어 있소" 했더니, 그 지주는 "나는 매달 수입이 내가 쓰고도 족히 남아서, 그런 토지는 있으나 마나 한 것이 되어서 그럴 리가 없습니다"라고 했다.

하지만 어느 해 여름에 장마가 져서 그 대지주의 몇백 석 지기 논이 몽땅 다 물에 패여서 떠내려가자 가슴이 덜컥 내려 앉았다고 하였다. 그 푹 패여 떠내려간 전답이 자기의 마음속에 들어 있었다는 것을 비로소 알게 된 것이다.

그러므로 누가 세상을 떠난 다음에 울음이 터져서 울게 되는 것도, 자기의 마음속에 아쉬운 사람이 없어지고 서운해진 까닭에 우는 것이다.

우주의 건축 재료

우주의 건축 재료 중에 가장 작은 것이 무엇인가는 아직도 밝혀지지 않았는데, 아마도 거대한 우주의 신비를 걷어내야 가장 작은 우주 단위도 알 수 있을 것이다. 우라늄을 가지고 핵발전소를 돌리는 이유는 적은 양의 우라늄에서 큰 에너지를 얻기 때문이다. 인간에게 유용한 전기 에너지만 얻으면 거부할 까닭이 없지만, 그 찌꺼기인 플루토늄으로 참혹한 무기인 핵폭탄을 만들 수 있으므로 그 위험성 때문에 핵발전 방식은 다른 방법을 찾아야 한다.

모든 것은 양면성이 있어서, 방사능 물질인 라듐에서 방사선을 발견하여 노벨상을 탄 퀴리 부인은 당시 유행한 폐결핵을 찾을 때 쓰는 엑스선x-ray을 발견케 하였다.[*] 그녀는 노벨상 수상 소감에서 핵물질의 양면성을 잘 지적했다. "자연의 비밀을 알게 된다는 일이 인간에게 유익한 것인지, 그리고 이것으로부터 이익을 얻게 될지, 아니면 이 지식이 인간을 해

---

* 뢴트겐이 발견한 엑스선은 높은 에너지의 전자를 금속에 쏘았을 때 나오는 것으로, 뢴트겐의 엑스선 발견(1895년)이 퀴리부인의 라듐(방사능 원소) 발견(1898년)보다 앞선다.

롭게 할 재앙이 될지는 누구도 알 수 없습니다." 이런 심각한 문제는 학계에 많은 파문을 던졌다.

라듐은 사람에게 좋은 천연 온천수 속에도 있는데, 인공으로 가공하면 엄청난 물건으로 변한다. 원자번호가 같지만 원자량이 다른 원소, 곧 동위원소同位元素, isotope가 문제가 되는 것이다. 두 가지 모두 화학적 성질은 같지만 중성자의 수가 다르므로 질량이 달라서 물리적 방법으로 마음대로 분리할 수 있는 것이 장점인 반면 동시에 자연을 거스르는 것이 큰 단점이다.

예를 들면, 천연 우라늄은 안정되어 있어 원소가 급하게 마멸되지 않고 우주 흐름에 따라 존재하고 소멸하고 재탄생되지만, 천연 우라늄에 변화를 주어 깨트리면 그것은 안정되지 않은 혼란 덩어리가 되어 스스로 엄청난 에너지를 내뿜으며 파괴된다. 그 에너지는 자연을 거스른 인간에게 양날의 칼로 쥐어진 것이다.

인간을 위한다는 미명 아래 일단은 평화롭게 쓸 수 있지만, 핵폭탄으로 인류의 종말을 앞당길 수도 있다. 헬륨의 원자핵을 낮은 온도나 높은 온도에서 융합시키면 중성자 하나가 튀어나오게 되는데, 그것을 이용해 원자폭탄보다 더 세다는 수소폭탄을 만든다고 한다. 양편을 어떻게 쓰든지 인류는 자연을 거스른 업보를 받고 있다. 미래에는 그 피해가 적기를 바란다.

우주의 크기에 주눅이 들 것도 없다. 왜냐하면 우리 한 사람 한 사람이 하나의 우주이기 때문이다. 누구나 이번 삶에서 어떤 형태로든 잘 살다 죽고 싶을 것이다. 누구는 큰돈을 벌고 싶고, 누구는 학자가 되어 위대한 연구 결과를 내어 노벨상을 타고 싶고, 독특한 몇몇 사람은 도를 닦아 부처님이나 도통한 사람이 되겠다는 등등 각자 원하는 삶이 있을 것이다. 그러나 무엇이 되기 전 우선 착하게 열심히 살아야 한다는 것을 명심, 또 명심해야 한다.

하나 속에 모두, 모두 속에 하나 있다

정신이 편안해야 지혜가 밝아지는 것은 사실이지만, 이 세상은 상대적이어서 정신이 답답해하지 않으면 정신의 편안을 알 수 없고, 지혜가 밝지 않은 상태를 겪어야 밝음을 알 수 있는 것이다. 이것이 서로 비춘다는 뜻이다.

밖의 세계도 마찬가지여서, 지구는 태양을 따라 돌고 달은 지구를 따라 돈다. 중력이니 인력이니 복잡하게 말할 것 없이 제 고향을 찾아가려는 몸짓일 뿐이다.

태양, 달, 우주에 관한 연구와 달리 근대에 들어 시작한 미세한 미립자 세계 연구도 결국은 큰 우주를 관측하고 연구한 결과와 다를 게 하나 없다.

인류가 탐험하고 연구하는 두 세계의 그 끝은 아마도 텅 비어 있고 우윳빛으로 은은한 적멸寂滅로 만나게 될 것이다.

부처님 말씀대로 세계는 하나 속에 모두가 있고, 모두 속에 하나가 있다.

헌식은 재앙을 방지하기도

마음속의 탐·진·치를 부처님께 잘 바치면 재앙이 소멸되지만 사람에 따라서는 헌식獻食을 함으로써 재앙이 방지되기도 한다. 헌식이란 귀신을 달래기 위하여 식사 전에 밥을 약간 떠서 집 안의 정갈한 곳에 놓는 것을 말한다.

집안에 좋은 일이 일어날 때 귀신들 특히 조상의 귀신들이 샘을 내는 수가 있다. 이 귀신들은 후손이 잘되는 것을 시샘하여 종종 재앙을 일으키는데, 헌식 공양으로 인해 귀신들의 마음이 가라앉게 되고 재앙이 방지되는 것이다.

또 식사하기 전이나 후에 밥 먹겠다는 마음을 제도하기 위해 헌식을 하거나 또는 남길 줄도 알아야 한다. 헌식은 집 주위의 청결한 곳에 하되 원을 잘 세우면 새들이라도 와서 그것을 먹게 된다.

세 가지 생활 : : 정신 · 법률 · 경제

12

정신생활은 착하게 살면서, 앞서간 부처, 예수, 공자의 말씀을 자기 근기에 맞춰서 공부하는 것이다. 법률생활을 잘하려면 절대로 미안한 짓을 하지 말고, 법에 저촉되는 일을 하면 안 되는 것을 명심해야 한다. 경제생활은 열심히 노력하여 가장으로서 가정을 원활하게 운영하는 것이다. 이 세 가지 생활을 조화롭게 하는 것이 인생 궤도가 잘 돌아가게 하는 방법이다.

삶의 세 가지 궤도

인간의 삶은 세 가지 궤도를 타고 운행된다. 정신생활·법률생활·경제생활이다.

정신생활에서는 종교니 철학이니 예술이니 심리니 교육이니 이런 여러 문제가, 또 의학이니 문학이니 하는 것이 인간의 향상을 위해 다양하게 제공된다.

　법률생활은 원시시대의 규칙에서 출발하여 나라마다 헌법과 국제법 등으로 발전해왔다. 앞으로 인류가 더 나은 관계를 형성해갈 수 있도록 법률의 기틀을 잡아 후손에게 물려주어야 하는 것이 우리의 과업이다.

　경제생활에 있어서는 고른 분배가 최대 관건이다. 경제는 혈액 순환에 비유할 수 있다. 피가 잘 돌지 않고 한곳에 쌓이면 사람이 죽는 것처럼, 가진 자에게서는 세금을 많이 걷어 혈관 속의 적체를 걷어내고, 이것을 다시 보내어 가느다란 모세혈관까지 피가 원활하게 돌게 해야 한다.

인간 생활의 3대 조류

모든 학문은 사람을 위한 것이다. 우주를 연구하거나 사람의 똥을 연구하거나 같은 가치이다. 그렇게 사람을 위해 하는 학문 중에 사회학의 관점에서 사람 살이를 연구한 사람들이 있다. 이런 학문은 19세기 초반에 유럽 사람들이 많이 얘기하게 되었는데, 인간은 정신생활·법률생활·경제생활 이 세 가지 큰 흐름으로 산다고 했다.

원시시대에 인간이 모여 살면서 집단이나 개인의 생존을 위해 만든 생활 규칙이 필요하게 되었고, 이것이 발전하여 법률이 되었을 것이다.

다른 동물에 비해 힘이 약한 인간은 많은 경우 집단으로 사냥을 하게 되었고, 그러다 보니 사냥한 고기의 분배라든지 집단생활을 용이하게 하는 규칙이 필요했을 것이다. 그렇게 시작한 인간의 집단생활은 같은 지역의 씨족끼리 살다가 무리가 커져 부족이 되고, 나중에 나라를 만들었다. 그러면서 나라의 국법이 만들어지고, 현재는 지구 전체를 아우르는 UN을 통해 세계 법률이 만들어졌다. 법률은 문화권에 따라 다르고, 이런 차이점들로 인해 분쟁이 일어나는 것을 피하고자 세계법이 바뀌듯, 각 나라도 법률을 추가하고 삭제해가며

독재든 자유든 인간은 법률생활을 하고 있다. 법률생활을 인간의 몸에 비유한다면, 우리의 소뇌 작용이나 척추 신경작용 같은 것이라 할 수 있다.

우리가 늘 하는 말 중에 '목구멍이 포도청'이라는 말이 있다. 이 말은 경제생활과 법률생활이 밀접하게 돌아가는 것을 표현한 것이다. 사람은 먹어야 살고, 입어야 살며, 집이 있어야 산다. 의식주를 해결하는 문제는 문명이 발달하면서 계속 발전하고 복잡해졌다. 원시시대의 사냥감 분배처럼 오늘날의 사회도 분배에 대해 고민을 하고 있다. 근대 마르크스 공산주의가 만들어졌고, 사회주의가 지금도 실험되고 있는 중이다.

경제생활은 개인과 나라 별로 역량에 따라 소득과 질이 달라진다. 평등한 분배를 외치지만 아직까지는 이상향(유토피아)으로 먼 얘기이다.

정신생활·경제생활·법률생활은 한배에서 나온 세쌍둥이라 할 수 있다. 우리는 평등한 분배를 위해 노력해야 한다. 개인이나 나라는, 어려운 개인이나 나라를 위해 자신의 여유 있는 경제생활을 나눌 의무가 있는 것이다. 몸에 비유하자면, 온몸을 도는 미세한 모세혈관까지도 피가 돌아야 하는 혈액작용을 경제생활이라고 할 수 있다.

한편 정신생활이라는 것은 대뇌작용 같은 것에 속한다 할 수 있다.

행복은
세 가지 생활의 조화에서 온다

아프리오리가 자기에게 느껴지지 않는다고 해서 자기 속에 없는 것이 아니다. 모든 인간 저 밑바닥에서 활발하게 움직인다. 그렇다면 아프리오리가 무슨 역할을 하는가? 모든 인류의 정신생활·법률생활·경제생활을 조화롭게 조율한다.

정신생활 밑에 경제생활과 법률생활이 눌려 있으면, 그 사람은 현실감이 떨어지게 된다. 주변을 돌보지 않고 환상 속에 살 듯 형이상학만 중요하게 생각한다.

경제생활 밑에 정신생활과 법률생활이 눌려 있으면, 돈을 벌고 먹고사는 데 모든 열정을 쏟아 탐욕스러워지고 베풀지 않게 된다.

법률생활 밑에 경제생활과 정신생활이 눌려 있으면, 성격이 냉정해지고 사사건건 따지게 된다. 자기 기준에 안 맞으면 누구든 적으로 삼아 상대가 쓰러져 죽을 때까지 물고 늘어진다.

이 가운데 정신생활을 다른 생활의 윗길에 놓는 것이 조금은 나아 보인다. 세 가지 생활이 조화가 안 되면 인간은 불행할 수밖에 없기에, 아프리오리는 끊임없이 활동하면서 인간이 자기를 알아차리길 바라고 있다.

인류가 세 가지 생활이 조화롭지 못할 때 전쟁이 일어나고 불안했다. 역사를 통해서 알 수 있고, 지금도 여러 일이 세계 곳곳에서 일어나고 있다. 그것을 제일 먼저 타파하라고 구체적으로 말씀하신 분이 석가여래 부처님이다.

유럽에서 산업혁명이 일어나고 상공업이 발달하면서 노동자들을 진실하게 대우하지 않은 욕심이 인류를 얼마나 힘들게 했는가? 지금도 이런 일은 씨앗으로 뿌려지고 있다. 미래에 어떤 결과로 나타날지 모른다. 여러분과 나와 모든 사람이 착한 씨앗을 뿌려 모두가 행복할 수 있는 결과를 만들어야 한다. 착하고 좋은 씨앗은 정신생활·법률생활·경제생활의 조화에서 나온다는 것을 잊지 말기 바란다.

인생의 궤도가 잘 돌아가려면

제 마음에 미안한 것을 하지 않고 살다 보면, 자기를 이해하고 이 우주를 이해할 수 있다. 그 정신과 밝은 마음으로 서울 남산을 또렷이 본 것처럼 발전되는 것이다.

정신생활은 착하게 살면서, 앞서간 부처, 예수, 공자의 말씀을 자기 근기에 맞춰서 공부하는 것이다.

법률생활을 잘하려면 절대로 미안한 짓을 하지 말고, 법에 저촉되는 일을 하면 안 되는 것을 명심해야 한다.

경제생활은 열심히 노력하여 가장으로서 가정을 원활하게 운영하는 것이다.

이 세 가지 생활을 조화롭게 하는 것이 인생 궤도가 잘 돌아가게 하는 방법이다.

세 가지 생활을
원활하게 영위하는 자가 능력자

자기 능력이란 건 무엇이냐. 자기가 먹을 것을 자기가 만들 수 있고 자기 몸뚱이를 자기가 운전할 수 있고 또 자기가 배우려고 하는 마음이 있어야 된다. 그러나 언제라도 배우는 마음이 없고 제 잘난 생각을 할 적에 그 사람은 영원히 매장이 되고 만다. 정신이 발전이 되지 않는다. 그럼 정신이 발전이 되자면 오직 배우는 마음을 게으르게 하지 말 것.

그다음 또 법률생활이 완전하자면 불평하는 마음을 배제할 것. 그건 왜 그러냐. 불평하는 마음은 모든 건설을 파괴하니까, 불평하는 맘으로 건설을 파괴할 때에는 그 자체가 그만 못쓰게 된다. 기계가 원활히 돌아가질 않는다.

그다음, 또 탐심을 내지 않으면 물건을 잘 분배한다. 자기가 필요치 않은 물건을 여뒀다가 남에게 줄 줄 아는 것, 그것이 아주 중요한 경제 원칙이 될 것이다. 이러한 경제상의 원칙이라는 것은 우리 인류가 한 가족의 생활을 영위하거나 한 국가의 생활을 영위하거나 가장 필요한 것이다.

정신생활을 공부하면서
다른 두 가지 생활과 조화를 이루면
깨닫는 날이 온다

우리는 지구가 돌아가는 자전을 느끼지 못한다. 사람도 우주의 한 존재이기 때문에 스스로 자전하고 여러 여건에 따라 더불어 공전하지만, 이 삶의 비밀을 알지 못하고 느끼지 못한다. 왜 그런가 하면, 삶을 사는 태도 때문이다. 어떻게 지금 이 자리에 있는지, 왜 살아가는지 근원을 알려고도 하지 않은 채 하루하루 살아간다.

역사로 보면 삶의 본질에 대한 자기 성찰을 밝혀 쓴 경전이 많이 있다. 가장 대표적인 것이 부처, 예수, 공자의 말씀이다. 교회에 다니는 사람은 성서를 볼 것이고 부처님 법을 믿는 사람은 불교 경전을 볼 것이다. 이것이 정신생활을 하는 것이다. 정신생활을 예민하게 공부하면서 다른 두 가지 생활을 누르지 않고 존중한다면, 조화로운 삶 속에서 먼저 공부한 성인들처럼 깨달아 아는 날이 온다.

소크라테스 최후의 대화:
죽음과 세 가지 생활이 조화로운 삶

우리에 비하면 서양 사람들이 생각해낸 신은 무지막지하고 무섭다. 그래서 하느님이 화가 나면 옳고 그른 판단도 없이 그날로 죽여버리고 만다. 유일신으로 권력을 잡은 유대교 하나님과는 달리, 그리스·로마의 신은 상당히 인간적이다. 변덕이 심하고, 인간세계의 여자와 아이를 낳고, 한술 더 떠 인간과 싸우기까지 하니, 그리스·로마의 정신을 인본주의Humanism라 한다. 그러나 이것도 그다지 인본주의적이지는 않다는 것을 소크라테스 이야기에서 볼 수 있다.

소크라테스는 '참 지혜'를 말한 사람이다. "너 자신을 알라!" 이 말은 원래 고대 그리스 델포이의 아폴론 신전 현관 기둥에 새겨져 있던 말이라고 한다. 그때 왜 소크라테스가 그 말을 했을까? 아테네 사람들은 따뜻한 날씨에 밥 먹고 할일 없이 '저 하늘 꼭대기에는 뭐가 있을까?' '구름은 왜 떠돌까?' 모두 이런 생각만 하는데, 소크라테스는 발등을 내려다보며 "너 자신을 알라" "너를 알면 다른 사람을 알 수 있느니라" 이렇게 말하고 다니며 대쪽처럼 사니, 그 소리가 듣기 싫어 소크라테스를 고소해서 감옥에 가게 했다.

그때 감옥은 지금처럼 엄하지 않았다고 한다. 갇힌 사람들이 자기 명예를 존중해서 잘 달아나지 않으니 대충 허술하게 관리했던 것 같다. 그래서 사형선고 받은 죄인이라도 외출이 자유로워 친구들을 만나고 다녔나 보다. 소크라테스가 예언자 에우튀프론*을 찾아가 나눈 유명한 대화가 있다.

소크라테스가 에우튀프론에게 "이 세상에 정의가 있는가?" 하고 물었다. 에우튀프론은 "이 세상에 정의는 있다"라고 했다. 아마 지금 같으면 있느냐고 묻는 사람도 우스운 사람이 되고, 있다고 답하는 사람도 우스운 사람이 되겠지만 그때 소크라테스는 생사를 눈앞에 둔 심각한 때였으니 서로 대단히 진지했을 것이다. 그래서 에우튀프론이 "있다"라고 하니까 그때 소크라테스가 "내가 사형을 당하는 것도 정의냐?" 묻고는 "사형이 정의라면 달갑게 죽을 작정이다"라고 하며 자신의 심정을 토로했다.

이때 에우튀프론의 말이 아주 재미있다.

"당신은 누구를 숭배하는가?"

소크라테스는 자신의 추한 외모 때문인지, 아름다운 이를 숭배했다. 그래서 태양신 주피터(제우스)를 시중드는 시녀 디오티마Diotima**를 숭배한다고 대답했다. 에우튀프론이 말하기를 "그러니까 주피터는 자기의 시녀를 좋아하는 소크라테

---

* 소크라테스가 재판을 앞두고 '경건함'을 주제로 에우튀프론과 대화를 나누는 내용이 플라톤의 대화편《에우튀프론》에 소개된다.

** 전설상의 인물로서 만티네이아(아르카디아 남동부)의 무녀巫女로 플라톤의 대화편《향연饗宴》에 등장한다.

스가 못마땅했을 것이다"라고 했는데, 이것은 그때의 그리스 사람들이 신에게 투영한 심리일 것이다.

에우튀프론이 "그대는 디오티마를 왜 그렇게 숭배하는가?"라고 하자, 소크라테스가 "그 여신이 내 감정에 맞아서 그렇다"라고 대답했다. 이 말에 중요한 핵심이 있다. 자기가 숭배할 대상은 무엇보다 우선 자기 마음에 들어야 한다는 것이다. "그러면 주인인 주피터를 놓아두고 시녀인 디오티마를 숭배하면 주피터 신의 심정이 좋겠는가?" 에우튀프론이 되물었다.

그리고 이어서 또 말하기를 "주피터 입장에서 네놈이 괘씸한 놈이냐, 아니냐? 아, 그거 괘씸한 것이다. 그러니까 이번에 멜레토스Meletos*라는 사람이 너를 고소한 것은 그 사람이 무슨 능력이 있는 게 아니라 주피터의 역정에 힘입어서 너를 잡아다 사형을 구형하게 한 것이다"라고 했다. 그러자 소크라테스가 그만 돌아가서 약을 먹고 죽었다고 한다. 그런데 독약을 먹지 말라고 한사코 막는 제자들에게 한 마지막 말이 멋지다.

"악법도 법이다. 사람은 모름지기 죽을 때 떳떳하게 죽어야 한다고 나는 듣고 배웠다."

죽기 전에 마지막으로 한 수많은 위대한 말이 있지만 이 또한 마음에 새겨둘 만하다.**

신의 뜻에 의해 죽어야 한다면서, 얼마나 많은 이들이 죽임을 당하거나 스스로 죽었는가? 이름하여 순교라고 하면 "아멘" 하고 죽었다는 말인데, 지금 이 자리에서 "죽어라"라고 하면 "고맙습니다" 하고 죽을 사람은 하나도 없을 것이다. 어리석은 죽음이다.

그러면 어떻게 살다 죽는 것이 중요한가? 죽는 것은 나중으로 치고, 지금 여기서 어떻게 사는 것이 삶을 잘 사는 것이냐? 이 우주 안에 있는 모든 것은 어떠한 궤도를 따라 돈다. 그것을 흐름이라고 한다. 사람도 우주 안의 한 물건이라 그 흐름을 잘 알아야 잘 살 수 있지 않겠는가?

나는 삶의 흐름을 세 가지로 나누어, 이 세 가지가 잘 조화되면 잘 산다고 본다. 첫 번째는 정신생활, 두 번째는 법률생활, 세 번째는 경제생활이다. 천·지·인天地人 세 가지로 나눌 수도 있다. 정신생활은 하늘, 법률생활은 사람의 조화, 경제생활은 땅에 기댄 사람이라고 말할 수 있다. 그 세 가지 궤도의 흐름을 따라, 우리 또한 자전도 하고 공전도 해서 발전하는 것이다.

•• 소크라테스와 관련된 위의 내용은, 플라톤의 대화편 중 《에우튀프론》《향연》《크리톤》의 내용을 섞어서 재구성한 것이다. 원본의 내용과 다르게 이야기를 재구성한 의도는 '옛날 사람들은 신을 이유로 대면 더 이상 따지지 않고 그냥 따랐다'는 점을 강조하기 위함인 것으로 보인다.

소크라테스는 왜?

세 가지 생활은 밖에만 있지 않다. 안에도 있다. 우리 몸뚱이에서 이 세 가지 생활을 확인할 수 있다. 대뇌 작용을 정신생활이라고 할 것 같으면, 소뇌 작용은 법률생활이라고 할 것이다. 혈액 순환 작용은 아마도 경제생활이라고 할 것이다.

건강한 사람이라면 혈액 순환이 잘되어야 할 것이고, 신경계통이 잘 작용해야 할 것이고, 대뇌의 사색작용이 온전해야 할 것이다. 대뇌의 사색작용이 시원치 않으면 정신병 환자라고 하고, 신경계통의 작용이 원활하지 않으면 중추신경계통이 잘못되어 병을 앓는다고 말하게 되고, 혈액 순환이 제대로 되지 않으면 또한 여러 가지 병을 앓게 된다.

안과 밖으로 제일 건강한 사람은 세 가지 생활이 잘 조화되어 돌아간다. 우주의 자연물인 인간이 높은 단계로 향상해나가기 위해서는 세 가지 생활의 조화가 필요하다.

원시시대부터 어느 시대까지는 정신생활이 전부 장악을 했다. 모든 것이 하늘의 뜻에 맞지 않으면 금기시했다. 그런데 지금 현대에 우리가 소크라테스 같은 사람을 만나면 그 사람을 정신병 환자라고 부를지도 모른다.

모든 것이 마음먹기 달렸다

정신생활·법률생활·경제생활 이 세 가지 생활로 인생이 돌아가니 이 흐름을 잘 운영하게 되면 인생 그까짓 것 뭐 잘 살다 갈 수 있다.

어느 석공이 40년 돌질을 했는데 폐 속에 돌가루가 쌓여서 진폐증으로 그만 죽어버렸다. 다른 석공들도 겁이 나 병원에서 검사를 했다. 검사 결과가 묘했다. 석공 모두 경중의 차이는 있었으나 전부 폐에 돌가루가 있었다. 그런데 죽은 사람보다 돌가루가 더 많이 쌓인 사람들도 잘 살고 있었고 평소에 고통도 없다고 했다.

그 연유를 찾다 보니 진폐증으로 죽은 사람은 평소에 짜증도 많이 내고 화도 많이 내고 돌 다듬는 일을 싫어해서 돌질이 '지겹다, 지겨워' 하며 살았다고 한다. 그러나 폐에 돌가루가 더 쌓였지만 괜찮았던 사람들은 아내와 자식들을 먹여 살리고 일을 끝내고 마시는 막걸리 한 사발에 행복해하며 살았다고 한다.

부처님 말씀에 일체유심조一切唯心造*가 있다. 쉽게 말해 모든 것은 마음먹기 달렸다는 뜻이다. 어떤 아이는 동전을 먹고 죽었는데, 어떤 아이는 동전을 똥으로 누고 살아난다. 한평생 일하고 가정을 돌보며 사회생활을 할 때의 그 마음가짐이 인생을 만드는 것이다.

• "만일 삼세의 모든 부처님을 완전히 알려면, 마땅히 우주의 본질을 깨달으라. 세상 모든 것은 마음으로 인연하여 된 것이다[若人欲了知 三世一切佛 應觀法界性 一切唯心造]." 《대방광불화엄경大方廣佛華嚴經》 권19 〈야마궁중게찬품夜摩宮中偈讚品〉.

무주상보시:
주고 후회하지 말고 받을 마음에 시달리지 말라

세 가지 생활 가운데 무엇을 가장 위에 두어야 하느냐 하면, 당연히 정신생활이다. 법률생활이나 경제생활의 불만족은 정신생활로 보듬을 수 있다. 정신생활에 의거하여 자족하고 물질보다 마음으로 행복을 찾는 것을 사회의 도덕규범으로 세워야 한다.

생산과 분배의 흐름을 잘 다스려 풍요로운 경제생활을 오래 지속시키는 정책을 만들어야 한다. 우리는 살아가면서 나누는 원칙 자체를 터득해나가게 된다. 우리는 나누는 연습을 자꾸 반복해서 해보아야 한다. 하면 할수록 만족감과 여유가 생긴다. 주는 자신이 뿌듯하고 행복감이 커지고 늘 웃는 사람이 된다. 나누는 부모의 모습을 보며 자란 아이는 나누며 살 것이고, 나눔을 통한 분배는 인류의 보편가치가 되어 세대를 이어 증대되어갈 것이다.

《채근담》에 말하기를, "은혜는 갚을 수 없는 사람에게 베풀어라[施恩於不報之恩(시은어불보지은)]"라고 했다. 갚을 수 없는 사람에게까지 베푼다는 것은 여유 있게 경제생활을 착실히 했다는 것이며, 착하게 사니 당연히 법률생활도 잘할 것이고, 그 바탕이 바른 마음이니 정신생활 또한 잘했을 것이다.

내가 베풀었다는 자만심이 있다면 역시 탐심이 들어가 있게 된다. 베푸는 것은 자기의 주는 마음, 평화스러운 마음을 연습하자는 것이므로, 그 물건 자체에 준다는 마음을 없을 필요는 하나도 없다.

'주고 후회하지 말고 받을 마음에 시달리지 말라'라는 것이 부처님이 말씀하신 '무주상보시無住相布施'다.

먼저 정신생활을
공부해야 하는 이유

세상 만물이 늘 변화한다는 것은 진리이다. 그 변화에서 인류가 경험을 통해 진보든 퇴보든 어느 한쪽 열쇠를 선택하게 된다. 발전한다는 것은 인류가 늘 꿈꾸는 유토피아에 한 발짝 다가가는 것을 말한다. 유토피아에서는 고통이 적고 행복이 많다. 왜 그러느냐, 누구나 행복한 삶을 원하기 때문이다.

정신생활·법률생활·경제생활 이 세 가지가 다 중요하지만, 먼저 정신생활을 공부해야 하는 이유는 인류가 경험으로 쌓은 지식과 지혜의 창고를 정신생활로 열 수 있기 때문이다.

정신생활과 국가
그리고 경제생활

정신생활은 전 세계에 통하는 보편가치인데 그것이 왜 막히는가? 중요 원인은 국가들끼리의 이해관계 때문이다. 각 나라 형편이 기울기 전에 아집과 독선이 나라를 지배한다. 교만과 아집과 독선이 횡행한다면 그 나라의 정신생활은 이미 회복이 불가능하다고 보면 된다.

정신생활의 파탄은 풍속과 규범을 바로 세우지 않은 국가의 잘못이다. 통치자의 입맛대로 돌아가는 나라는 멸망한다. 어떤 놈이 보기 싫으면 "그놈은 공산당이다" 하면 되는 것이다. 공산당이어서 공산당이 아니라, 보기 싫고 죽여버리고 싶으면 "망할 자식, 너는 공산당이다!" 하고 몰아서 죽이는 일이 비일비재했다.

이것은 무엇을 의미하는 것이냐? 파괴를 의미하는 것이다. 각 개인을 망치고 나라를 망치는 것이 화와 욕심과 어리석은 교만과 아집과 독선이다.

올바른 정신생활이 되려면 다른 사람이나 다른 민족이나 전 세계를 이해하고 공감하는 것도 중요하다. 정신생활은 제 잘난 생각이 없어야 한다. 제 잘난 생각이 적어질수록 정신상태가 완전해진다. 정신생활은 철학, 예술 또는 종교 같은 학문으로써 우리가 연구해왔다.

경제생활은 어떻게 발전이 되며 어떻게 해서 나빠지는가? 경제생활을 몸에 빗대어 말할 때 혈액 순환이라 했다. 피가 잘 돌아야 건강한 것이지, 이 피를 내가 다 가지겠다고 해서 어느 부분에서 정체가 되면 터져버려 반신불수가 되거나 죽게 된다.

경제생활을 저해하는 것은 탐심이 많은 자다. 탐심 때문에 물건의 분배가 고루 되지 않게 하여 경제생활을 파괴한다. 경제생활을 원활히 운행하자면 탐심이 적어야 한다. 욕심 많고 많이 가진 사람이 자제하고 자기 곳간을 열어 주위에 나누어주어야 한다.

인간이 더 나은 방향으로 진화하려면

공룡시대 파충류들이 멸망하지 않았으면 우리 조상 포유류는 아직도 나무 위나 굴속에서 숨죽이고 살고 있었을 것이다. 그러면 당연히 인류 역사도 없을 것이다. 큰 운석이 우주에서 지구로 떨어져 공룡이 멸종했기 때문에 인간이 만들어진 것이다. 지금에 지구를 점령한 인간이 만물의 영장이니 과학이니 뭐니 기고만장한데, 우주에서 돌덩어리 한 개가 떨어지면 우리도 한순간에 멸종하는 것이다.

인간은 겸손해야 한다. 우리보다 열등하다고 동식물을 마음대로 하고, 같은 인간끼리도 힘의 논리로 핍박하고 죽이는 이런 일이 계속되면 좋은 결과가 없다. 지구에서 인간은 각각 개인이 정신생활·법률생활·경제생활 이 세 가지 생활을 바르게 하고, 각 나라가 바르게 하면, 인간은 좀 더 나은 방향으로 진화할 수 있다. 이 세 가지 생활을 가르치는 것이 교육이고, 진리를 연구해 교육에 제공하는 것이 학문 연구이다.

학문은 세 가지 생활을 연구하여
인간의 삶에 적용하는 체계

'학문은 실제 생활에 도움이 되어야 한다'라고 한 문장으로 정리할 수 있다. 실생활을 잘 설명하고, 그 귀추가 장차 어떻게 되겠다는 것과, 전에 어떻게 되었으니까 앞으로 어떠한 방식에 의지해서 발달되겠다는 것을 예측하는 것이 학문일 것이다. 그래서 그 학문을 조목조목 나누어 이름을 붙이고, 미흡한 새로운 주제를 내어 설명하고 토론과 논쟁을 거쳐 실제 생활로 검증받는 것이다. 그렇게 인간은 학문을 해왔다.

세 가지 생활로 인간의 삶을 규정할 수 있는데, 정신생활·법률생활·경제생활이다. 학문은 세 가지 생활을 연구하고 검토하여 인간의 실제 삶에 적용하는 체계이다.

인간의 근본 성리性理와 가치를 밝히는 정신생활은 태초부터 늘 질문을 해왔다. '나는 누구인가?' '나는 왜 지금 존재하며, 죽음은 어떤 과정이고 어디로 가는가?' '죽음은 그저 모여 있던 원소들이 흩어지는 소멸일 뿐인가?'

시간에 관한 질문 등등 근원에 답을 구하는 것이 정신생활의 핵심이다.

학문의 첫 번째 조건은
선입견으로 판단하는 나를 없애는 것

라이프니츠[*]는 '단자론單子論, monadology'이라는 철학 이론으로 유명한 학자다. 그는 풀숲에서 조그만 곤충을 잡아다가 현미경으로 관찰하기를 좋아했다. 그런데 곤충을 유리병 속에 넣어놓으려니 공기가 없으면 곤충이 질식할 수 있으므로, 될 수 있는 대로 곤충이 오래 살아 있도록 모두 검사를 해서 방법을 기록해놓곤 하였다. 관찰을 마치면 유리병을 풀밭에 가지고 가서, 가능한 한 곤충이 다치지 않게 조심해서 놓아주었는데, 퍽 시간이 오래 걸렸다.

라이프니츠를 보고, 옆 사람이 "그 벌레 하나 때문에 무슨 시간 낭비를 합니까? 그냥 쓰윽 비벼서 버리면 되지, 왜 그러십니까?"라고 했다. 그러자 라이프니츠의 말이 "여보시오. 이 작은 생물에 의지해서 우리가 우주의 살림살이를 들여다볼 수 있으니, 곧 이들이 우리에게 은혜를 준 것입니다. 물건이나 사람이나 은혜를 끼친 자에 대해서 대접을 할 줄 모르는 것은 밝게 닦은 사람이라고 할 수 없겠죠"라고 했다.

* 라이프니츠Gottfried Wilhelm Leibniz(1646~1716): 독일의 철학자이자 수학자.

라이프니츠는 그런 자세로 사물을 대했다. 어느 사람에게 귀중하지 않은 것도 누구에게는 퍽 귀중한 것이 있고, 또 퍽이나 필요하게 생각되는 때도 많이 있다. 똥오줌을 연구하는 사람에게 똥오줌은 얼마나 귀한 것이겠는가? 그래서 우리는 이 환경과 조건에서 자유롭게 모래와 벌레와 우주를 연구하여 모두 어느 것으로나 전체 국면을 볼 수 있으니 연구에 따라 가치의 높고 낮음이 없는 것이다.

벌레에서든 우주에서든 전체 국면을 보고 못 보고는, 연구 과제가 아니라 학자들의 소양과 자질에 달린 문제다. 우리가 이 고깃덩어리 속에 빠져들어 행동하면서 밖을 인식할 때는 항상 '나'라는 의식이 있다. 내가 나를 인식하며 세계를 볼 때 나에 사로잡혀서 전체 국면의 실제를 볼 수 없는 것이다. 우리가 학문을 하기 위한 첫 번째 조건은, 선입견으로써 분별하고 개념화하여 판단하는 '나를 없애는 일'이다.

그 방법이란 어떤 것인가. 사람이 무슨 일을 당할 적에, 그 일이 자신에게 벅차더라도 벅차다는 생각이 들지 않게 될 때가 '나라는 것이 없는 때'다. 벅차다는 생각이 없게 되면, 이 세상에서 살아남을 능력이 하나 더 느는 것이다. 그래서 벅차도 조금 더 하고 더 하면, 그 사람은 그것을 겪지 못한 사람보다 완성된 인격이 된다.

세상은 우리에게 시시각각 일거리를 주는데, 그럴 때마다 세상에 져서는 안 된다. '지지 않는다'는 것은 대체 무엇이냐. 어떤 어려운 일이 맡겨졌을 때, 일단 해보는 것이다. 시간이 흘러 그 일에 익어서, 그것을 해도 괜찮고 안 해도 괜찮을 만하게 될 때, 그 일에 대해 초월한 사람이 되는 것이다.

그러나 반대로, 무슨 일을 당했을 때 어렵다고 생각하고, 그 어려운 것이 자꾸 계속되면, '다른 사람들은 편안히 놀지 않나' 하며 두리번거리게 된다. '나는 요렇게 바쁜데, 저 녀석은 잘큰히 가만히 있나. 한 대 먹였으면 좋겠다'라는 맘이 드는 것이다.

이런 마음을 끊어내지 않으면 제 몸뚱이가 불에 활활 탈 것이다. 이것이 '화탕지옥火湯地獄'이라는 것이다. 화탕지옥에 들었으니 눈이 뿌옇지 똑똑히 보이겠는가? 그러니 세상 사람이 죄다 편히 놀고먹는 망할 놈으로 보인다. 그렇게 되면 이 사람은 이미 이 우주에서 생존할 자격이 없게 되는 것이다. 그러니 세상을 바라볼 적에 세상 사람이 모두 못나 보인다면, 바로 자기가 이 우주에서 생명력을 잃어버린 것과 같다.

정반대로 생각을 해보라. '아, 저 사람이 편히 놀고 앉아 있는 거 보니 저이가 재주가 아주 좋구나. 나는 이렇게 어려워서 코를 끄는데 말이야. 저 사람처럼 나도 수월하게 해야 되겠다.' 이렇게 생각하면 모든 사람이 잘나 보인다. 모든 사람이 잘나 보일 적에, 나에게는 이 세상에 있을 만한 능력이 있는 것이다.

교육의 목적은
인간 생존율을 높이는 것

무엇을 배워야 성숙된 삶을 살까? 교육의 목적은 인간 생존
율을 높이기 위한 것으로, 사회 속에서 모두가 조화로운 삶
을 살게 하는 것이다. 서로가 조화하지 못한 사회는 인간이
든 짐승이든 생존율이 떨어져 멸망하게 된다. 사람 하나의
생태와 습성을 연구하고 인간 사회를 연구해서 인간 생존율
을 높이고 조화롭게 발전되게 하는 것이 교육이다.

교육은 편견과 분별을 없애는 것이다. 그리고 더 나아가서
궁극에는 쓸데없는 나를 없애는 방법을 깨닫게 하는 것이다.
궁극적으로는 건강한 사회를 만들어 인간의 생존율을 높이
는 것이다.
　예를 들면, 우리는 몸이 불편한 장애인들이나 생활력을 잃
고 구걸하는 걸인들을 보면, 일단 마음이 불편해지면서 외면
한다. 그저 저 인생이 불쌍하다 하고 방치하는 사회는 건강
하지 못한 경쟁사회다. 처음에는 약한 사람들이 죽겠지만 살
아남은 한 마리 원숭이마저 죽듯이 결국은 다 죽게 된다.

　살아 있는 모든 것은 늘 변화하기에, 우리는 사고를 당하거

나 병들어 장애인이 될 수 있다. 하루아침에 쫄딱 망해서 거지가 될 수도 있다. 늘 변하는 것이 인간의 운명이기 때문에, 건강한 사회는 복지를 통해 안전망을 만들어 잘나든 못나든 어떤 상황으로 약자가 되었을 때 보살핌을 받을 수 있도록 해야 한다.

거기서 더 나아가서 인간 또한 우주에 속한 자연의 일부이기에 자연과 조화롭게 살아야 한다. 더 나아가 법률생활, 경제생활을 생존 바탕으로 하여 정신생활에 관심을 가지고 공부해야 한다. 정신 공부의 완성은 모든 것을 아는[全知] 지혜로 우주의 모든 것은 나와 다르지 않다는[不二] 실제를 알고 모든 것을 위하는 마음[菩提心]으로 사는 것이다.

듣는 데도 진가를 가려듣는 안목이 필요하다

내가 금강산에 있을 때 유점사에 간 적이 있다. 마침 어떤 사람이 떡하니 앉아서 얘기를 하는데, 스님들이 모두 모여서 그저 고개를 끄덕이며 듣고 앉아 있었다. 그래 뭘 그렇게 재미있게 듣나 하고 나도 끼어서 들어보니 그자의 말이 걸작이었다.

"번개 칠 때 번개를 잡아서 등잔불을 켤 수 있소. 서울에서는 비싼 기름 등잔불이 아니라 번개를 잡아뒀다가 등잔불을 켠다오."

하도 어이가 없어서 내가 옆에 앉아 한마디 했다.

"그 번개를 잡아다 대체 어디에다 가둬둡니까?"

그러자 이 작자가 당황하는 기색도 없이 말했다.

"아, 그거 각 우편국에 두지요."

내가 우편국 나무 궤짝에 넣어두냐고 놀리듯 말하자 "그 다 넣어두는 데가 있습니다"라며 아주 능글맞은 얼굴로 크게 말하는 것이었다.

그런데 거기 100여 명이 다 그렇게 곧이듣고 앉았는데, 내가 거기서 그렇지 않다고 하면 나만 미친놈 될 게 아닌가? 그래도 내가 놀리는 심정으로 번개를 어떻게 잡느냐고 또 묻자

이 작자가 할 말이 없으니깐 잡는 방법이 다 있다고 능갈을 치는 것이었다. 자 이런 제기랄, 이걸 뭐라고 말할 수도 없는 저런 물건도 밥을 먹고 다니나 싶어서 절밥을 먹는 걸 물끄러미 보니, 녀석이 내가 저를 좋아서 그렇게 본다는 듯 기고만장이었다.

청중의 의무는 듣는 데서 끝이 아니라, 강사의 얘기에서 진가眞假를 골라 바르게 듣는 안목이 필요하다. 못 알아들을 신기한 도깨비들 소리에 속지 말아야 한다. 듣는 데 돈 드는 게 아니라고 장단을 맞추다 보면 바른 정신생활이 오염되는 것이다.

번갯불을 잡으러 다닌다는 거나 궤짝 속에 번갯불을 뒀다가 때때로 꺼내서 등잔불을 켠다는 이런 도깨비들이 정치꾼, 장사꾼 등 꾼들과 어울려 우리 사회를 오염시킨다는 사실을 명확히 알아 발을 못 붙이게 해야 한다.

정신이 마취당하지 않는 삶

사람에게 가장 귀한 것은 마음이 밝은 것이다. 마음이 밝은
자는 무슨 일이든 수월하게 해치우고, 마음이 어두운 자는
무슨 일이든 힘이 든다. 간추려 말해, 모든 인류 역사는 '일한
것'을 적어 놓은 것이므로, 우리가 역사를 통해 접하는 것은
모두 골치(머리, 두뇌)가 몹시 좋은 사람들이 해놓은 일이다.
판판이 논 것은 역사에 적혀 있을 수가 없다.

역사적으로 일을 한 사람들은 대부분 골치가 좋은 사람들
인데, 그들이 인류의 진보에 많은 기여를 했던 것도 사실이
지만, 많은 불행을 가져다주기도 했다. 그들 중 대부분이 대
의를 위해서 다른 사람의 생명을 희생시키기도 했던 것이다.
골치가 좋지 못한 사람들은 그들에게 생명을 강요당하는 것
을 영광으로 생각하기도 했다.

예를 들면, 중국 역사상 군대를 잘 쓰거나 군중 심리를 이
용해서 무슨 일을 하는데, '기전파목起翦頗牧', 즉 백기白起,* 왕
전王剪,** 염파廉頗,*** 이목李牧**** 네 사람이 제일 잘했다고 한

---

* 전국시대 진나라의 장수. 조나라의 군사를 한단邯鄲에서 대파하고, 항복한
군사 45만 명을 장평에서 죽였다.

다. 네 사람 중 제일 꼭대기에 있는 사람이 백기인데, 골치가 아주 좋아서 어디를 가든지 그 지리를 쓱 살펴보고 사방을 보면, 적군을 한군데다가 싹 몰아서 꼼짝 못 하게 해놓고 죽여버렸다.

백기가 산서성 벌판에서 조趙나라 군대 45만 명을 한군데에 몰아넣었는데, 조나라 군대는 백기의 솜씨를 잘 알아서 반항도 하지 않았다 한다. 반항을 안 하니까 어쩔 수 없이 그들을 모조리 포로로 잡았는데 45만 명이나 되는 포로는 아주 큰 두통거리였다. 저놈들을 종으로 팔아먹을 수도 없고, 쪄먹을 수도 없으니 당최 큰일이었다. 그렇잖아도 당시 중국 북쪽에서는 이미 몽골 사람을 데려다 장사도 하게 하고 물건을 만들게 했고, 당대에는 우리나라 사람도 갖다가 팔아먹기도 했다. 그러니 백기가 조나라 군대 45만 명을 어찌할 수 있었겠는가.

본래 중국 북쪽 사람들이 좀 잔인하였다. 먹을 것이 많지 않아 그럴 것이다. 백기는 결국 그만 포로 45만 명을 한꺼번에 다 죽여버렸다. 그때 죽이는 것을 보지 못했고 기록도 상세하지 않지만, 아마 이렇게 죽였을지도 모르겠다.

** 초나라를 멸망시킨 진나라 장수.

*** 조나라의 백전노장. 인상여藺相如와 생사를 함께 하는 문경지교刎頸之交를 맺었다.

**** 전국시대 조나라의 명장. 흉노匈奴가 침입하자 대항하지 않고 지키다가 기습 작전으로 큰 공을 세웠다.

일본 사람들이 간도에서 우리나라 사람들을 공산당으로 몰아 붙잡아갈 때 이런 방법을 썼다. 예를 들어 50명을 끌고 가는데, 일본 경찰 단 2명이 총을 들고 그 뒤를 따라가곤 했다. 그런데 그 50명이 맨손이냐 하면 그렇지는 않고, 삽을 쥔 사람이 한 여남은 되었다. 그런데도 붙잡혀가고 있으니 안타깝기 짝이 없다. 어정어정 따라가는 일본 경찰 두 사람이 안타깝겠는가, 아니면 잡혀가는 우리나라 사람 50명이 안타깝겠는가. 가면서도 이 50명이 일본 경찰 둘에게 그저 "살려줍쇼, 살려줍쇼" 하니 여간 이상한 일이 아니었다.

그렇게 가다가 일본 경찰이 "저기에다 땅을 파라"라고 한다. 땅을 왜 파라고 할까. 총알이 귀하다 보니 한꺼번에 구덩이를 파고서 사람들을 묻어버릴 작정인 것이다. 고작 2명이 50명을 말이다. '조직력'이라는 게 그렇게 고약한 것이다. 우리나라 사람 50명이 일본 경찰의 조직력에 마쳐돼버린 것이다. 이 둘을 그만 때려죽이고 달아나버리면 시베리아 벌판 어디서든 숨어 지낼 수 있을 텐데, 이렇게 계속 "살려줍쇼, 살려줍쇼" 해야 하니 말이다. 그러나 일본 경찰들이 살려주겠는가? 위에 있는 놈들이 시켜서 그들도 똑같은 형편일 텐데…. 결국 벌판에서 50명이 땅을 파면서도 "살려줍쇼, 살려줍쇼" 한다. 이런 망할! 골치가 나빠서 이렇게 되는 것이다.

그러다가 구멍을 다섯 개 정도 파면 일본 경찰이 몇 명은 남겨놓고 "10명씩 들어가라" 한다. 그러면 사람들은 어정어정 구멍에 들어가서도 "살려줍쇼" 한다. 구멍에 들어가지 않고 남은 사람들에게는 "메워라" 하니, 시키는 대로 한다. 구멍에 있는 사람들은 위로 자꾸 올라오면서도 "살려줍쇼" 한다. 이게 마쳐라는 것이다. 이렇게 정신이 마쳐돼버리면 꼼짝달싹할 수 없다. 그러니 제 생명을 자기가 보존해야지, 남에게 의지하게 되면 천생 그것밖에는 되지 않는다.

그렇게 다 묻었는데, 구덩이 하나당 2명씩 붙어서 묻었으니, 삽을 든 사람이 몇 명인가 말이다! 그렇다면 정신이 들어야 할 것 아닌가. 삽으로 한번 일본 경찰 머리를 내려친다든지, 총을 든 자의 손을 때린다든지 하면 될 텐데 그러지 않고, 이들도 "살려줍쇼" 한다. 이런 빌어먹을! 그래서 일본 경찰 2명이 멀쩡하게 50명을 묻고 온다는 것이다. 이것이 정말일까, 거짓말일까?

우리 인생에는 이런 일이 아주 많다.

정신이 똑똑하다는 것은 무슨 일에 마쳐를 당하지 않는 것을 말한다. 어떻게 마쳐를 당하지 않느냐? 전에 한산이 말하기를, "한산정상월륜고寒山頂上月輪孤라, 한산 이마빼기 위에 둥근 달이 외롭다" 하였다. 아무것도 없이 달이 환하게 비추니, 한산은 자기 마음과 달이 둘이 아닌 경지가 되어 이렇게 말한다.

"괘재청천시아심掛在靑天是我心이라, 푸른 하늘에 걸린 것은 곧 내 마음이로구나."

이것은 우주와 자기와 주객의 구별이 없을 때 그냥 나타나는 것이다. 이렇게 되면 우주 안에서 무슨 일이든 마춰되는 일을 하지 않게 되는 것이다. 마춰되는 일을 하면 결국 후회하게 마련이다.

어떻게 하면 마춰되는 일을 하지 않게 될까?

선입 관념을 늘 검토하라. 선입 관념을 검토하지 않으면 마춰되지 않기가 퍽 어렵다. 늘 자기 자신을 검토해야 한다. 자기 자신과 우주가 통하도록 지혜를 쌓는다면 능히 검토할 수 있다. 누구든지 자기 일을 자기 스스로 할 것 같으면, 다른 사람이 자기 생명을 마음대로 흔들지 못할 것이다.

무풍당:
자기가 좋은 일 하더라도, 남들이 싫어한다면
자기에게 잘못이 있다는 걸 먼저 알아야 한다

한 40년 전에, 시방 보면 아마 걸출이라고 할 텐데, '무풍당舞風黨'이라는 사람이 있었다. 춤출 '무舞' 자, 바람 '풍風' 자, 바람처럼 춤을 춘단 말이다.

스스로 무풍당이라고 하는 이 키 큰 사람이 누더기로 옷을 해 입고는 떠억 이렇게 서 있다가 누가, "그거 무슨 옷이냐?" 물으면 누구에게나, "갑주(갑옷과 투구)다"라고 대답하곤 했다.

그런데 이 사람은 몸이 튼튼하고 장대했는데도, 어디 가든 얻어맞고 다녔다. 왜 얻어맞나 보니, 발심을 해서 불경을 좀 읽어보니 마음 닦는 게 제일 좋았단다.

그러니 마음 닦지 못한 놈은 모두 중생이라 자기만 못하니까, 저것들을 보고 '해라'를 해야 할까, '합쇼'를 해야 할까 하다가 '합쇼' 할 마음은 꿈에도 안 나고, 그러니 아무한테나 '해라'를 하였다. 누더기 입은 놈이 떠억 앉아서, 소위 양반이라고 종을 거느리고 다니는 사람들 보고도 "애!" 그런 것이다. 그러니 얻어맞겠는가, 안 맞겠는가?

이놈이 죽도록 얻어맞지만 또 끽소리 안 하고 잘 맞았다. 그들이 중생이니까, 중생한테는 맞아 죽어도 좋다는 거였다. 나도 어려서 그 사람을 본 적이 있는데, 내가 그 사람한테 말했다.

"요새 어디를 돌아다니우? 왜 남한테 그렇게 얻어맞고 돌아다니오?"

"언제 내가 맞았느냐?"

"아, 요거 봐라? 아니 무풍도 거짓말하는구나."

"어, 거짓말이라니, 그런 일 없다."

"보은 속리산 사리각 옆 염주나무 밑에 드러누워 있다가, '거기 양반, 이렇게 해라' 했다가 경치지 않았소?"

"그땐 몹시 맞았지."

그때 무풍당이 '하시지요' 했으면 아마 대접을 받았을 텐데, 애당초 이놈이 남에게 얻어맞을 배짱이니 '해라' 하며 덤비지 않았는가?

그 뒤에 다른 사람에게 저이가 무얼 하던 사람인지 물으니까, 장군이었다고 그랬다. 장군인데 아주 골병이 들어 죽을뻔한 뒤에, 중이 돼 공부를 해서 저렇게 성하다고.

그래서 어떤 경經에, 도인들이 남한테 "해라" 하는 게 나와 있나 찾아보았더니, 그런 게 아니었다. 자기 마음에 모든 사람이 부처님으로 보일 적에 제 마음이 밝아진다고 했는데, 그런 말은 그 사람 귀에 들리지 않은 것이다. 골치가 밝은 사람이라면 이렇게 안 할 텐데, 남한테 덮어놓고 "해라" 그런 것이다.

보배가 널린 산에다 데려다 놓아도 가난뱅이 놈은 늘 가난뱅이지 부자 되는 법이 없다. 한강 가득 그냥 녹두로 죽을 쑤어 놨다고 해도, 쪽박이 없어 못 퍼먹고, 배가 곯아 죽는다면 어떻게 되겠는가?

그러니까 이런 것은 먼저 경험한 많은 이들이 하는 것을 배우고, 또 그들이 좋다고 할 적에 실험해보고, 또 자기가 특출한 의견이 있을 것 같으면 그들이 보지 않아도 본인이 할 수 있는 것이다.

왜 요런 소리 하는가 하니, 아무리 자기가 좋은 일 하더라도, 남들이 싫어한다면 자기에게 잘못이 있다는 걸 먼저 알아야 한다는 말이다.

세상이 별안간에 바뀐다는 것은
용이한 것 아니다

금강산 있을 적이니까, 한 30년 전 일이다. 경주 출신의 이수 훈이라는 사람이 있었는데, 광주지방법원 판사였다. 일제시 대에 판사를 하자면 아주 상당했을 텐데, 나보고 말하기를,

"우리 부모님은 논 농사를 하는데, 꼭 물을 다 빼놓고 모를 갖다가 호미로 꼭꼭 박아 심어요. 다 박아 심고 물을 다시 받 아대니까, 소까지 써서 부지런히 일해도 50섬 이상은 못 지 어요.

그런데 전라도를 가보니까 논을 모두 갈아엎고는 적당히 물을 대고 써레질을 해서, 아주 죽같이 해 가지고 모를 그냥 꾹꾹 논에 찔러 넣는데, 뭐 백여 섬도 더 하고 이래요. 이런 것을 우리 부모들이 배웠으면 얼마나 좋겠소?"

"그러게. 가르쳐주면 되지, 왜 안 가르쳐주었니?"

"내가 언젠가 그 소리를 했더니, 우리 아버지가 당장 주먹 을 쥐고는 '이놈의 자식, 내가 그렇게 농사를 지어서 일본 유 학까지 시켰는데, 나 1년 농사 못 지으면 너한테 뭐가 좋을까 봐 그렇게 방해하느냐' 그래요. 그러니 요런 경우에는 어떻게 가르쳐줬으면 좋겠소?"

"그것보단 판사를 잘하면, 네 아범이 좋아할 거야.

그래서 이제 판사 내놓고 나올 때, 네가 어떻게 변통을 해서 경주에다 논을 한 뙈기 사란 말이야. 그래서 그 전라도 사람처럼 농사를 지어보라구.

그러면 사람들이 그럴 테지 '저놈의 자식이 사방 돌아댕기다가 농사 짓기 싫어 저런 장난질을 하는구먼.' 그랬는데 그 농사가 잘되면 '저놈이 귀신이 붙어서, 아마 그 귀신이 해주나 보다' 그럴 게란 말야.

그런 뒤에 또 1년이 지나가면, '글쎄 나도 귀신이 붙지 말란 법 없으니 나도 좀 저렇게 해봐야지', 요렇게 된단 말이지.

그렇게 해서 어찌어찌 이 방식이 보급이 될지언정, 별안간에 되리라고는 생각하지 마라. 이 세상에 별안간에 된다는 것은, 그렇게 용이한 것도 아니고, 무슨 일이든지 그렇게 아무 문제 없이 그 민중에게 들어가지 않는다는 것을 잘 알아라." 이렇게 얘기했다.

인연

13

지금도 나는 부처님 곁을 떠나는 날이 없다. 마음속에, 그리고 생활 속에는 항상 부처님이 계시다. 이러한 신앙심은 부처님과 인연을 맺은 날부터 지금에 이르도록 변함없다. 나의 모든 고행은 명예와 이익을 얻고자 함이 아니고, 모든 것을 부처님께 바치려는 수행과 구도행각이었다.

인연업보가 적은 삶

세 살 때 아버지가 세상을 떠났고, 열 살 때 어머니마저 세상을 떠났다. 나와 어린 누이동생만 남기고 세상을 떠난 어머니의 심경은 어떠했을까? 천애의 고아가 된 나의 환경을 사람들은 큰 역경이라 할 것이다. 그러나 출가하여 수도하고자 하는 사람에게는 매우 축복받은 환경이었다. 출가를 말리는 큰 방해꾼이 사라진 셈이기 때문이다.

어린 나이에 무의무탁한 신세가 되었으나, 전생에 복을 지은 것이 있었는지 외갓집에서 나를 돌보아주었고 학비도 대주면서 공부를 시켰다. 성년이 되어 독립운동을 하겠다는 생각으로 상하이에 가겠다고 했을 때 외갓집에서는 아무도 말리는 사람이 없었다. 그만큼 외갓집과도 주고받을 업보가 엷었던 것이다. 만일 외갓집과 지중한 업보가 있었다면 "너 학비 대주고 공부시켰는데 독립운동한다며 멋대로 떠나느냐?" 하고 따졌을 것이다. 단지 그들은 "저렇게 나갈 것을 괜히 기쓰고 공부시켰구먼" 할 뿐이었다.

독일 유학의 계기

구한말에 태어난 나는 일제에 나라를 빼앗긴 설움 때문에 일찍부터 우리나라의 독립을 기원하였다. 기미년(1919)에 독립운동에 뜻을 두고 상하이에 도착했을 때* 이승만 박사를 비롯한 대한민국 대표 독립운동가들이 다 모여 있었다. 그러나 독립을 논의하는 사람들의 식견은 대부분 매우 부족하고 미숙하였다. 자신들의 얕은 경험만을 주장할 뿐 국제정세에 관한 식견도, 구체적 독립운동의 실천방안도 제시하지 못했다.

오직 이승만 박사만이 국제정세도 잘 알았고, 독립운동의 실천방안도 구체적으로 제시하였으며, 이야기할 때에도 자신의 주장을 내세우기보다는 상대를 많이 배려하였다.

"대한민국의 독립을 위해서는 인재가 필요하니 그대는 독일에 가서 공부하여 큰 인재가 되시게."

당시 이승만 박사는 나에게 이렇게 권유하였다.

---

* 불교중앙학림佛敎中央學林을 다니던 1919년에 3·1 만세운동이 일어나, 당시 중앙학림 학생인 김법린, 김상헌 등과 함께 만해 한용운으로부터 독립선언서를 받아 서울 시내에 배포했다. 이후 중국으로 탈출하여 상하이임시정부에 참여하여 독립운동을 했다. 2019년 3월 KBS 한국방송이 발굴한 총독부가 만든 '3·1운동 계보도' 등에서도 그 이름이 확인되었다.

자신은 이미 미국 유학을 끝내고 박사학위를 받은 상태였다. 자신의 경험을 내세워 미국 유학을 권하지 않고, 상대의 입장에서 생각하여 독일 유학을 권하는 것은 쉬운 일이 아니다.

　그는 '나'라는 생각[我相]을 많이 닦은 사람이었다.

독립운동 할 적에

내가 독립운동 할 적에 가족과 일가친척이 걱정을 많이 했다. 특히 일본 헌병에게 발각될까 무서워했다. 그래서 어른들이 나를 앉혀놓고 "암만해도 네가 우리 가문을 없애는 사람이니 독립운동하지 마라"라고 했다. 그때 나는 우리가 양반도 아니면서 가문은 왜 따지는지 못마땅해하며, 집을 나와 도망치는 것이 최선이라 생각했다.

그렇게 중국 상하이로 와서 있을 때, 아는 사람들이 모두 잡혀갔다는 소문을 들었다. 잡혀간 사람들은 대개 '사기, 부녀 유인'이라는 죄목으로 기소되었다. 독립운동을 하다 잡혔으면 적어도 치안 교란이든지 내란죄로 기소가 돼야 당연한데, 사기죄나 부녀 유인으로 선고가 되는 것을 보니, 요담에 잡히더라도 잡스러운 죄목에 걸리지 않아야겠다고 늘 유의하였다. 그러나 여자와 접촉을 아예 안 하기는 어려운 일이었다. 몰래 숨어다니며 여자 동지 집에도 갈 수밖에 없는 상황이 생겼기 때문이다. 그러다 잡히면 부녀 유인죄가 되는 것이었다.

독립자금을 모으며 증서를 발행하면 사기죄가 성립되었다 하니, 잡히면 그렇게 치사한 죄목이 붙을 수밖에 없었다. 이것은 독립운동의 기세를 죽이고자 하는 일제의 계략이었다.

금강산 수도의 계기

학위를 마치고 귀국했을 때, 한국인으로서는 최초로 독일에서 철학박사가 되었다는 강한 자부심이 있었다.* 그러나 이미 주권을 빼앗긴 조국에 돌아와서 내가 할 수 있는 일은 별로 없었다. 그때 '도통만 하면 부처님처럼 다 알게 될 것이니 언제쯤 독립이 되는지도 알 수 있겠다'는 생각이 들었다.

나는 모든 것을 버리고 금강산에 들어가 수도하기로 마음을 먹었다. 당시에 이미 불교 지식이 상당하였고, 《화엄경》을 부처님 가르침의 정수라고 믿고 수도를 하고 있었다. 금강산 장안사 주지 현의룡玄懿龍 스님의 배려로 안양암에서 혼자 《화엄경》의 가르침대로 실천하느라 '대방광불화엄경'을 부르며 기도를 하였다.

---

* 백성욱 박사는 1921년 한 해 동안 민범식, 민장식 형제와 프랑스 북부 보베Beauvias 시에 있는 고등학교에서 프랑스어와 독일어, 라틴어를 공부했다. 이후 뷔르츠부르크대학교의 신학대 학장과 친분이 있는 이미륵의 도움으로 가톨릭 기숙사에 묵으면서 어학시험에 통과해 뷔르츠부르크대학교 대학원 철학과에 입학했다. 1924년 9월, '불교순전철학'이라는 논문 인준으로 박사학위를 받았다.

금강산 수도 10년

1925년에 유럽에서 돌아와 불교전수학교(구 불교중앙학림, 동국대학교의 전신) 교수로 있다가 사임하고 금강산 안양암에 들어간 것이 1929년이었다. 나 스스로 좀 더 부처님 속에서 살고 싶었다. 부처님을 멀리하고는 왠지 허전해서 일을 할 수가 없었다.

처음 3년 동안은 오직 혼자서 기도를 올렸다. 그러다 3년이 지나던 해, 금강산에 들어와 수도하던 많은 대중의 간청을 물리칠 수 없어서 지장암으로 처소를 옮겼다. 그때부터는 여러 수도자와 함께 기도하면서 그들을 지도하는 일에 온갖 정성을 기울였다.

안양암에서 3년, 지장암에서 7년, 합쳐서 10년 동안의 기도였다. 일제 경찰의 압력으로 금강산 수도 생활은 더 계속될 수 없었지만, 목표했던 10년 기도를 무사히 마쳤다는 것은 퍽 다행스러운 일이었다. 그때 상황으로는 부처님의 가호없이 10년을 채우기가 어려웠을 것이다.

지금 돌이켜보면, 금강산에서 수도하던 시절보다 더 뜻있고 보람찼던 때는 없었다. 그중에서도 안양암 단신 수도 생활은 더욱 그렇다. 그때 나의 심신은 불타오르고 있었다. 모든 것을 부처님 앞에 바치고 있었다.

지금도 나는 부처님 곁을 떠나는 날이 없다. 마음속에, 그리고 생활 속에는 항상 부처님이 계시다. 이러한 신앙심은 부처님과 인연을 맺은 날부터 지금에 이르도록 변함없다. 나의 모든 고행은 명예와 이익을 얻고자 함이 아니고, 모든 것을 부처님께 바치려는 수행과 구도행각求道行脚(수행을 위해 이곳저곳을 돌아다님)이었다.

우리는 이제부터라도 모든 것을 부처님께 바칠 줄 알아야 한다. '나'라는 아만심, '내 것'이라는 집착을 훌훌 털어내서 부처님 앞에 바쳐보라.

《금강경》에 나오는 "응무소주 이생기심應無所住 而生其心"이란 바로 이런 이야기다. 또 "범소유상 개시허망 약견제상비상 즉견여래凡所有相 皆是虛妄 若見諸相非相 卽見如來"라 하셨다. 범소유상, 그리고 유상有相이 아닌 모든 것까지도 부처님께 바칠 때, 여래는 우리 앞에 나타나신다.

몸과 마음을 부처님께 바친 자리, 그 텅 빈 자리가 바로 부처의 자리다. '나'라고 하는 놈은 무엇이든지 하나를 붙잡아야지 그냥은 못 배긴다. 그놈 때문에 우리가 고통과 윤회의 중생을 벗어나지 못하고 있지 않은가?

모든 것을 부처님께 바치면, 거기에는 아만과 아집이 없다.

그렇게 되면 시기나 질투도, 명예를 위한 다툼도, 자리나 이권을 위한 싸움도 일어나지 않는다. 오직 공경심과 환희심으로 밝은 상락아정常樂我淨*의 불국토일 것이다. 우리 함께 모든 것을 부처님께 바치자.

---

* 법신과 열반의 네 가지 덕목으로, 영원함[常], 즐거움[樂], 자재한 나[我], 번뇌의 더러움이 없음[淨]을 말한다.

자신에 대한 의문이 사라지다

안양암에서 공부를 하다 보니 재미있어 시간 가는 줄 몰랐다. 낙도망년樂道忘年(도 닦는 재미에 해가 바뀌는 것을 잊음)이라 할까? 어떤 사람이 물었다.

"여기 와서 수도하신 지 몇 년이나 되셨나요?"

"가만히 보니, 내가 이 절에 온 이래 이 앞에 있는 벚꽃이 세 번 피고 지는 것을 본 것 같소" 하였다.

'몇 해'라는 분별심이 사라졌던 것이다.

금강산에 들어온 후 줄기찬 의문이 있었다.

'나는 어디서부터 왔는가?'

'어째서 나의 얼굴은 이렇게 생겼나?'

이런 의문을 마음속에 가지고 있는 한 그 의문에 대한 해답은 얻을 수 없다. 의문이라는 분별심이 부처님처럼 다 아는 능력을 차단해버리기 때문이다.

그런데 3년이 되던 어느 날, 이 의문들이 다 사라지면서 마음이 아주 편안해졌다. 내가 어디서 왔나, 내 얼굴은 어째서 이렇게 생겼나 하는 의문에 해답을 얻을 수 있었던 것이다. 이것을 고인들은 숙명통이라 했다. 내 얼굴은 마하연 부처님을 마음에 징徵(새김)하고 온 결과물로 마하연 돌부처상을 닮은 것이었다.

아버지, 어머니와의 인연

어느 생에 내가 스님 노릇을 한 적이 있다. 그때 나의 상좌가 처음에는 매우 곰살맞게 내 뜻을 잘 받들었다. 하지만 차츰 나이를 먹어가니 상좌가 아니라 상관처럼 '이것 해라, 저것 해라' 잔소리를 하는 것이었다. 나는 참다못해 소리쳤다.

"네가 내 상좌인 것이냐, 아니면 내 부모냐?"

홧김에 한 소리이지만 도인의 한마디는 생을 결정하는 법이다. 그 한마디 인연으로 나는 그 상좌의 자식으로 태어나게 되었다. 알고 보니 아버지와 어머니가 모두 전생에 제자 노릇을 하던 사람들이었고, 도인의 부모가 되기에는 복이 부족한 사람들이었다.

내가 공부에 마음을 내기 시작하자 아버지가 먼저 세상을 떠났고, 몇 년 후 어머니마저 세상을 떠나게 되었다. 어머니가 세상을 떠날 때가 열 살, 나와 누이동생 둘만 남겨놓은 어머니는 세상을 떠나기엔 마음이 너무나 아팠을 것이다.

한이 맺힌 어머니의 혼은 멀리 가지 못했다. 그래서 지극히 사랑하는 아들 어깨에 붙어 있었다. 그때부터 나는 까닭 없이 어깨가 아프기 시작하였다. 수도를 잘하면 아픈 것이 사라지고 잘못하면 어깨가 더 아팠다. 원체 업보가 지중하여

40여 년을 어깨에 붙어 있다가 비로소 천도할 수 있었다. 나에게서 태어날 인연이 있었으면 내 자식으로 태어났을 것이다. 그러나 그런 인연이 없었기 때문에, 지금 부모의 자손으로 태어난 것이다. 수도인의 어깨에 오랫동안 붙어 함께 공부하였기에 태어날 때부터 총명하였으며, 명문 고등학교와 대학을 졸업한 재원이 될 수 있었다.

스승 노릇 하는 이의 말

나를 찾아 공부하러 오는 사람들이 여럿 있었으나 한 번도 제자라고 생각하지 아니하였다. 그래서 나는 항상 시봉侍奉이 없다. 그들이 다 부처님 같은 존재인데 어찌 제자라고 할 것인가.

그래서 처음에는 공부하는 사람들에게 말할 때 존칭을 사용하였고, 일체 나무라지도 아니하였다. 그런데 점차 시간이 지나다 보니, 가르침을 받는 사람들에게 존칭을 쓰고 꾸중을 아니 하는 것은, 그들이 마음 닦는 데 전혀 도움이 되지 못할 뿐 아니라 오만한 마음을 키워주게 됨을 알았다.

어느 때부터인가 제자에게 하는 말투로 바꾸고, 탐심·진심·치심 등의 분별심을 일으킬 때는 엄하게 꾸중하여 다시는 그런 행동을 하지 않도록 하였다. 그러자 대중들의 기강이 서게 되었으며, 다른 사람들로부터 잘 훈련된 군대와도 같다는 이야기를 듣기도 하였다.

대중들도 처음에는 꾸중을 두려워하다가, 차츰 꾸중이야말로 자신들을 지극히 사랑하는 표시로 알게 되어 감읍하기도 했다. 심지어 "꾸중 좀 해주세요"라고 하는 사람까지 생기게 되었다.

한편 나는 제자들을 잘 가르치겠다고 꾸중하는 것이 여러 생에 걸쳐 습관이 됨을 뒤늦게 알게 되었다. 꾸중이 제자들에게는 도움이 되었지만, 나는 그 업보로 치아가 급속히 나빠져서 일찍이 의치를 하는 괴로움을 받게 되었다.

오도송*

내가 독일에서 귀국한 뒤 한 3년 동안 불교계 학교에서 봉사를 한 후, 금강산으로 수도하려고 입산하였다. '보덕굴'이라는 천야만야 바위 절벽 위 구리기둥 하나로 굴 입구에 떠받쳐놓은 조그만 암자에 들어앉아 수행 중이었는데, 하루는 어떤 이가 와서 나를 만나자고 했다.

나는 만나고 싶은 마음이 별로 없어 거절하고 며칠을 지냈는데, 하루는 난데없이 지네가 내 발등을 물어 발등이 퉁퉁 부었다. 그러더니 그 부기가 점점 위쪽으로 올라오는지라 암자에서 치료차 나가서 피마자기름(아주까리)을 약간 데워서 기름에 발을 담그니, 물린 구멍에서 마치 하얀 국수 가닥처럼 독이 빠져나가 치료를 했다. 치료를 마치고 다시 보덕굴로 올라가려고 하는데, 또 나를 만나자고 하기에 만나보니 나이가 꽤 많은 보살이었다.

---

* 오도송惡道頌은 수도자가 자신의 깨달음을 시로 노래한 것이다. 불교의 가르침을 함축하여 표현하는 운문체의 짧은 시구를 게송偈頌이라고 하는데, 본래 게와 송은 같은 의미이다. 게는 산스크리트 가타gatha의 음을 따서 만든 말이고, 송은 가타를 한문으로 번역한 것이다. 따라서 게송을 게 또는 송으로 줄여 부르기도 한다. 이 게송 중에서 고승이 자신의 깨달음을 노래한 것이 바로 오도송이다.

"그래, 날 만나자는 사연이 무엇이요?" 하니,

"나는 손혜정이라는 사람인데 마음이 안정되어 조용히 앉아 있으면 주변의 상황이 다 보이고 알아지고 느껴져요. 그런데 그런 상태가 오래가지 못하고 자꾸 흐트러지고, 또 누가 와서 물어도 말로 표현을 못 하니 나 혼자만 가지고 있고 밖으로 드러내지 못하면 무엇에 써먹겠소. 그래서 독일에서 철학박사를 하고 불교 수행에 조예가 깊은 백성욱 박사를 찾아왔소! 나하고 오대산 적멸보궁에 기도를 하러 갑시다. 한 100일만 마치면 성과가 있을 것이오"라는 취지로 기도를 같이 가자는 것이었다.

그래서 내가 말했다.

"기도 가는데 누가 여자와 남자가 같이 간답니까?"

"아, 부처님께 기도 열심히 해서 마음 깨치러 가자는데 그거면 됐지. 여자 남자가 무슨 상관이요?"

그 말을 들으니 옳더라. 그래서 오대산 적멸보궁에 가게 되었다. 적멸보궁에서는 기도 이외는 취사와 숙식이 안 되어서 그 밑 상원사와 적멸보궁 중간에 위치한 중대에 머물면서 매일 적멸보궁에 올라가 기도를 했다.

그런데 손 보살은 딱 48일을 마치고 나서 나는 다 됐으니 더 안 해도 된다고 하면서 중대에 머물러 안정을 취하고 쉬고 있고, 나는 계속 기도를 하게 되었다.

그렇게 100일을 기도해서 마쳤는데, 깨친 건 고사하고 기도 효과가 아무것도 없었다. 기도한다는 마음만으로 꽉 차 있었던 모양이다.

손 보살이 나보고 며칠 쉬었다가 다시 할 것인지 여부를 결정하자고 해서 기도를 열심히 한다는 마음조차 쉬고 있는데, 닷새째 되는 날 사시巳時쯤 방에 무심히 앉아 있을 때, 느닷없이 사자가 나타나서 발로 땅을 파헤치는데, 사자도 땅도, 또 흙도 모두 금색이고, 자세히 보니 온통 주변이 금색 세계였다.

그런가 했더니 그 장면이 없어지고 이번에는 푸른 산을 배경으로 아래에 맑은 물이 고요히 흐르는데, 자세히 보니 웬 평복을 한 이가 물가에 한가로이 앉아 있었다. 그때 들리는 소리가,

綠水靑山 恁閒者(녹수청산 임한자) 푸른 산 푸른 물가에 한가로이 있는 자여!
這是分明 上院人(저시분명 상원인) 이것이 분명 문수보살을 맞이함으로구나.
解曰(해왈)…? 이 뜻을 알 것 같으면…?

하고 그 광경의 장면이 끝났다. 여기서 상원인上院人이라고 하는 뜻은 문수보살을 이르는 말이다. 절에서 높직하게 자리 잡은 상원암은 바로 문수보살 도량인 것이다.

그때, 손 보살이 내 방에 찾아와서

"지금 뭘 봤는지 말해보세요" 하여 그대로 이야기하니,

"이제 금강산에 가서 한 1,000일만 수도하면 다 되겠어요"
라고 제의하는 바람에 금강사에 다시 가게 됐다.

그런데 공부하다 보니 1,000일이 그만 10년이 돼버렸다.

결핵 3기 되겠네

1925년에 독일에서 돌아왔을 때였다. 그 전에 독일에서 조선사람으로 유명한 의학박사를 소개받은 일이 있었다. 귀국 후 그 박사를 몇 해 만에 만나서 이야기하다 내가 기침을 했다. 그러자 그 박사가 "아, 자네 그거 안됐네"라고 하기에 "뭐가 안됐단 말인가?" 하고 물었더니 "등을 보려 하니 옷을 벗게나"라고 했다. 그러더니 "아, 스트렙토마이신streptomycin (결핵 치료용 항생 물질)을 한 30개는 구해야겠는데" 하며 혀를 끌끌 찼다. "무슨 일인가?" 하자 그 의학박사 양반이 혀를 차며 걱정을 해 더럭 겁이 났다.

"허어, 결핵 3기 되겠네!"

나는 내가 부처님을 믿는 사람이라 괜찮다며 그 박사를 돌려보냈으나, 그 뒤에 불안해 죽을 것 같았다.

'내가 폐병에 걸린 게 정말인가?'

아주 그렇게 폐병의 노예가 되어버렸다. 그 박사는 결핵을 연구해서 의학박사를 한 사람이고, 그것도 조선에서 처음 의학박사를 한 사람이니, 그 사람 말을 자꾸 믿고 싶고 그 박사에게 기대고 싶은 마음이 커졌다. 그러다 내 마음이 자꾸 약해질 때 이런 생각이 퍼뜩 들었다.

'부처님 법을 공부하는 사람으로서, 입으로는 매일 생사를 도외시하고 놓아야 한다면서, 이런 꼴을 해서야 되겠는가' 또 '죽는 것이 뭐 그리 걱정인가. 내가 지금 정신을 자꾸 가다듬으며 잘 살면 죽은 뒤에도 잘 살지 어찌 알겠는가. 죽은 뒤를 아는 자가 있겠나?' 하는 생각이 들었다. 그래서 자꾸 폐병에 걸린 마음을 차례차례 내려놓아 병을 물리칠 수 있었다.

선생님은 어려운 고민에도 금방 쉽게 답을 주셨다. '응무소주 이생기심應無所住而生其心' 같은 구절을 여쭈어도 언제나 쉽게 풀어서 대답해주셨다. 2,500년 전의 부처님 말씀을 선생님 당신이 오늘의 말씀으로 녹여서 일러주시니 익숙하지 않은 사람에게도 대단히 쉽고 평범하게 느껴졌다. 오히려 너무 쉽고 평이해서 그 말씀이 바로 부처님 말씀이라는 걸 느끼지 못하는 경우도 많았다.

입산 후 두문불출하시다

백성욱 선생님이 불교전수학교(현 동국대학교)에서 교편을 잡고 있다가 별안간 금강산에 들어가셨다. 가르침을 받던 학생들이 내금강까지 찾아가 다시 교단으로 돌아오실 것을 간청하기도 했다. 그러나 선생님은 끝내 거절하셨다. 입산수도 중에 누가 찾아오면 "내가 오죽이나 자격이 없었으면 입산을 했겠소?"라며 겸손하게 사양하고 일절 내려가지 않으셨다.

또 조실부모한 뒤 보살펴준 외조모님이 죽음을 앞두고 거액의 재산을 정리하고자 잠시 하산할 것을 부탁하였으나 끝내 응하지 않으셨다. 동국대학교 총장에서 퇴임한 후에도 소사의 백성목장에 은거한 채 세상에 나오지 않으셨다.

금강산 수도 생활

백 선생님이 금강산에서 회중 수도를 하기 전 홀로 수행을 하실 때, 맛이 좋고 나쁘다는 미감의 분별을 항복받기 위해 날호박을 드셨다. 회중 수도를 하실 때에는 하루 한 끼만 드시고, 취침도 하루 두 시간 정도였다.

선생님을 10년 가까이 모시는 동안 한 번도 벽이나 다른 데 기대시는 것을 보지 못했다. 지장암에 계실 때는 항상 정좌하셨기에 장판에 닿은 부분만 옷이 해졌다.

그때 선생님은 옷이 단 두 벌뿐이었다. 한 벌은 빨고 한 벌은 입고, 이런 식으로 사셨는데, 하루는 어떤 거지가 와서 옷을 하나 달라고 했다. 그러자 당신 마음속에 아까운 마음이 일어나는 걸 보고 깜짝 놀라 그 마음을 바치고, 거지에게 옷 한 벌을 내주셨다. 옷은 한 벌밖에 남지 않게 되었지만, 그 아까운 마음을 일으켜주어 닦도록 해준 그 거지가 참 고마웠다고 하셨다.

"그 거지가 아니었으면 내 속에 있던 그 밑바닥 마음을 닦을 수 없었을 텐데" 하시며, "내 마음 닦게 해주는 이가 내 부처님"이라고 하셨다.

한번은 선생님이 김장 준비를 하시느라 절구에 고추를 찧다가 그 옆을 지나가는 제자를 보고 말씀하셨다.

"아무개야, 너 절구질 좀 하려무나."

당시 22세 된 제자가 대답하기를, "선생님, 절구질은 여자나 하는 것인데 남자인 제가 어떻게 합니까?"라며 그냥 지나가버렸다. 철없는 그 말을 듣고도 당시 30대 후반의 '남자'이신 선생님은 그냥 묵묵히 절구질을 계속하여 일을 마치셨다. 그때 그 제자는 나이 여든이 되어서도 그 일을 두고 부끄러워했다.

다시 누가 오더라도 살 수 있도록

안양암의 대중이 점차 늘어나자 백 선생님은 공부 장소를 지장암으로 옮기셨다. 안양암에서는 손혜정 선생님이 여자 선방을 하시게 되었다. 백 선생님은 지장암과 안양암의 모든 대중을 위해 양식을 대셨다. 손 선생님도 가지고 있던 패물을 다 팔아서 선방의 양식을 사는 데 보태셨다.

안양암을 떠나올 때 백 선생님은 지붕의 기와를 모두 다시 수리하고 문마다 창호지까지 다시 바르셨다. 누가 안양암에 오더라도 손 하나 대지 않고 살 수 있도록 해놓고 안양암을 비우셨다.

지장암 대중의 특징

지장암의 대중은 대개 100일씩 머물다 갔다. 정식으로 수계 받지는 않았지만 모두 승려처럼 머리를 깎고 승복을 입었다. 일반 사찰처럼 원주院主(절의 사무를 주재하는 사람)나 지객知客 (절에서 손님을 접대하고 안내하는 사람) 등의 소임도 나누어 맡았다. 그리고 승려로서의 계율을 지키는 등 스님의 생활과 하등 다름이 없었다. 짧게는 100일 공부하다 나간 사람도 있었지만, 길게는 3~4년 이상 공부를 했다. 그중에는 지장암에 7년가량 머문 사람도 있었다. 지장암에는 항상 30여 명의 대중이 머물고 있었다.

대중은 모두 새벽 3~4시에 일어났다. 일어나자마자 한두 시간가량 '대방광불화엄경'을 염송하고 《화엄경》 법문을 들었다. 식사는 1일 2회 이하로 제한하였으나, 많은 대중들이 1일 1식을 하였다. 처음에는 행동이 거친 사람들도 적지 않았지만, 차츰 안정되어 수도하는 30여 명의 대중이 아무 잡음 없이 일사천리로 움직이게 되었다.

함께 공부를 하다 보니 모든 대중의 얼굴이 비슷비슷해졌다.

다른 사람이 와서 쉽게 구분을 못 할 지경이 되었다. 얼굴 구분이 힘들 정도로 비슷하게 변한 이유는, 아마도 매일 모두가 똑같이 '대방광불화엄경'을 외웠기 때문일 것이다.

한 수행자가 백 선생님이 지장암을 떠나신 뒤 빈 절이 된 지장암을 다시 찾았다. 그는 고요 속에서 예전처럼 대중들이 '대방광불화엄경'을 낭랑하게 염송하는 소리를 들었다고 말했다.

안양암 대식구 뒷바라지

금강산에서 백 선생님은 공부하러 왔다 하면 누구에게나 백일기도를 시키셨다. 공양은 하루 한 번 또는 사람에 따라 하루 두 번씩 하게 하셨다. 그러나 백 선생님 당신은 하루 한 때 공양하시되 그 양이 겨우 2홉이 될까 말까였고, 여름 동안 대중이 농사 지은 시래깃국 한 국자가 반찬의 전부였다. 10년 동안 다른 반찬이라고는 거의 없었다. 겨울에 먹으려고 여름에 가꾸었던 갓[芥]을 가을에 무와 섞어 담근 김치 한두 조각 정도였다.

대중이라면 누구나 끔찍하게 생각하는 어려운 일이 하나 있다. 지장암 대중이 평균 30명, 안양암 대중이 평균 15명, 합하여 40~50명의 의식衣食을 백 선생님이 모두 다 대신 것이다. 옛날부터 전해오는 말씀이, 무량대복無量大福이 꽉 차신 부처님을 대행하는 선지식 앞에는 1,000여 명의 대중이라도 의식이 구애를 받지 않는다는 것은 불문의 큰 자랑거리라지만, 근 50명의 의식을 댄다는 것이 어찌 쉬운 일일 수 있겠는가. 더구나 평야도 아닌 심심산천 돌바위 밑인 금강산 산중에서 그것도 10년 동안이건대.

지장암 부엌살림을 맡은 사람들이 마지摩旨쌀이 거의 다 없어져가도 선생님에게 "마지쌀 사러 가야겠습니다" 하는 말씀을 드리기가 어려울 때가 많았다. 손혜정 선생님도 가지고 계시던 패물들을 모두 다 팔아서 안양암과 지장암 대중의 뒤를 대셨다.

직접 제자들을 수발하시다

선생님은 "몸을 가진 사람은 일하고 먹는 것이니라" 하시며, 손수 빨래를 하고 대중들의 옷을 직접 바느질하여 지어주시는 것 외에도 도량의 크고 작은 일에 몸을 아끼지 않으셨다. 또 처음에 제자들이 공부하러 들어오면 그들의 바지저고리를 직접 빨아서 말려 풀을 먹이고 다림질까지 해서 입히면서 공부시키셨다. 그러다가 몇 달이 지나 자신들이 직접 할 마음을 내면 그때부터는 본인들이 스스로 하도록 내버려두셨다.

소사 시절 초창기에 여자 수행자들이 들어오기 전에는 일흔 가까운 선생님이 공부하러 온 제자들에게 직접 지은 밥을 차려주셨다. 제자들이 송구스러워 "선생님, 제가 밥을 해 올리겠습니다"라고 말하면 "아니다. 부엌 사정을 모르니 내가 할 것이다. 너는 그동안 공부하고 있거라"라고 말씀하시고 법당에 방석을 손수 펴주시곤 했다.

공양주가 없는 날이면 선생님이 손수 일꾼들의 밥까지 차리셨다. 당신 방의 연탄불은 물론 제자 방의 불까지 손수 갈아 넣어주셨는데, 제자가 송구스러워 "제가 직접 갈아 넣겠습니다" 하면 그제야 그만두셨다.

그리고 땅에 떨어진 곡식 낟알을 낱낱이 줍는 모습을 자주 접할 수 있었다. 해마다 마당에서 콩 타작을 할 때면, 홀로 그 주변을 찬찬히 살피며 떨어진 콩을 하나하나 직접 주우셨다.

일에서는 물론이고 인간관계에서도 다른 사람의 불편함을 살펴 불편을 덜어주는 마음, 남을 거두는 마음을 연습하도록 이끌어주셨다.

오한으로 나타난 음탐심

금강산 안양암에서 백일기도를 마친 대중 모두가 함께 암자 근처로 소풍을 떠났다. 그런데 5리도 채 못 가서 한 수행자가 별안간 오한이 나더니 길가에 그대로 주저앉고 말았다. 선생님은 가던 길을 되돌아가자 하시더니 그 제자에게 말했다.

"너는 들어가 다기茶器를 챙겨 가지고 윗법당에 올라가 정진하거라."

안양암 윗법당에는 큰 바위에 삼불 부처님을 새겨 모시고 있었다. 그 수행자는 선생님이 시키시는 대로 다기를 가지고 윗법당에 올라갔다. '대방광불화엄경' 정근을 네댓 시간 남짓 하는데 비몽사몽간에 개 두 마리가 나타났다. 하나는 암놈이고 하나는 수놈인데, 암놈 뒤에서 수놈이 암놈 똥구멍 냄새를 맡는 시늉을 하는 것을 보자마자 수행자는 알아차렸다.

'아! 내가 길가에 있는 청연암을 지나던 중에 비구니 수행자를 보고 음탐심이 동했구나.'

그러자 별안간 오한이 온데간데없이 사라져버렸다. 신이 난 수행자가 장안사에 법문하러 내려간 선생님을 찾아가 자초지종을 말하였다. 이야기를 들은 선생님이 말씀하셨다.

"공부란 그런 것이다."

백 선생님의 얼굴

어느 날 선생님이 말씀하셨다.

"얘, 내가 왜 이렇게 생겼는지 아니? 금강산 마하연摩訶衍을 돌아가는데, 무심히 가다가 길모퉁이를 싹 돌면 커다란 부처님이 깜짝 놀라게 앞에 확 나타나시는데, 그래서 그 부처가 돌부처잖니? 그래, 그 부처님을 그렇게 마음에 징해서 이렇게 된 거란다. 모퉁이를 돌면 이만한 부처님이 그렇게 그냥 깜짝 놀라게 나타나시곤 하니까 그래서 이마에 광명주光明珠가 붙었는데, 사람들은 뭐가 돼서 그런 거라고 이런저런 말을 한다. 그런데 그게 아니고 그 부처님을 징해서 이렇게 된 거란다. 너 자세히 봐라. 얽었지? 이게 얼금얼금한데 그냥 보면 보이지 않는다. 마하연 부처님을 징해서 얼굴이 이렇게 생겼잖니?"

공부하면
얼굴이 바뀐다

소사에서 수행하는 사람들은 따로 화장품을 사용하지 않았다. 그런데도 밖에서 찾아온 사람들이 소사 사람들 모두가 피부가 좋다며 신기해했다. 백 선생님은 공부를 하면 얼굴이 바뀌고 피부가 저절로 좋아진다고 하시며 "화장품 값은 나한테 가져와라" 하셨다. "1,000일을 공부하면 피부 세포가 바뀌고, 3,000일을 공부하면 뼈 세포가 바뀌고, 9,000일을 공부하면 뇌 세포가 바뀐다"라고 하신 말씀이 실감이 났다.

선생님이 금강산에 계실 때 일이다. 어떤 사람이 15세쯤 되어 보이는 아이를 하나 데리고 와서 "선생님, 애를 좀 데리고 계셔주세요" 하고 부탁을 했다. 선생님이 보시니 애 얼굴이 잔뜩 찌푸린 울상이었다. 그 사람이 간곡히 부탁하니까, 선생님이 "두고 가시오" 그러시고는 암자에서 대중들과 함께 지내도록 하셨다.

그로부터 한두 달 지난 어느 날, 마당에 용모가 훤칠하고 깨끗한 젊은 애가 돌아다니는 것을 선생님이 보시곤, "얘, 저놈은 누구냐?" 그러셨다.

"아, 그게, 한두 달 전 아무개 판서 댁에서 온 아드님입니다."

"그래? 그 녀석이 저렇게 됐느냐?"

그러시고는 이게 어찌 된 일인가 하고 살펴보셨다. 아이가 절에 올 때는 입이 축 처져 있었는데 그날 보니 입이 올라가서 방글방글 웃는 얼굴이 되어 있었다. 선생님은 빙그레 웃으시면서, "그래, 이렇게도 되는구나" 하셨다.

한번은 《동아일보》 기자가 금강산에 와서 선생님을 취재하고 갔다. 선생님 사진을 찍어 현상을 했는데, 선생님이 아니고 공부하는 다른 사람이었다.

그때 선생님은 "그 똑똑한 기자가 날 찍는다고 와서는 다른 사람을 찍어가지 않았니? 공부하는 사람들이라 그 기운이 다 같아서, 남들이 보면 외모가 비슷하게 보여서 그렇다"라고 얘기해주셨다.

언제라도 복 지은 게 있어야

금강산에서 못되게 굴다가 절에서 쫓겨난 중이 어느 날 갑자기 찾아와서는 선생님께 살려달라며 애걸했다. 선생님은 그래 살리기는 해야겠는데 "저 녀석이 못된 짓만 했지, 뭐 복 지은 게 있어야지" 하다가 한 가지 사연을 떠올리셨다.

그 중이 어디를 갔다 오면서 팥떡 한 조각을 가져와 "여깄수, 이거나 잡수슈" 하고 선생님에게 주고 갔는데, 자세히 보니 피가 잔뜩 묻은 떡이었다. 선생님은 피 묻은 팥고물을 죄다 긁어내고 물에 잘 씻어 그 떡을 잡수셨다.

선생님은 그 생각을 하면서, 주위에 난 씀바귀, 민들레, 그리고 각종 들풀을 뜯어다 찧어서 즙을 만들어 "옜다, 이걸 마시고 부처님을 열심히 불러라"라고 말씀하셨다. 중은 그 쓴 것을 벌컥벌컥 다 마시고는 아주 좋아라 하며 돌아갔다.

선생님이 그 중에게 즙을 준 이유를 말씀해주셨다.

"왜냐, 그 녀석이 평소 위병이 심했었거든."

그런데 얼마 안 있어 그 중이 다시 와서는 "아니, 선생님. 낫게 해주시겠거든 다 낫게 해주시지, 부처님만 안 찾으면 도로 아프게 하는 건 무슨 심통이오?" 하고 따졌다.

선생님은 그 중에게 "언제라도 복 지은 게 있어야 하지 않겠니?"라고 하시며 "무주상보시無住相布施를 해야 하느니라"라고 법문하셨다.

27개가 된 설탕 한 포대

선생님이 내무부장관으로 계실 때였다.* 어떤 사람이 귀한 설탕을 한 포대 사서 장관실로 보냈다. 장관실에는 말단 사동까지 모두 27명이 근무했는데, 선생님은 그 설탕 한 포대를 27개의 봉지에 똑같이 나누어 모두에게 돌렸다.

전방에서 한국전쟁이 한창일 때, 경상북도지사가 사과 열 궤짝을 보낸 일이 있었다. 선생님은 이를 보고 "지금 한시가 급하게 전방에 군수물자와 병력을 실어 날라야 할 기차에다 이런 사과를 실어 보내다니!" 하시며 크게 야단하시고는 그 즉시 도지사를 해임하셨다.

각 도청을 초도순시할 때였다. 지방 유지들과 신문 기자들이 동원되어 있는 것을 보고, 바쁜 지방 유지들을 왜 이렇게 모셨느냐며 지방 유지들을 다 보내게 하고 점심과 저녁 파티 준비한 것을 취소하게 하셨다. 그러고는 선생님 돈으로 국밥 한 그릇을 사 드시고 엄정하게 공무를 수행하셨다.

---

* 1950년 2월부터 1950년 7월까지 재직했다.

동국대학교 총장 퇴임 시에도 쓰던 물건을 일절 가지고 나오지 않으셨다. 값이 나가는 귀중품까지도 서랍에 넣어둔 채 그대로 총장실에서 나오셨다. 학교 당국에서 이상하게 여기고 여러 번 찾아가라고 연락을 했으나 가지 않으셨다.

밥은 먹고 다니니?

선생님은 종종 "공부란 삶에 도움이 되고 밝아지는 방법이
되어야 한다"라고 하시거나 "공부는 메소딕methodic(방법)이
되어야 한다"라고 하셨다. 누가 살아가는 방법과 관계없는
주장이나 공부와 관련이 없는 질문을 하면 침묵을 하시거나
꾸짖어주셨다. 간혹 "그건 질문이 안 되지"라고 말씀하셨고
"그런 거, 나는 모른다"라고 말씀하시기도 했다.

선생님의 소문을 듣고 찾아와 가르침을 청하는 젊은이들이
있었는데, 대개 두 부류였다. 자기 자신이나 주변에 어렵고
힘든 문제가 있어서 그 해결을 구하러 온 사람들이 있는가
하면, 이 혼탁한 세상을 제도하겠다거나 나라와 국가를 이끄
는 위대한 지도자가 되겠다거나 국가 백년대계를 위하여 교
육이 절실하니 큰 교육기관을 세우겠다는 등 패기와 꿈에 부
풀어서 길을 묻는 사람들이었다. 그럴 때는 선생님이 먼저
물으셨다.

"그래, 세상 제도도 좋고, 위대한 지도자, 국가 백년대계를 위
한 교육, 다 좋지. 그런데, 밥은 먹고 다니니?"

2,500년 전 부처님 말씀을
당신의 오늘 말씀으로

백 선생님이 대단하다는 소문을 듣고 찾아온 사람 중에는, 선생님을 뵙고 대문을 나서면서 "에이, 별거 아니네"라고 말하는 이들이 더러 있었다. 대단한 도인이면 어려운 말들로 불교의 심오한 가르침이나 신통한 이야기를 하겠거니 하고 잔뜩 기대했다가, 일상적인 삶의 이야기를 하시니 실망한 것이다.

선생님이 소사로 옮겨온 지 얼마 되지 않은 어느 날, 동국대학교에서 교수들이 소사로 찾아와 선생님에게 여쭈었다.

"총장님, '미륵존여래불'이 소사로 이사를 하셨답니다."

"응, 그래, 어디냐? 그럼 나도 좀 뵈러 가야지."

"아이, 다 아시면서…. 그런데 총장님, 부처님도 지옥 가시나요?"

"아무렴 땝때(때때로) 가시지."

"에이, 부처님이 무슨 지옥을 가세요. 그게 언젠데요?"

"부처님이 언제 지옥에 가느냐 하면, 바로 너 같은 놈 만났을 때지."

선생님은 어려운 고민에도 금방 쉽게 답을 주셨다. 소사로 오신 이래로는《금강경》독송을 하라 하시면서도 한 번도 《금강경》전체를 해설해주신 적이 없었다. 하지만 '응무소주 이생기심應無所住而生其心' 같은 어려운 구절을 여쭈면 언제나 쉽게 풀어서 대답해주셨다.

2,500년 전의 부처님 말씀을 선생님 당신이 오늘의 말씀으로 녹여서 일러주시니 익숙하지 않은 사람에게도 대단히 쉽고 평범하게 느껴졌다. 오히려 너무 쉽고 평이해서 그 말씀이 바로 부처님 말씀이라는 걸 느끼지 못하는 경우도 많았다.

죽어야 하는 원을 가지고 와서는
죽을 거라니까 슬피 운다

어느 날 백 선생님이 소사 마당에서 눈물을 주르르 흘리며 걸어다니셨다. 한 수행자가 그걸 보고 놀랐지만, 속으로 '미륵존여래불' 하고 바치며 선생님을 쳐다보았다.

그랬더니 선생님이 말씀하셨다.

"얘! 얘가 울지? 그런데 말이다. 내가 얘를 평생 데리고 살아도 내 말을 안 듣는단다. 그런데 지금 지가 죽을 때가 됐다고, 죽을 거라고 슬퍼서 운다."

그래서 그 수행자가 "네…" 하고 대답을 하니, "이놈이 태어날 때 아예 죽어야 하는 원을 가지고 온 놈 아니냐? 지 소원은 죽는 게 소원 성취야. 근데 또 그래도 죽을 거라고 그러니까는 슬프다고 운다" 하고 말씀하셨다.

선생님의 화법 1:
도리는 한 번이면 족하다

소사에서 공부하던 어느 여자 수행자에게, 어머니가 위중하여 돌아가실 것 같다고 연락이 왔다. 그가 불안해하니 백 선생님은 "가봐야지. 자식 된 도리는 해야 하느니라. 가보거라" 하셨다. 그는 병원에 입원하신 어머니를 뵙고 돌아오면서 '선생님께 말씀드리고 퇴원하실 때까지는 곁에서 살펴드려야지' 하는 생각을 가지고 돌아왔다. 오빠와 동생이 모두 직장에 나가고 있어서 환자 곁을 지킬 사람이 없었다. 다음 날 아침 그가 선생님을 뵙고 말씀을 드렸다.

"잘 다녀왔습니다."

"그래 어떠시냐?"

"네, 좀 더 병원에 계셔야 한답니다."

"응, 그래. 그러면 됐다."

선생님 말씀 뒤에 그가

"그런데 집에 사람이 없어서…" 하고 '병원에 다시 가봐야겠다'라는 말씀을 드리려는데, 선생님께서 먼저

"도리는 한 번이면 족하다"라고 덧붙이시는 게 아닌가.

그에게는 청천벽력이었다. 마음은 이미 어머니에게 온통 다

가 있는데…. 그래도 거역할 수가 없어서 그는 오로지 '미륵존여래불, 미륵존여래불' 할 뿐이었다.

얼마 후 어머니가 회복하셨다는 소식이 전해져왔다.

선생님이 제자의 뜻과 다른 지시를 하실 때에는, 말을 끝까지 다 듣는 법이 없으셨다. "그런데 집에 사람이 없어서 아무래도 제가 병원에 다시 가서 살펴드려야겠습니다"라는 말을 모두 다 끝맺기 전에, 완곡하게 "도리는 한 번이면 족하다"라고 말씀하시는 식이다. 상대의 말이 완결되고 나면, 제자의 생각에 반대하는 선생님이 되든지, 선생님의 뜻을 거역하는 제자를 만들든지 해야 할 텐데 그런 일을 피하기 위해서인 것 같았다. 한편, 상대의 뜻이 워낙 확고할 경우에는 다 들으신 후에 "알았다"라고만 하시는 경우가 많았다.

무슨 일을 지시하실 때도 가능하면 '이래라저래라' 직접적으로 표현하지 않고 우회적으로 말씀하시는 경우가 많았다. 그러므로 "이렇게 해라"보다 "이렇게 하면 쉽겠지?"라거나 "이게 좋겠지?"라고 말씀하시는 식이다.

어느 수행자가 처음 소사에서 수행 생활을 시작하게 된 경우에도 그랬다.

매주 한 번 선생님을 찾아뵈었던 그는 찾아뵙고 나면 하루가 다 가버려서 나중에 처리해야 할 일이 너무 많아졌고, 무엇보다 선생님을 더 자주 뵙고 싶은 마음이 간절했다. 그러던 어느 날, 그런 마음을 이미 알고 계셨다는 듯이, 오후가 되어 집에 가려고 하는데 선생님이 그를 불러 앞에 세우고서 말씀하셨다.

"얘, 저기 올라가면 빈 방이 있다. 그걸 좀 치워라. 누가 왜 치우냐고 묻거든 있으려고 그런다고 그래라."

그는 "네"라고 대답하고 위로 올라갔다. 올라가니까 우사牛舍가 있었고, 우사 아래로 선생님이 처음 이곳에 오셔서 머물렀던 아주 작고 허름한 집이 있었다. 그 집의 방 한 칸을 치우라고 하신 거였다.

방을 치우고 있는데 조계사에 함께 다니며 알고 지내던 어떤 보살이 와서 "방을 왜 치우느냐"라고 물었다. 그는 선생님 말씀대로 "있으려고 그래"라고 대답했더니 그 보살이 "나도 여기 있으면 안 돼?"라고 또 물었다. 그는 "선생님께 가서 여쭤봐"라고 답했다. 방을 깨끗이 치우고 나니 해가 뉘엿뉘엿 넘어가고 땅거미가 내려오고 있었다.

그래서 이제 가보겠다고 인사드리려고 내려가니 선생님이 마당에서 산책을 하시다가 보시곤 "다 치웠니?"라고 물으셨다. 그는 "네" 대답했다. 그러자 선생님은 "그럼 어서 올라 가거라"라고 하셨다. 그는 집으로 가보겠다거나 다른 말을 하지 못하고 그저 "네"라고 대답하고는 치워놓은 방으로 들어갔다.

"그럼 집에 가지 말고 오늘부터 여기서 지내면서 공부해라"

라는 말씀 대신에 방을 치우게 하시고는 "그럼 어서 올라가 거라" 하신 거였다. 올라가라는 말씀에 그는 더 뭐라 여쭙지 도 못하고 "네"라고 할 뿐이었다. 선생님께서는 다음 날에도 그다음 날에도 집에 돌아가라는 말씀을 하지 않으셨다.

주변 정리도, 마음의 준비도, 생활용품도 마련하지 않은 채 그렇게 시작된 그의 소사 생활은 8년여 계속되었다.

귀신 보는 것도 제 분별

《금강경》을 100일 동안 읽으면 귀신도 보인다는 이야기가 떠돌았다. 그때 소사에서는 들어온 지 100일이 되면, 모두 모여 떡을 사다놓고 100일을 기념해주는 파티를 했다. 또 들어온 지 1,000일이 된 사람에게도 숙명통이 난다고 해서 파티를 해주었다.

어느 날 저녁에 모여 파티를 하고 난 다음 날 아침, 한 수행자가 선생님께 불평을 늘어놓았다. 전날 저녁에 100일 파티를 하던 중에 창문 밖으로 시뻘건 얼굴들이 쓱 지나가는 것을 보았는데, 다른 사람들은 아무도 모르더라는 이야기였다. 그러자 선생님은 "얘끼, 이놈아! 네 마음에 있으니 네 눈깔에나 보이지, 다른 사람 눈에 그게 왜 보이니?"라고 하시며 그 수행자를 호되게 나무라셨다.

부처님 욕하는 소리를 들어도

한때 소사에 여자 수행자 세 명이 있었다. 그중 한 사람이 성질이 나면 백 선생님에 대한 불경스러운 말을 입에 올리곤 했다. 그런 말을 듣고 있을 수가 없던 다른 수행자가 "어디서 선생님에 대해 그렇게 함부로 못되게 말하느냐! 내가 바깥세상에 있다면 너 같은 애는 아예 상종도 안 할 거다"라며 싸운 적이 있었다. 이 일을 두고 선생님은 이렇게 말씀하셨다.

"부처님 욕하는 소리를 들어도 마음이 움직이지 않기를 태산같아야 하느니라."

누가 해줄 것을 바라는 마음

선생님은 "의지하는 마음, 누가 해줄 것을 바라는 마음은 약한 마음이다. 무엇이든 할 줄 알아서 이 세상 사는 데 걸릴 것 없는 건강한 마음이 되어라"라고 하셨다. 김장하는 법, 메주 만들어 띄우는 법, 된장·간장·고추장 담그는 법까지 사는 데 필요한 모든 것을 손수 가르쳐주면서 '불가능하다' '못 한다'라는 마음을 하나하나 닦게 해주셨다.

반찬 만드는 법이든, 농사에 관한 일이든 두세 번씩 다시 찾아가 여쭈어도 이해가 될 때까지 가르쳐주셨다.

여러 가지를 가르쳐주시면서도 말씀의 핵심은 늘 마음 닦는 데 있었다. 일을 통해서 '못하는 마음' '모르는 마음'을 '가능한 마음' '아는 마음'으로 바꾸게 하셨다.

일과 공부가 둘이 아님을 닦고 깨우치게 해주셨다.

악업은 내가 짓고
자기는 선업을 짓는다?

여기저기 잔설이 남아 있는 소사의 이른 봄날이었다. 당시 우사牛舍에는 젖소뿐만 아니라 일소인 누렁소 한 마리가 있었다. 한 젊은 학인과 선배 학인 하나가 누렁소에 리어카를 연결하여, 젖소 분변을 실어다 산등성이에 쏟아놓는 작업을 하고 있었다. 개간한 밭에 거름을 주는 일이었다.

매끄럽지 않은 산길을 올라가면서, 선배는 앞에서 누렁소의 코뚜레를 잡아끌었고 젊은 학인은 뒤에서 리어카를 밀고 있었다. 그런데 조금 경사진 곳에서 누렁소가 꼼짝도 하지 않고 버티고 서버리고 말았다.

선배는 소귀에 대고 '미륵존여래불'을 염송하더니, 엄포용으로 갖고 다니던 회초리로 때리는 시늉을 몇 차례 하기도 하고, 코뚜레를 잡아당겨보기도 보았다. 그런데도 소가 꼼짝을 안 하자, 회초리를 젊은 학인에게 건네며 소를 때리라고 시켰다. 젊은 학인은 기가 막혔다.

'세상에! 자기는 업보를 받기 싫으니, 나한테 때리라고 하다니! 마음공부를 한다는 사람이….'

하지만 어쩔 수 없이 회초리질을 했고, 꿈쩍 않던 소는 놀라서 움직이기 시작했다. 그는 선배의 태도에 아연실색했고 섭섭했다.

'나보다 공부를 많이 한 사람이 이런 일을 시키다니. 악업은 내가 짓고 자기는 선업을 짓는다?'

소에게는 이렇게 말하고 싶었다.

'너는 여기서 일하려고 사는데, 꾀를 부리고 마땅히 할 일을 하지 않으면 당연히 회초리를 맞아야 한다.'

이후에도 소를 움직일 때마다 선배는 그에게 회초리를 쥐여주었다.

'자기는 소에게 인심을 쓰며 너그러운 양하고, 나에게는 악역을 계속 맡기겠다는 건가?'

그는 속이 부글부글 끓고 부아가 치밀어, 백 선생님에게 이러저러한 사정을 말씀드렸다. 선생님에게 억울함을 호소하고 일러바치기 위해서였다.

"선생님, 이런 경우에 때리라고 시킨 사람이 벌을 받나요? 아니면 때린 제가 벌을 받는 건가요? 누가 더 많이 벌을 받게 되나요?"

그의 말을 듣고, 백 선생님은 온몸을 흔들면서 한참 동안이나 껄껄 웃으셨다. 그러고는 이렇게 말씀하셨다.

"이 녀석 참! 그런 거 신경 쓸 거 없다. 거기다 대고 '미륵존여래불' 해라. 그럼 된다."

어떤 것을 징하면 그대로 된다

어느 날 한 학인이 몸이 성치 않은 걸인을 보았다. 불쌍하다는 생각이 들어 주머니에 있는 돈을 주고, 소사에 돌아와 백선생님에게 좋은 일을 했다며 으스댔다. 선생님은 그에게 말씀하셨다.

"불쌍하다는 생각을 갖지 마라. 그럼 네가 불쌍해진다."

학인은 '이게 무슨 말씀인가? 그런 사람을 보고도 측은하게 생각하지 말라는 뜻인가' 하고 고개를 갸웃하다가, 선생님이 이어 하신 말씀을 듣고 이해하게 되었다.

"불쌍하다는 그 마음이 누구 마음이냐? 네 마음 아니냐? 네 마음에 불쌍하다는 것을 징하게 되면, 그 마음의 주인인 네가 불쌍하게 되는 거란다. 그러니까 도와주는 건 도와주는 것이고, 네 마음에 불쌍하다는 생각을 징하면 안 된다."

법당에 냉기가 돌아서야 되겠느냐

늦가을 무렵, 백 선생님이 한 학인에게 종로5가 광장시장에서 난방용 버너를 사 오라고 하셨다. 그해 겨울 백 선생님은 법당과 선생님 방 등의 난방에 버너를 사용하셨다. 버너는 작동하면서 꽤 요란한 소리를 냈다.

한편, 법당은 보통 아침 시간에 잠시 학인들이 선생님을 뵈러 들어갈 뿐 오후 시간에는 비어 있을 때가 대부분이었다. 내방객도 매일 오는 것이 아니었다. 그런데, 법당에도 매일같이 불을 지펴서 종일 방을 덥혀놓는 게 아무래도 비효율적인 낭비로 보였다. 아무도 없는 법당을 데우는 버너 돌아가는 소리가 신경 쓰이던 어느 학인이 이런 생각을 선생님에게 말씀드렸다. 선생님은 이렇게 말씀하셨다.

"누가 언제 오더라도 법당에 냉기가 돌아서야 되겠느냐?"

살 때는 파는 사람이 손해 보지 않도록

소사에서 학인들이 무언가를 사러 가게 될 경우, 선생님은 예상되는 가격의 두 배 정도 되는 돈을 건네주셨다. 돈이 이렇게나 많이 필요하지 않을 거라고 여쭈면 "그래도 혹시 모르니 헛걸음하지 않도록 일단 풍족하게 갖고 나가봐라!"라고 하셨다. 학인들은 늘 넉넉하고 풍요로운 마음으로 길을 나설 수 있었고 돌아올 때도 같은 마음이었다.

물건을 사는 과정에서 지켜야 할 사항에 대해서는 이렇게 말씀하셨다. 당시는 으레 흥정이나 에누리 과정이 꼭 있던 시절이었다.

"판매자와 흥정을 하되, 물건값을 너무 많이 깎지 마라. 팔 때는 사는 사람이 잘 샀다는 생각이 들어야 하고, 살 때는 파는 사람이 손해를 보지 않게 해야 한다."

파는 사람과 사는 사람 모두에게 이익이 가야 한다는 의미였다. 누구도 손해 보았다는 마음이 들지 않도록 하신 것이다.

그냥 '부처님' 하면 된다

동국대학교 총장 시절에 한 학생이 강의를 마친 백 선생님에게 여쭈었다.

"총장님, 《팔만대장경》의 분량이 엄청나게 많은데 그걸 언제 다 읽습니까?"

"《팔만대장경》이 어느 분의 말씀을 기록한 것이냐?"

"그야, 당연히 부처님 말씀이지요."

"그래. 그러면 그냥 '부처님' 하면 된다."

백 선생님은 이렇게 간결하게 대답하셨다.

그 학생은 훗날 불교계의 지도적인 승려가 되었고, 그 법문을 늘 마음속에 새겨두고 지내면서, 몇십 년이 흐른 뒤에도 기회 있을 때마다 그 말씀을 소개하였다.

꿈속에서 눈물로 읽은
《금강경》

소사에 들어와 생활하기 시작한 지 두 달 정도 된 어느 학인이 어느 날 꿈을 꾸었다. 꿈속에서 그는 눈물을 펑펑 쏟으며 흐느껴 울면서《금강경》을 읽고 있었다. 잠에서 깨어나 '도대체 이건 뭔가?' 하는 마음이 들어 아침에 백 선생님에게 꿈 내용을 말씀드렸다. 백 선생님은 이렇게 말씀하셨다.

"네가 이제《금강경》을 읽고 감동해서 눈물을 흘렸구나. 《금강경》제14분에도 있지 않니? '수보리가 부처님 법문을 듣고 감격해서 눈물을 흘린다[爾時 須菩堤 聞說是經 深解義趣 涕淚悲泣]'라는 대목이 있지 않니?"

학인이 대답했다.

"그런데 저는 아직《금강경》의 뜻을 잘 모르기 때문에 눈물 흘릴 정도의 감동이란 말씀이 전혀 실감이 안 나는데요?"

선생님이 말씀하셨다.

"그건 지금 너라고 하는 몸뚱이가 궁리하는 생각이고, 너의 근본 마음은 이미 깨닫기 시작한 것이지!"

당시에 그는 한자를 제대로 알지 못해서 한글로 쓰인《금강경》만 읽고 있었다. 한자의 뜻도 모르거니와 문장이 내포하고 있는 의미는 더욱 알 길이 없었다. 그런데 선생님 말씀을 듣고 보니 절로 고개가 끄덕여졌다. 실로 불가사의하고 신통하다는 생각이 들었다.

허깨비와 도깨비의 놀음

소사 백성목장에 청소년기부터 자신에게 특별한 능력이 있다고 자부하던 한 학인이 있었다. 이를테면 집에 앉아서 서울역에 있는 시계를 끌어와 볼 수 있었다. 또 비둘기가 못 날아가게 하거나, 어항 속 금붕어를 맘대로 움직일 수도 있었다. 누군가는 이상하다고 코웃음을 쳤지만, 그는 이런 능력을 직접 증명해 보일 수도 있었다. 스스로 자신이 대단하다고 생각하였고, 마음에도 교만함이 가득했다.

어느 날 그는 이런 능력을 인정받고 싶어서 백 선생님에게 자랑을 했다. 선생님에게도 자신과 같은 능력이 있는지 궁금하기도 했다. 그러자 선생님은 그를 이렇게 꾸짖었다.

"그건 네가 서울역 시계를 끌어온 게 아니라, 네가 거기에 갔다 온 거야. 그런 것만 계속 연습하면 등신이 되는 거다! 자꾸 그렇게 나갔다 오는 연습을 반복하면, 어느 순간 다시 돌아오지 못한다."

순간 학인은 커다란 망치로 머리통을 얻어맞은 느낌이었다. 단박에 그 말씀에 수긍하자, 선생님은 다시 물었다.

"가만히 누워서 천장을 보면, 네 모습이 보일 때가 있지 않니?"

그렇다고 대답하자, 선생님은 "그때도 네가 네 몸에서 빠져나갔을 때다. 그게 바로 허깨비와 도깨비의 놀음인 거지!"라고 말씀하셨다. 말씀을 듣는 순간 그는 정말 오싹했다. 그는 선생님과 문답을 하면서 자신이 신통한 능력과 신비한 힘을 가진 특별한 사람이라고 크게 착각해왔고, 교만이 극치에 달한 사람이었다는 점을 깨달았다.

선생님의 말씀을 듣고 그동안의 생각이 한꺼번에 무너져 내렸다. 허탈감과 동시에 안도감이 느껴졌다. 선생님께 크나큰 경외감을 느꼈다. 선생님은 이어 말씀하셨다.

"숙명통, 천안통, 천이통 같은 통通을 목적으로 해선 절대 안 된다. 그런 건 공부하다 보면 부수적으로 저절로 얻어지게 되는 것이니라."

비둘기를 상대로 장난치는 것에 대해서도 "그런 연습을 자꾸 하다 보면 네가 비둘기가 된다!"라고 하셨다. 그는 어릴 적부터 운동에 심취해 누군가를 단칼에 죽이거나 방어하는 연습을 많이 했는데, 이에 대해서도 "남 죽이는 연습만 하면, 결국 어느 날 그게 잘 안 되면 네가 너를 죽이게 된다"라고 하셨다.

실제로 어릴 때 그와 함께 신비주의에 빠져 의기투합하여 연습을 하던 두 친구 중 한 명은 30대 초반에 사고사를 당했고, 다른 한 명은 40대 초반에 스스로 목숨을 끊어 생을 마감했다.

이후로 그는 더 이상 신비한 능력을 키우는 연습을 하지 않았고, 모든 생각과 감정을 '미륵존여래불' 하고 바치면서《금강경》독송을 했다. 그는 공부하는 사람은 반드시 스승이 있어야 하고, 가르침을 받아야 한다고 생각하였다.

너도 임자 한번 만나봐라

한때 조계사에 나가다가 선생님 소문을 듣고 소사에 찾아온 청년이 있었다. 키가 훤칠하고 매끈한 미남자였으며, 말도 조리 있게 잘하는 인기남이었다. 그 청년은 용산의 전자제품 가게에서 일했는데, 평소 성실하고 똑똑하다며 좋게 보아온 가게 사장이 병으로 더는 가게를 운영할 수 없게 되자 이 청년에게 가게를 물려주었다. 그는 구도심도 남달라서 매일 새벽이면 어김없이 서울에서부터 버스를 타고 와 백 선생님을 찾아뵙고 가르침을 받고 가곤 하였다.

그는 사업을 하다 보니 접대부가 있는 술집에도 종종 가게 되었는데, 거기에서 만난 한 술집 여성에게 마음을 빼앗겨 심각한 고민에 빠졌다. 그러나 이내 수행자의 본분을 곱씹어 생각하며 마음을 다잡았다. 그러고 나니, 이제는 그 여성이 술꾼들 비위나 맞추면서 몸을 팔고 지내기엔 너무나 안 됐다는 생각이 들었다. 그런 더럽고 나쁜 일에 빠진 그 젊은 여성이 불쌍하고 안쓰럽다는 생각이 머리에서 떠나지 않았다. 어떤 피치 못할 사정이 있어서 그 수렁에서 벗어나지 못하고 있는 건 아닐까 싶기도 하고, 그런 데서 온갖 남자들을 상대하다 보면 위험한 일도 많을 텐데 싶어서 걱정되기도 하였다. 일을 마치고 돌아와 자리에 누워도 그녀의 모습이 떠오르면서 '지금 이 시간에도 그녀는 남자들을 만나고 있겠지' 하며 잠을 이루기 힘들었다. '이 순간에도 계속해서 짓고 있을 이 나쁜 죄업은 두고두고 그녀를 따라다닐 텐데' 하는 생각에 더 이상 가만 있을 수 없었다.

고심하던 그는 결국 그 여성을 설득해 그녀를 옭매고 있던 빚을 정리해주고 술집에서 꺼내와 자기 사무실의 사무원으로 앉혔다. 안전한 사무실에 자리 잡고 앉아 새로운 일을 시작한 그녀를 보니 뿌듯하고 보람이 느껴졌다.

그런데 그것도 잠시, 이 여성은 채 몇 달도 되지 않았는데 갑자기 아무 말도 없이 도망쳐버렸다. 딴에는 불쌍한 여자를 구제하는 대승보살행을 했다고 은근히 자랑스럽게 생각했던 그는 황당함과 깊은 배신감에 일이 손에 잡히지 않아 선생님을 찾아뵈었다.

"하던 버릇은 참으로 고치기 어려운 거 같습니다. 고생 고생해서 겨우 꺼내어 새 삶을 살게 해주었는데, 온다 간다 말 한마디 없이 사라져버렸습니다. 선생님, 성을 파는 여자들은 무슨 이유로 그렇게 되는 것입니까?"

이렇게 말씀드리자, 선생님이 말씀하셨다.

"그들은 몸으로 진 빚을 몸으로 갚고 있는 것이다."

선생님 말씀에, 지금까지 그런 여자들을 '나쁘다' '더럽다' 라고만 욕했던 자기 생각이 무지의 소치였음을 깨달았다. 그런데 그에게는 이번 일로 생긴 은근한 자부심이 하나 있었다. 그 여성을 구렁텅이에서 구해내 함께 사무실에서 지내기까지, 스스로가 보기에도 대견할 만큼 자신의 욕망을 잘 절제했다고 생각한 것이다. 그래서 자랑스럽게 말씀드렸다.

"선생님, 제가 이제 여자 문제만큼은 해탈한 거 같습니다!"

그러자 선생님은 이렇게 말씀하셨다.

"이놈아, 너도 임자 한번 만나봐라."

그런 일이 있고 오래되지 않아, 그는 어느 여성과 눈이 맞았다. 방직공장 공원 출신에, 키가 작은 데다 얼굴에는 곰보 자국까지 있었다. 보통 남자라면 그다지 좋아할 타입은 아니어서, 누가 봐도 고개가 갸우뚱해지는 조합이었다. 그러나 둘은 결국 혼인하였다.

적어놓지 않아도 정진하면 다 나올 것이다: 선생님의 오도송

한 학인이 백 선생님에게 당신의 오대산 백일기도 이야기와 함께 선생님의 오도송을 듣게 되었다.

　　綠水靑山 恁閒者(녹수청산 임한자)
　　這是分明 上院人(저시분명 상원인)
　　解曰(해왈)….

순간 학인은 순간 정신이 퍼뜩 났다. 말하자면 백 선생님의 오도송인데, 제자로서 아무 기록도 못하고 그저 흘려버리다니. '다음에 올 때는 꼭 필기 준비를 해가지고 와야지!' 속으로 다짐했다.

"선생님, 죄송하지만 그 뜻을 해석해주십시오."
"그거 대강 뜻은 이렇다.
'푸른 산 푸른 물가에 한가로이 있는 자여!
이것이 분명 문수보살을 맞이함이로구나.
이 뜻을 알 것 같으면….'
알았느냐?"
학인은 진심으로 아쉬웠다. 기록을 못 했으니.

"선생님, 다음에 뵐 때는 필기 준비를 해오겠습니다. 이 중요한 것을 그대로 흘렸습니다."

"자꾸 적어 버릇하면 적는 귀신에 붙들려서 머리가 흐려진다. 너는 다음에 안 적어놓아도 정진하면 다 나오게 돼 있다."

순간 학인은 어이가 없었다. 정진하면 다 나온다? 방금 들은 것을 지금 당장 들은 대로 적으라고 해도 전연 엄두가 안 나는데, 많은 시간이 흐른 뒤에 정진한다고 과연 그대로 나올 수 있을까? 아무래도 불가능할 것 같았다. 그래도 선생님께서 법으로 주신 말씀이니 '예'로 받아 믿기로 하고 한동안 잊고 지냈다.

그로부터 12년이 지난 1977년 무렵,《금강경》독송과 정진을 하는데 갑자기 선생님의 '오도송'이 들은 대로 외워져 나왔다. 이날 이후 학인은 잊지 않으려고 되뇌며 외웠다.

베푸는 마음은 탓하지 않는 마음

어느 때 백 선생님이 길을 가다가 가정불화로 약을 먹어 위장이 상해서 음식을 넘기지 못하고 길모퉁이에서 토하고 있는 여인을 발견하였다. 선생님은 '저런 행동이 바로 아귀와 같다' 하며 승용차에 태워 전경림 보살이 공부하는 거처에 데려다 놓고, 전 보살과 삼선교 할머니 두 모녀로 하여금 귀한 독일제 약까지 투여하면서 치료하도록 한 적이 있다.

그때 전 보살은 '왜 선생님은 아무 상관 없는 아귀 같은 사람을 데려다 놓아서 공부도 못 하게 하고 귀찮은 일을 하게 하시나' 하고 불평이 생기게 되었다. 더욱이 그 여인은 미안한 태도나 고마워하는 표정도 없이 자기 괴로움을 못 이겨 밤새도록 소리까지 지르고 했기 때문에 전 보살은 끝내 그 여자 앞에서 선생님의 처사에 대한 불평을 말하게 되었다.

그런데 그때 선생님께서 그러한 불평을 알고 계신 것처럼 나타나서는 "주는 자의 마음은 받는 자의 마음이 변변치 못하다고 해서 탓하지 아니 하느니라"라고 하였다.

그 후 두 보살은 기쁜 마음으로 그 여인을 간호하여 완쾌시킬 수 있었다.

예수가 미륵보살이다

'이상하다. 왜 부처님 도량에서 예수가 보일까?'

어느 학인이 미륵존여래불 정진을 하는데, 예수가 십자가에 매달린 채 보였다. 정진하면서 지우려 해도 자꾸만 눈앞의 벽 속에 나타나 보였다. 가만히 보니, 희끄무레한 천의 옷이 발등을 덮었고, 머리카락은 산발한 형태로 고개를 떨구고 있는 모습이었다. 선생님께 점검을 받아야겠는데, 이 같은 말씀을 드리기가 망설여졌다.

'혹 망령되다고 야단맞지는 않을까?'

이 학인이 교회에 가본 것은 중학교 1학년 때 집안 어르신을 따라 교회 부흥회에 3일 가본 것이 전부였다. 아무런 감흥을 받지 못했고, 그것이 전부였다. 그런데 난데없이 예수라니!

학인의 얘기를 들은 선생님은 아무 말씀이 없었다.

그런데 다음 날 정진할 때도 역시 벽 속에 예수의 모습이 보였다. 전날보다 선연하게 보였다.

그런데 이번에도 선생님은 역시 침묵이셨다.

세 번째 되는 날, 역시 정진 중에 똑같은 예수의 장면이 보였다. '왜 계속해서 연 3일째 예수가 보일까? 그런데 선생님께서는 뭐라 말씀도 없으시고….'

학인은 조심스럽게 낮은 목소리로 여쭙고 점검해주시기를 청했다.

"그래, 오늘까지 3일 연속이지?"

"네."

"사실은 예수가 미륵보살이다."

학인은 귀를 의심했다. '예수가 미륵보살?' 멍해져서 앉아 있는데, 선생님의 법문이 혼미해지는 정신을 깨웠다.

"인도 지도를 보면 맨 아래쪽 인도양에 다섯 개의 섬으로 된 나라가 있다. '안다만 왕국'이란 나라인데, 소왕국이다. 그 나라의 왕자가 생이지지生而知之해서 아주 영특하고 지혜가 밝고 그랬는데, 어느 날 보니까 대륙에 아주 밝은 도인이 계셨다. 바로 부처님이다. 왕자가 부처님을 친견하려고 하인 한 사람을 데리고 카누를 타고 대륙으로 상륙해서 찾아갔는데, 그때가 바로 '반야회상'이었다.

그런데 부처님을 향한 제자 1,250인 무리의 그 마음이 아주 환하고 밝아서 환희심이 절로 나고 경외심이 나서 말석에서 합장하고 부처님을 향해 우러러보고 있는데, 그때 갑자기 부처님께서 '참 모두 잘 닦았구나! 마음들이 환하게 밝은 빛이 나는구나!' 하고 제자들을 향해 칭찬의 말씀을 하셨다. 그런데 이게 어찌 된 일인가? 그 밝던 분위기가 갑자기 깜깜해졌다.

그런데 뒤쪽 한편에 마음이 더 강렬하게 빛나는 한 사람이 있었으니 그가 바로 안다만 왕국에서 온 왕자 '미륵보살'이었다. 그래서 부처님이 그 왕자의 마음을 보시니까 '아, 부처님은 과연 참 밝은 도인이시구나! 당신이 제자들을 가르쳐 키워놓으시고 그 공덕을 제자들에게 칭찬으로 돌리시는구나' 하고 생각하고 있었다.

그런 마음자리니 껌껌해지는 것이 아니라 더욱 환한데, 더구나 다른 1,250인 제자들의 마음자리가 컴컴해졌으니 더욱 환하게 밝아 보였다. 그래서 그때 부처님께서 그이를 앞으로 나오라 하셔서서 수기를 주셨다.

'너는 앞으로 부처가 될 텐데, 그 부처의 이름이 '미륵존여래불'이고 그 세계는 용화세계龍華世界라. 내가 미처 제도하지 못한 중생들을 3회에 걸쳐 다 제도할 것이다'라고 수기를 주셨다.

수기라고 하는 것은, 단순히 그냥 예언하시는 것만이 아니라 부처님의 법으로 결정하시는 것이다. 우주의 주재자이신 부처님께서 법으로 결정하시면 그대로 이루어지는 것이다. 《금강경》에도 '석가모니 부처님'이 과거에 '연등 부처님'으로부터 수기를 받으셨다고 말씀하셨지 않니?

燃燈佛 卽不與我授記 汝於來世 當得作佛 號 釋迦牟尼
(연등불 즉불여아수기 여어래세 당득작불 호 석가모니)
연등 부처님께서 나에게 수기하시고 말씀하시되,
너는 이다음 세상에 부처가 될 텐데 그 사람 이름을 석가모니라 하느니라.

그리고 그때 부처님께서는 1,250인의 제자들에게 당부하셨다.

너희들 마음이 나를 향해 있으면 밝게 빛나건만 '잘 닦았다'는 칭찬 한마디로 '옳지! 내가 잘 닦았지' 하는 마음이 생기니까 그만 컴컴해지니, 그것이 '바라보는 도인'이 아니겠느냐.

너희들과 내가 다른 것은 마음 닦아 깨치면 부처가 되고, 깨치지 못한 원래의 내 마음 상태면 그저 중생이다. 부처와 중생의 차이가 바로 이것이다. 그래서 지금 제 마음 닦아 깨치는 법을 가르치는데, '바라보는 도인'에 머물러만 있으면 되겠느냐?"

선생님은 잠시 침묵하시더니 말씀을 이어가셨다.

"어디 그뿐이랴. 예수가 하도 혼이 나서 다음 생에는 무함마드로 태어났다. 중생을 제도하러 왔다가 십자가에 매달려 죽었으니 통분하니까, 무함마드로 태어나서 한 손에《코란》을 들고 또 다른 한 손엔 그《코란》을 보호하는 뜻으로 칼을 들고 출현한 것이다."

혜정 손석재 선생님

15

백 선생님이 중생의 업장을 치고 그릇을 비워놓으면, 손 선생님은 그 빈 그릇에 밝은 불성을 담아 넣어주시는 어른이었다. 손 선생님에게서는 항상 서광이 비치는 것 같았고, 자연스럽게 그 존귀함과 존엄성을 엿보이셨다. 손 선생님은 주먹을 쳐들어 보이시면서 "이 조그마한 주먹만치 흙을 뭉쳐놓고라도 부처님이라고 하면 합장하고 절할 줄 알아야 되느니라"라고 하셨다.

혜정 손석재慧亭 孫昔哉 선생님

임오군란(1882년)을 피해 서울에서 금강산 장안사 부근
으로 이주한 가문의 자손으로, 1882년 금강산 근처 금장
동에서 태어났다. 세 살 때 부친과 사별하고, 네 살 때 군
란이 평정되자, 서울로 돌아왔다. 성장하면서부터 자연
스레 마음 닦는 공부를 시작하였고, 틈틈이 금강산에 찾
아가 수행하였다.

1929년 가을, 금강산 장안사에서 백성욱 박사를 만나 사
제지간이자 도반이 된다. 그때, 두 사람은 불법의 대의
및 《화엄경》에 대한 문답을 통해 서로 이해하게 되었다.
그 계기로 백성욱 박사 수행의 조력자 역할을 시작하였

다. 1929년 가을, 백성욱 박사와 함께 오대산 적멸보궁에서 백일기도 수행을 단행, 50일 만에 숙명통이 열렸다.

백일기도 후 서울로 돌아왔으나, '중생을 제도하려면 법을 갖추지 않으면 안되리라' 깨닫고 1930년 금강산 마하연 표훈사의 비구니 암자인 신림암神林庵에서 비구니 이성혜李性慧* 스님을 은사로 삭발수계 한 후 가을에 다시 서울로 돌아왔다. 법명은 혜정, 세수 49세이었다.

1959년 거금 4,500만 환(당시 쌀 한 가마 980환)을 동국대학교에 보시하여 장학재단과 당시 동국대학교 건물을 건설하는 데 큰 도움을 주었다. 1959년 6월 24일(음력 5월 19일), 세수 78세로 장충동 자택에서 대중에게 법문 중 앉은 상태에서 입적했다. 6월 27일 백성욱 동국대 총장을 비롯해 제자들과 동국대 교직원, 학생들이 참여한 가운데 장례식을 거행하고 사리를 장충동 자택에 봉안하였다. 그의 공로를 기려 1960년 4월에 동상 및 사리탑을 동국대학교 교정에 건립해 모셨다. 이 동상과 사리탑은 1961년 7월 백성욱 박사 총장 퇴임과 함께 철거되었고, 지금 남산 둘레길에 모셔져 있다.

---

* 이성혜 스님은 김일엽(수덕사 견성암) 스님의 은사이기도 하다. 일엽 스님은 1934년 신림암에서 이성혜 스님을 은사로 하여 삭발 득도하였다. 그러므로 손혜정 선생님은 김일엽 스님의 사형이 된다.

두 선생님의 상봉

어느 날 손혜정孫慧亭 선생님이 내금강 장안사에 와서 현의룡 주지스님에게 "이 금강산에서 누가 제일 훌륭한 도인이라고 합니까?"라고 물으셨다. 주지스님은 만폭동 보덕굴에서 수도하고 있는 독일 철학박사 백성욱 선생님이 제일 유명하다고 하셨다. 손 선생님은 주지스님에게 백성욱 박사를 이 장안사로 좀 오도록 해주십사 부탁하셨다. 주지스님이 친히 보덕굴에 가서 백 선생님을 장안사로 모셔왔다. 그렇게 두 선생님이 처음 만나게 되었다.

손 선생님이 백 선생님에게 "불법의 대의[佛法大義]가 무엇이오?"라고 물으시자, 백 선생님은 "대방광불화엄경이오"라고 대답하셨다. 이렇게 두 분이 문답을 시작하셨고, 어느 정도 마음이 통하게 되었다. 그러고 나서 손 선생님은 지장암에서 다른 몇 분과 함께 화엄 산림華嚴山林*을 시작하셨다.

손 선생님은 경을 공부하신 적이 없었다. 하지만 백 선생님과 탄옹 스님이 《화엄경》을 해석해 내려갈 때, 손 선생님이

---

* 불교 절에서 일정한 기간을 정해놓고 많은 사람이 함께 모여서 불법을 공부하는 모임을 말한다.

곁에 앉아 듣고만 계시다가 "그렇지 않을 텐데" 하시면, 두 분이 달리 새겨보았다. 그러다 또 손 선생님이 "그렇지 않을 텐데" 하시면, 백 선생님과 탄옹 스님이 또다시 다른 의미로 해석하셨다.

손 선생님은 한문을 배운 적이 없다 하셨다. 그런데도 때때로 한문 경전을 읽으셨다. 과거·현재·미래가 없는 도인인지라 분별이 없어서 그냥 배운 적 없는 불경을 죽죽 읽으셨다.

그 후부터는 백 선생님과 손 선생님 두 분이 함께 공부하시게 되었다. 한번은 강원도 오대산 적멸보궁에 가서 같이 백일기도를 하셨는데, 기도를 시작한 지 50일 만에 손 선생님이 먼저 깨치셨다.

적멸보궁에서 백일기도를 하실 때 손 선생님은 백 선생님에게 "적멸보궁에서는 향을 안 피우는 것"이라고 하셨다. 그런데 백 선생님은 "부처님께 기도를 하면서 향을 안 피우는 법이 어디 있어요?" 하시면서 향을 피우셨다. 그랬더니 부처님 탁자 아래에서 화재가 난 것 같이 연기가 와락와락 쏟아져 나와 백 선생님이 몹시 당황하셨다.

그렇게 함께 공부하시던 두 분 선생님은 모두 '대방광불화엄경'을 부르셨다.

백 선생님과 손 선생님

백 선생님은 키가 후리후리하게 크고 풍채도 당당하셔서 어느 각도로 보아도 어른답고 위엄이 있었다. 많은 이들이 백 선생님을 대할 때면 그 위엄에 눌렸다.

손 선생님을 친견하면 '저 이가 바로 부처님이시로구나' 하는 생각이 들었고, 반갑고 좋으면서도 공연히 손이 비비 틀리고 이분 앞에서는 함부로 행동해서는 안 되겠다는 생각이 저절로 들었다.

백 선생님이 중생의 업장을 치고 그릇을 비워놓으면, 손 선생님은 그 빈 그릇에 밝은 불성을 담아 넣어주시는 어른이었다. 손 선생님에게서는 항상 서광이 비치는 것 같았고, 자연스럽게 그 존귀함과 존엄성을 엿보이셨다. 학인들은 저절로 머리가 숙여지고 그분에게 의지하면 소원이 이루어질 것만 같았다. 그분 곁에 있으면 앉으나 서나 마음이 안정되었다. 그러다가 잠깐이라도 곁을 떠나면, 그분이 그렇게 그리울 수가 없고 그분 앞에 가고 싶고 그분에게 무엇이든지 좋은 것을 조금이나마 올리고 싶어졌다.

대중 가운데 누군가가 그때그때 실낱만한 신심이라도 낼 때면, 손 선생님은 두 손을 번쩍 들면서 "법이다, 봐라" 하고 증명을 해주셨다.

백 선생님은 법문하시는 손 선생님 옆에 앉아 계셨다. 백 선생님이 사전에 모든 중생의 업장을 쳐서 빈 그릇을 만들어 놓으면, 손 선생님이 법을 놓아주시는 것이다. 손 선생님은 "법 자리인 백 선생님을 제도하였기 때문에, 나로서는 직접 일선에서 제도를 아니 하느니라" 하시며 "너희의 부처님은 백 선생님이시니라"라고 말씀하셨다.

손 선생님과 백 선생님은 두 분 다 독립운동 하시던 분들이어서 항상 일경日警의 감시 대상이었다.

부처가 되려고

백 선생님과 손 선생님 두 분은 어느 과거 생에 사제지간이었다. 백 선생님은 오로지 도통밖에 모르는 단순 무지한 수행자였는데, 스승이 일러준 살불살조殺佛殺祖의 의미를 잘못 알아듣고 도통 욕심에 단번에 스승을 때려죽여서 바로 그 자리에 묻었다. 그 자리가 바로 안양암 자리였다. 2,500년 전 조달曹達*이 석가여래 부처님을 죽이려 한 것처럼 부처가 되겠다는 마음이 어찌나 컸던지 외딴 산골에서 그런 일을 저지른 것이다.

안양암 뒤에 산줄기가 죽 흘러 내려오다 맨 아래쪽에서 조그맣게 도드라져 보이는 것이 있었다. 20미터가량 되는 평평한 축대 위에 아무렇게나 묻은 아이 무덤같이 보이는 것이 있는데 그게 바로 손 선생님 전생의 산소였다.

세상에 이 사실을 아는 사람이라고는 한 사람도 없었다. 이

---

* 조달: 데바닷타(산스크리트어 Devadatta)의 음차로, 제바달다提婆達多·제바提婆·조바달調婆達이라고도 옮긴다. 부처님의 사촌 동생이며 아난다와 형제 사이로 어려서부터 교만하고 방탕했으며 질투가 대단했으나 재능만은 출중했다. 부처님을 시기 질투하여 여러 차례 부처님을 살해하려 했으나 실패하자 독립을 선언하고, 갓 들어온 수행자 500여 명을 회유하여 새로운 교단을 만들었다고 전해진다.

생에 와서도 백 선생님 자신조차 이 사실을 모른 채 안양암에서 혼자 수도를 하고 계셨다. 그런데 대낮에 긴 고리 법장法杖을 든 점잖은 이가 백 선생님 앞에 나타나더니 "이놈!" 하고 호령하는 것이 아닌가! 그러고서는 그 고리 법장으로 백 선생님을 때려죽일 기세였으니, 백 선생님은 소스라치게 놀랐다. 겁이 나고 무서웠지만, 도를 닦는 이로서 체면상 누구한테 무섭다고 할 수도 없었다. 백 선생님은 고리 법장이 쩔렁쩔렁하는 소리가 그 한마음에서 비롯된 것임을 아시면서도, 법장에 맞아 즉시 죽을 것만 같았다. 떨리고 무서워 대낮인데도 이불을 푹 뒤집어쓰고 계셨다.

이때 손 선생님이 백 선생님을 찾아오셨다. 문밖에서 "선생님, 선생님" 하고 부르는데도 대답이 없었다. 한참 후에야 백 선생님은 이것은 '정말 사람인가 보다' 하고, 뒤집어쓰고 있던 이불을 치우고 아무 일 없었던 것처럼 천연덕스럽게 손 선생님을 맞이하셨다. 손 선생님은 다 아시면서도 모르는 척, "왜 대답이 없었나요?"라고 물으셨다. 백 선생님은 아무 일도 없었던 것처럼 시치미를 딱 떼고서 부르시는 소리를 못 들었다고 하셨다.

하루는 손 선생님이 "무슨 그리 무서운 것이 있습니까?" 하며 다짜고짜 물으시니, 그제야 백 선생님이 실토하셨다.

"대낮에 점잖게 생긴 이가 나타나 고리 법장을 들고 쩔렁대면서 '이놈!' 하고 호령을 합디다. 당장 한 매에 나를 때려죽이려 하니 무서워서 이불을 푹 뒤집어쓰고 있었습니다."

손 선생님은 전생의 일을 백 선생님에게 낱낱이 이야기해주셨다. 비로소 백 선생님이 엉성하게 묻어놓았던 손 선생님의 산소를 파헤치니, 아직도 손 선생님 뼈가 엉성하게나마 남아 있었다. 백 선생님이 다시 잘 수습해 모시자 이후로는 그런 일이 없어졌다.

이 일을 두고 백 선생님은 다음과 같이 회고하셨다.

깊은 산속에는 무서운 것이 적지 않다. 당시 금강산에는 호랑이가 종종 나오곤 했는데, 사람이 살지 않는 빈 암자는 대개 호랑이가 자주 다니는 길목에 있다는 것을 알게 되었다. 또 산속에서 공부하는 수행자들은 귀신을 두려워하기도 하였다. 그러나 가장 두려운 것은 호랑이도 아니요, 귀신도 아니요, 바로 자신의 업보다. 어째서 그럴까?

처음 안양암에 머물 때는 잘 모르겠더니 시간이 흐를수록 차츰 그곳이 두려워지기 시작했다. 물론 호랑이나 귀신이 두려운 게 아니었다.

한번은 공부하던 중에 목 없는 귀신이 나타났다. 그러나 나는 조금도 두려워하지 않고 "너 머리가 없으니 골치 아플 일이 없겠구나" 하고 말하였다. 그러자 머리 없는 귀신은 곧 사라져버렸다. 또 한번은 배 없는 귀신이 나타나서, 그때도 두려워하지 않고 "너는 배가 없으니 배 아플 일도 없겠구나" 하였다. 그 소리와 함께 귀신은 곧 사라졌다.

그러나 어느 때부터인지 문소리만 들려도 기절할 정도로 두려움을 느꼈다. 그전까지 담대했던 것을 생각하면 영문을 알 수 없었다. 그래서 무서운 마음에 대고 '대방광불화엄경'을 계속해서 염송하자 무서운 마음이 차차 사라지고 무섭게 된 이유를 알게 되었다.

스승을 때려죽이고 나서 바로 잘못을 깨닫고 바로 참회하였으나 그 과보로 여러 생 고통을 받았고, 결국 그 스승을 다시 만난 뒤에야 업에서 벗어날 수 있었다. 죽였다는 생각을 완전히 해탈하지 못하였기 때문에, 생을 바꿔도 그 생각이 나타날 때면 아무 이유 없이 두려운 마음이 들었던 것이다. 업보보다 두려운 것이 없다. 그리고 가장 좋은 것 또한 업보다. 죄와 복은 주기적으로 순환하는 것이다.

황금빛 몸으로 화하시다

1940년대에 장안사에 이명윤이라는 16세 청년이 공부를 하겠다고 와 있었다. 당시에는 손혜정 선생님이 법문을 하시고 백성욱 선생님이 지도를 맡고 계셨다.

어느 이른 아침, 법문 시간이 가까워지자 백 선생님이 이명윤에게 "가서 손혜정 선생님을 모셔오너라" 하고 이르셨다. 말씀이 떨어지자마자 이명윤은 안양암 위쪽에 있던 지장암(비구니가 머물던 처소)의 손혜정 선생님 처소로 달려갔다.

기본예절 같은 건 전혀 모르던 이명윤은 도착하자마자 아무 인기척조차 없이 덜컥 손 선생님의 방문을 열어젖혔다. 마침 옷을 갈아입으시던 손 선생님은 몸에 아무것도 걸치지 않은 상태였다. 뒤돌아 서 계시는 손 선생님의 나신을 고스란히 다 보게 된 이명윤은 황급히 문을 닫고는 문 앞에서 얼굴을 붉힌 채 어쩔 줄 몰라 하고 있었다. 그때 방 안에서 손 선생님의 음성이 들려왔다.

"명윤아!"

"네."

이명윤은 부끄러워 어쩔 줄 몰라 하며 대답했다.

"문을 열어라."

이명윤은 쩔쩔매며 문을 열었지만 고개를 들지 못했다.

"나를 봐라."

고개를 든 이명윤 앞에 믿을 수가 없는 광경이 펼쳐졌다. 바로 정면에 서 계신 손혜정 선생님의 온몸이 눈부신 황금색으로 빛나고 있었다. 금빛으로 찬란하게 빛나는 몸, 그리고 그 뒤로는 눈부신 후광이 발하고 있었다.

"자세히 봐라."

손 선생님의 황금빛 형상을 마주한 채 시간이 멈추어버린 듯 얼어붙어 있던 이명윤은 내면에 커다란 환희심과 공경심이 이는 걸 느꼈다.

"너는 오늘 이 공덕으로 많은 사람에게 도움을 베풀게 될 것이다."

시간이 흘러 금강산에서 내려온 이명윤은 전국을 돌아다니며 이름난 의사와 치료사를 찾아다녔다. 그들의 처방과 치료법을 배우기 위해서였다. 다양한 약재와 효능, 독특한 약용 식물들의 쓰임새도 익혀나갔다. 그 가운데 가장 관심이 가고 스스로도 탁월한 재능을 갖고 있던 것은 기치료였다.

그러다 일본에 건너갔던 이명윤은 해방이 되었다는 소식을 듣고 귀국을 서둘렀다. 뱃삯을 곱절로 치르면서까지 배편을 구하려고 애썼지만 결국 타지 못했다. 하는 수 없이 더 머물면서 일본의 여러 기 치료술과 약제술을 섭렵했다. 이명윤은 훗날 자신이 타려던 귀국선이 도중에 침몰하여 승선한 한국인 대부분이 사망했음을 알게 되었다.

"십자가에 못 박혀 보셨소?"

어느 때 손 선생님이 법문을 하셨다.

"오랜 과거 생에 내가 깨친 바를 모든 사람에게 꼭 일러주어야겠는데, 내 말이라고 하면 행여나 저 중생들이 아니 들을까 염려가 되어서, 하느님을 내세워 '하느님 아버지의 말씀이다'라고 하고, '나는 하느님의 독생자이다'라고까지 했던 때가 있었다. 아무리 소중한 말이라 해도 사람들이 듣거나 말거나, '내가 진리를 깨쳐서 하는 말이니 너희는 나(손 선생님)의 말을 들어라' 했더라면 아무 일이 없었을 것을, '저 사람들이 이 소중한 말을 안 들으면 어찌 하나' 하는 노파심에서 하느님을 내세운 것이 나의 마음을 속인 것이기 때문에, 내가(손 선생님이) 십자가에 못 박힌 일이 있었다" 하셨다.

또 어느 때 백 선생님이 뭐라고 하시니까, 손 선생님께서 "십자가에 못 박혀 보셨소?" 하시니 백 선생님은 아무 말씀도 아니하시고 잠자코 계셨다.

과거 일곱 부처님이
다 취처하시고 자식을 두셨다

손 선생님이 법문해주셨다.

"부처님은 전지전능하고 완전무결한 어른이시므로, 우리 중생이 가지는 것은 한 가지도 빠진 것이 없으시다. 예를 들면 내외가 갖춰져야 하고 자식도 있어야 한다. 그러므로 과거 여섯 부처님과 석가모니 부처님 모두 취처娶妻하시고 자식을 두셨다. 비바시불毘婆尸佛은 방응方膺, 시기불尸棄佛은 무량無量, 비사부불毘舍浮佛은 묘각妙覺, 구류손불拘留孫佛은 상승上勝, 구나함모니불拘那含牟尼佛은 도사導師, 가섭불迦葉佛은 진군進軍, 석가모니불釋迦牟尼佛은 라홀라羅睺羅를 자식으로 두셨다."

일본 경찰에 연행되시다

제자 장준현이 경남 의령 등지에서 까불고 다니다가, 의령경찰서에 잡혀 들어가 조사를 받게 되었다. 형사가 이것저것 캐묻다 보니 장준현은 금강산에 들어가 수도한 것까지 진술하게 되었다.

그렇지 않아도 손 선생님과 백 선생님은 일본 경찰의 요시찰 명단에 있던 분들이셨다. 금강산에서 많은 사람을 거느리고 계신다 하니 무슨 위험한 모의나 하고 있지 않나 하고 크게 의심하였다. 결국 경남 의령경찰서에서 지장암까지 와서 손 선생님과 백 선생님을 모두 연행해 갔다.

50일 동안이나 조사를 받고 진주검찰청(검사국)으로 넘겨졌으나, 일주일 만에 불기소가 되어서 금강산으로 다시 돌아오시게 되었다. 한 수행자가 선생님들과 동행을 했는데, 의령경찰서에서는 선생님들에게 후대를 해주어서 독방을 주고, 두 분 선생님뿐만 아니라 함께 온 수행자한테까지 사식을 제공했다고 하였다.

독립운동을 하시다

손 선생님은 미국인 콜브란*, 고종 황제와 서로 짜고 일본인
들 모르게 비밀리에 '경성전기'**를 팔아서 자금을 마련한 뒤
돈을 허리에 두르고 상하이로 건너가셨다. 독립운동으로 나
라를 구하고자 하신 것이다. 그러다 국경인 압록강을 건너
안동현까지 가셨는데, 그곳에서 왜경에게 체포되어 요시찰
이 붙으셨다.

* 콜브란H. Collbran: 보스트윅H. R. Bostwick과 합작하여 1898년 한성전기회
  사를 설립했다.

** 대한제국이 1898년에 설립한 한성전기를 모체로 일제강점기에 전기·전
  차·가스 사업을 벌인 전기회사다.

흙덩어리일지라도 부처님이라고 하면
절할 줄 알아야

손 선생님은 주먹을 쳐들어 보이시면서 "이 조그마한 주먹만
치 흙을 뭉쳐놓고라도 부처님이라고 하면 합장하고 절할 줄
알아야 되느니라"라고 하셨다.

착하고 착하다

손 선생님이 대중에게 법문하시는 도중에, 누군가가 대중이 보기에도 누구나 인정할 만한 신심을 내어 서원을 세울 때는, 그 사람의 원이 끝나기를 기다리셨다가 두 손을 선생님의 머리 좌우 쪽으로 들어서 "착하고 착하다. 법이다, 봐라" 하시면서 성소작지成所作智* 해주셨다.

---

* 유식학에서 이야기하는 네 가지 지혜인 대원경지大圓鏡智·평등성지平等性智·묘관찰지妙觀察智·성소작지成所作智 중 하나다. 성소작지는 눈·귀·코·혀·피부 등의 5관으로 느끼는, 전5식이 변하여 이루는 청정한 지혜를 의미한다. 여기에서는 그 지혜로 남이나 자신에게 유익하게 복을 베푸는 것을 말한다.

어느 부인의 죄

볍씨 3만 석을 뿌리는 땅을 가진 큰 부자라고 소문난 대지주의 작은댁이 손 선생님 밑에 와서 공부를 했다. 그 대지주는 큰 회사도 경영했는데, 그 회사 사장님의 작은댁이 남편의 눈을 속여가면서 다른 사람도 아닌 그 회사 전무와 정분이 났다. 꼬리가 길면 밟히는 법, 결국 세상이 수군거리게 되자 금강산 안양암 손 선생님 밑에서 공부하겠다고 찾아온 것이다.

손 선생님은 "네가 지금 남편에 의지해 복을 받으면서도 다른 남자와 관계를 한다면, 그것은 있을 수 없는 일이다. 네가 남편에게서 물러나든가 아니면 그런 짓을 그만두는 것이 옳다. 두 가지 중에서 하나를 택하여야 옳은 사람이니라. 네가 스스로 공부를 잘해서 깨쳐보아라. 네가 만약에 내가 이르는 말을 아니 듣고 그 버릇을 계속한다면, 남편을 속이는 그 죄가 너무나 커서 그러다가 네가 맹인이 되느니라" 하고 여러 번 일러주셨다.

그런데 그 부인은 끝내 선생님의 가르침을 듣지 않았고 그 버릇을 고치지 못했다. 결국 몇 해 뒤에 장님이 되어 여러 해 고통을 받다가 세상을 떠났다.

금강산 사람들

16

법문 시간에는 모든 대중이 모여서 아침 공부 때 깨친 바를 서로 나누었다. 바로 깨쳤나, 잘못 깨쳤나 또는 각자 자기가 얻은 경계를 모르는 경우 선생님에게 여쭈어보기도 하였다. 대중들이 모르면 선생님이 가르쳐주시되, 스스로 깨쳐야 할 것은 각자 깨칠 수 있도록 숙제를 내주셨다. 또 남의 깨친 바를 듣고 배우며 서로 공부 의지를 다잡았다.

이종원

이종원은 서울에 사는 14세 된 초등학교 5학년 아이다. 어린 아이인데도 이따금 안양암에 와서 일주일씩 기도하고 가곤 했다. 인물도 좋고 영리한 데다 재주가 있고 말도 잘하였다. 말을 할 때 손짓, 발짓까지도 곧잘 표현해서 보는 사람마다 감탄을 했다. 몸에 비해 발이 큰 것이 특징이었는데, 백 선생님은 "저 종원이 발 좀 보아라. 저렇게도 크구나" 하시면서 웃곤 하셨다.

이종원은 서울 이조판서의 손자로, 태어나기 전에 아버지를 여의었다. 할아버지에게 쌀 200섬지기 땅을 물려받았는데, 그의 삼촌이 이 땅을 탐내어 이종원을 죽이려고 궁리를 하였다. 음식에 독약을 치는 등 별의별 수단을 다 썼기에, 이종원은 그 재앙을 피해 금강산 안양암까지 온 것이었다. 손 선생님은 이런 사람이 찾아왔을 때 이름 석 자만 듣고도 인연 관계와 자초지종을 다 알고 말씀해주셨다.

이종원이 금강산에 올 때면, 미리 일주일 동안은 고기를 일절 입에 대지 않는다고 했다. 안양암에 와서는 정성껏 부처님께 기도를 올렸다. 손 선생님이 아침 법문을 해주시는 시간(새벽 4시)에 곧잘 아는 척을 하였다.

법문 시간에는 모든 대중이 모여서 아침 공부 때 깨친 바를 서로 나누었다. 바로 깨쳤나, 잘못 깨쳤나 또는 각자 자기가 얻은 경계를 모르는 경우 선생님에게 여쭈어보기도 하였다. 대중들이 모르면 선생님이 가르쳐주시되, 스스로 깨쳐야 할 것은 각자 깨칠 수 있도록 숙제를 내주셨다. 또 남의 깨친 바를 듣고 배우며 서로 공부 의지를 다잡았다.

그때 안양암 대중은 네다섯 명이었다. 아침 법문 시간에 이종원은 다른 사람들의 마음을 다 알고 이야기했다. 이종원에게는 타심통·천안통·숙명통이 있었다. 그래서 법을 곧잘 보고, 남의 마음 먹은 바를 알아맞혔다. "아무개는 이런 마음이고, 다른 아무개는 이런 마음"이라는 식이었다. 또 서울에서 누가 올 것도 미리 알아맞혔다. 14세 아이였지만, 장안사 현의룡 주지스님은 이종원을 존경하였다.

그런 이종원은 과거 생에, 백일기도를 하던 사람을 파도_破_道하게 만들었다. 어떤 사람이 백일기도 중 단 이틀을 남겨두고 있었는데, 이종원을 보자마자 겁이 나서 줄행랑을 친 것이다. 이종원의 처를 빼앗아 달아난 사람이었기 때문이다.

그때 기도하던 장소는 표훈사 조금 못 미친 곳에 있는 삼존석불이었다. 심산유곡인지라 그때는 사람 하나쯤 죽이고 달아나도 아무도 모를 시절이었다. 그때 이종원은 그 사람이 기도하다가 도망치는 것을 보고 쫓아가려고 하지도 않고 멀끔히 바라보고만 있었다. 그런데 그것을 바라보는 동안 전생의 이종원의 마음속에 '도망가는 것'이 큼직하게 들어앉았다.

그리하여 이 생의 '이종원'은 도망가는 마음을 빚어가지고 태어났다. 공부는 하기 싫고 목적지도 없이 그저 어디론가 가고만 싶은 마음이 나는 것이다. 전생에 비록 이런 일이 있었지만 이종원은 본디 많이 닦은 사람이었으므로, 인물도 잘났고 숙혜宿慧가 있어서 일등생이요, 반장이었다.

손 선생님은 "남을 파도하게 한 그 죄는, 종원이 네가 아흔이 넘도록 선생님 앞에서 수도를 해야 소멸이 된다"라고 하셨다. 그런데 이종원은 선생님 말씀을 듣지 않고 동무 하나와 일본 오사카로 갔다. 거기서 지진이 나는 바람에 이층집이 넘어질 때 대들보에 십자로 깔려서 불에 타 죽었다. "그때 '아이쿠, 선생님!' 하고 죽었다"라고 같이 갔던 사람이 살아 돌아와 모든 이야기를 해주었다.

홍사성

수원에 사는 홍사성이라는 청년이 두 눈이 빨갛게 되어서 백 선생님을 찾아 지장암에 왔다. 꽤 부잣집 집안의 아들로 태어났는데, 부친이 일찍 작고한 뒤에 숙부가 그 유산을 다 차지했다. 200~300섬지기 큰 재산을 숙부에게 다 빼앗겼으니 분통이 터질 노릇이었다. 오래도록 화를 끓이다 보니 신경쇠약자가 되었다. 화가 치밀어 올라올 때는 숙부를 갈아 먹고도 싶고 칼로 찔러 죽이고도 싶었다. 그때는 '대방광불화엄경'을 염송하던 때였으므로 백 선생님은 "좌우간 네가 살고 볼 일 아니냐? 어서 '대방광불화엄경'을 부지런히 불러서 살아야 한다"라고 하셨다.

그래서 그는 그저 '대방광불화엄경, 대방광불화엄경'을 자꾸 부르니, 70일이 지났을 때 빨갛던 눈이 원상회복되고 100일이 지나니 대중들이 보기에도 다 나은 것 같았다. 자기 마음에도 병이 다 나은 것 같다며 크게 기뻐했다.

손 선생님에게 법을 받고 나서 돌아갔는데 얼마 안 있어 다시 그 지경이 되어 돌아왔다. 수원 집에 가니 또 숙부가 밉기 시작하고, 전과 같이 죽이고 싶고, 갈아 먹고도 싶어서 병이 재발한 것이다. 백 선생님 밑에서 100일을 다시 공부한 뒤 다 나아서 결국 집으로 돌아갔다.

황용주

황용주는 경상북도 상주 사람이었다. 집안사람 모두가 신심이 놀라웠다. 3형제가 모두 금강산에 와서, 백 선생님 밑에서 백일기도를 하고 손 선생님에게 법을 받았다. 그는 속병으로 고생을 많이 하였다. 3,000석 부잣집 아들이었으므로 훌륭한 의사를 못 만나서지, 돈이 없어서 병을 못 고치는 것은 아니었다. 용하다는 의사를 수소문해서 팔도를 찾아다녀도 고칠 수가 없다는 말만 들었다.

불치병이라 생각해서 포기하고 지냈는데, 손 선생님 소문을 듣고 서울로 와서 뵙게 되었다. 손 선생님은 참으로 정성껏 오체투지로 절을 하고 앉은 황용주를 보시고는 그의 증세조차 들어보지 않고 말씀을 하셨다.

"그대는 과거 생에 불상을 조성하던 사람이었다. 내금강 장안사에서 주지스님이 그대를 신임하고 그대에게 부처님을 한 분 잘 조성해달라고 신신부탁을 해서 그대에게 맡겼다. 그런데 그대가 부처님을 정성껏 거룩하게 조성은 하였으나, 그 부처님 복장腹臟*에 넣어달라고 한 보물을 그대로 넣지 않

---

* 불상을 만들 때, 그 가슴에 보화寶貨나 서책書冊을 넣는 것을 말한다.

고 몰래 가져다 하나를 팔아먹었다. 그랬기에 그대가 그 부처님을 조성한 것은 벌써 아주 옛날이지만, '부처님 복장이 하나 없거니' 하는 생각은 그대가 사람의 몸을 받아 태어날 때마다 항상 그대의 마음속에 남아 있게 되어서 영원히 사라질 수가 없다. 그대가 부처님을 조성하고 복장을 팔아먹던 그 나이만 되면 어느 생이든지 병이 나서 죽고 또 죽고 하느니라."

이렇게 가르쳐주시면서 "그대가 조성한 부처님은 바로 금강산 장안사 안양암에 모셔놓은 부처님이시니라. 부처님 복장은 하나 팔아먹었어도 정성껏 부처님을 조성하였기에, 그대의 얼굴이 그 부처님 얼굴과 꼭 같으니라"라고 일러주셨다.

황용주가 다시 일어나 무수히 절을 올리며 "살려주십시오" 하니, 손 선생님은 곧 자비심으로 "착하고, 착하다. 그대가 금강산 안양암의 백 박사님을 찾아가서 그 부처님께 '잘못했습니다' 하는 참회기도를 100일 동안 하면 병이 나을 것이다" 하셨다.

황용주가 안양암으로 가서 백 선생님 밑에서 100일 참회기도를 하고 손 선생님에게 법을 받았다. 그때 손 선생님은 대중에게 "너희들 보기에 저 용주가 이 부처님을 꼭 닮지 않았느냐? 용주가 이 안양암 부처님을 정성껏 조성하였기 때문에, 용주의 마음이 안양암 부처님을 징해서 용주가 꼭 그대로 닮았느니라" 하셨다.

"그러나 용주가 부처님 복장을 하나 팔아먹었기 때문에, 용주 마음에 '그 부처님은 복장이 하나 없거니' 하는 마음이 영원히 없어질 수 없었다. 부처님과 관계되는 마음은 절대로 영원히 사라지는 법이 없다. 그러니 너희들이 부처님께 신심을 한 번만 내서 참으로 부처님께 원을 세우면 원 그대로 각각 소원을 성취하느니라"라고 설해주셨다.

정말로 안양암 부처님과 황용주의 얼굴은 꼭 사진으로 찍은 것과 같이 닮았다.

그는 100일 참회기도 후 불치병이 다 나았고 건강한 사람이 되어 오래도록 잘 지내다가 세상을 떠났다. 황용주는 자신을 살려주신 손 선생님과 백 선생님에 대한 감사한 마음이 가득하여 1년에도 몇 차례씩 찾아와 뵈었다.

3형제는 지장암에서 100일씩 또는 수년 동안 수도를 해서 큰 평안을 얻었고, 사회에 나가서도 선생님들의 은혜를 잠시도 잊지 않고 다들 건강하게 두 분 선생님을 흠모하면서 잘 살았다.

이계원

안양암에 네 번째로 이계원이라는 사람이 들어왔다. 그는 초등학교 훈도訓導*를 했던 사람으로 예수를 믿었었다. 그는 유독 남에게 대접을 받으면 그것을 더없는 영광으로 여기는 사람이었다. 손 선생님은 이렇게 말씀하셨다.

"계원이는 2,500년 전에 '영산회상'에서 미륵보살님이 석가여래 부처님께 수기 받으시는 것을 보고, 처음에는 신심으로 '아, 거룩하신 미륵부처님' 하고 환희심을 냈으나, 바로 그 뒤에 몸뚱이 착이 일어났다. '남은 저렇게 수기를 받아서 부처가 되는데 나는…?' 하는 마음이 일어나 부처님을 시기한 것이다.

그렇게 온 사람이므로, 지장암에서 백 선생님을 죽여버리면 이 세상에서 자기가 대접을 받을 것 같아서, '백 선생님을 죽여버릴까 보다' 한다. 계원이는 자기 선생님인 백 선생님을 '죽여버릴까 보다' 하고 흉악한 마음을 먹을 때에는 흉악한 사람이 되지만, 마음이 안정되어 악심을 쉬었을 때에는 눈을 내려 감고 가만히 앉은 모습이 2,500년 전 영산회상 때 미륵

---

* 일제강점기 당시 초등학교의 교원教員을 이르던 말이다.

보살님이 석가여래 부처님께 수기 받으실 때의 '거룩하신 미륵부처님' 하던 자세와 같다."

당시 지장암에서 이계원은 입승入繩(절의 기강을 담당하는 소임)을 보았다. 손 선생님은 모든 중생의 업장은 보시지 않고 오직 신심만을 보시므로, 항상 이계원을 보고 "계원이가 '대방광불화엄경' 정근을 하면, 먼 곳에서도 정근 소리가 우렁차게 들린다. 신심이다, 신심이다" 하시며 칭찬하셨다.

이계원은 부족증不足症을 겪었다. 추운 겨울은 물론 봄이나 가을에도 으슬으슬하다며 덜덜 떨곤 하였다. 햇볕을 찾아다니면서 '대방광불화엄경'을 잘 불렀다. 그런데 이계원은 지장암에 여러 해 있는 동안 손가락 하나 까딱 안 하고 팔짱만 끼고 있었다.

수행자 중 한 사람은 그런 이계원을 미워해서 그 때문에 백 선생님에게 볼기를 맞는 날이 잦았다. 하루는 아침 공부를 마치고 부엌에 나가 마지를 짓다가, 이계원을 부엌 바닥에 집어던져서 선생님에게 볼기를 맞았다.

어느 날 이계원이 지장암을 떠난다고 하자 백 선생님이 볼기를 맞았던 그 수행자에게 말씀하셨다.

"계원이가 간다고 하니 북창北倉*까지 바래다주고, 올 때 마지쌀이나 사 가지고 오너라."

그는 이계원과 같이 북창까지 30리를 걸어갔다. 몇 해 동

---

* 지금의 북한 강원도 금강군 금강읍 말휘리未輝里를 가리킨다.

안이나 한솥밥을 먹으며 같이 수도를 했건만, 그동안 이계원이 한 짓이 너무나 괘씸하고 밉살스러워서 말 한마디 않고 작별하였다. 이계원은 지장암을 나간 지 얼마 못 돼서 세상을 떠났다.

황석환

황석환은 황해도 사람으로 기골이 장대했다. 배울 기회가 없었는지 일자무식이었다. 장안사에서 지장암으로 올라오는 중간에 청석소라는 냇가가 있었는데, 그곳에서 도통을 하겠다고 약지에 솜을 동여매고 기름에 적신 뒤 횃불처럼 만들어서 불을 붙였다. 손가락 한 마디가 불에 탔다. 그는 불살라버린 손가락을 싸맨 채 지장암에 올라와서 백 선생님에게 제자로 받아달라며 허락을 구해서 공부를 하게 되었다.

그는 2,500년 전 영산회상에서 석가여래 부처님 당시에 제자들의 예법을 그대로 답습하였다. 선생님들의 주위를 세 번 돌고 우슬착지右膝着地*해서 절을 하였다. 체격은 아주 건장했지만 얼굴은 어느 한 곳도 멀쩡한 데가 없이 괴상하였다. 흉악하고 밉살스럽게 생겼다. 바르게 걷지도 못하고 마치 옆으로 걷는 게와 같이 어설프게 다녔다. 공부하다가 식광識狂(공부를 지나치게 하여 얻는 광기)이 나기도 했다.

어느 추운 겨울, 눈이 많이 내린 날이었다. 대중 가운데 엄

---

* 오른쪽 무릎을 땅에 붙인 상태에서 오른발 끝으로 땅을 딛고 왼쪽 무릎은 세워 왼발로 땅을 밟은 자세를 취하고 그 위에 가볍게 앉아 허리를 곧게 세우며 합장을 하는 자세다.

학령이란 사람이 있었는데, 황석환이 공연히 눈밭 한가운데로 내려가더니 "학령아, 다기 올려라" "학령아, 다기 올려라" 이렇게 반복해서 말하곤 했다. 며칠을 이같이 하더니 지장암을 떠나 어디론가 가버렸다.

손 선생님은 그에 대해 이렇게 말씀하셨다.

"석환이는 2,500년 전 석가여래 부처님께서 모든 사람으로부터 대접받으시는 것을 시기하였다. 부처님을 죽여버리면 자기가 부처님 대신 독점해서 대접받을 수 있을 거라는 어리석은 생각을 했었다. 손톱에 독약을 끼우고 부처님 발을 씻어드린다고 하면서, 부처님 살을 할퀴려고 하였다. 부처님이 이를 미리 아시고 발을 번쩍 드시니까, 그만 생함지옥生陷地獄*을 한 조달曹達이다."

---

* 살아서 지옥에 떨어진다는 뜻. 이 세상에서 겪는 모든 불행한 일은 우리가 살아서 경험하는 지옥이라는 의미로도 쓰인다.

정세양

정세양은 서울 서대문에 사는 24~25세쯤 된 청년이었다. 신경쇠약으로 아버지를 따라 금강산에 와서 장안사에서 휴양을 하다가, 현의룡 주지스님에게 아버지가 청을 해서 백 선생님을 만나게 되었다.

그는 초등학교만 나온 터라 여자고등보통학교를 졸업한 자신의 아내에게 지식과 지능에서 밀린다는 열등감을 갖고 있었다. 그러다 보니 아내가 자기를 어린애 취급하고 업신여긴다고 생각하게 되었고, 약이 오르면서 '계집년이 사내를 업신여기다니' 하는 생각까지 하게 되었다. 결국 화가 치밀고 가슴이 답답해지면서 신경쇠약에 걸렸다. 어느 날 별일이 아닌데도 자격지심에 그만 분통이 터져서 "나는 너하고 안 산다"라고 선언했다. 결국 아내를 친정으로 보내고, 금강산에 왔다.

손 선생님이 정세양 부부의 인연에 대해서 법문하셨다.

"지금의 정세양 부부 두 사람은 과거 생에 바다로 해수욕을 하러 갔다. 우연히 바닷가에서 부처님 한 분을 발견하였는데, 두 사람 모두 서로 자기가 가져다 모시겠다고 하였다. 결국 부처님을 들어 올리는 사람이 그 부처님을 갖다 모시기로 하고 내기를 하였는데, 정세양은 그 부처님을 쳐들지 못했고, 이 생에 처가 된 사람은 그 부처님을 쳐들었다. 이 생의 자기 처에게 그 부처님을 빼앗긴 것이다."

정세양은 과거 생에서처럼 이 생에서도 처에게 모든 면에서 밀린 처지였다.

지장암 대중은 아침 4시에 일어나고 저녁 9시에 취침에 든다. 저녁에는 공부를 마치면 제각각 자기 눕는 자리에 앉아서 죽비 치기를 기다리고 있다가 죽비 소리가 나면 드러눕는다. 어느 날 대중이 누우려고 죽비 치기를 기다리고 있는데, 정세양이 식광이 났는지 별안간 큰 소리를 지르면서 자기 베개를 냅다 던졌다. 베개를 일부러 꼿꼿이 세우려 해도 베갯속 전체가 꽉 채워지지 않는 홀렁홀렁한 베개라면 축 처지는 부분이 있게 마련이다. 그런데 베갯속이 들어 있지 않은 부분은 주저앉아야 하는데, 속이 텅 빈 홀렁홀렁한 부분까지도 꼿꼿하게 딱 섰다. 그 바람에 지장암 대중 모두 깜짝 놀라 긴장한 채 상황을 주시하고 있는데, 정세양이 아는 소리를 하기 시작했다.

"누구누구 아무개는 앞날이 말이 아니고, 누구누구 형님은 앞날에 이 세상에서 참으로 훌륭한 분이 됩니다!"

앞날이 말이 아니라고 한 친구는 당시 만석꾼 부자였는데, 그만 얼마 못 가서 세상을 떠나게 되었다.

강홍익

강홍익이라는 40여 세 된 사람이 5~6세쯤 되어 보이는 아들 하나와 부인을 데리고 공부를 하겠다고 금강산으로 왔다. 그의 아내는 안양암 손 선생님 밑에서 공부를 했는데, 부전副殿을 보았다. 강홍익은 얼마쯤 공부를 해가던 중에 신심이 크게 일었다. 다른 수행자들 몫의 밭일과 산에서 땔나무를 베는 일까지 스스로 도맡아 정성으로 하였다. 그가 신심이 나서 부지런히 일하는 것을 보고 지장암 대중은 누구나 감탄을 했다. 손 선생님도 강홍익을 참으로 기특하게 여기셨다.

강홍익은 밭에 나가 농사를 지을 때도, 다른 대중이 제대로 하거나 말거나 개의치 않고 다른 사람이 흉내도 낼 수 없을 만큼 죽을 둥 살 둥 그저 열심히 일했다. 그가 오직 부처님 시봉으로 부지런히 일을 하니 다른 대중들도 기둥 서 있듯 가만히 있을 수가 없어서 그를 따라 흉내라도 더 냈다.

그런 그에게 일이 하나 생겼다. 데리고 왔던 아들 영근이가 처음엔 건강하고 똑똑했는데, 며칠 시름시름 앓더니 세상을 떠났다. 그 참척慘慽(자식이 부모보다 먼저 죽음)에 마음이 많이 아팠을 것인데, 대중들 보기엔 아랑곳하지 않는 듯 보였다. 그 아이의 운명이요, 내 팔자려니 여기는 듯 전과 같이 계속해서 열심히 일했다.

그의 아내에게는 본남편이 있었는데 강홍익과 정분이 나서 본남편을 죽이려고 했다가 살인미수로 징역을 살고 나왔다. 본남편과 헤어지고 강홍익과 같이 살다가 금강산으로 왔다. 그의 아들 영근이는 그와 그의 아내 사이에서 출생한 아이였다.

부인은 여러 해 동안 손 선생님 밑에서 공부를 하면서, 지난날의 행동이 그릇되었음을 뉘우쳤다. 손 선생님의 법문에 자각을 하고 보니, 후생에 받을 과보가 너무나도 한심스러워서, 본남편을 찾아가 사죄하고 본남편에게로 돌아갔다.

양인선과 양성관 그리고 장준현

양인선의 조부 양성관은 만석꾼 부자였다. 배재학교에 다니던 양인선은 몸이 약해서 조부를 따라 금강산으로 왔다. 양성관은 장안사 주지스님에게 "우리 손자가 몸이 약해서 데리고 왔습니다. 훌륭한 도인이 계시면 그분의 도력에 힘입어 몸도 좀 완전한 사람이 되고 또 지혜도 출중한 사람이 되게 해주십시오"라고 간절하게 부탁을 했다. 주지스님은 백 선생님을 소개해주었다.

이 일에 대해 손 선생님은 "백 선생님은, 현의룡 주지스님이 안양암을 내주시며 수도할 수 있도록 해주시고 대외적으로도 잘 보호해주시니 주지스님의 청을 거절할 수 없었던 것이다"라고 법문을 하셨다.

양인선은 사람 됨됨이가 괜찮고 점잖았으며 인물도 훌륭했다. 그러나 돈이 많아서 그랬는지 배재학교에 다녔는데도 공부는 흐지부지한 모양이었다. 그는 갈빗대 두 대인가를 수술해서 잘라냈다고 했다. 안양암에 온 뒤로는 백 선생님에게 신심을 내고 대중과 같이 어울리며 수년간 공부를 잘하였다. 백일기도를 하고 손 선생님에게 법을 받았다. 안양암에서 지장암으로 공부 장소를 옮긴 다음에도 백일기도를 마치고, 수원 집에 가서 잠시 있다가 다시 지장암에 와서 백일기도를 하고, 백일기도를 한 다음에 산으로 들어와 하루 한 끼씩 먹으면서 공부를 했다.

백 선생님은 대중에게 "글자 두 자도 합해서 보려 하지 말고, 오직 '대방광불화엄경'을 부르라" 하시며, 손 선생님에게 받은 바 법을 꼭 지키도록 하셨다. 또 누구나 기도를 시키셨다. 양인선은 지장암에서 '대방광불화엄경'을 부르고, 평소에는 손 선생님과 백 선생님의 법문을 들으며, 받은 바 법을 지켜 공부하고 기도하였다. 네 가지가 사위일체四位一體된 공부를 한 것이다. 그는 간경看經을 하지 않은 대신 두 분 선생님께 법문을 들었다. 그런데 백 선생님은 양인선에게는 대중과 달리 《금강경》이나 다른 경전을 조실방에서 가르쳐주셨다. 양인선은 이렇게 신심이 나서 공부를 하니 몸이 건강해졌고, 백 선생님에게 경전을 배우니 학식도 늘었다.

지장암에서 30리나 되는 북창에 가서 모든 대중이 마지쌀을 사 올 때에도 양인선은 꼭 대중과 같이 갔다. 북창에서 마지쌀을 지고 걸망을 걸머진 다음에는, 한 번도 중간에서 쉬지 않고 지장암에 와서야 걸망을 벗어놓았다. 누구나 밀가루 자루 하나에 서 말씩이었다.

양인선이 이렇게 좋아지니까, 그의 수원 집에서는 할아버지 이하 온 집안 식구가 모두 백 선생님에게 환희심을 내서 받들었다. 어떻게 그처럼 부실했던 망나니가 이처럼 점잖고 건강한 사람, 유식하고 유능한 사람이 되었느냐며 칭찬이 자

자했다. 양인선이 달라지는 것을 보고 그의 조부도 새벽 일찍 일어나 '대방광불화엄경'을 불러 매일 일과로 공부하게 되었고, 금강산 지장암 대중처럼 법복을 입고 살았음은 물론 외출할 때에도 특별히 나들이옷으로 갈아입지 않고 법복으로 다녔다.

항간에서는 볍씨로만 3만 석을 뿌린다는 조선 갑부 양성관이 자기 손자 양인선이 점잖고 유능한 사람으로 변모되는 것을 보고 크게 신심이 나서, 백 선생님에게 "이제 산에 그만 계시고 크게 과수원을 하나 해드릴 테니 사회로 나오십시오"라고까지 말씀을 드렸다는 이야기가 떠돌았다. 양인선의 조부는 금강산에 백 선생님을 찾아뵈러 올 때마다 꼭 지장암 대중이 입는 법복을 입고 왔다. 이후 양인선의 동생인 양화석도 지장암에 와서 백일기도를 하고 법을 받았으며, 이후에도 여러 차례 100일을 눌러 수도를 했다.

손 선생님은 양인선의 과거 생에 대해 이렇게 법문을 하셨다.

"전생에 양인선이 어느 재상댁에서 살림을 돌보는 일을 맡고 있었다. 그런데 자기 주인인 재상 영감의 수달피 두루마기를 훔쳐다 팔아먹었다. 집안이 발칵 뒤집혔고, 양인선은 경찰서에 잡혀가 조사를 받다가 두들겨 맞아 갈빗대 여러 대가 부러졌다. 그때 양인선을 때려서 갈빗대를 부러뜨린 형사가 금생에 안양암에 있던 장준현이다."

장준현은 안양암에 들어오기 전 변호사 사무실에서 일을

보았다고 알려졌다. 양인선은 당시 22세쯤이었고, 장준현은 34~35세쯤이었다. 안양암에서 장준현과 양인선이 겉보기엔 서로 별일 없는 듯했지만, 실제로는 반목이 심하였다. 양인선에게 장준현은 대단히 밉살스럽고 고약하게 보였다. 한번은 양인선이 백 선생님에게 장준현을 가리키며 "저것도 사람입니까"라는 말까지 했다. 장준현은 전생에 형사 노릇을 해서 그런지 마치 형사가 죄인을 찾아내려고 이 사람 저 사람을 흘겨보는 것처럼 눈알을 가만두지 못하고 뱅뱅 돌리는 습관이 있었다.

양인선은 전생에 장준현에게 얻어맞아서 갈비뼈가 부러지고는 원수가 되었다. 이 생에는 별다른 일이 없었는데도 서로 기름과 물 같은 사이로 지냈다. 양인선이 전생에 장준현에게 맞아 갈빗대가 부러졌을 때 그 고통이 어찌나 심했던지, 그때 새겨진 아픔 때문에 이 생에는 아무 사고가 없었는데도 갈빗대를 잘라내는 수술까지 받았다. 그 때문인지 장준현이 밖에 나갔다가 안양암에 들어왔을 때마다, 백 선생님은 아침 법문 시간에 장준현 차례가 되어 선생님 앞에 나아가 절을 하고 꿇어앉으면, 여하약하如何若何 이유 없이 다짜고짜 "준현이 볼기 까라" 하시고 볼기를 치셨다.

장준현은 경남 의령 등지에서 까불고 다니다가 의령경찰서에 구속되어 조사를 받게 되었다. 형사가 조사하면서 이것저것 캐묻다 보니 금강산에 들어가 수도한 것까지 알게 되었다. 사람들을 모아 위험한 일을 꾸미는 건 아닌가 의심을 받게 되어 손 선생님과 백 선생님까지도 의령경찰서에 연행되어 가셨다가 50일 동안이나 조사를 받고 돌아오셨다.

언젠가 백 선생님은 손 선생님에게 "선생님, 준현이를 왜 그렇게 봐주시오?" 하고 물으셨다. 손 선생님은 "그러면 부처인 내가 그 중생을 버리면, 그 중생은 어디 가서 제도를 받겠소?"라고 대답하셨다.

장준현이 못되게 구니 백 선생님은 볼기를 쳐서 지도했는데, 손 선생님은 더 이상 잘해줄 수 없을 만큼 참 잘해주셨다. 장준현은 때로 사회에서는 손 선생님을 "어머님, 어머님" 하고 부르기도 했다. 장준현이 다른 사람들에게는 못 할 짓, 못된 짓을 수도 없이 해서 모두에게 '못된 놈, 망할 놈' 소리를 들었지만, 손 선생님에게만은 참으로 기가 막히게 잘했다. 다들 어느 자식이든 자기 부모에게 이렇게 한다면 효자상을 받을 것이라고 했다.

손 선생님의 집 한 채를 장준현이 자기 이름으로 명의 이전을 해서 가져갔는데도, 손 선생님은 그냥 내버려두셨다. 그런 연유로 백 선생님이 손 선생님에게 "어째서 준현이를 그렇게 봐주십니까?" 하신 것이다.

민족, 국가

17

우리 민족은 외세의 침범과 힘든 수난 속에서도 어떻게든 이겨
내고 이 작은 땅덩어리에서 지금까지 이어오지 않았던가? 그것
은 민중의 밑바닥에 있는 저력으로, 동일하고 뛰어난 문화 때문
이다. 세계 역사를 보더라도 문화민족은 외세의 침범이 있더라
도 자기 자신의 능력을 갖추어 점령자들에게 동화되지 않고 문
화를 지켜냈다. 그것이 독립의 씨앗이다.

독립의 씨앗은
뛰어난 우리 문화다

우리 민족은 외세의 침범과 힘든 수난 속에서도 어떻게든 이겨내고 이 작은 땅덩어리에서 지금까지 이어오지 않았던가? 그것은 민중의 밑바닥에 있는 저력으로, 동일하고 뛰어난 문화 때문이다.

세계 역사를 보면 문화민족은 외세의 침범이 있더라도 자기 자신의 능력을 갖추어 점령자들에게 동화되지 않고 문화를 지켜냈다. 그것이 독립의 씨앗이다.

싸움을 할 바에는
이겨야 한다

싸움은 안 하면 안 했지, 할 바에는 이겨야 한다. 싸움이 일어나면 안 되는 것은, 싸움이 일어나면 결국 승자와 패자로 갈리게 되어 중간이란 없기 때문이다. 개인이나 사회나 국가 간의 전쟁도 상대가 먼저 때리려 한다면, 어떻든지 끝까지 싸워 이겨야 한다. 그게 옳은 방법이다. 싸움이 일단 벌어지면 그 상황에서 자비니 사랑이니 하는 것은 둘째 문제로, 어쨌든 이기는 것이 의무이기 때문이다.

전쟁에서도 최선을 다해야 한다. 힘든 일을 이겨내지 않고 사랑이니 자비니 떠드는 것은 나약하고 어리석은 짓이다. 인생에는 너무도 많은 길과 변수가 있지만, 어떠한 상황이든 열심히 최선을 다해 치열하게 살아야 한다.

남 때리는 마음을 쓰지 말되
방어 준비는 해야 한다

옛사람들은 "남 때리는 마음을 써서는 안 된다. 그러나 그렇다고 아무런 준비도 없이 않아서 남에게 두드려 맞아서도 안 된다"라고 했다. 남이 나를 치려 할 때 마음이 강한 자는 잘 방어하여 다치지도 않고 또 그렇게 안 좋은 일이 생기지도 않는다.

남을 치는 마음은 절대로 가지면 안 되지만, 폭력에 저항하고 방어하는 마음은 늘 가져야 한다. 남에게 폭력을 쓰지 않되 상대가 폭력을 쓰면 참으로 떳떳하게 자신과 가정과 나라를 지켜야 한다.

평화를 좋아하되 폭력과 권력에 비겁하지 않겠다는 뜻을 명심하라. 그러면 학문을 하는 데나 사람을 접하는 데나 언제나 떳떳할 수 있다.

세계는 힘이 지배한다

근세에 우리 민족이 억울한 일을 겪은 것은 우리가 힘이 없고 못 배운 탓이다. 이 세계는 힘이 지배하여, 힘 있는 나라들이 자기들의 이익을 고려해 결정을 한다. 미국과 소련 두 진영이 힘겨루기를 하여 작고 어려운 나라에서 전쟁이 일어난다. 피 흘려 전쟁하고 얻은 게 하나도 없으니 너무나 억울한 일이다.

우리 민족이 단합만 되었다면

만주에 가서 보니 수백 호가 한 울타리에서 사는데 성씨가 다 똑같았다. 그런데 그렇게 뭉쳐 살면서 나이가 어려도 똑똑하면 지위가 높고, 나이가 많아도 똑똑하지 못하면 졸병이 되어 살고 있었다. 다닥다닥 집을 동그랗게 지어놓고 울타리를 두르고 네 군데에 망루를 만들어 성처럼 되어 있는데, 망대에 한 50명씩 체코슬로바키아제 기관총을 가지고 서 있는 걸 보았다.

그걸 보면서 '저 사람들은 저렇게 단합이 되어서 잘 사는구나. 우리 민족이 단합만 되었다면 왜놈쯤은 한주먹에 섬나라로 보낼 텐데' 이런 생각이 들었다.

강대국의 농간과 자본의 힘에
점령당한 한국

1910년경 러시아가 남쪽으로 내려올 적에 영국과 미국이 일본을 동원해서 막았다. 러시아의 남하를 막고자 일본이 우리나라를 점령하는 것도 강대국들은 묵인했다. 만주에 그 발판을 만드는 데 미국 유대계 자본이 뉴욕 금융시장을 통해 2,500만 달러를 빌려주어 일본이 동양척식주식회사를 만들어서 우리나라의 피를 뽑아 먹게 했다. 또 만주를 점령해 먹는 데 밑천이 조금 더 필요하니까, 미국에서 역시 5,000만 달러를 가져오고 일본 돈 1억 엔을 더 투자해서 만주에 철도를 놓았다. 이렇게 해서 만주를 집어먹게 했다. 그게 제1차 세계대전부터 제2차 세계대전까지 막후에서 조종한 유대계 무기상 로스차일드 가문과 J. P. 모건의 작품이다.

그때 일본 사람이 미국 돈을 가지고 우리를 점령했지만, 일본 사람이 똑똑해서 점령했느냐? 아니다. 우리가 원체 못나고 배움이 없다 보니 세계 전체를 보는 눈이 없었다. 그래서 그까짓 조그만 일본인들이 게다짝을 끌고 오는 것을 탁탁 차버리지 못한 것이다.

잘 잊어먹는 맹꽁이처럼, 임진왜란 때도 그런 일이 있었고 신라 때도 그런 일이 있었는데 교훈으로 삼지 않았기 때문이다. 왜놈들이 와서 자랑스러운 우리 역사는 다 없애고 부끄러운 역사만 들추어 우리를 열등 민족으로 만들었다. 아무튼 우리 역사를 왜놈들 마음대로 40년간 통치할 때 다 없애고 조작했다. 이순신 장군의 비석도 왜놈들이 땅에다 묻은 것을 해방된 다음 꺼내서 다시 세웠다.

우리가 밝혀야 할 역사

일본 사람이 똑똑해서 우리를 점령한 것이 아니고 우리가 무식해서 점령당한 것이라고 말하는 이유는, 학문에 과학과 실증을 더하지 않고 '공자 왈, 맹자 왈' 하던 탓이었음을 전하기 위함이다. 조선 제22대 정조대왕 때 정약용과 그 후 홍대용 등 실학파가 당파 싸움에서 나가떨어지지 않고 나라를 일으켜 서양 과학문물과 우리 전통학문을 조화했더라면 쪼끄만 왜놈들이 어떻게 우리를 지배했겠는가?

구한말 나라가 풍전등화일 때 선비들은 공자가 조선 사람이라며 새로운 이론처럼 내놓고는 했다. 나라가 넘어가는 판에 공자가 조선 사람인지 아닌지가 무슨 상관인가? 물론 공자가 태어난 산둥성 취푸[曲府]는 당시 단군의 지배를 받던 구이족九夷族이 살던 우리 민족의 땅이었다. 가능성은 많으나 사료나 고고학 물증이 있어야 한다. 우리 역사에서 밝혀낼 것이 너무나 많다.

트로이 유적을 발굴한 하인리히 슐리만*은 어릴 때 읽은 《그리스 신화》를 진짜라고 믿고 노력하여 결국 트로이전쟁을 역사에 집어넣었다. 우리가 왜놈에게 잡혀 40년을 살다 해방되고 참혹한 전쟁까지 치른 지 얼마 안 되었지만, 우리 민족이 힘을 회복하면 꼭 밝혀야 할 역사 사실들이 많다. 고 고학 발굴에는 돈이 많이 들어가기에 개인이 하기에는 힘이 든다. 나라가 힘이 있어야 역사를 밝히는 것이다.

• 하인리히 슐리만Heinrich Schliemann(1822~1890): 독일 출신의 아마추어 고 고학자로, 어린 시절에 접한 호메로스의 일리아스 이야기를 진실로 믿고 고대사 연구에 일생을 바쳤다. 그리스와 터키 일대를 탐사하다가 결국 트 로이 유적을 발견하고, 트로이전쟁이 역사적 사실임을 밝혀냈다.

우리 민족이 이런 민족이다

3·1운동이 있고 난 얼마 뒤 저녁 때 종로경찰서 옆을 지나가는데, 어느 할머니와 할아버지가 경찰서 문간에서 지팡이를 짚고, "아무개야, 아무개야" 하고 큰 소리로 누구를 부르고 있었다. 말투를 들어보니 평안도 사람이었다. 일본 사람이 한국말을 못 알아듣자 한국인이 나와서 왜 그러는지 물으니, "아, 내 아들놈이 여기서 일하는 아무개인데 그 아들 보러 왔수다래!"라고 말했다.

잠시 후 아들이 나오자, 영감이 지팡이를 치켜들어 때리려다가 차마 그럴 수는 없었는지 지팡이를 내려놓고는, 다시 한 손을 번쩍 들어 아들의 따귀를 올려붙이는 것이었다. 아들이 놀라, "아버지, 왜 이러시오?" 하고 물으니, 할머니가 "네 아버지 속상하게 됐지! 너희 누이가 지금 만세를 불러 평양으로 잡혀가서 경을 치는데 네놈이 순사복을 입고 있으니 화가 나겠니, 안 나겠니?"라고 하였다.

그러니 아들이 "거참 그렇구면. 그런데 아바이, 오마니 어째 왔소?" 하였다.

"아, 우리가 망신스러워 어찌 살겠니. 그래 너희 아바이하고 둘이 오지 않았니?"

할머니가 그 소리를 하고 나니 영감이 아들의 따귀를 한 대 또 올려붙였다. 얻어맞은 아들은 뺨을 만지며 한마디 하였다.

"아, 뭐 이럴 거 없수다. 내 이거 다 벗고 그만 가면 됩니다."

아들은 순사복을 벗어 경찰서에 던져놓고는 "아바이, 오마니" 하고 내쳐 가는 것이었다. 참 오래된 일이지만 가슴에 남는 풍경이다. 우리 민족이 이런 민족이다.

독립운동 했던 사람들

독립운동 했던 사람들을 보면 중학교 졸업생이 대부분이었다. 당시 중학교는 평범한 한국인이 갈 수 있는 가장 상위 교육기관이었다. 일본 사람들은 한국인을 위해서는 보통학교와 고등보통학교 정도만 두었고, 일본인을 위해서는 따로 학교를 만들었다. 고등보통학교가 바로 지금의 중학교이다.

더 공부하고자 하는 조선 아이는 일본에 가서 고등학교를 다녀야 했다. 이는 한국인들을 자기들의 심부름꾼으로 쓰기 위한 것으로, 모든 한국 학생이 공부를 해서 자기들과 같아지면 아주 곤란해질 것이기 때문이었다.

그러나 우리 민족은 똑똑해서 보통학교 정도만 나와도 편지도 제법 쓰고, 정치적 식견도 있어서 외국 정치가 이름도 잘 외우곤 했다. 게다가 고등보통학교 졸업생들은 민족의식까지 투철하니 독립운동을 할 수밖에 없었다.

해외에서의 독립운동

기미년(1919년) 3월 1일은 동양을 시찰하러 다니던 미국의 만국구제회* 회장이 부산항에 들어온 때였다. 이 사람들이 서울에 와서 우선 독립선언서를 재빠르게 입수해, 다음 날 북경으로 가서 독립선언서를 영문으로 번역한 후 발표를 했다. 외국에서 제일 먼저 독립선언서를 발표한 것이다. 의도하지 않아도 일이 되려면 그렇게 된다.

1912~1914년 동안 많은 독립운동가들이 일본의 탄압을 피해 외국으로 이주했다. 그렇게 미국 본토와 하와이, 멕시코, 쿠바 등에서 노동자가 되어 고생하는 동포들이 많았다. 당시 상하이와 같은 국제 항구에서는 미국 국적선에 찾아가서 요금을 내기만 하면 미국에 갈 수 있었다. 미국의 항구에 도착해서 미국 관리가 "당신, 여권 서류가 있소?"라고 물어보면, "나는 왜놈이 싫어서 왔다"라고 하면서 망명을 신청했다고 한다.

돈 한 푼 없이 미국에 온 동포들은 딱히 할 일이 없어 고생

---

* '대한인국민회大韓人國民會'로 추정된다. 1910년에 미국에서 조직되어 기미 독립선언서를 처음 영문으로 번역해서 발표한 단체로, 미국 샌프란시스코와 하와이의 한인협회를 중심으로 결성되었다.

을 많이 했다. 동양인이 좋은 직업을 가지기 힘들었기 때문에, 힘든 노동이나 허드렛일을 해야 했다. 도산 안창호 선생도 처음 미국에 갔을 때 화장실 청소를 하며 살았다고 한다. 사람이 때를 기다리며 고생하는 것은 선택이 아니라 필수인 것을 알아야 한다.

백성 교육을
가장 큰 일로 생각해야 한다

동국대학교 시절, 총장실에 한 영국 사람이 찾아왔다. OECD˚
관계 업무차 한국을 방문한 사람이었다. 그 사람이 대뜸 작
은 한국에 무슨 대학교가 그리 많으냐고 물었다. 조금은 책
망하듯 말해서 기분이 좋지 않았다. 나는 한국에는 대학이
많은 것이 당연하고, 그런 현실에 스스로 기쁘다고 대답했다.

"우리는 다른 나라처럼 자원도 많지 않고, 40년 동안 식민
지배로 고생하였다. 설상가상으로 전쟁을 겪고, 전쟁이 끝난
지 10여 년이 지났으나 나라가 반 토막 난 채 아직도 기운을
못 차리고 있다. 그래도 다행히, 민중이 밥은 굶어도 자식은
공부시킬 만큼 학구열이 높아 대학이 많은 것이다. 나중에
보아라. 우리 민족은 교육으로 성공한다."

이렇게 설명하니 그 영국 사람이 대답할 말이 없는지 가만
히 있을 뿐이었다.

중세와 근대 초기만 해도 영국, 프랑스 등 유럽에는 대학이

•　　경제협력개발기구Organization for Economic Cooperation and Development: 경
　　제발전과 세계무역 촉진을 위하여 1961년에 발족된 국제기구다.

적었다. 왜 그런가 하면, 역사적으로 통치자들은 백성이 똑똑해질까 봐 겁이 나서 대학을 많이 만들지 않았던 것이다. 그러다 1800년대 말부터 유럽에 대학이 많이 생겼다. 북유럽 끝에 있는 핀란드에 사는 '핀' 민족은 언어가 우랄·알타이 어족에 속하고, 아시아 인종에 가까운 종족이다. 핀란드는 인구가 얼마 안 되고 북극권 내에 들어서 토지도 나쁘다. 그리고 지리적으로 가까운 러시아와 스웨덴 등으로부터 식민 지배를 당한 역사가 있다. 하지만 늘 독립적이고 자주적인 나라이다. 그 이유는 교육에 있다. 핀란드 민족의 교육 정도가 45%라고 하니 굉장히 높은 수치이다.

러시아에 복속되어 있는 동유럽 나라 가운데서는, 러시아를 상대로 말썽을 잘 부리고 독립운동을 잘하는 나라가 우크라이나이다. 우크라이나 민족의 교육 정도는 15%인데도 자긍심이 높고 나라를 위하는 마음이 크다.

그렇게 보자면 일본 사람이 잘나서 우리를 점령했는가? 천만에! 우리가 백성 교육에 무관심하고 무식해서 일본이 우리를 점령한 것이다. 나라와 지식인은 자기 백성의 교육을 가장 큰 일로 생각해야 한다. 배우지 못해 무식해서 민중이 사리판단을 잘 못한다면 나라와 학자들은 자기 가슴을 치며 방법을 찾아야 한다. 학자와 또 학문을 하는 학생들은, 백성을 통제하기 쉽게 하려는 나라에 맞서서 '어떻게 하면 그것이 고쳐질까?' '왜 그러냐?' 궁리하고, 인습으로 된 것이든 일시적

풍조이든 민중을 위해 행동해야 한다. 그러니까 우리는 자꾸 대학을 만들고, 어릴 때부터 공부하는 습관을 길러주어야 하고, 부모가 돈 걱정 없이 자녀를 학교에 보낼 수 있도록 나라에서 비용을 다 대주어야 한다. 그게 시급한 일이다.

깨어 있는 교육이
민족을 살린다

호랑이 새끼를 키운 것은 미국과 영국 정부가 아니라 그들을 조종하는 로스차일드, J.P. 모건 등의 유대인 전쟁자본이다. 그들이야 누가 이기고 지든 간에 자기들은 손해 없이 돈을 버니 수많은 전쟁을 부추기는 것이다. 결론적으로 우리나라가 일본에 40년 세월을 점령당한 속국으로 산 것은 미국, 영국 등 열강들의 합작품이다.

우리 민족이 다시는 그 꼴을 당하지 않으려면, 첫째도 둘째도 공부하고 학문에 매진해야 한다. 핀란드나 우크라이나와 같은 나라는 교육 수준이 높으니 열강들에 둘러싸여 있어도 자기 정체성과 지혜로 잘 사는 것이다.

학문의 가치를 늘 새롭게 하여 깨어 있는 교육이 우리 민족을 활기 있게 한다는 사실을 우리가 잊어버려서는 안 될 것이다.

행복한 사회를 만드는 것이
문화민족

문화는 그리 거창한 것이 아니다. 한 단위 지역에서 같은 말과 글을 쓰는 사람들의 생활이 문화이다. 생활이 문화이니 입고 먹고 싸는 공감대가 문화이기는 하지만, 높은 수준의 문화민족이라면 '서로 보살피고 협동하여 자연재해를 이겨내고 행복한 사회를 만드는 것'이라 할 수 있다.

우리 민족은 오랜 세월 두레(농사일을 공동으로 하기 위해 마을 단위로 둔 노동 조직), 향약鄕約(조선시대 향촌 사회의 자치규약)이라는 공동체 인식으로 살아오지 않았던가?

마을마다 힘든 사람을 도우면서 어떻게든 함께 살아가려는 노력 덕분에 높은 수준의 문화민족이라고 불리는 것이다.

함께 행복하자는 노력은 조상들로부터 내려온 가치이기에, 그 가치를 무너뜨리는 다른 민족의 침략에는 저항하고 항거하는 것이다.

허약하고 불안정한
우리의 현실

우리의 현실이라는 것은 허약하고 불안정하다. 사실을 직시하자면 우리 생명이 모두 미국 정부와 러시아 정부에 잡혀 있지 않은가? 이 지구를 몇 번이나 깨트릴 수 있는 핵폭탄을 단추만 누르면 날아가도록 항시 준비하고 있지 않은가? 그러니 목줄에 매인 것이라 할 수 있다. 그런데 우리는 그런 사실을 잊거나 모르고, 하루하루 밥 걱정, 술 걱정, 돈 걱정을 하며 살지 않는가?

실상을 망각하니 작은 것에 행복해하고 작은 것에 슬퍼하며, 울고 웃으며 하루하루 살아가는 것이다. 이렇게 보면 우리 삶이 얼마나 허망하고 최면에 걸린 것과 같은지 알 수 있다.

이런 우리를 부처님은 "불타는 집에서 장난감 소꿉놀이에 빠져 살고 있다"라고 하셨다. 그래서 우리를 중생이라고 하는 것이다.

즐겨 인용하신 말씀과 짧은 말씀들

────

18

알아지는 데 매달리지 마라. 시시각각 알아지는 모든 것들도 다 제 생각일 뿐이니 모두 부처님께 바치면 더욱 밝을 것이다. 부처 님께 바치고 공경심 내는 일을 호흡처럼 멎지 않게 하라. 늘 공경 심과 환희심이 마음속에 얼마나 있는지 점검하라.

교리·깨침·지혜*

• 분별이 반가울 때가 해탈이다.*

• 몸이 있되 있지 않은 사람은 건강한 사람이다.
  정신이 있되 있지 않은 사람은 지혜로운 사람이다.*

• 내 몸 무게가 없으면 우주 유영은 자연스럽다. 아상이 없
  으면 내 몸 무게도 없다.

• 각전전비覺前前非는 명후후위明後後位라.** 앞일의 잘못됨을
  깨달으면 뒷일은 더욱 명쾌해진다.*

• 유불처有佛處에 부득주不得住하고 무불처無佛處에 급주과急
  走過하라. 부처님 있는 곳에도 머물지 말고 부처님 없는 곳

• 　*는 자주 인용한 말씀들이다.

•• 　《원각경》에 나오는 말로, 《大方廣圓覺修多羅了義經序》《大方廣圓覺經
　　疏》《大方廣圓覺經略疏》등의 원문에는 "覺前前非 名後後位"라고 되어
　　있다.

에서는 급히 달아나라."

• 아난존자가 석가여래께 말씀드리길 "부처님, 좋은 도반이 있으면 공부의 반은 이룬 것이란 생각이 듭니다" 하니 부처님께서는 "아니다. 좋은 도반을 만나면 공부의 전부를 이룬 것과 같느니라" 하셨다.

• 화인악적禍因惡積이요, 복연선경福緣善慶""이라. 재앙[禍]은 나쁜 짓이 쌓여서 오고, 복은 착하고 좋은 일을 인연하여 온다.

• 석가여래께서는 "한 나무 밑에서 이틀 밤도 자지 말아라" 라고 하셨다.

• 우주는 없다. 다만 깨침이 있을 뿐이다.
부처님은 안 계시다. 나를 밝게 해주는 이가 내 부처님일 뿐이다.

• "僧辭趙州和尙 趙州謂曰 有佛處不得住無佛處急走過 三千里外逢人莫擧." 어떤 스님이 조주 스님에게 하직인사를 드리니, 조주가 말했다. "부처님이 계신 곳에도 머물지 말고, 부처님이 없는 곳은 급히 지나쳐라. 그리하여 3,000리 밖에서 사람을 만나도 이야기하지 말아라."《경덕전등록景德傳燈錄》권27.

•• 《천자문千字文》.

• 부처님은 우주의 마음이다. 형상이 없는데 어떤 모습으로 상상하는 것은 곧 제 마음일 뿐이니 주의할 일이다.

• 부처님이 어디 계신지 찾지 마라. 그대가 생각하는 그런 부처님은 아무 데도 계시지 않는다. 그대를 밝게 해주는 사람이 있다면, 그이가 바로 그대의 부처님일 것이다.

• 아는 자리는 털끝만큼의 의심도 없이 그냥 알아진다. 이 세상 우주의 어떤 신비도 명명백백하게 드러나지 않음이 없는 것이 밝은이의 세계이며 지혜의 세계이다.
그러나 알아지는 데 매달리지 마라. 시시각각 알아지는 모든 것들은 다 제 생각일 뿐이니 모두 부처님께 바치면 더욱 밝을 것이다.

• 견성은 자기 못난 꼴을 보는 것이고 견성이 되어야 무시겁으로 지은 업보업장을 본격적으로 닦을 수 있다. 그러니 견성이 된 이에게는 자기 못난 꼴 본 것이 대단한 자랑일 수 없다. 결국 몸뚱이 착을 다 닦아야 성불이라고 한다.

• 진심은 불[火]과 같다. 천만근千萬斤 솜 안의 불씨 하나가 그 많은 솜을 결국 다 태우고야 말 듯, 진심이면 자기 육신이 속히 결단나느니라.

- 세상을 다 이해하면서도 얽매이지 않는 것, 이것이 세간 속의 불법이며 탐심을 깨치는 방법이다.

- 자신의 이상을 닦아서 지혜가 밝아지면 주변이 자신을 중심으로 움직이는 것을 느낄 수 있게 된다.

- 사람은 자기 자신이 세계를 보는 것이므로, 보는 자기 자신을 먼저 이해해야 한다.

- 자신의 몸뚱이 집착을 다스릴 수 있어야 상대를 다룰 수 있다.

- 좋아하는 마음이나 미워하는 마음이나 똑같다.
  좋고 싫음이 마음속에 남아 있는 한 재앙의 씨앗이 남아 있는 것이다.

- 꿈에라도 형상을 볼 수 있는 것은 제 업장에서 조금이라도 떨어져 나갔다는 증거이다. 각지즉실覺之卽失*이라는 말대

---

*   '죄업을 보게 되고 알게 되니 업보 업장이 사라졌다'는 뜻이다. 남송南宋의 자각 종색慈覺宗賾이 쓴《좌선의坐禪儀》에 "생각이 일어나면 즉각 알아차린다. 알아차리면 사라진다[念起卽覺 覺之卽失]"라는 구절이 있다.《원각경》〈보현보살장普賢菩薩章〉에 "환인 줄 알면 곧 여의어져서 방편을 쓸 것이 없고, 환을 여의면 곧 각이므로 또한 점차 하고 말 것도 없느니라[知幻卽離 不作方便 離幻卽覺 亦無漸次]"라고 한 구절의 뜻과 같은 말이다.

로 해탈된 것을 의미한다.

• 꿈에 돼지를 본 것이 좋다는 것은, 탐심의 모양인 돼지를 보는 것으로 탐심을 해탈했기 때문이다.

• 모든 분별심, 생각들은 죽는 것이 두렵기 때문에 일어나는 것이다.

• 사람은 몸뚱이에 대한 애착, 곧 몸뚱이를 보호하는 본능 때문에 좋은 일보다는 언짢은 일을 더욱 많이 기억하게 된다.

• 진심을 내지 않고 죽는다면 그다음 생에는 지혜로운 사람이 된다.

• 본래무일물本來無一物이기 때문에 바치는 것이다.

• 생명력이 굳센 사람의 첫 번째 조건은 화를 내지 않아야 하며, 두 번째 조건은 욕심이 적어야 하고, 세 번째 조건은 늘 공부하여 지혜를 닦아 어리석지 않아야 한다. 한마디로 사람이 품이 넓고 여유가 있어야 한다.

• 사람은 오직 일을 통해서 자기의 생명력을 발휘하는 것이

다. 성내는 마음이 많은 사람은 파괴하고, 반대로 성내는 마음이 적은 사람은 생산적인 건설을 많이 한다. 큰 나라가 무너질 때나, 생명력이 다할 때나 보면 제 잘난 생각이 멸망을 초래한다.

• 구불구선求佛求仙이 전망상全忘想*이라. '부처가 되겠다' '신선이 되겠다' 하는 것 또한 전부 망상이다.

• 성직자라는 상은 닦기가 쉽지 않다.

• 부처님 좋아하는 사람은 많은데 마음 닦는 이는 희귀하다.

• 바라는 마음은 고통의 근원이다. 바라는 마음은 철두철미 바쳐라. 그리고 바라는 마음을 베푸는 마음으로 바꾸어야 한다.

• 바라는 마음을 잘못 닦으면 낙심落心이 되기 쉬우니까, 바라는 마음을 여러 사람을 좋게 하겠다는 마음으로 바꿔야 한다. 왜 그러냐?
세상 모든 고생의 근본은 바라는 것이다. 그 바라는 것을

놓기 전에는 고생이 없을 수가 없다. 바라는 마음이 이루어지면 자기가 잘나버리고, 자기가 잘나버리면 마음이 컴컴해진다. 반대로 바라는 마음이 이루어지지 못하면, 남이 잘못했다고 생각돼서 그 사람을 비난하거나 때리고 싶은 마음이 생겨난다.

• 사람을 제 것으로 하지 말라[不邪淫]. 사람을 지키기 위해 사음하지 말라 했는데, 사음이란 것에 대해서 해석을 잘못하는 것 같다.
사람을 제 것으로 하지 말라. 사람이란 건 원칙적, 독립적 인격자이기 때문에 제 것으로 할 수는 없는 것이다.

• 신라의 수도 경주는 전불前佛*의 출현지다. 전불이라면 석가여래 부처님 이전의 부처님, 즉 과거 여섯 부처 중의 한 분이신 가섭부처님을 이르는 말이다.

• 우리나라에서는 신라불국토설과 관련하여 과거칠불過去七佛에 대한 신앙이 전래되었다.《삼국유사》에 따르면, 신라의 서울 서라벌에는 일곱 곳의 과거칠불의 절터가 있었다. 전불은 비바시불·시기불·비사부불·구류손불·구나함불·가섭불·석가모니불의 과거칠불 가운데 석가모니 부처님에 앞서 성도하여 입멸한 가섭불을 가리킨다.

수행·바침·복·업

• 탐심은 닦으려 하면 낙심落心이 되니, 먼저 자기에게 알맞은 양과 자기 분수를 깨쳐야 한다.

• 우월감과 열등감, 둘 다 아상인데 이것을 닦아 평등해지는 것이 공부다.

• 마음 안의 탐·진·치는 마음 밖의 재앙을 불러들인다.

• 하루하루 충실하게 살면서 늘 부처님께 올릴 공양거리를 찾아라.

• 공부를 하는 데 있어서는 어떤 장애에 부딪쳐도 물러서는 마음이 없어야 한다. 또 세세생생世世生生 공부하겠다는 마음이어야 한다.

• '공부하겠다고 하지 말고, 안 하지만 말면 된다[斯可以綿綿 不可以勤勤]'는 말씀처럼, 공부는 천년만년 할 자세로 임해야 한다. 공부를 천년만년 할 생각이면 급할 것이 없다. 어

서 하려는 마음은 공부하기 싫어하는 마음이요, 어서 한 뒤 쉬겠다는 마음이다. 그런 마음이면 오히려 공부가 늦어진다.

• 부처님께 바치고 공경심 내는 일을 호흡처럼 멎지 않게 하라. 늘 공경심과 환희심이 마음속에 얼마나 있는지 점검하라.

• '선생님 생활 안정시켜드리길 부처님 전에 발원'하고 원을 세워라. 밝은이에게 공양 올릴 마음을 내면 자기에게 먹을 것이 그냥 생기느니라.

• 남의 업장이 눈에 띌 때 그것이 나의 업장인 줄 알면 된다. 내 마음속에 닦을 업장이 있기에 상대의 그 점이 보인다. 만약 내게 그 업장이 없고 다 닦은 경우는 상대의 그 업장이 보이질 않으니, 내 마음에 상대의 업장으로 비쳐오는 나의 업장을 잘 바쳐라.

• 제갈량이 그때 원願을 세웠다면 언젠가 때가 되었을 때 천하가 통일되었을 것인데, 유비를 도와 내가 꼭 천하를 통일해야겠다고 인위적으로 애를 쓴 끝에 고생만 하고 죽었다. 일은 이루지 못하고, 덕분에 피비린내 나는 전쟁터의 참상만 마음에 징徵(마음에 새김)했으니 다음 생에 그걸 닦

으려면 고생이다. 도인이라도 징해 가진 것은 닦아야 한다.

• 묵언 수행을 하더라도 '말 안 한다'는 그 생각은 부처님께 바쳐라. '말 안 한다'는 마음의 결정을 마음속에 새기면 다음 생에 벙어리가 될 수도 있고, 필요한 경우에도 말이 제대로 안 나올 수 있다.
만약 말이 공부에 방해가 된다고 생각되면, 말하고 싶은 마음을 그때그때 부처님 전에 바쳐서 말이 저절로 안 나오게 하는 것이 좋다.

• 다른 인연들은 여러 생에 한 번 만날까 말까 하지만 도반은 부처님을 향할 때마다 매 생애 만나니 참으로 귀한 인연이다. 가족은 한 번 흩어지면 다음 생에는 다시 만나기 어려우나, 함께 수도하는 도반들은 늘 공부하고자 하는 원이 있는지라, 자주 만나게 된다. 깨달음을 얻으면 함께 공부하는 도반이 어디서 뭘 하나 관찰하여 구제하게 되기도 한다. 도반은 참 소중한 것이다.

• 육신에 미안함이 없는 것이 복이고, 정신에 미안함이 없는 것이 지혜이다.

• 밝은 마음이 원인이 되어서 결과로 오는 것을 복福이라고 한다면, 컴컴한 마음이 원인이 되어서 오는 것을 화禍라고

할 것이다.

• 복 지은 골치는 다르다. 박복薄福한 사람과 후복厚福한 사
람의 차이는 생각하는 방식에서 드러난다.

• 지혜를 잘 닦아 혜안이 열려도 복을 함께 짓지 못하면 남
의 짐이나 봐주는 신세를 면치 못하는 경우도 있다.

• 복을 짓다 말면, 승승장구로 올라가다 중도하차를 하여 비
참하게 끝나는 것과 같으니, 복을 지으려면 흠뻑 지어야
한다.

• 부처님께 한번 낸 신심은 실낱같은 신심일지라도 사라지
지 않는다. 부처님께 공경심으로 지은 복은 크건 작건 간
에 흠뻑 받고 또 받는다.

• 수도자에게 애착과 애욕의 고개 넘기는 난령난령難嶺難嶺이
지만, 본능이라고 생각하는 애착이나 애욕, 그 밖에 식욕,
수면욕 등도 공부를 통해서 극복이 가능하다.

• 네 속에 있는 모든 마음을 다 바쳐라. 바치는 것은 곧 우주
와 화합하는 일이다.

- 무슨 일을 하든지 원을 세워서 할 것이며, 선입견이라든가 의욕으로 하지 말라. 그때 항상 부처님께서 그대와 함께하실 것이다.

- 자주 짜증이 나면 자신의 공부가 잘못되어가고 있음을 알아라. 얼마나 자주 짜증이 나는지를 보면 자신의 공부가 잘되어가는지 판단할 수 있다.

- 몹시 고통스러운 일을 당할 때 '모든 사람들이 이러한 고통을 해탈하여 부처님께 환희심 내어 복 많이 짓기를 발원'해보아라. 이렇게 발원하는 순간 이상이 소멸하고 마음이 든든해진다.

- 닦아본 사람이라야 공부[修道]가 얼마나 좋은지를 안다.

- 100일 공부가 끝나고 며칠 쉬어보면, 공부한다는 긴장으로 인해 나오지 못하던 지혜가 나오기도 한다.

- '나는 무엇 하는 사람이냐'라고 항상 반문하라. 그리고 그때 '무슨 생각이든 부처님께 드리는 사람이다'라고 대답할 수 있도록 하라.

- 모든 사람에게 부처님 말씀을 전할 때에는 먼저 자기의 분

별심을 바쳐라.

- 자기 분별을 쉬는 사람이라야 남의 분별을 쉬어 줄 수 있는 것이다.

- 부정적이고 어두운 마음에서 긍정적이고 밝은 마음으로 향하게 할 수 있는 힘, 그것이 도인의 지혜이다.

- 배고플 때가 정히 공양할 때요, 괴로울 때가 정히 그 생각을 부처님께 바칠 때이다.

- 궁리 끝에 알아지는 것은 다 틀린 것이다.

- 부처님께 무슨 생각이든 바쳤을 때, 진실이면 다 이루어지고 진실 아닌 것은 이루어지지 않는다.

- 분별심이 쉬면 주위의 분위기를 감지할 수 있는 능력이 발달한다.

- 경계(기도 중의 환상)를 보더라도 몸뚱이 집착이 없어야 그 뜻을 안다.

- 불상을 꿈이나 경계로 보는 것은 사기邪氣이니 깜짝 놀라

바칠 일이다.

• 정진할 때는 눈을 뜨지도 감지도 말라.

• '부처님 날 좋게 해주십시오' 하는 것보다는 '부처님 잘 모
시기를 발원'하라.
'부처님 날 좋게 해주십시오' 하면 깜찍하고 실감 나는 것
같지만, '부처님 잘 모시기 발원' 하는 것이 싱거운 것 같아
도 더 공덕이 크다. 자꾸 연습하면 싱거운 것이 변해 실감
을 느낄 때가 오게 된다.

• 공부하는 중에 모든 것을 다 알 것 같고, 다 할 수 있을 것
같고, 다 될 수 있을 것 같을 때 정히 바쳐라.

• 마음속에서 솟아오르는 가지가지의 분별심이 업보요, 이
분별심이 계속되어 어두컴컴해진 것을 업장이라 한다.

• 꿈에 자신이나 남이 죽는 것은 자신의 업장이 죽는 것으로
업장이 빠져나가 소멸되는 것이다. 꿈에 나타난 광경이 무
슨 뜻인지 모르면 자꾸 바쳐라. 바치면 그 뜻이 알아진다.

• 수행 중에는 항상 의식이 깨어 있는 상태라야 한다. 그렇
지 못하면 마치 필름이 헛돌 듯이 지나가버리니 이를 무기

無記˚라 한다. 그래서 나옹 선사도 "적중무화두 위지무기寂
中無話頭 謂之無記(고요하지만 화두가 없으면 이를 무기라 한다)"라
고 하였다.

• 선생님이 아랫목에서 똥을 누어도 무슨 법인가 깨쳐보아야
  한다. 스승이 섶을 지고 불로 들어가라고 해도 들어가야 되
  느니라.

• 모든 것을 선생님께 바쳐라. 선생님 앞에서는 가짓껏 못나
  고 밖에 나가서 가짓껏 잘난 사람이 되어라. 지장암에서는
  모든 것을 다 바치고, 지장암 밖에 나가서는 잘난 사람 노
  릇을 하라.

• 수행자는 고요한 가운데 빛나는 광명처럼 깨어 있어야 하는데[惺惺寂寂], 멍
  하고 몽롱한 상태에 있음을 이르는 말이다. 특히 화두 참선에서는 화두를
  놓치거나 망각하여 몽롱한 상태에 있는 것을 무기라고 이른다. 본문에 인
  용된 나옹 화상의 화두법 전문은 다음과 같다.
  한 생각 일어나고 사라지는 것을 이름하여 생사라 하니[念起念滅 謂之生死]
  마땅히 생사가 갈리는 급한 때를 당하면 다시 있는 힘을 다해 화두를 들지
  어다[當生死之際 復盡力提起話頭].
  화두가 순일하면 생각이 일어나고 사라짐이 다하나니[話頭純一 起滅卽盡]
  생각이 일어나고 사라짐이 다하는 곳을 고요함이라 한다[起滅卽盡處 謂之寂].
  고요하지만 화두가 없으면 이를 무기라 하고[寂中無話頭 謂之無記]
  고요한 가운데 화두가 있는 것을 신령하다 하니[寂中有話頭 謂之靈]
  이렇게 고요하고 신령스럽게 아는 것이 무너지지도 잡되지도 않아[此空寂靈
  知 無壞無雜]
  이같이 공을 들이면 며칠 안 가서 성취할 수 있다[如是功用 不日成之].

- 미치광이처럼 밖으로 날고 뛰는 생각과 마음을 쉬게 만들어야 한다. 쉬는 마음이 행복한 마음이다.

- 자기가 한 일은 일점일획도 없어지지 않고 제 마음속에 그려 넣어져서, 때가 되면 좋은 일이든 나쁜 결과든 과보를 받는 것이다.

- 고통의 근본은 자기가 원인 씨앗을 뿌려 시작한 것이니, 모든 것이 나로 인해 생겼다고 생각해야 한다.

- 세상에서 가장 두려운 것은 호랑이도 아니요, 귀신도 아니요, 바로 자신의 업보다.

- 당신이 만약 누구를 미워한다면, 아직도 받아야 할 재앙이 남아 있다는 증거이다.

- 타심통他心通은 곧 자심통自心通이다. 내 마음을 바로 볼 수 있으면, 남의 마음은 저절로 알아지는 것이다.

일상생활의 지혜

• 무엇이 되기 전 우선 착하게 열심히 살아야 한다는 것을
명심, 또 명심해야 한다.

• 사람에게 가장 귀한 것은 마음이 착하고 밝은 것이다.

• 우리가 어리석음에서 벗어나는 길은 밝은 마음을 지니는
것이다.

• 인품이나 걸음걸이나 태도가 한생 만에 이루어진 것이 아
니다. 돈은 하루아침에 생길 수도 있지만, 인품이나 걸음걸
이나 태도에 실린 무게는 하루아침에 이루어지는 것이 아
니다.

• 사람들은 귀한 물건 뺏길 때와 생명을 뺏길 때 가장 강하
게 원망심이 일어난다.

• 궁리 끝에 악심 나며, 악심 끝에 재앙 온다.

• 사람은 평생 먹어봤자 쌀 40가마밖에 못 먹는다. 재벌이라고 하루 열 끼 먹고 사는 것은 아니다. 재벌도 많이 먹어야 하루 세끼 먹고 살고, 가난한 사람도 세끼 먹고 사는 것이니, 끝없는 탐심을 좇기보다 적정선에서 만족하고, 자신의 마음을 닦고 복 지을 줄 아는 자는 지혜로운 사람이다.

• 행동의 결과에 연연하지 말고, 지금 순간순간에 진실하라.

• 영웅은 사막에다 기둥을 세울 수 있어야 하듯, 어느 곳에 던져 놓아도 현실에 적응하는 능력을 키워 긍정적인 마음으로 현실을 살아야 한다.
자신이 앉은 자리를 튼튼히 하고, 자신이 자신의 인생을 살며, 세상의 중심으로 살아야 한다.

• 누가 오줌을 병에 담아 주더라도, 그게 필요한 물건이 아니지만 그 사람의 주는 마음을 보고 받아들일 만큼 마음의 그릇을 넓혀야 한다.

• 남을 대할 때는 주는 마음으로 대하라. 남의 허물은 내 허물같이 덮어주고 내 허물은 남의 허물처럼 파 뒤집어라.

• 나병 환자들을 위해 봉사하면서도 자기 마음 바칠 줄 모르면, 나병 환자를 징해 가져서 다음 생에 자신이 나병 환자

가 되기 쉽다.

• 사람은 제 안의 미안한 소재를 건드리면 성이 왈칵 나버리게 된다. 팔이 병신인 사람에게 눈 병신이라거나 다리 병신이라고 놀리면 화를 내지 않지만, 팔 병신이라고 놀리면 화를 벌컥 낸다. 자기 마음속에 팔이 불구란 생각을 안고 있기 때문이다.

• 감자 농사라도 지어서 남에게 주면서 먹으면 옹골찬 사람이며, 쌀밥이라도 남의 것을 얻어먹으면 반쪽이다. 집에서 키운 짐승은 평생 사람의 것을 얻어먹기 때문에 잡아먹어도 "아야" 소리도 못 하고 죽는다. 너희가 스스로 잘 닦아 자신이 서면 사막에 갖다놓아도 살 수 있을 것이다. 또 잘 먹자니 걱정이지, 그 생각 없으면 무슨 걱정이 있겠는가?

• 눈을 똑바로 뜨고 볼 때 남의 잘하는 모습이 보여야 하느니라. 그 마음을 닦아서 네 눈에 남의 잘하는 것이 보일 때에 네 마음이 그만큼 넓어진 것이니라.

• 누구나 다 밝은 어른을 절대로 공경하면, 그냥 그이가 되어버리느니라. 밝은이를 가짓껏 공경하면 제가 그이가 되어 그냥 밝아지느니라.

- 공경심이란 꼭 자격이 있는 이에게만 내는 것이 아니다.

- 천하를 버틸 힘을 가지고 있다 해도 손에 닿는 일만 하라.

- 자기 힘이 10이라면 무슨 일을 할 때 7 정도만 쓸 것이지 10을 다 쓰지 마라.

- 100만 원이 소요되는 장사를 할 때는 300만 원은 있어야 한다. 장사는 실제 하려다 세 번 실패할 때쯤 되면 장사를 터득할 것이다.

- 남을 공격하는 마음이 있어서는 안 되겠지만, 남이 공격해 올 때 방어하는 마음이 없어서는 아니 된다.

- 백전영웅지불법 百戰英雄知佛法(백전을 치러본 영웅이라야 비로소 불법을 안다)이라는 김유신 장군의 말씀대로 세상의 많은 일을 겪어본 다음에라야 비로소 불법을 알 수 있다.

- 공부하는 마음으로 침술을 배우게 되면, 나중에는 침을 사용하지 않고 손으로 만지기만 해도 병을 고칠 수 있고, 더 나아가서는 마음으로 원만 세워도 고치는 것이 가능하게 된다.

- 귀찮은 손님이 찾아오더라도 무조건 먹이고, 무조건 차비라도 주도록 하라. 왜냐하면 그대 마음은 꿈에라도 줄 생각이 없는 마음이기 때문에 이를 다스리기 위해 필요한 것이다.

- 달라고 귀찮게 구는 사람에게 다 줄 생각이면 아무 일 없을 것이다.

- 몹시 기다려지는 사람은 그 사람에게 줄 것이 있다고 생각하라. 그 사람에게 전생에 빚진 것이 있는 것이다.

- 대화를 할 때, 입이 미끄러우면(말이 남발되는 것을 느끼면) 거기서 멈출 수 있어야 한다.

- 묻는 말에만 대답을 해야 나중에 마음에 미안한 것이 훨씬 적다. 묻는 말에도 대답하지 않는다면 벙어리가 되기 쉽다.

- 돈을 지니자마자 금방 다 써버려서 없어지는 사람은 복 지은 것이 없어 몸에 오래 지니지 못하는 것이다.

- 이류異類(사람과 다른 류, 짐승)에서 온 사람은 우선 먹고 몸 치장하는 일을 우선으로 한다. 그 모습이 어딘가 추해 보인다. 그러나 사람에서 사람으로 다시 온 사람은 연구소

같은 것을 지어 여러 사람을 유익하게 한다.

• 남을 흉보는 것이 재미있는 것은 자기 마음속에 진심嗔心
이 있기 때문이다.

• 가는 사람 붙들지 않고, 오는 사람 막지 않는다.

• 예상치 못한 곤란한 상황에 처하면 얼른 제 마음 들여다보
고 바쳐라.

• 마음을 급하게 쓰지 말고 심지어 이 생에 다 못 하면 내생
에 또 할 작정으로 느긋하면 급할 일이 하나도 없다. 이것
이 가장 빠른 방법이다.

• 보통 때에 똑똑한 사람 하지 말고, 필요한 때에 필요한 사
람 되어라.

• 돈의 속성은 이득을 따라 움직이지, 사람의 행복을 위해
움직이지 않는다.

• 모든 측량測量(생각하고 헤아림)은 우리 인간의 관념이고 개
념이다.

- 우리가 모르거나 경험하지 못했기 때문이지, 신통이라는 건 이 세상에 근거가 없다.

- 거지에게 아이를 업혀주면 자기의 하던 버릇으로 업힌 아이에게 병풍屛風에 그려진 사람을 보고도 '한 푼 줍시오 하라'고 한다.

- 아무리 훌륭한 의사의 말씀이라도 들어서 믿고 실행하면 병을 고치지만, 안 믿고 안 들으면 병을 고치지 못하고 죽음에 이른다. 부처님의 말씀도 마찬가지다.

- 부처님 법 말고 다른 공부는, 고생은 많이 하고 얻는 것이 적은 공부이다.

- 외손뼉이 우는 법은 없다. 한쪽이 마음을 쉬면 서로 사이의 그 업보가 그친다.

- 지혜가 적은 사람이 끝까지 배우는 마음[長永心]이 없이, 조금 아는 것으로 크게 써먹으려 해서 주변 사람도 망치고 자신도 망치는 꼴을 많이 본다. 그 이유 중 하나가 고생을 안해서 그렇다. 고생하며 마음을 닦으면 사람이 겸손해지고 공부의 참맛을 알아 현명한 때를 알아 움직인다.

- 착하게 살면 영적인 흐름이 자연스레 나타나서, 착하게 사는 것 너머에 무엇이 있을까 궁금증이 일어난다. 그것이 그리스 신전에 쓰여 있다는, "나는 누구인가?"라는 물음이다.

- 생활필수품이나 용구 등은 늘 모자람 없이 손길이 닿는 곳에 준비해두어야 한다. 뭔가 필요할 때 눈에 척 보여야 좋은 것이다. 필요할 때 보이지 않으면 없다는 생각을 일으킨다. 무엇이 없다는 생각을 연습하는 것은 자기 궁한 마음, 거지 마음을 연습하는 것이다. 송곳이든지 가위든지 낫이든지 연장이든지 무엇이든지, 필요할 때 척 눈에 보이는 데 가지런히 두는 것이 후복하게 살 원인을 짓는 한 방법이다.

- 문단속은 마음 단속과 연결된다. 낮에도 마음 단속하는 이는 대문을 열어두지 않는다. 나는 아무리 더운 여름에도 문을 닫고 자고, 방에 물건을 꺼내려 잠시 들어갈 때도 문을 닫고, 나올 때도 닫는다.

- 이 몸뚱이 있는 한 부모는 절대다. 부모가 자식을 사랑하는 것은 몸뚱이 착의 연장이라 별 공덕이 안 되지만, 자식이 부모를 섬기는 것은 몸뚱이 착을 거스르는 것이어서 공덕이 크다.

- 제사라든가 전통적인 행사들은 우리의 정신을 한데 모이

게 하려는 선조들의 지혜다.

- 죽은 사람은 가급적 생각하지 않는 것이 좋다. 죽은 사람의 기운은 물과 같고 산 사람의 기운은 흙과 같아서, 죽은 사람을 자꾸 생각하면 흙이 물에 씻기는 것처럼 기운이 감소된다.

- 귀신이란 생각만 있고 몸뚱이는 없는 것이다.

- 큰 나무를 벨 때는 적어도 며칠 전에 나무에 '며칠 후 이 나무를 벤다'라고 써 붙인 후에 일을 시작하는 것이 좋다.

- 사자는 새끼가 어느 정도까지 자라서 크게 되면, 어미가 새끼와 며칠을 두고 자꾸 싸운다. 그래서 어미가 질 정도가 되면, 그 새끼가 혼자서도 능히 살 수 있으리라 생각하여 새끼를 떼어버린다. 또 사자는 뒤를 돌아보지 않는다.

- 있지 않고 닥치지도 않은 일을 미리 걱정하지 마라. 이 세상에서 가장 못난 사람이 바로 '나'라는 것을 명심하라.

- 남자는 사막에서라도 기와집을 지을 수 있어야 한다.

- 사람을 만날 때 선입견을 갖지 말아야 한다.

• 마음 닦는 이는 나라의 보배이다. 이런 분들이 많으면 나라가 일어선다.

• 이해와 자비심 없음이 끝까지 가서, 히틀러라는 매개체가 나타나 제2차 세계대전이 일어난 것이다.

• 우리 민족은 근거지를 백두산에다 두고 북쪽으로는 만주 평야를 지나 바이칼호까지, 북서쪽으로는 기마민족의 고향 알타이산맥까지, 남쪽으로는 한반도, 동북쪽으로는 캄차카반도까지, 서쪽으로는 장강長江 이북부터 시안까지 이어진, 동북아를 지배하던 광대한 나라를 세웠다.

• 단군신화의 원형은 오래전 알타이-천산에 살던 민족의 공통된 신화로, 한반도에 국한된 이야기가 아니라고 본다.

• 정치가나 민중이 공부를 안 한 까닭에 곤란한 것이다. 역사 공부나 인문사회 공부를 잘했으면 뛰어난 지도자가 나왔을 것이다. 여러분이 공부를 잘했으면, "이럴 때 이 조건

이면 다시는 민중이 피를 안 흘리고 나라가 잘될 것이다"
라고 하면서 나설 수 있을 것이다. 그런데 학생 중에도, 정
치가 중에도, 정치꾼 중에도 이런 사람이 없다.

• 법이 없는 세상은 어떻게 되겠는가? 당연히 누구도 감당할
수 없는 세상이 된다.

• 일본 사람은 물러갔지만, 그 제도를 우리가 그대로 답습을
해서 지금 착취를 당하는 것이다.

• 배운다는 것은, 질문하고 해답을 찾는 인간의 위대한 특권
이다.

• 우리가 무능하고 학문이 없어서 점령을 당한 것이다. 배운
민족은 깨어 있어 다른 나라에 점령을 당하지 않고, 국민이
깨어 있으면 정부도 정치가들도 바르게 할 수밖에 없다.

• 역사를 배우고 과학을 배우고 모든 학문을 배워야 우리 민
족이 그 꼴(일본에 의한 식민 지배)을 다시 당하지 않는다.

• 학문은 열정과 생명력이 있어야 한다.

• 우리 인류가 산술과 수학을 더 깊이 연구해야 하는 것은,

자연과 우주의 비밀을 푸는 보편타당한 열쇠가 숫자에 있기 때문이다. 아마도 다른 별에 사는 외계인과의 소통은 숫자로만 가능할 것이다.

- 모든 학문은 높고 낮음이 없이 모든 인간을 위해, 우리 생활을 위해, 행복을 위해 존재한다.

- 데모는 필요하므로 늘 할 수 있어야 한다. 데모는 국민의 참정권으로 반드시 보장해주고, 그 요구를 반영하여 정부 계획을 만들어야 한다. 정치가와 정부 당국자는 이런 데모 모임을 할 수 있도록 일정한 장소를 만들어주어야 한다.

- 정치는 민중이 잘 살도록 계몽하고 가르치고 바르게 이끄는 것이다. 경제는 민족자본을 육성하기 위해서 존재하는 것이다. 의무교육을 하고, 모든 국민이 배울 수 있도록 학교를 세우고, 밤에 비는 관공서를 이용해 2부제·3부제를 해서라도 밤낮으로 가르쳐야 한다.

- 민중의 입과 눈을 막으려는 정권이 앞으로는 나타나지 않게 하려면 우리가 깨어 있어야 한다.

- 우리 민족에 잘된 일이 여러 나라에도 잘되기를 바라는데, 단 피를 흘리지 않기를 바라야 한다.

- 지구 밖 우주를 말하면서도, 지구에서 사는 우리 인생이 이 세상을 어떻게 대하고 생활의 궤도는 무엇인지 밝히는 것도 우주를 들여다보는 것과 마찬가지로 중요하다. 오늘날에 와서야 우리는 겨우 안과 밖의 궤도를 찾았고, 그런 궤도를 따라 인류는 향상되는 것이다.

- 세상이 복잡하고 혼란해질수록 종교는 절대가치로부터 생활 속에서 마음과 몸을 수양修養하는 차원으로 내려왔다.

- 세계가 한 문화권을 이루려면, 각 나라 문화권을 인정하는 것이 필요하다. 서양문화를 기준 삼아 따르라는 것은 폭력이다.

부처님께서 많은 법문을 하셨다지만——

19

부처님께서 많은 법문을 하셨다지만

부처님께서 8만 4,000 많은 법문을 하셨다지만
그것이 다 부처님의 말씀은 아니다.
다만 중생의 무량한 번뇌일 뿐이다.
부처님께서 무슨 하실 말씀이 있었겠는가?
오직 한마디 '나는 밝은 빛이다'라는 정도가 있었을까?

내가 그대에게 한 이런저런 말 역시 내 소리가 아닌
그때그때 그대들의 업장을 닦고 밝아지는 데 필요했던
그대들의 소리였다.
다른 사람을 대했다면 그이의 업장에 따라
나는 또 달리 이야기했을 것이다.

그러므로 내 말을 갖지 말고 다 바쳐라.

백성욱 박사 연보

1897년(광무 원년)

* 음력 8월 19일 정유丁酉년,* 종로구 연건동에서 수원 백씨水原
白氏 윤기潤基**의 장남으로 출생.***

1903년(6세)****

* 3월, 원남동에 설립된 신식사립학교인 호동학교壺洞學校
입학.

- 정유丁酉년 음력 1897년 8월 19일=양력 1897년 9월 15일(수요일). 이하 음
  력이라 명기하지 않은 경우는 모두 양력 날짜임.

-- 제적부에는 부친 성명을 백완철白完哲로 등록. 모친 회덕 송씨懷德 宋氏, 누
  이동생 봉희鳳姬.

--- 제적부에는 1896년(개국 505년) 출생, 본적 가회동 37-1번지로 등록.

---- 연도 뒤 괄호 속 나이는 모두 '만 나이'임.

1906년(9세)

* 만 3세(1900)에 아버지를 여읜 데 이어, 어머니 별세.
* 정릉 봉국사奉國寺에서 행자 생활 시작.

1910년(13세)

* 봉국사 최하옹崔荷翁(미상~1941) 스님을 은사로 출가. 권상로權相老(1879~1965) 스님이 강석講席을 열고 있던 문경 김룡사金龍寺를 비롯, 전국 큰 사찰의 불교전문강원佛敎專門講院에서 8년에 걸쳐 사집과四集科·사교과四敎科·대교과大敎科를 이수하면서 《화엄경》《원각경》《금강경》 등 경전 공부.

1917년(20세)

* 서울로 올라와 동국대의 전신인 숭인동 불교중앙학림佛敎中央學林 입학. 한용운 스님과 진관사 백초월 스님 등이 강사로 재직.

1919년(22세)

* 3월 1일, 한용운 스님의 명을 받아 불교중앙학림에 재학 중이던 신상완申尙玩(1891~1951) 스님, 통도사 박민오 스님, 김법린 등과 중앙학림 학생들을 인솔하여 탑골공원에서 기미독립선언서 배포. 이후 중앙학림 학생들과 남대문과 대한문에서 시위 주도.
* 3월 5일, 남대문과 서울역에서 독립선언서 배포. 대대적인

검문과 체포가 시작되자 정릉 봉국사로 피신.

*3월 15일경, 불광동 진관사 주석인 백초월白初月(1878~1944) 스님이 있던 마포 진관사 포교당이자 해외 독립운동가들과의 연결거점인 극락암으로 피신.

*3월 말, 초월 스님이 신상완, 백성욱, 김법린, 김대용에게 상하이[上海] 임시정부를 찾아가면 할 일이 있을 거라며 밀항 주선.

*5월 10일, 백성욱과 일행은 랴오닝성[遼寧省] 남부에 있는 잉커우[營口]항을 거쳐 상하이에 도착, 임시정부를 찾아감.

5월 말, 임시정부에서 활동하면서 신상완, 김법린과 함께 국내 불교계와 연계작업을 추진하기 위해 다시 국내로 잠입. 백성욱은 엿장수로, 신상완은 탁발승, 김법린은 노동자로 변장하여 서울에 와서 초월 스님 만남. 백성욱과 신상완은 초월 스님과 연계, 국내와 임시정부를 8~9회 오가며 독립운동자금 운반. 김법린은 임시정부에서 준비하던 사료편찬을 위해 국내 언론자료들을 운반하는 역할 수행.

*11월 15일, 임시정부 기관지인 《독립신문》**에 대표 스님 12명의 이름(모두 가명)으로 '대한승려연합회 선언서' 발표.

---

* "1919년 5월과 6월에 조직된 상해 임시정부 조직과 국내 불교단체 조직의 통신 심부름을 위해 8차례나 오갔다."(《동문을 찾아서:은거의 백성욱 박사》, 《동국》 6호, 동국대학교, 1970년, 96쪽. 고영섭, 〈무호 백준(성욱)의 학문과 사상〉, 《한국불교사연구》 제14호, 한국불교사학회, 2018. 12. 31, 40쪽 재인용)

** 상해임시정부에서 발행해 1919년부터 1926년에 걸쳐 총 198호가 발간됨.

이 선언서는 불교계의 독립선언서로, 임시정부와 한국불교계의 연계를 의미했고 백초월, 신상완, 백성욱, 김법린이 중간 역할을 담당.

1920년(23세)

* 봄, 국내에 잠입했던 신상완 체포를 계기로 국내 잠입 활동이 어려워지자, 임시정부에서 이광수·주요한·이영렬·조동호·옥관빈·박현환 등과 함께《독립신문》제작에 기자로 참여.[*]
* 늦여름, 충정공 민영환의 첫째 아들 범식과 둘째 아들 장식이 임시정부 도착. 백성욱은 임시정부의 추천서를 가지고 유법검학회留法儉學會를 담당하는 장시성[江西省] 교육부와 상하이 프랑스 조계에 있던 화법교육회華法教育會를 오가며 프랑스 유학을 위한 비자와 배편을 알아봄.

1921년(24세)

* 1월 15일, 민범식·장식 형제와 함께 프랑스 우편선인 앙드레 르봉-André Lebon호 승선.
* 2월 25일, 프랑스 마르세유 항구 도착. 임시정부 파리위원

---

* "당시《독립신문》의 사장 겸 주필은 이광수, 편집국장 주요한, 사원(기자)으로는 조동호, 옥관빈, 백성욱 등 9명이 근무하였다."(국사편찬회,《국외 항일운동 자료, 일본 외무성 기록》,〈不逞團關係雜件-조선인의 部-上海假政府 2:上海假政府의 신문 발간계획에 관한 건〉, 1920년. 이현희,《조동호 항일투쟁사》, 청아출판사, 1992년, 177쪽. 김광식,〈백성욱의 삶과 한용운〉,《만해학보》제18호, 만해학회, 2018년, 25쪽 재인용)

부의 서기장 황기환(미상~1923) 만남.

* 1년 동안 프랑스 북부 보베Beauvais시에 있는 고등학교에서
민범식·장식 형제와 함께 프랑스어와 독일어, 라틴어 공부.

1922년(25세)

* 보베에서 1년 어학 과정을 마친 후 민범식과 함께 기차를 타
고 독일 남중부 바이에른주 뷔르츠부르크Würzburg 도착. 3·1
운동 후 압록강을 넘어 1921년부터 뷔르츠부르크 대학 의
대에서 공부 중이던 이미륵李彌勒(1899~1950)과 만남. 이미
륵의 도움으로 뷔르츠부르크 인근 뮌스터슈바르자흐Mün-
sterschwarzach 수도원에서 함께 생활하다가 철학과 한스 마이
어Hans Meyer(1884~1966) 교수를 소개받아서 어학시험 통과
를 조건으로 대학원 철학과 입학을 허락받음.

* 9월, 독일어 시험에 통과하여 뷔르츠부르크 대학교 대학원
철학과 입학.

1923년(26세)

* 여름, 민장식이 프랑스로 돌아가면서 경제 지원이 끊어짐.
여름방학 때 독일 서부 자를란트Saarland주로 가서 탄광 일
을 하여 생계 유지.

* 가을, 마이어 교수의 연구실에서 지내며 공부해도 좋다고
허락받고 이때부터 마이어 교수를 지도교수로 〈불교순전철
학〉 박사논문 작성에 매진.

1924년(27세)

*2월, 마이어 교수의 도움으로 뷔르츠부르크 대학교 대학원 철학과 졸업.

*5월 2일, '역사적 개념과 불교순전철학', '관념', '논리'로 구성된 〈불교순전철학佛敎純全哲學, Buddhistishe Metaphysik〉 논문의 초고 완성.

*9월, 마이어 교수가 〈불교순전철학〉을 박사학위 논문으로 인준(당시 독일에서는 지도교수의 인준이 박사학위 통과를 의미).

*10월 7일, 《동아일보》가 독일 철학박사 학위 취득 보도.

1925년(28세)

*1월 4일, 《동아일보》 3면에 박사논문 초록 소개.

*《불교》지 1월호부터 8월호에 박사논문 연재(제7호~제14호).

프랑크푸르트, 베를린을 비롯해 독일의 여러 도시를 다니며 유럽 문화를 살펴본 뒤, 시베리아 횡단 열차를 타고 9월 9일 귀국.

*9월 14일, 조선불교 중앙교무원 백성욱 귀국 환영회. 귀국 후 돈암동 집에서 양계를 하는 한편, 무호산방無號山房 · 백준白峻 · 무호無號 등의 필명으로 《불교》지 등에 기고하면서 틈틈이 강의 활동.**

•   《동아일보》 1925년 9월 11일 자 기사.

1926년(29세)

* 1월~2월, 《동아일보》에 '대입소大入小의 일리一理 : 일모단一毛端에 현보왕찰顯寶王刹'을 15회에 걸쳐 연재하고, 〈조선농민〉에 '우리의 건설에 나아가서'를 2회에 걸쳐 연재.
* 2월, 《조선일보》에 '석가모니와 그의 후계자'를 9회에 걸쳐 연재.
* 5월~6월, 《동광》에 '나란 무엇일까' 연재.
* 1925년에 이어 매월 《불교》지에 다양한 글을 실음. '평수잡조萍水雜俎'라는 고정 코너를 통해 짧은 시나 에세이를 연재하는 한편, '나의 신앙과 느낌', '현대적 불교를 건설하려면', '곤륜산 절정에는 무엇이 있나' 등을 기고.

1927년(30세)

* 2월, 봉은사에 들렀다가 함경남도 석왕사釋王寺 선원으로 가서 수행.
* 4월, 금강산 장안사長安寺를 거쳐 여름까지 보덕굴普德窟에서 수행. 이후 장안사 선원에서 사분정진四分精進하고 강원도 건봉사와 신계사에 들렀다가 9월에 장안사로 돌아와 겨울 수행.

•• 〈동문을 찾아서 : 은거의 백성욱 박사〉, 《동국》 6호, 동국대학교, 1970년, 98쪽. 김광식, 〈백성욱의 금강산 수행 공동체 역사와 성격〉, 《민족사상》 제15권 제1호, 2021년, 103쪽 재인용.

1928년(31세)

* 4월, 불교전수학교(舊 불교중앙학림) 개교와 함께 철학과 강사로 피임.
* 5월,《불교》잡지사에 논설위원으로 입사. 6월에 김일엽金一葉(1896~1971) 또한 기자로 입사하여 가깝게 지냄. 이 무렵 종로기독교청년회관, 각황사, 천도교기념관 등에서 단독 또는 김법린 등과 함께 학술강연회 개최.
* 9월, 불교전수학교 강사 사직.
* 10월, 각황사에서 '나란 무엇인가'라는 주제로 대중강연.
* 11월, '조선불교 선교양종 승려대회'의 11인 발기위원으로 참여하여 교섭위원으로 선출되고, 단상에 올라 승려대회 개최 취지문 낭독.

1929년(32세)

* 1월 3일~5일, 각황사에서 열린 '조선불교 선교양종 승려대회'에 종헌제정위원 11인 중 주역으로 활약하며 종헌 종법 개정.
* 1월 9일, 일제의 조선사찰령朝鮮寺刹令에 의해, '조선불교 선교양종 승려대회' 결과를 당국에 보고하기 위해 강대련, 백성욱, 도진호 세 명이 승려 대표로 총독부 방문.'
* 2월 초, 경상남도 진주, 마산, 통영, 창원에서 시인 황석우와 함

---

* 《동아일보》1929년 1월 11일 자 기사.

께 '현대 사조의 방향' 등을 주제로 남방 순회강연. 부산 범어
사를 거쳐 통도사에서 조선불교의 유래와 1월 승려대회의 사
명을 설명하고, 울산, 양산을 거쳐 대구 동화사에서 강연 후
상경.

* 가을, 금강산 입산하여 장안사 보덕암普德庵에서 수행 시작.

* 수행 중 혜정 손석재慧亭 孫昔哉 선생이 찾아와 만남을 요청
하였으나 거절. 지네에 물린 상처를 치료하기 위해 장안사
로 내려왔다가 대웅보전에서 손혜정 선생과 처음 만나 법
거량.

* 손혜정 선생의 권유로 오대산 상원사上院寺 적멸보궁寂滅
寶宮으로 함께 가서 100일 기도 정진. 상원사 방한암方漢岩
(1876~1951) 스님이 법기法器임을 알아보고 친히 끼니를 나
르며 수행 격려.

1930년(33세)

* 봄, 서울 가회동에서 머물다가《불교》지에 기고 후* 금강산
으로 돌아와 장안사 안양암安養庵에서 1일 1식 하며 '대방광
불화엄경' 염송 수행 시작.

• 《불교》 제72호, 1930. 6. '오만보살찬앙회가 발기함을 듣고(4월 29일 가회동
에서)'.

1931년(34세)~1938년(41세)

* 1931년 5월, 중앙불교전문학교 학생들이 동맹휴학하면서 백성욱을 교장으로 추대하였으나 불응.*

* 안양암 3년 정진 중 얻은 바가 있어, 손혜정 선생과 함께 근대 최초의 수행공동체 운동을 전개하며 회중수도會衆修道.

* 안양암에 찾아오는 학인 대중이 늘어나자 안양암을 손혜정 선생에게 내주어 여성 전용 선원으로 개설. 수도 장소를 장안사 지장암地藏庵으로 옮기고 '선불장選佛場'이라는 간판을 직접 써서 내걸고 정신과 육체의 균형 잡힌 수행을 강조.

* 일제 식민지에서 벗어나 조국이 독립하기를 기도하며 '대방광불화엄경' 염송하고 이후 7년여 동안 500여 명의 제자를 지도. 대중은 100일 단위로 출가하여 항상 30여 명이 머물렀으며, 아침 서너 시에 일어나 한두 시간 '대방광불화엄경'을 염송하고 《화엄경》 법문을 들으면서 1일 2식으로 용맹정진.

* 1933년 9월, 김일엽은 수덕사에서 만공 스님 문하로 출가.

1938년(41세)

* 4월, 금강산 지장암에서 수행 중, '불령선인不逞鮮人'으로 지목되어 손혜정 선생 등 5명과 함께 경상남도 의령경찰서로 연행되어 취조를 받음.

---

* 《동아일보》 1931년 5월 10일 자 기사.

6월 3일, 의령경찰서에서 50여 일간 취조 끝에 부산지방법원 진주지청 검사분국으로 넘겨졌으나, 일주일 만에 불기소되어 무혐의 석방됨. 이후 금강산에서 하산.

1939년(42세)~1945년(48세)

*서울 돈암동 자택에 칩거하며 좌선 수도.

- 《동아일보》1938년 6월 7일 자 기사: 금강산·경성을 무대로 한 인테리 설교단 타진, 검거한 지 2개월 만에 송국.

  [내용] 경성부 가회정嘉會町에 본적을 두고 내금강 장안사와 지장암에 현주소를 둔 백모와 경성부 계동정桂洞町에 있는 손혜정(가명)이란 여자를 비롯하야 황해도 모처에 사는 유춘형, 김기룡, 경성부 계동정에 있는 장운항, 합 5명이 불교의 요지를 정선하야 유한남녀들의 수양교과서와도 같이 출판물로 동지를 수양시켰다는 것이다. 경찰서에서는 그중에 수양을 시킨다하고 혹시 금전의 수령으로 어떠한 죄악이 잠재하지 않았나 하는 것이 취조의 요점이 된 듯한데, 범죄만은 극히 간단하야 전기 5명 이외에는 별로 연계자가 없는 듯하며 그 수양단에 참가되었다고 하고, 의령군 가례면 박모까지도 동시에 피금되었다가 그는 전기 5명이 송국되는 지난 3일에 경찰서에서 석방되었다고 한다.

  이상 보도한 바와 같이 경남 의령경찰서에서는 금강산과 경성을 중심하고 불교의 요영으로 금강산 지장암에서 백모가 수반이 되어 수양과 불교 대의를 강의한다는 수양단원 5명을 검거, 취조하다가 지난 3일에 송국까지 하였다는 사건이 있었다는 바, 최초에 검거의 손을 내밀 때는 지방경찰서로는 비장한 긴장미가 있었으며, 경남경찰부와 경기경찰부와 강원도경찰부에까지 새로 호응이 아니될 수 없어 실로 3도가 호응하야 사건의 정체를 매우 중대시하였을 것이며, 의령경찰서에서는 안사법 주임 이하로 4반의 검거대원이 출동하야 1대는 경성으로 1대는 금강산으로 수양객과 같이 변장, 경관대가 활동하야 금강산 지장암에서 백모와 유모 김모를 검거하고 경성에서는 홍일점의 격으로 여자인 백의 애인 손혜정까지를 검거, 압래하여 왔다. 그리하야 금속 50여 일에 취조에 취조를 거듭한 후 송국하게 되었는데, 내용으로 보아서는 별다른 연루자가 없는 만치 소위 범행이란 것은 일반의 추측에 간단 경미한 듯하다고 한다.

1941년(44세)

* 1월, 은사 하웅 스님이 흥천사興天寺에서 입적. 남겨준 재산을 1939년 화재 피해를 입은 봉은사奉恩寺에 복구비로 헌납하고, 만일회萬日會 신앙결사에 참여.
* 8월, 봉은사에 '만일회 대공덕주 백성욱 박사 기념비' 건립.

1944년(47세)

* 1월, 치악산 상원사의 한 동굴로 들어가 정진 수도. 일경에 쫓기던 최의식을 산속에서 만나 숨겨주고, 이후 함께 100일 수행 후 하산. 소설가 이병주가 이때의 백성욱을 소재로 〈백로선생〉이라는 작품을 썼고, 이 소설은《한국문학》 1983년 11월호에 실렸다가 1984년 2월 KBS TV 문학관에 단막 드라마로 방영됨.

1945년(48세)

* 8월 15일, 해방되자 애국단체인 중앙공작대中央工作隊를 조직하고 민중 계몽운동 시작.
* 10월, 33년 만에 귀국한 이승만 박사를 조선호텔로 찾아가 만남.

1946년(49세)

* 이승만 박사를 중심으로 한 건국운동 참여.

1947년(50세)

*권영일 등 33명과 함께 돈을 모아 종로구 이화동 1번지에 이승만 박사 사저인 이화장梨花莊을 마련하여 기증하는 데 중추적 역할을 담당.

1948년(51세)

*5월 10일 남한 단독선거로 제헌국회가 소집되자 이승만 박사가 국회의장이 되도록 헌신.
*7월 20일, 국회에서 간선제로 초대 대통령을 뽑게 되자 이승만을 지원. '초대 총리 백성욱 박사설' 기사가 언론에 등장.

1950년(53세)

*2월 7일, 제4대 내무부장관 취임.
*6월 25일, 한국전쟁 발발.
*7월 16일, 대구 피난 중 내무부장관으로서 국민에게 사과하는 성명을 발표하며 취임 5개월 만에 장관 사임.

1951년(54세)

*2월, 한국광업진흥주식회사 사장 취임.
*10월, 동국대학교 동창회장 취임.

1952년(55세)

*8월, 제3대 부통령 선거에 무소속으로 입후보(낙선).

*10월, 부산에서 정형재鄭瀅載(1929~2011)*와 혼인.

1953년(56세)
*7월 31일, 부산 피난 중 동국대학교 제2대 총장 취임(취임식은 11월 25일).
*8월, 한국전쟁 정전 협정 후 서울 본교로 복귀. 이후 중구 필동에 동국대학교 교사를 건립하고 8년에 걸쳐 시설·학사·교수 등 다방면에 걸쳐 동국대학교 중흥의 기틀을 마련함.

1955년(58세)
*동국대학교 대학원에서《금강삼매경론》《보장론》《화엄경》과 인류 문화사 등 강의.
*대광유지주식회사 사장 취임.

1956년(59세)
*1월 25일, 장녀 일수逸秀 출생.
*5월, 제4대 부통령 선거에 무소속으로 입후보(낙선).
*9월, 한국광업진흥주식회사 사장 사임.
*동국대학교 대학원에서《팔식규거》강의.

---

* 평양에서 피난 온 정태룡 판사의 장녀. 한국광업진흥주식회사에서 비서로 근무. 정 판사는 납북됨.

1957년(60세)

* 10월, 동국대에 '고려대장경 보존동지회' 만들어 회장 취임. 《고려대장경》영인影印 작업 착수. 1976년 6월에 영인을 완성하고 총 48권의 현대식 영인본 출간.
* 재단법인 경기학원京畿學院 이사장 취임.
* 동국대학교 대학원에서 《조론》《염송》강의.

1958년(61세)

* 9월 17일, 손혜정 선생이 동국대에 기증한 약 4,500만 환의 건국국채를 기본재산으로 재단법인 동국대학교 불교장학회* 설립.
* 10월, 동국대학교 본관 석조관(현 명진관) 완공(2018년 문화재 제735호 등록).
* 동국대학교 대학원에서 《보장론》강의.

1959년(62세)

* 음력 5월 19일,** 도반이자 스승으로 모신 손혜정 선생, 세수 78세로 장충동 자택에서 입적. 동국대학교 구내에 동상 건립.

---

* 불교학의 연구를 하는 학생 및 인재에게 장학금 또는 연구비 지급을 목적 사업으로 하며, 1958년 설립 때에는 민법상의 재단법인이었다가 1975년 12월 31일 공익법인의 설립과 운영에 관한 법률이 제정, 공포되면서 공익법인이 됨.

** 양력 1959년 6월 24일(수요일).

*6월 13일, 차녀 영수英秀 출생.

*연말, 연극학과를 동국대학교에 창설 지원.

*동국대학교 대학원에서《화엄경》강의.

*《불교학 논문집: 백성욱 박사 송수 기념》발간.

1960년(63세)

*《동국대학교 총장 백성욱 박사 문집》발간.

1961년(64세)

*5월, 재단법인 동국학원 제15대 이사장 취임.

*7월 20일, 5·16 군사정변으로 7월 2일 공표된 '교육에 관한 임시특례법'에 따라 만 60세 이상은 교단에서 물러나게 하여 동국대학교 총장 및 학교법인 이사 사임.

1962년(65세)

*경기도 부천군 소사읍 소사리 산66번지 야트막한 산을 개간, 〈백성목장白性牧場〉을 경영하며 20년 가까이《금강경》강화講話, 인연 있는 후학 지도.

1968년(71세)

*학인 김동규의 주도로 백성욱 박사 현토 독송본《금강반야바라밀경》초판 발행(발행인 백성욱, 발행처 금강경독송회).

1970년(73세)

*5월 25일, 서울 인현동 풍전호텔(현 PJ호텔) 5층 삼보회관 개관 기념으로 '《금강경》총설' 강연.

1977년(80세)

*장욱진 화백과 진진묘 보살 부부에게 법당을 열 것을 권유, 서울 혜화동에 법당(현 용인시 마북동 소재 여시관 법당, 백성농장) 설립. 이광옥, 김강유를 지도법사로 세워 운영을 시작, 백성욱 박사도 수차례 방문하여 법문.

1981년(84세)

음력 8월 19일, 출생일과 같은 날 서울 용산구 이촌동 반도아파트에서 입적.**

*경기도 양주군 대승사에 사리탑과 비를 건립. 이후 호우로 휩쓸려 내려간 사리탑을 다시 찾아 부천시 소사구 소사1동 소사본당 뒤편 언덕에 옮겨 '동국대학교 총장 백성욱 박사탑'과 함께 세움.

*후학들이 금강경독송회, 청우불교원 금강경독송회, 바른법

• 　양력 1981년 9월 16일(수요일).

•• 　《동아일보》 1981년 9월 16일 자 부고 기사: 4대 내무부장관을 지낸 백성욱 박사가 16일 0시 45분 서울 용산구 이촌동 반도아파트 2동 205호 자택에서 숙환으로 별세했다. 향년 84세. 유족으로 부인 정형재鄭瀅載 여사(52)와 두 딸 일수(25), 영수(22).

연구원, 백성욱 박사 교육문화재단, 백성욱연구원, 여시관 등을 세워 가르침을 잇고 있음.

찾아보기

ㅊ